Derksen
Katharina

Georgi P. Vins

Auf dem Pfad der Treue

Hiermit bringe ich meinem Sohn Pjotr meine tiefe Dankbarkeit für sein gutes Gedenken an seinen Großvater Pjotr Jakowlewitsch Vins und für seine allseitige Hilfe bei der Herausgabe dieses Buches zum Ausdruck. Es ist mir besonders wertvoll, daß im August 1995, als ich in Moskau war und man mir die überraschende Neuigkeit, daß mein Vater im Jahre 1937 erschossen worden sei, mitteilte, meine Frau und mein Sohn Pjotr an meiner Seite waren.

Georgi P. Vins

Auf dem Pfad der Treue

Missionswerk FriedensBote
1998

Along the Path of Faithfulness

Georgi P. Vins
Auf dem Pfad der Treue

Aus dem Russischen übersetzt: Margarete Pasytsch
Umschlaggestaltung: Gerhard Thiessen

Missionswerk FriedensBote
Postfach 10 03 07
D- 51603 Gummersbach

ISBN 3-931346-26-9

Inhaltsverzeichnis:

Vorwort

„Denn es ist nichts verborgen, das nicht soll offenbar werden, und ist nichts Heimliches, das nicht soll an den Tag kommen.“ (Ev. nach Markus 4, 22)

Moskau, Lubjanka, August 1995. Archivabteilung des Föderalen Dienstes der Sicherheit (so nennt man jetzt den KGB). Ich halte zwei graufarbene Akten, welche die Gerichtsprotokolle gegen meinen Vater Pjotr Jakowlewitsch Vins enthalten, in meinen Händen. Die erste Akte[1] ist dünn, sie beinhaltet nur zweiundzwanzig Seiten mit den Protokollen der Anklage seiner ersten Verhaftung, der Untersuchung und der Verurteilung in Moskau in den Jahren 1930-1931. Die zweite Akte[2] ist viel umfangreicher, sie beinhaltet 450 Seiten; in dieser Akte befinden sich die Dokumente seiner zweiten und dritten Verhaftung in den Jahren 1936- 1937 in Sibirien, in der Stadt Omsk. In der rechten oberen Ecke jeder Akte ist mit großen Buchstaben „Geheim“ draufgeschrieben. Alle diese Dokumente waren viele Jahre lang ein staatliches Geheimnis. Aber es kommt ein Augenblick, wo alles streng Geheime offenbar wird und die Wahrheit der Worte unseres Herrn Jesus Christus „Denn es ist nichts verborgen, das nicht soll offenbar werden“ bestätigt.

Hier in der Lubjanka erfuhr ich am 4. August 1995 das Schicksal meines Vaters - fast sechzig Jahre nach seiner letzten Verhaftung im Jahre 1937. Mit meiner Frau Nadeshda Iwanowna und meinem Sohn

[1] Die Untersuchungsakten der OGPU in der Sache P. J. Vins in Moskau in den Jahren 1930-1931 (die damalige Nummer 106173, die heutige Archivnummer FBS P-33960).

[2] Die Untersuchungs- und Gerichtsakten des NKWD in der Sache P. J. Vins, A. P. Martynenko und anderer in Omsk in den Jahren 1936-1937 (die damalige Nummer 332971, dann N-6842, heute Archivnummer FSB P-663).

Pjotr kam ich in die Archivabteilung des Föderalen Dienstes der Sicherheit. Wir wurden in den Lesesaal der Abteilung gebracht; es war ein nicht großes Zimmer, einige Tische standen darin und es herrschte vollkommene Stille. Es waren nur wenige Besucher da, und alle saßen an den Tischen und blätterten leise in den Gerichtsakten, die sich alle in gleich aussehenden Mappen befanden. Es waren alles Verwandte der ungesetzlich Repressierten in den Jahren 1920 bis 1950, ihre Kinder, Enkel und Urenkel.

Ich setzte mich mit meiner Frau und meinem Sohn auch an einen Tisch. Die Mitarbeiterin des FDS händigte mir die Mappen mit den Gerichtsakten meines Vaters aus und sagte zu mir: „Ich habe mich mit der Gerichtsakte Ihres Vaters bekannt gemacht, es ist eine sehr interessante Akte. Ich muß Ihnen eine schwierige Nachricht übermitteln: Ihr Vater, Pjotr Jakowlewitsch Vins, wurde am 26. August 1937 durch den Beschluß der ‚Troika' des NKWD der Stadt Omsk erschossen." Diese Neuigkeit preßte mir die Brust zusammen, Nadeshda fing an zu weinen und auch in Pjotrs Augen stand das Leid.

Mein Vater war nicht aus der Haft nach Hause gekommen und ich wußte, daß er in der Gefangenschaft gestorben war.[3] Aber diese Nachricht, daß er erschossen worden sei, traf mich völlig unerwartet. Die Mitarbeiterin des Archivs öffnete die letzten Seiten und ich las: „Eine Abschrift aus dem Protokoll Nr. 4 vom 23. August 1937. Es wurde beschlossen: Pjotr Jakowlewitsch Vins zu erschießen." Daneben befand sich ein anderer Text, der auch mit der Schreibmaschine getippt war: „Der Beschluß vom 23. August 1937 in bezug auf Pjotr Jakowlewitsch Vins wurde am 26. August 1937 ausgeführt." Die Mitarbeiterin händigte uns drei Gefängnisfotos von Vater aus, die sich in der Akte befanden; da sieht man ein unrasiertes Gesicht und traurige Augen. Ich sagte zu meinem Sohn: „Pjotr, dein Großvater war 39 Jahre alt, als sein Leben zu Ende ging, genauso alt wie du heute bist."

Uns wurden die Vorschriften der Arbeit des Archivs erklärt: die Archivabteilung sei von 10 Uhr morgens bis 17 Uhr nachmittags von Montag bis Freitag geöffnet. Die Akten dürfe man nicht heraustragen, man dürfe aber sie lesen und Abschriften machen. Wir machten uns mit den Gerichtsakten bekannt; zuerst schauten wir uns die Seiten an, die den Vater unmittelbar angingen, dann lasen wir die Gerichtsakten der Brüder, die mit ihm zusammen verurteilt wurden.

[3] Im Jahre 1961 bekamen wir vom Standesamt in Omsk ein offizielles Dokument über Vaters Tod. Da stand als Todesdatum 27. Dezember 1943, als Todesursache „Endokarditis" (Herzkrankheit); aber der Todesort wurde nicht erwähnt.

Und obwohl die Gerichtsakten, die wir kennenlernten, sehr traurig sind, finden wir doch darin einen Trost, daß die Märtyrer um des Evangeliums willen in den schrecklich schwierigen Umständen der stalinischen Gefängnisse und Straflager die Treue dem Herrn gegenüber bewahrt haben. Von ihrem heldenhaften Glauben müssen in erster Linie ihre Kinder, Enkel und Urenkel erfahren. Davon muß die ganze Gemeinde Gottes wissen, denn dies ist die Geschichte der leidenden und verkündenden Gemeinde Christi in Rußland.

Ich las die Verhörprotokolle, in denen durch die Kanzleisprache der gottlosen Untersuchungsrichter die Zeugnisse der Glaubensmärtyrer über die grenzenlose Hingabe an Gott durchsickern. In dem Verhörprotokoll meines Vaters vom 2. Oktober 1936 im Omsker Gefängnis heißt es: „Ich rief die Gläubigen auf, sich gegenseitig zu besuchen, um den Glauben zu stärken... Ich sprach davon, daß die Zeit der völligen Freiheit für die Verkündigung des Evangeliums, der Bibel nach, auch in Rußland kommen wird." Den letzten Satz hatte jemand mit einem dunkelblauen Bleistift unterstrichen. Es vergingen Jahrzehnte und die Hoffnung des Vaters wurde Realität. Ende des zwanzigsten Jahrhunderts begann die Freiheit der Verkündigung des Evangeliums tatsächlich auch in Rußland - als Ergebnis von Gebeten vieler Christen in der ganzen Welt.

In der zweiten Mappe sind auf der Seite 166 die Aussagen eines Zeugen über die Gebetsversammlung, die in Omsk im Haus von Alexej Fjodorowitsch Sewostjanow[4] am 1. Mai 1936 abgehalten wurde (zu der Zeit wurden nicht nur Gottesdienste untersagt, sondern es war sogar verboten, daß sich zwei bis drei Personen zum Gebet trafen). Im Hause von Sewostjanow waren an diesem Tag über 20 Personen versammelt und in der Akte steht geschrieben: „Sewostjanow stand auf den Knien und sprach folgende Worte: ‚Herr, gib, daß wir fest, treu und stark bis ans Ende bleiben; hilf, daß wir uns unbefleckt von der Welt erhalten'."

Die Treue dem Herrn gegenüber und die Reinheit des Lebens - wie kostbar ist es einem, dies heute zu lesen! Es ist, als ob man aus den Gefängnismauern die Stimmen der teuren Glaubensbrüder hört, die tapfer in den schweren dreißiger Jahren unter dem hellen Banner der Wahrheit treu blieben (Ps. 58, 6). Als einige Jahrzehnte später, in den sechziger Jahren, der Herr in der Bruderschaft der Evangeliumschristen-Baptisten die geistliche Erweckung begann, waren die

---

[4] A. F. Sewostjanow, Reiseprediger des Fernöstlichen Baptistenbundes, wurde im Jahre 1938 im Omsk verhaftet, er war 65 Jahre alt und starb in der Haft.

Prinzipien der Treue zu Gott und der Reinheit des Lebens die Grundlage der angefangenen Erweckung. Wie teuer ist diese geistliche Nachfolge und die Verbindung zwischen den Generationen in unserer viel leidenden Bruderschaft!

Jetzt war ich in Moskau und beeilte mich sechs Tage lang, jeden Morgen in die Archivabteilung zu kommen; dort machte ich viele Abschriften aus den Gerichtsprotokollen. Gleich am ersten Tag fand ich auf Seite 294 ein vergilbtes Blatt, auf dem mit Bleistift von Vaters Hand geschrieben stand:

„An den Gebietsstaatsanwalt des Untersuchungsgefängnisses vom Verhafteten Pjotr Jakowlewitsch Vins

Omsker Gefängnis, Zelle Nr. 12

Bittschrift

In Anbetracht dessen, daß nach den Worten des Untersuchungsrichters Rudik meine Untersuchung abgeschlossen ist, und ich seit dem 26. April 1936 in Haft bin und noch kein Treffen mit der Familie hatte, bitte ich Sie dringlich, mir ein Treffen mit meiner Frau Lydia Michajlowna Vins und mit meinem achtjährigen Sohn Georgi zu genehmigen. Die Untersuchung wurde am 5. Oktober 1936 beendet.

10.10.36 Vins (Unterschrift)“

Vater bat um ein Treffen mit der Familie, doch diese Bitte wurde nicht genehmigt. Jetzt aber fand dieses „Treffen“ statt: nach fast sechzig Jahren, an meinem Geburtstag am 4. August, als ich siebenundsechzig Jahre alt wurde! Jeden Morgen kam ich in die Archivabteilung wie zu einem Treffen mit meinem Vater; ich schaute die Gefängnisfotos an, las die Aussagen und versuchte den Geist seines Glaubens und seines Vertrauens auf Gott zu verstehen; ich versuchte mir Vater und seine Freunde im Dienst vorzustellen, als sie vor einem halben Jahrhundert in der Bresche für die Sache des Evangeliums standen (Hesekiel 22, 30). Wie teuer war es für mich zu wissen, daß Vater auch hinter Gefängnismauern glaubte, daß in Rußland die Zeit der großen Freiheit der Glaubensverkündigung kommen wird, und er darum betete, während er unter den Händen der Mörder starb!

Mein Vater, nicht nur Du hast in der dunklen Zeit für die geistliche Erweckung Rußlands gebetet, sondern auch viele andere, unter ihnen auch Dein Freund Anton Pawlowitsch Martynenko, mit dem zusammen Du die gläubigen Familien in Omsk besuchtest und sie ermuntertest nicht mutlos zu werden, sondern für den Glauben einzutreten. An einem Tag durch einen Beschluß wurdet ihr zusammen erschossen. In jenen Jahren waren Tausende treuer Glaubesdiener gemartert worden, wie auch das Wort Gottes bezeugt: „... Andere aber sind gemartert worden und haben die Freilassung nicht angenommen, auf daß sie die Auferstehung, die besser ist, erlangten... Deren die Welt nicht wert war..." (Hebr. 11, 35. 38).

Uns, den nachfolgenden Generationen, hat der Herr ein Gebot hinterlassen: „Gedenket an eure Lehrer, die euch das Wort Gottes gesagt haben; ihr Ende schauet an und folget ihrem Glauben nach" (Hebr. 13, 7).

Den Märtyrern für die Sache des Evangeliums in meiner Heimat, die sich unbefleckt von der Welt erhalten haben, die tapfer und dem Herrn treu waren bis ans Ende, ihnen ist dieses Buch „Auf dem Pfad der Treue" gewidmet.

Moskau. Lubjanka. Das geheime Spezarchiv.
Die Chronik vieler Brüder und auch Vaters.
Erschossen, doch im Herzen lebt bei mir
Durch Lieben er und nicht durch Fluchen, Hassen.

Voll blutiger, geheimer Taten alte Blätter...
Und Aufschriften: „Geheim und ewig aufbewahren!"
Doch kam der Tag und da befahl der Retter,
Daß alle diese Schandtaten erfahren.

Mit Ehrfurcht schau ich auf die Handschrift aller
Die in den Kellern vor den Richtern standen.
Verrat sahen als Sünde sie und waren
Für Christi Wahrheit in den schlimmen Banden.

Nicht nur dem Blut nach sind wir ihre Kinder,
Dem Glauben nach, auf dornig-schmalem Wege,
In Gottes Liebe auferzogen und nicht minder
Auch durch in Russisch klingende Gebete.

TEIL EINS
Russische Erlebnisse

1
Anfänge

„Deine Augen sahen mich, als ich noch nicht bereitet war, und alle Tage waren in dein Buch geschrieben, die noch werden sollten und von denen keiner da war.“ *Psalm 139, 16*

Jeder Fluß, so groß er auch sein mag, fängt als ein ganz kleines, kaum zu sehendes Flüsschen an, und dieses kleine Flüsschen birgt in sich die Anfänge des später großen, breiten Flusses und trägt schon seinen Namen. Mit Verwunderung nähern sich die Menschen dem Anfang des großen russischen Flusses Wolga - es ist eine ganz kleine Quelle, die den Namen „Wolgino ustjize“ trägt. Wenn die Flüsse ein Gedächtnis hätten, würden sie ohne Zweifel ihres Anfangs gedenken: der ersten Tropfen des kalten, kristallsauberen Quellwassers; der ersten Steinchen, über die der Fluß sich auf den Weg in die Weiten macht; der Blumen und Gräser, die seine Ufer umsäumen.

Im Unterschied zu den Flüssen kann der Mensch sich an seine Kindheit erinnern und behält die wichtigsten und klarsten Ereignisse für immer in seinem Gedächtnis. Wie gut, wenn die Kindheit eines Menschen von der Liebe und Güte seiner Eltern geheiligt ist, von ihrem Glauben an den lebendigen Gott, und wenn sie sich im Geist und in der Wahrheit vor diesem Gott beugten! Glückselig ist der Mensch, über dessen Wiege die heißen Gebete seiner christlichen Mutter emporstiegen. Glücklich ist der, der an den Schöpfer der Welt glaubt, wer aufrichtig auf seine Liebe geantwortet hat, und besonders glücklich ist der, der von Kindheit an dem lebendigen und wahren Gott dient.

Sehr oft, sogar am Ende seines Lebensweges, erinnert sich der Mensch sehr genau und klar an seine ersten geistlichen Schritte. Meine Mutter, Lydia Michajlowna Vins, erinnerte sich am Abend ihres Lebens an ihre Kindheit, an ihre Anfänge wie folgt:[1]

[1] *Des weiteren werden die Erinnerungen von Lydia Michajlowna Vins eingeflochten, die in den Jahren 1980-1985 auf Kassetten aufgenommen wurden. Im Buch werden ihre Worte kursiv dargestellt.*

Ich bin am 30. März 1907 in der Stadt Blagoweschtschensk im Fernen Osten geboren. Meine Mutter hieß Maria Abramowna Sharikowa, geborene Tscheschewa, sie war eine tiefgläubige Frau. Mein Vater, Michail Michajlowitsch Sharikow, bekehrte sich im Jahre 1916 zu Gott, kurz vor seinem Tode; damals war ich schon 9 Jahre alt. Mein Großvater, der Vater meiner Mutter, hieß Abram Pimenowitsch Tscheschew und war ein tiefgläubiger Mann. Er gehörte zu den Molokanen, die aus dem Gebiet Tambow in den Fernen Osten gekommen waren. Die Molokanen sind sehr interessante Menschen in bezug auf ihren Glauben und ihr Leben, sie sind sehr gottesfürchtig und arbeitsam.

Im Jahre 1890 siedelte mein Opa Tscheschew aus dem Gouvernement Tambow in den Fernen Osten um. Die Molokanen aus Zentralrußland wurden jahrelang von der orthodoxen Kirche und der Regierung wegen ihres Glaubens verfolgt und zogen deshalb fort. Weil mein Urgroßvater Mitte des vorigen Jahrhunderts von der orthodoxen Kirche „abfiel“, die zu der Zeit die Staatskirche war, wurde er verhaftet und über ein Jahr unter Bewachung im Gefängnis von Tambow gehalten. Mit ihm zusammen befanden sich neun seiner leiblichen Brüder in Haft. Sie alle waren entschiedene Molokanen oder - wie sie sich selber nannten - „geistliche Christen“ und aus demselben Grund wie mein Urgroßvater verhaftet.

Einen Gerichtsprozeß gab es nicht und die Bedingungen, unter welchen sie in Haft gehalten wurden, waren schrecklich. Der älteste Bruder starb im Gefängnis, die anderen wurden nach einem Jahr wieder entlassen. Mit ihnen zusammen befand sich eine Zeitlang ein Zeitungsreporter, der wegen seiner politischen Ansichten inhaftiert war. Nach seiner Entlassung schrieb er einen Artikel, welcher in den Zeitungen in Moskau und St. Petersburg abgedruckt wurde: „Zehn Molokanen-Bauern sterben im Gefängnis in Tambow wegen ihres Glaubens. Sie sind alle leibliche Brüder aus dem Dorf Lepjagi.“

Dieser Artikel führte dazu, daß sie alle entlassen wurden.

Zum Zeitpunkt des Umzugs in den Fernen Osten war meine Mutter fünf Jahre alt. Über ein Jahr waren sie unterwegs: die Eisenbahnlinie war nur bis Kasan verlegt, ihren weiteren Weg mußten sie mit Pferdegespannen zurücklegen. Nachdem die Pferde verreckt waren, denn der Weg war sehr schwer und die sibirischen Winter waren sehr hart, setzten die Übersiedler ihren Weg zu Fuß fort. Sie machten sich Flöße um die sibirischen Flüsse Jenissej und Amur zu überqueren, und kamen so bis zum Fluß Seja. Die einheimische Be-

völkerung in Sibirien war den Übersiedlern behilflich: sie stellten ihnen Übernachtungsmöglichkeiten in ihren Häusern zur Verfügung, sie gaben ihnen zu essen, aber auch Essen für unterwegs, sie halfen mit Kleidung aus. Dies war besonders in der Winterzeit wichtig, denn der Winter in Sibirien ist lang; sechs bis sieben Monate herrscht sehr starker Frost und Schneestürme, alles wird zugeweht. Die Sibirjaken waren sehr gastfreundlich und gutmütig, die Übersiedler-Molokanen haben dies nie vergessen.

Die russische Regierung war sehr bemüht, die Gebiete im Fernen Osten zu erschließen, deshalb bekamen die Molokanen einige Privilegien: sie wurden vom Dienst in der Zarenarmee befreit, mehrere Jahre brauchten sie keine Steuern zu zahlen, und sie erhielten ein Gelddarlehen, um Vieh und Geräte, Samen für die Aussaat und Baumaterialien zu kaufen. Die Regierung wies jedem Familienmitglied zehn Desjatinen Land zu (eine Desjatine ist etwas mehr als ein Hektar). Aber was am wichtigsten war: sie bekamen die Freiheit, ihren Glauben auszuüben. Diese Molokanen, ein arbeitsfreudiges, religiöses, nüchternes Volk, verwandelten jenes kaum bekannte Gebiet in Priamurje in ein blühendes Gebiet. Sehr schnell wuchsen Dörfer, es entstanden gut gebaute große Häuser, überall sah man auch andere Bauten wie Ställe aller Art. Die Dächer der Häuser wurden mit Blättern aus verzinktem Eisen gedeckt, so etwas kannten sie in Zentralrußland sonst nicht. Zusammen schafften die Molokanen sich Dampfmühlen aus Amerika an. In den Häusern sah man Nähmaschinen der „Singer"-Marke.

Fast in jedem Dorf waren Molokanen-Gemeinden und sie bauten große Gebetshäuser. Die größten Gemeinden der Molokanen befanden sich in den Dörfern Tambowka, Tolstowka, Aleksandrowka und Giltschinowka. Mein Großvater wohnte mit seiner Familie im Dorf Tolstowka. Es vergingen einige Jahre nach diesem Umzug, da kam der Baptisten-Missionar Jakow Deljakowitsch Deljakow in den Fernen Osten. Er war Assyrer oder Perse und stammte aus dem Kaukasus. Viele Molokanen kannten ihn noch vom Kaukasus her, weil sie Anfang des 19. Jahrhunderts von der Zarenregierung in den Kaukasus verbannt worden waren.

Deljakow war aber auch den Molokanen aus den zentralen Gebieten Rußlands sehr gut bekannt. Die Älteren unter den Molokanen mochten ihn nicht, denn er predigte die Rettung durch den Glauben an Jesus Christus und die persönliche Wiedergeburt. Er betonte aber auch, daß die Wassertaufe nach dem Glauben eine Notwendig-

keit sei, um die Gebote Gottes zu erfüllen. Die Molokanen hingegen waren der Meinung, daß der Mensch nur durch seine guten Werke gerettet werden kann und lehnten die geistliche Wiedergeburt ab, sie anerkannten auch nicht die Wassertaufe. Die Molokanen sagten: „Wenn du gute Werke tun wirst, so kannst du die Rettung verdienen!" Jetzt war aber Deljakow auch in den Fernen Osten gekommen, um hier von der Errettung durch den Glauben an Jesus Christus zu zeugen. Die Alten unter den Molokanen sagten: „Wo die Kinder Gottes hingekommen sind (sie meinten sich selber), da ist auch der Teufel hingekommen (damit meinten sie Deljakow)."

Meine Mutter, Maria Abramowna, erzählte mir, wie Deljakow in diesem Gebiet die Evangelisation durchführte, welch wunderbaren Zugang er zu den Molokanen hatte, welche Gespräche er mit ihnen führte. Jakow Deljakow war der Gründer aller großen Baptistengemeinden im Gebiet Sasejskij unweit von Blagoweschtschensk; eigentlich waren dies die ersten Baptistengemeinden im Fernen Osten.

Nach seinem Eintreffen im Fernen Osten war Deljakow erst in Blagoweschtschensk tätig, wo sich ein großes Gebetshaus der Molokanen befand. Zuerst bekam er die Möglichkeit, im Gebetshaus der Molokanen zu predigen. Nachdem er aber einmal in seiner Predigt gesagt hatte, daß sie sich von ihren Sünden bekehren müssen, um die Errettung zu bekommen, wurde er buchstäblich von der Kanzel gerissen. Deljakow sprach in einem nicht einwandfreiem Russisch und gebrauchte oft altslawische Ausdrücke. Er sagte nicht: „Sünder, bekehrt euch!" sondern „Verdammte, bekehrt euch!" Einmal, als Deljakow in einer Versammlung der Molokanen laut betete: „Herr, vergib ihnen, den Verdammten", wurde er von einigen alten Männern unterbrochen, sie umringten ihn und sagten: „Schau, wir werden dir gleich mit der heiligen Faust eins auf deinen verdammten Hals geben!" Nach diesem Vorfall wurde er endgültig aus dem Gebetshaus der Molokanen in Blagoweschtschensk verjagt.

Spät im Herbst, als der Fluß Seja schon teilweise zugefroren war, ging Jakow Deljakow über das dünne Eis auf die andere Seite des Flusses und dann zu Fuß durch die Dörfer der Molokanen im Sasejskij-Gebiet. Dort wurden gerade in dieser Zeit mit der Dampfmühle die Weizengarben gemahlen. Diese Mühle wurde von einem Bauernhof zum anderen gebracht und die Nachbarn halfen einander.

Das wurde so gemacht: die Garben wurden in die Dampfmühle geworfen, an einer Seite stand jemand mit einem Sack, wo der Weizen einströmte, und das Stroh kam an der anderen Seite raus. Delja-

kow fing an zu helfen, er entfernte immer wieder das Stroh von der Mühle. Hier an der Mühle aß er auch zu Mittag zusammen mit den anderen Arbeitern.

Mein Opa, Abram Pimenowitsch Tscheschew, bei dem Deljakow eine Zeitlang arbeitete, war ein gottesfürchtiger, ehrlicher Molokane; er betete oft unter Tränen, las die Bibel, verneinte aber die Wassertaufe und die persönliche Errettung durch den Glauben an Jesus Christus. Ihm war es peinlich, daß Jakow Deljakow nicht in sein Haus zum Essen kam, sondern mit anderen Arbeitern bei der Mühle aß. Opa Abram wußte, daß Deljakow ein Prediger war, wenn auch ein Baptistenprediger. Eines Tages kam Abram Pimenowitsch zu den Arbeitern und sagte: „Jakow Deljakowitsch, du sollst nicht hier zu Mittag essen! Komm doch ins Haus, da können wir mit dir auch essen und auch sprechen!"

Jakow Deljakow ging ins Haus; doch als er über die Errettung, die Wiedergeburt, und die Taufe nach dem Glauben zu sprechen begann, wurde Abram Pimenowitsch wütend und jagte ihn hinaus. Dies geschah nicht nur einmal. Jedesmal, wenn Deljakow aus dem Haus ging, sagte er freundschaftlich: „Du bist umsonst wütend über mich, Abram Pimenowitsch! Der Herr liebt dich so sehr, so sehr! Er möchte dir die Errettung schenken. Warum bist du denn so unzufrieden über mich? Ich erkläre dir ja nur das Wort Gottes!"

Deljakow ging aus dem Haus und machte seine Arbeit bei der Dampfmühle weiter. Nachts schlief er in der Heuscheune. Die Wut meines Opas legte sich und nach einiger Zeit lud er Deljakow wieder zu sich ein zu einem Gespräch. Deljakow kam, er war ein sehr demütiger Mensch und begann wieder das Gespräch über Gott und über den Weg der Errettung. Opa war wieder außer sich und abermals jagte er ihn fort. Doch Deljakow sagte oft: „Ach, Abram Pimenowitsch, deine Seele hat so Sehnsucht nach Gott, sie dürstet nach Glauben und Errettung! Verwehre es ihr nicht, sich Gott auszuliefern!"

Es wurde immer kälter und Deljakow schlief noch immer in der kalten Scheune. Opa ging in die Scheune und sagte: „Ich schäme mich, Jakow Deljakowitsch, daß du in der Scheune in dieser Kälte schläfst, und bei mir im Hause ist es warm und Platz genug. Komm zu mir ins Haus!" So gingen die Gespräche weiter, und wurden ruhiger und ruhiger. Ganz allmählich fing mein Opa Abram Pimenowitsch an, zu glauben und mit ihm zusammen seine ganze Familie.

Die Dampfmaschine aber wurde zu einem anderen Hof gebracht und mit ihr zusammen ging auch Jakow Deljakowitsch. Woanders ging er genauso vor: er arbeitete und bezeugte in aller Demut den wahren Weg zur Errettung. Bald gab es im Dorf Tolstowka eine kleine Baptistengemeinde, erst waren es um die fünfzig Personen, dann hundert und später sogar zweihundert Personen. Die Molokanen bekehrten sich zu Gott mit ihren ganzen Familien und ließen sich gemeinsam taufen. So evangelisierte Jakow Deljakowitsch zu Fuß das ganze Gebiet: er ging von einem Dorf ins andere und predigte die Errettung in Jesus Christus.

Nach vielen Jahren des geistlichen Dienstes für den Herrn im Fernen Osten ging Jakow Deljakowitsch im Dorf Giltschinowka, wo er die letzte Zeit wohnte, heim zu seinem Herrn. Dort hatte eine gläubige Familie ihm ein Zimmer zur Verfügung gestellt, wo er nach seinen missionarischen Einsätzen in den umliegenden Dörfern gerne etwas ausruhte. Da, in Giltschinowka, endete leise und in Abgeschiedenheit der Lebensweg von Deljakow, da wurde er auch begraben. Auf sein Grab wurde eine steinerne Platte gelegt, auf der nur „Jakow Deljakowitsch Deljakow" stand. Noch in den zwanziger Jahren sah ich diese Grabplatte. 1927-1928 besuchten Nikolaj Wasiljewitsch Odinzow und Wasilij Prokopjewitsch Stepanow den Fernen Osten und waren auch an diesem einfachen Ort, dem Grab des Dieners Gottes im Fernen Osten, dem Evangelisten unter den Molokanen - Jakow Deljakowitsch Deljakow.[2]

[2] *Im Jahre 1989 fanden die Gläubigen aus Blagoweschtschensk nach langem Suchen auf dem alten vergessenen Friedhof des Dorfes Giltschinowka eine alte steinerne Platte mit dem Namen Deljakow. Diese Platte lag mit vielen anderen zerschlagenen Grabplatten in einem Müllhaufen. Die Gläubigen säuberten diesen Platz und stellten einen Stein für Jakow Deljakowitsch Deljakow auf, auf welchem sein Name, Geburts- und Todesdatum und sein Porträt eingraviert sind.*

2

Die ersten Eindrücke

Mama erinnerte sich gern an ihre Kindheit und frühe Jugend:

Das Erste, woran ich mich entsinne ist ein heißer Sommertag in der Stadt Blagoweschtschensk im Fernen Osten, wo wir wohnten. Es war Nachmittag und ringsum still, die Sonne brannte unbarmherzig und es herrschte totale Windstille. Ich ging nach draußen, nirgends war jemand zu sehen, überall Stille und Ruhe, so als ob die ganze Stadt sich vor dem abendlichen Gebetsgottesdienst ausruhte. Es war ungefähr 1911 oder 1912, also noch zur Zarenzeit.

Ich war ungefähr vier oder fünf Jahre alt, als ich anfing, die Kinderstunden in unserer Gemeinde zu besuchen; sie wurden regelmäßig jeden Sonntagnachmittag von zwei bis vier Uhr abgehalten. Das Gebetshaus befand sich ganz in der Nähe unseres Hauses. Wer brachte mich zu diesen Kindergottesdiensten? Wahrscheinlich ging ich mit meinen ältesten Brüdern Pjotr und Nikolaj. Sehr viele Kinder besuchten die Sonntagsschule und der Unterricht war sehr interessant. Wir hatten ein besonderes Büchlein, das „Manna" hieß und aus dem wir „Goldene Verse" aus der Bibel auswendig lernten. Sehr gut erinnere ich mich auch an die farbigen Bilder. Besonders das Bild „Der barmherzige Samariter" steht mir noch vor Augen. Dieses Bild wurde an der Kanzel befestigt, und eine der Lehrerinnen erzählte uns die Geschichte vom barmherzigen Samariter und führte dabei mit dem Stock durch das Bild. Dies waren für uns sehr wichtige Lehren über Güte, Barmherzigkeit und Mitleid. So lehrte der Herr uns von klein auf, nicht an der Not anderer vorbeizugehen und nicht gleichgültig zu sein. Dieser Unterricht in der Sonntagsschule war sehr interessant und lebendig. Meine ganze Kindheit ist mit dem Leben der Gemeinde verbunden. Die Mitglieder der Gemeinde in Blagoweschtschensk waren besondere Leute: sie waren sehr einfach, gastfreundlich und gütig; sie lebten bescheiden, hatten keine besondere Ansprüche, und fast alle waren materiell gleichgestellt.

Mein Vater, Michail Michajlowitsch Sharikow, starb sehr früh, er wurde nur 35 Jahre alt. Dies geschah im Jahre 1916, er arbeitete damals als Arbeiter in der städtischen Mühle. Als Vater starb, blieb Mama mit fünf kleinen Kindern zurück, die Kleinste, Nadeshda, war gerade 9 Monate alt. Durch Kleidernähen verdiente Mama das Geld, um uns zu ernähren. Mein ältester Bruder Pjotr war gerade 15 Jahre alt und er ging als Lehrling in eine Schlosserwerkstatt. Wir lebten im Hause von unserem Opa Sharikow, alle zusammen bewohnten wir ein Zimmer. Doch bald nach Papas Tod starb auch Opa.

1918 kam die Revolution auch in den Fernen Osten. Damals war ich neun Jahre alt und wir wohnten noch immer in Opas Haus. Es war eine schreckliche Zeit: morgens nahmen die „Weißen" die Stadt ein, abends die „Roten" oder umgekehrt. Man wußte nicht, wer gekommen war, und doch forderten sie von den Stadtbewohnern eine Antwort auf ihre Frage: „Für wen seid ihr: für die Weißen oder die Roten?" Damals gab es in der Stadt eine schreckliche Schießerei, die Leute wurden einfach auf der Straße erschossen. Mama beschloß, uns Kinder vor dieser Schießerei zu bewahren, denn die Kugeln flogen durch die Häuser. Sie brachte uns ins Dorf zur Oma Dunja, ihrer Mutter (Opa Abram Pimenowitsch war damals schon gestorben). Unser Onkel, der jüngste Bruder von Mama, kam, um uns abzuholen. Mama zog uns warm an (es war Winter): mich, meinen Bruder Nikolaj und den jüngsten Bruder Anatolij, und wir setzten uns in den Schlitten. Mein ältester Bruder Pjotr blieb in der Stadt, denn er arbeitete schon. Der Weg war nicht so sehr weit, ungefähr 50 km. Unter viel Schwierigkeiten passierten wir den Fluß Seja, er war an dieser Stelle breit und erst seit kurzem mit Eis überzogen. Auf diesem dünnen Eis fuhren wir mit dem Schlitten zum anderen Ufer. Damals gab es bei Blagoweschtschensk noch keine Brücke über den Fluß Seja. Einige Monate wohnten wir im Dorf, dort war es ruhiger und es gab keine Schießereien und Kämpfe. Erst im Frühling kehrten wir wieder nach Hause zurück, die Schulen waren damals geschlossen, denn die Revolution war im Gange.

Unsere Tanten, die Schwestern unseres verstorbenen Vaters, beschlossen, das Haus und alles, was auf dem Hof war, zu verkaufen. Wir hatten da einen kleinen Obstgarten, in dem kleine halbwilde Birnen und viele schwarze Johannisbeeren wuchsen. Erst zwei Jahre zuvor hatte Mama diese Johannisbeeren gepflanzt und es war gerade die erste Ernte, die wir Kinder kaum abwarten konnten. Wir besaßen auch einen kleinen Garten, so daß wir immer unser Gemüse hatten. Und nun hatten unsere Tanten beschlossen, uns Waisen dies alles zu nehmen, alles zu verkaufen und uns einen Teil des Geldes zu geben. Sie besprachen sich mit einem Mann wegen des Preises und nahmen von diesem neuen Besitzer 5000 Rubel. Doch am nächsten Tag wurde das Geld ausgewechselt und hatte dann keinen Wert mehr. Die Tanten sagten zu dem Mann: „Dies ist kein Geld! Es sind leere Scheine!" Aber er antwortete: „Ihr habt es mir verkauft, jetzt ist es mein Haus, ich bin sein Eigentümer!"

Der neue Hausbesitzer forderte uns auf, sofort das Haus zu verlassen. Ich kann mich noch gut daran erinnern, welches Weinen da herrschte. Die Tanten weinten sehr, daß sie nichts aus dem Hausverkauf bekommen hatten und es jetzt verlassen mußten. Unsere Mutter war sehr still und sanft, sie nahm alles schweigend an. Die Tanten fanden eine neue Wohnung und wir mußten auch das Haus verlassen. Der neue Hausbesitzer erlaubte uns, für kurze Zeit im Stall auf dem Hof zu wohnen. Es war ein sehr alter Stall, aus Holz gebaut, die Wände standen kaum. Als unsere Tanten das Haus verließen, baten sie den neuen Hausbesitzer: „Vertreib nicht Maria mit den Kindern aus dem Haus! Gib ihr wenigstens das vierte Teil, denn sie ist eine Witwe mit Kindern. Wohin soll sie gehen? Wo soll sie wohnen? Nimm doch diese Sünde nicht auf dich, vertreibe nicht die Waisen!" Aber der neue Hausbesitzer sagte: „Dieses ganze Haus gehört jetzt mir! Auch der Hof und der Stall gehören mir! In einer Woche soll eure Maria mit allen Kindern den Stall räumen! Wo sie wohnen wird, interessiert mich nicht!"

Drei Tage nach diesem Gespräch änderten sich die Machtverhältnisse in der Stadt wieder, die „Roten" kamen wieder. Sie führten diesen Mann nach draußen und er wurde im Hof seines neuen Hauses erschossen. Es war eine schreckliche Zeit! Dieser erschossene Mann ließ Frau und Kinder zurück.

Mama lief einen ganzen Monat lang von früh morgens bis spät abends durch die Stadt und suchte eine Wohnung für uns. Wir hatten noch eine Kuh, die uns versorgte. Mama molk sie, wir tranken einen Teil der Milch, den anderen Teil verkaufte Mama, um uns Brot zu kaufen. Jeden Tag brachte Mama frühmorgens die Kuh zur Weide außerhalb der Stadt und holte sie abends wieder ab. Auf dieser Weide grasten viele Kühe, es gab saftiges Gras, es gab auch einen Hirten, der diese Herde bewachte und zum Tränken an den Fluß führte. Für diese Arbeit wurde er von den Viehbesitzern bezahlt. Aber eines Tages ging die Kuh verloren; für uns war das ein großes Leid. Die ganze Nacht lief Mama durch die ganze Stadt, erkundigte sich nach der Kuh und suchte sie, bis sie diese früh morgens nach Hause brachte.

Die wichtigste Frage für uns war jetzt: Wo sollen wir wohnen? Wohin sollen wir gehen? Da begegnete Mama einem barmherzigen Mann, er besaß eine Schmiede, er beschlug die Pferde und machte andere Arbeit. Neben der Schmiede auf seinem Hof stand ein altes, kleines Häuschen das aus drei winzigen Zimmern und einer Küche bestand. Dieser Mann kannte unsere Familie und wußte um unsere Not. Er sagte zu Mama: „Maria, zieh in dieses Haus. Wenn du Geld haben wirst, kannst du es abzahlen; wenn du aber kein Geld haben wirst, Gott sei mit dir, brauchst du es nicht abzugeben, ich werde dadurch nicht ärmer." So zogen wir in dieses Häuschen. Mama arbeitete viel: sie nähte Kissen- und Deckenbezüge für ein Geschäft. Sie ging auch zu den reichen Leuten und wusch ihre Wäsche und strich ihre Wände neu an. Es gab immer große Wäsche und alles mußte mit den Händen auf Waschbrettern gewaschen werden, denn Waschmaschinen gab es damals noch nicht. Auch das Wasser mußte sie selbst holen, erwärmen und raustragen. Die reichen Leute forderten, daß die Arbeit gut gemacht werde. Gewöhnlich wurde einmal im Monat gewaschen und die Wäsche nahm dann zwei bis drei Tage in Anspruch. Um sechs Uhr morgens ging Mama schon zur Arbeit und wir blieben alleine zu Hause.

Meine ältesten Brüder Pjotr und Nikolaj arbeiteten auch schon. Im Sommer arbeiteten sie bei Mamas Brüdern im Dorf; sie saßen auf den Pferden und lenkten sie, und die Bauern gingen hinter dem Pflug her. Im Herbst brachten sie uns Lebensmittel aus dem Dorf mit: Mehl, Sonnenblumenöl, Kartoffeln. Im Winter arbeitete mein ältester Bruder Pjotr in einer Werkstatt, er wohnte auch dort bei dem Inhaber. Der zweite Bruder, Nikolaj, wohnte im Sommer und auch im Winter im Dorf. Ich war 11 Jahre, als wir das Häuschen des Schmiedes bezogen. Und ich kann mich gut daran erinnern, wie ich alleine mit meinem jüngsten Bruder Anatolij (7 Jahre) und meiner jüngsten Schwester Nadeshda (2 Jahre) im Hause blieb. Nadeshda ging oft irgendwohin und ich mußte sie suchen gehen. Unweit von uns befand sich das Gebäude der Miliz, und nicht selten fand ich sie dort wieder und brachte sie nach Hause.

Es fiel mir nicht leicht, das Essen für uns Kinder aus dem großen russischen Ofen zu holen. Nicht selten gab es aber auch nichts zu essen. Bevor Mama zur Arbeit ging, öffnete sie mir den Deckel vom Keller (Raum unter dem Fußboden), denn der Deckel war schwer und ich konnte ihn nicht aufheben, und ging zur Arbeit. Dort im Keller, war unser Essen: Zwiebeln, Möhren, Rettich. Wir holten uns diese Lebensmittel und nicht selten war das u unser Essen für den ganzen Tag. Abends legte ich die Kinder früh schlafen und wartete selber auf Mama. Es war dunkel im Hause, denn es gab keine Elektrizität; so war es unheimlich und ich saß da, wagte kaum zu atmen und wartete. Ich lernte ihre Schritte zu erkennen, wenn sie noch weit unten auf der Straße ging (die Fußgängerwege waren aus Holz gemacht). Und ich wurde froh und glücklich: Mama kam nach Hause! Alles Leid war auf einmal verflogen, alle Ängste waren weg! Mama kam sehr müde nach Hause, brachte aber immer etwas zu essen mit. Am nächsten Tag mußte sie wieder früh zur Arbeit gehen.

Oft, wenn Mama zur Arbeit ging, besprachen wir uns, für sie etwas Gutes zu tun. Wir reinigten unseren kupfernen Samowar mit einem Pulver - dieses stellten wir aus gebrannten Ziegeln her, indem wir sie gegeneinander rieben - bis er wie Gold glänzte. Wir nahmen Sand und scheuerten damit unsere Holzhocker, die nicht gefärbt waren, so lange, bis sie ganz weiß wurden. Oft wuschen wir den Fußboden und räumten im Hause auf, damit Mama, wenn sie nach Hause kam, sich freute, wie sauber es bei uns war. So verging unser Leben. Am Sonntag gingen wir morgens zum Gottesdienst, mittags zur Sonntagsschule und abends wieder zum Gottesdienst. Mama zog uns schöne Feiertagskleider an, auf die wir sehr aufpaßten und die wir nur Sonntags anzogen.

Im Winter ging ich zur Schule. Ich war schon acht Jahre alt, als ich eingeschult wurde. Zuerst lernte ich in der besonderen staatlichen Mädchenschule, wo die Schülerinnen alle eine Einheitsuniform tragen mußten (es war noch zur Zarenzeit). Vor Schulbeginn las der orthodoxe Priester immer ein Gebet. Einige Jahre später wechselte ich zu einer Hauptschule über. Nachdem mein Vater gestorben war, mußte ich Mama helfen, Geld zu verdienen; ich nähte hauptsächlich aus. Mama lehrte mich schön zu sticken, außerdem brachte sie mir bei, wie man Socken, Strümpfe, Handschuhe, Fäustlinge und Mützen strickte. Sie lehrte mich auch, Spitzen zu häkeln, es war damals sehr modern. Dies. Sachen verkaufte Mama dann. Damals war Handgesticktes teuer, oftmals bekam Mama drei Rubel dafür; für die damalige Zeit war es nicht wenig Geld. Diese Summe wurde auch für meine gestickten Sachen bezahlt. Ich war froh, daß ich Mama etwas behilflich sein konnte. Aber sie gab uns auch genügend Zeit, um zu spielen, zu laufen, mit dem Ball zu spielen; auch andere Spiele hat-

ten wir gern. Jedes Ding hat seine Zeit, so verliefen unsere Tage verschieden.

Im Stadtzentrum befanden sich Herbergen, so ähnlich wie Gasthäuser; dort gab es Wohnungen für Familien. Mama nähte mir aus Stoff eine Schürze, die man über den Kopf anziehen mußte. Hinten und vorne hatte die Schürze je vier Taschen, in die man Flaschen mit Milch stecken konnte. Ich mußte früh morgens, noch vor der Schule, die Milchflaschen zum Gasthaus bringen, da hatten wir beständige Kunden, die unsere Milch abkauften. Es war weit ab von unserem Häuschen, ich war ungefähr eine Stunde unterwegs in eine Richtung, obwohl ich nicht langsam ging. Es war 1918, damals hatten die Japaner den Fernen Osten eingenommen. Sie hatten schmucke, große Pferde, mit denen sie beständig in der Stadt herumritten, waren immer bewaffnet und benahmen sich sehr frech.

Eines Morgens ganz früh, es waren noch keine Leute zu sehen, ging ich durch die Stadt und beeilte mich, die Milch wegzubringen. Da sprang ein bewaffneter Japaner mit dem Pferd auf mich zu, fauchte vor meinem Gesicht mit seinem Schwert hin und her und lachte schadenfroh dazu. Ich war zu Tode erschrocken und versuchte immer wieder, auszuweichen. Es war ein schreckliches Bild. Der Japaner lachte laut und lenkte sein Pferd immer wieder auf mich zu. Am nächsten Morgen fürchtete ich mich sehr, an diesem Platz vorbeizugehen, aber der Japaner war nicht mehr da.

Woran ich mich noch erinnern kann? Ich war sehr schlecht angezogen, wenn ich zur Schule ging: ich hatte eine alte Jacke von Mama, die mir natürlich viel zu groß war, die Schultern der Jacke hingen mir fast bis zu den Ellenbogen herunter. Ich lernte gut. Vom ersten Schuljahr an bekam ich immer sehr gute Noten. Wir waren sehr arm, deshalb konnte ich mir keine gute Hefte kaufen, wie es viele taten. Mama kaufte einfaches liniertes Papier, und aus diesem Papier nähte ich Hefte für mich, in denen ich dann die Schulaufgaben machte. Viele Kinder aber hatten schöne Hefte. Eines Tages mußten wir eine Arbeit schreiben und der Russischlehrer nahm die Hefte mit nach Hause, um sie zu korrigieren. Am nächsten Tag verteilte der diensthabende Schüler die korrigierten Arbeiten an die Schüler. Er gab auch mir ein Heft, aber ich erkannte es nicht und sagte: „Dies ist nicht mein Heft!" Es hatte einen schönen blauen Umschlag und auf der Umschlaginnenseite war ein schönes Bild mit einem schmalen rosa Band festgeklebt. Der Lehrer kam zu meinem Platz und sagte: „Dies haben meine Töchter dir zum Geschenk gemacht!" Und in dem Heft stand da, wo die Arbeit geschrieben war, eine

„5"[1] Anscheinend hat der Herr mich schon in meiner Kindheit für meinen zukünftigen Dienst vorbereitet, damit ich späte grammatikalisch richtig Petitionen für die verfolgten Christen schreiben konnte.

Mein Lieblingsfach war Mathematik. Oft wurden zwei Schulklassen zusammengelegt und der Mathematiklehrer schrieb einige Aufgaben an die Tafel. Diese Aufgaben schrieben wir in unsere Hefte und rechneten sie schweigend nach. Obwohl die Aufgaben nicht selten schwierig waren, konnte ich sie schnell lösen, denn Mathematik war für mich nicht schwer. Der Lehrer rief mich oft nach vorne, um die Aufgaben zu lösen; doch es war für mich eine Quälerei, nach vorne zu gehen, denn die Kleidung, die ich trug, war alt und zu groß und ich schämte mich. Der Lehrer verstand mich wohl, denn er ermunterte mich immer wieder: „Es macht nichts, komm nach vorne und löse diese Aufgaben!" Ich ging nach vorne und bekam dann für die Lösung ein „Ausgezeichnet". Aber heute noch verspüre ich dieses Gefühl des Unbehagens, das ich damals wegen meiner Kleidung empfand. Außerdem trug ich auch Mamas alte Schuhe, denn ich hatte keine anderen. Trotz dieser armen Kleidung wagte keines von uns Kinder, sich bei Mama zu beschweren. Wir verstanden sehr gut, daß sie schwer arbeiten mußte, um uns zu kleiden und etwas Essen zu geben, und halfen ihr deshalb so gut wie wir konnten.

Jeder Sonntag, wenn wir mit Mutter zum Gottesdienst gehen konnten, war für uns ein Feiertag. Mit zwölf Jahren traf ich bewußt eine Entscheidung für Jesus Christus und bekehrte mich, und mit anderen jungen Menschen (wir waren dreißig) ließ ich mich im Sommer 1919 taufen. Mit 15 Jahren begann ich meinen Dienst in der Sonntagsschule, ich war eine der dreißig Lehrerinnen in der Sonntagsschule. In unserer Gemeinde war alles sehr gut organisiert. Über 300 Kinder besuchten die Sonntagsschule, der Unterricht war immer am sonntags von 14 bis 16 Uhr.

Bevor Jakow Jakowlewitsch Vins in den Fernen Osten kam und zum Gemeindeleiter gewählt wurde, war Iwan Fjodorowitsch Sablin verantwortlich für die Sonntagsschule. Wir hatten ihn alle sehr gern. Damals waren wir noch nicht in Klassen gemäß dem Alter aufgeteilt, sondern es gab nur einen Unterricht für alle gleichzeitig. Nachdem Jakow Jakowlewitsch Vins zum Gemeindeleiter gewählt worden war, wurden die Kinder entsprechend ihrem Alter auf ver-

---

[1] Die russische „funf" entspricht dem deutschen „sehr gut".

schiedene Klassen verteilt. Die Jungen und Mädchen hatten getrennt Unterricht. Im Gemeindehaus gab es auch eine Bibliothek, dort war verschiedene christliche Literatur gesammelt: es gab Bücher für Kinder, Jugendliche, junge und ältere Erwachsene. Wir konnten die Bücher zum Lesen nach Hause nehmen, und danach wurden sie zurückgegeben. Damals gab es sehr viel christliche Literatur, fast jeder Gläubige hatte eine eigene Bibel oder ein Neues Testament. Ich besaß auch eine eigene Bibel, die wurde aber später, in den dreißiger Jahren, bei einer Hausdurchsuchung konfisziert.

1919 war im Fernen Osten, in Blagoweschtschensk und anderen Städten, eine große Erweckung, viele Menschen bekehrten sich zu Gott. Wenn der Gemeindeleiter am Ende des Gottesdienstes fragte: „Wer von euch möchte Jesus in sein Herz aufnehmen?", so ging oft erst eine Person, dann zwei, drei und schließlich so viele nach vorne, daß alle Gänge voll von Bußfertigen waren. Es gab Gottesdienste, in denen sich bis zu 50 Personen zu Gott bekehrten. Nach dem Schlußgebet bat Jakow Jakowlewitsch alle, die sich an diesem Tag bekehrt hatten, und auch die Besucher, die ein Gespräch haben wollten, zurückzubleiben. Er bat auch die Prediger und Jugendlichen zurückzubleiben, um mit den Neubekehrten und Interessierten zu sprechen. So geschah es, daß nach dem Abendgottesdienst viele nicht nach Hause gingen, sondern oft bis 22 Uhr das Gebetshaus besetzt war: in einer Ecke des großen Versammlungsraumes wurden Gespräche geführt, in der anderen Ecke wurde schon mit den Neubekehrten „Immer fröhlich, immer fröhlich" gesungen, in der dritten Ecke waren Gruppen, in denen man noch betete, Buße tat und Gott um Vergebung bat. Dann kamen alle wieder zusammen und der Gemeindeleiter betete zum Schluß. Schließlich sagte er allen, die noch Fragen hatten, daß sie ihn jederzeit zu Hause besuchen und weiter mit ihm sprechen könnten.

An den Wochentagen kamen viele zum Gemeindeleiter zu einem Gespräch. Dann kamen die Neubekehrten vor den Bruderrat, wo ihnen viele Fragen gestellt wurden, um festzustellen, ob sie wirklich wiedergeboren waren oder sich erst auf dem Weg dazu befanden; erst dann kamen die Wiedergeborenen vor die Gemeinde. Diese hörte sich das Zeugnis eines jedes Bekehrten an und vernahm sein Verlangen, Gott zu dienen; danach beschloß die Gemeinde, wer zur Taufe bereit sei. Fast jeden zweiten Sonntag fanden Tauffeste statt, wo 30 bis 50 Personen sich taufen ließen. Zahlenmäßig wuchs die Gemeinde sehr schnell, aber auch der geistliche Zustand war ermu-

tigend und erfreulich. Dies war eine Zeit der Evangelisation und der großen Erweckung.

Um das Gemeindehaus herum befanden sich ein großer Park und eine Pappelallee. In der Mitte des Parks war eine kleine Wiese, auf der ein Häuschen stand, in welchem Bänke aufgestellt waren. Im Sommer spielte in diesem Häuschen ein Blasorchester nach dem Gottesdienst. So gingen die Gläubigen nach dem Abendgottesdienst nicht nach Hause, sondern alle - auch die Jugend und der Gemeindeleiter – begaben sich in den Park, saßen auf den Bänken, unterhielten sich und hörten die Musik. Viele Einwohner der Stadt kamen, sobald sie die Musik hörten, auch herzu, hörten die christliche Musik und stellten Fragen. Die Gemeindeglieder unterhielten sich mit ihnen und luden sie zu Gottesdiensten ein, damit sie etwas von Jesus Christus hörten.

Die Sonntagsschule existierte im Fernen Osten bis zum Sommer 1926. 1925 fuhr ich nach Wladiwostok, um im Medizinischen Technikum zu studieren. Im Sommer 1926 kam ich in den Ferien nach Hause, da war die Sonntagsschule schon von der Regierung verboten. Welches Schicksal ereilte die Leiter der Sonntagsschule? Iwan Fjodorowitsch Sablin war ungefähr bis 1920 der Hauptlehrer in der Sonntagsschule, dann war er als Evangelist im Gebiet um die Eisenbahnstation Botschkarjewka tätig. Er war sehr geradlinig, ohne jegliche List. Er hatte eine sehr treue Frau, die auch Gott liebte. 1931 wurde Iwan Fjodorowitsch verhaftet und starb fast in den nördlichen Straflagern, trotz seiner Skorbuterkrankung mußte er schwer arbeiten. Nach einigen Jahren Haft wurde er entlassen. Erst wohnte er in Nowosibirsk, dann zog er nach Semipalatinsk, wo er im gesegneten Alter starb. Bis zu seinem Tod predigte er das Evangelium.

Seit 1920 war Rusakow Wasilij Semjonowitsch der Hauptlehrer in der Sonntagsschule. Er war auch Diakon in der Gemeinde von Blagoweschtschensk. 1931 wurde er verhaftet und nach Bijsk, im Altaj-Gebiet, in die Verbannung geschickt. Nach zwei Jahren bekam er die Genehmigung von der Obrigkeit, nach Blagoweschtschensk zurückzukehren. Dort wurde er aber bald wieder verhaftet, und nach Ende dieser zweiten Haft durfte er nicht mehr zurück, sondern wurde zusammen mit seiner Familie nach Narym im Norden in die Verbannung geschickt. Da bekam er die Schwindsucht und starb.

Von 1925 bis 1927 studierte ich in Wladiwostok im Medizinischen Technikum. Neben dem Studium mußte ich aber auch arbeiten, um Nahrung, Kleidung und Schuhe kaufen zu können; ich mußte auch für das Zimmer, wo ich wohnte, bezahlen. Nach dem Studium arbeitete ich im Technikum als Putzfrau. Jeden Tag mußte ich den Holzfußboden in zwanzig Räumen waschen und von allen Gläschen im Raum des Provisors den Staub abwischen. Ich war sehr beschäftigt.

Es kamen die Weihnachtsferien 1926 (bei uns im Fernen Osten wurden während der Sowjetzeit noch einige Jahre lang die Weihnachts- und Osterferien beibehalten). Ich hätte für ca. 10 Tage nach Hause nach Blagoweschtschensk fahren können, aber das kostete viel Geld, und ich hatte keines. Meine Mutter konnte mir auch nicht helfen, denn unsere Familie war arm. Alle Studenten waren schon nach Hause in die Ferien gefahren, ich aber war noch immer mit dem Säubern der Räume beschäftigt. Es tat mir so weh, das ich alleine im großen Gebäude geblieben war, daß ich sogar weinte. Als ich meine Arbeit beendet hatte, war es 20 Uhr abends. Die Geschäfte waren geschlossen, alle feierten Weihnachten, und ich war allein und sogar ohne Essen geblieben. (In den Studentenquartalen waren die Lebensmittelgeschäfte gewöhnlich bis 22 Uhr abends offen, doch an den Feiertagen schlossen sie früher.) Ich hatte nicht mal mehr Brot, nur etwas Zwieback und die Kantine war auch während der Feiertage geschlossen.

Unerwartet bekam ich an diesem Abend Besuch von Jewdokija Ponomarjowa, sie tat einen Dienst unter den Schwestern in der christlichen Frauenarbeit. Ich kannte sie schon lange. Ponomarjowa war viel älter als ich, sie war alleinstehend und hatte keine Familie. Schwester Ponomarjowa besuchte die Einsamen, Armen, diejenigen, die Ermutigung brauchten. Allen brachte sie Ermutigung und versuchte zu helfen, wo sie nur konnte. Als ich 12 oder 13 Jahre alt war, war in Blagoweschtschensk ein Kongreß wo sie auch anwesend war. Ich schaute mit Begeisterung zu ihr auf und dachte: „Wenn ich erwachsen werde, werde ich auch wie sie entweder im Altenheim oder im Kinderheim arbeiten!“ Für mich war sie ein christliches Beispiel, das man nachahmen sollte. An diesem Abend sah Schwester Ponomarjowa sehr müde aus, sie hatte schon mehrere Familien in Wladiwostok besucht. Sie kam zu mir, um mit mir den Weihnachtsabend zu verbringen, und ich hatte nichts, womit ich sie bewirten konnte. Im Wohnheim gab es keine Küche, so holten wir kochendes Wasser aus dem Heizraum, aßen den Zwieback und tranken gekochtes Wasser dazu. Wir sangen Weihnachtslieder und unterhielten uns. Ich war unbeschreiblich froh über ihren Besuch; sie übernachtete bei mir und fuhr am nächsten Tag weiter.

Ungefähr drei Tage nach Weihnachten, es waren noch Ferien, kam der Provisor, einer unserer Professoren, ins Technikum. Er kam auch zu mir und fragte: „Und was macht der Magen nach dem Weihnachtsessen?" Ich erzählte ihm die Geschichte von dem Zwieback und dem gekochten Wasser, und er sagte: „Das macht nichts! Als ich in Moskau studierte, hatte ich zu einem Weihnachtsfest nur ein Stück Schwarzbrot und Knoblauch!" Und er lachte froh. Es war ein kleiner, alter Professor, er war sehr gutmütig und ein großer Spezialist in seinem Fach. Die besten Mediziner in Wladiwostok kamen zu ihm, um sich Rat über verschiedene Medikamente zu holen.

In Wladiwostok gab es auch eine Baptistengemeinde, die aus 250 Mitgliedern bestand. Am Sonntag besuchte ich hier die Gottesdienste. Hier in Wladiwostok wurde ich 1926 mit Pjotr Jakowlewitsch Vins bekannt, der vor kurzem aus Amerika in den Fernen Osten gekommen war. Wir lernten uns auf dem Jugendkongreß der Baptisten kennen. Unsere Jugend in Blagoweschtschensk wußte, daß der Sohn von Jakow Jakowlewitsch Vins angekommen sei, daß er das Baptistenseminar in Amerika absolviert hatte und gut Russisch sprach. Wir alle fanden es interessant ihn kennenzulernen, einen russischen Bruder aus Amerika! Mein erster Eindruck war: ein sorgfältiger, genauer junger Mann mit einer Brille (im Fernen Osten sah man zu der Zeit selten jemanden mit Brille), er war freundlich und einfach im Umgang mit anderen und kein „wichtiger Amerikaner", wie wir uns ihn vorgestellt hatten.

3
Der Missionar aus Amerika

„Und Paulus erschien ein Gesicht bei der Nacht; das war ein Mann aus Mazedonien, der stand und bat ihn und sprach: Komm herüber nach Mazedonien und hilf uns!“
Apostelgeschichte 16, 9

„Wir beteten und beten immer für Euch, damit Gott und der Vater unseres Herrn Jesus Christus euch Kraft und Geduld schenkt, das Kreuz, das euch durch seine göttliche Vorsehung auferlegt wurde, bis zum Ende auf dem Weg zu tragen, den Jesus, seine Aposteln und die Märtyrer gegangen sind.“ Dies ist ein Auszug aus einem Brief vom 7. Januar 1934 der Gemeinde in Blagoweschtschensk an meinen Vater, während er in der Stadt Bijsk im Altaj-Gebiet in der Verbannung war. Dieser Brief ist erhalten geblieben trotz der vielen Haussuchungen und Verhaftungen, die unsere Familie durchlebte. Wunderbar war das Schicksal meines Vaters: Acht Jahre, bevor er diesen Brief bekam, war er aus Amerika nach Rußland gekommen mit einem heißen Verlangen, dem russischen Volk das Evangelium zu predigen. In einer Zeit, in der viele unter verschiedenen Vorwänden die Sowjetunion zu verlassen versuchten und einige sogar illegal die Grenze überquerten, hörte Pjotr Jakowlewitsch in seinem Herzen den Ruf Gottes: „Der Ort deines Dienstes ist Rußland, du wirst da gebraucht!“ Er dachte viel darüber nach und betete viel, denn er wußte sehr gut, was ihn in einem Land erwartete, in dem öffentlich der Krieg gegen Gott, die Bibel und die Gemeinde verkündet wurde. Aber für ihn erscholl der Ruf aus Mazedonien: „Komm ... und hilf uns“ (Apg. 16, 9).

Pjotr Jakowlewitsch hatte in Amerika eine Braut und die Hochzeit sollte in Kürze stattfinden. Obwohl die Braut auch eine Russin war, wollte sie doch nichts von Rußland hören; sie konnte den Ruf Gottes dorthin zu gehen und da zu dienen, nicht verstehen. Immer wieder versuchte sie Pjotr Jakowlewitsch zu überzeugen: „Wirke in Amerika! Auch hier gibt es viel geistliche Arbeit! Wozu brauchst du Rußland?“ Er liebte sie, doch Gott gehorsam zu sein war für ihn wichtiger. Er versuchte ihr zu erklären: „Hier in Amerika gibt es viele Prediger, hier gibt es viele Bibelschulen, Seminare und Gemeinden, hier gibt es sehr viel christliche Literatur! Und dort ist eine große geistliche Not und so wenige Diener sind da! Versuche mich zu verstehen - mein Platz ist in Rußland und ich wünsche mir sehr, daß wir zusammen dort hinfahren.“ Doch sie ließ sich nicht überreden: „Dorthin fahren bedeutet nur den Tod! Nie werde ich in dieses gottlose Land fahren!“ Nachdem Pjotr Jakowlewitsch ihr mitteilte, daß sein Beschluß fest stehe und er die Papiere zur Einreise fertig mache, sagte seine Braut zu ihm: „Entweder ich oder Rußland!“ Für Pjotr Jakowlewitsch bedeutete diese resolute Antwort dasselbe wie: „Entweder ich oder Gott!“ Die Hochzeit wurde auf unbestimmte Zeit verschoben. Pjotr Jakowlewitsch wollte nicht die endgültige Trennung von seiner Braut und schlug vor: „Ich fahre zuerst alleine, du aber kannst dir nochmals alles gut überlegen! Suche den Willen Gottes zu verstehen! Ich aber werde auf dich warten und beten, damit du dich auch entschließt, mit mir den Missionsdienst in Rußland zu teilen.“ Doch kurz nachdem Pjotr Jakowlewitsch nach Rußland gefahren war, heiratete sie einen russischen gläubigen Bruder in Amerika.

Kanada - die Stadt Vancouver im Juni 1986. Ich stand am Ufer der Meerenge, welche die Insel Vancouver vom amerikanischen Festland trennt. Hier befindet sich der alte Hafen von Vancouver, von hier aus fahren große Schiffe in fast alle Länder der Welt ab. Von hier aus fuhr mein Vater sechzig Jahre zuvor nach Rußland, in den Fernen Osten, mit dem japanischen Schiff „Iho Mary“. Seitdem hat sich in der Welt vieles verändert, auch die Stadt Vancouver und der Hafen haben sich verändert. Ich schaute auf den alten Hafen und versuchte mir auszumalen, was mein Vater sah und fühlte, als das Schiff „Iho Mary“ langsam vom Ufer ablegte und ihn einer ungewissen Zukunft entgegenbrachte. Dies war im Juli 1926 geschehen. Viele seiner Glaubens- und Dienstfreunde begleiteten ihn auf seinem weiten Weg, sie standen am Ufer und sahen dem davoneilenden Schiff nach, auf dem ihr Bruder von ihnen wegfuhr, vielleicht für immer.

In seinem letzten Brief aus Vancouver schrieb Pjotr Jakowlewitsch an seine Freunde in Amerika (der Brief wurde in den USA in der Zeitschrift „Sejatel Istiny“ vom September 1926 veröffentlicht): „Am Sonntag, den 13 Juni, fand der Abschiedsgottesdienst statt, viele Freunde, die in der Umgebung von Pittsburgh wohnten, kamen zum Gottesdienst. Nach den Gebeten und kurzen Zeugnissen der Gemeindeglieder über Gottes segensreiches Wirken in den verflossenen Jahren wurde die Abendmahlsfeier durchgeführt. Unaufhörlich drängte sich mir der Gedanke auf: Vielleicht ist es das letzte Mal, daß wir um einen Tisch gemeinsam des Leidens Christi und seines zweiten Kommens diesseits des Jordans gedenken.

Es ist unmöglich, die Gedanken und Gefühle anderer wiederzugeben, aber ich möchte die meinigen schildern. Vor fünf Wochen nahm ich in Gattford an einer Sitzung teil, während der Bruder Bukin, der Sekretär des Bundes, mir ein Telegramm überreichte. Nachdem ich das Telegramm gelesen hatte, war mein erstes Gefühl ein unglaubliches Staunen, eine Art Zweifel, was man am besten mit den Worten ausdrücken kann: ‚Ist es denn wirklich war, daß ich nach Hause fahre? Vielleicht ist dies nur ein Traum?Ist es denn wahr, daß ein fünfzehnjähriger Traum und Verlangen endlich in Erfüllung gehen?‘ Ich denke, daß Gläubige, die in die Ewigkeit gehen, etwas ähnliches erfahren.

Der Vorsitzende des Russisch-Ukrainischen Bundes der Baptisten in Westkanada bat mich, zu ihnen zu kommen und vom 24. bis 28. Juni am Kongreß in Igel-Krik Saskatschewan teilzunehmen. Der Herr ließ seinen Segen reichlich fließen, so daß unwillkürlich aus dem Herzen die Worte der Jünger Jesu aufstiegen: ‚Herr, hier ist es so gut zu sein!‘ Ich komme nicht umhin, es besonders zu erwähnen, wieviel Liebe mir alle Teilnehmer entgegenbrachten. Besonders freute es mich, mit welcher Liebe viele sich an den Dienst meines Vaters hier an diesem Orte erinnerten. Es bewegte mich sehr, als der Vertreter der Britischen Bibelgesellschaft mir eine Bibel überreichte; dann erhielt ich vom Vorsitzenden des Bundes als Geschenk desselben eine Konkordanz. Der Herr gab mir auch die Möglichkeit, einige Tage in Vancouver zu verbringen. Wir hatten mehrere gesegnete Gottesdienste. Heute gehe ich auf das Schiff „Iho Mary“, das mich über den Ozean bringt.

Mit einem herzlichen Gruß an alle Kinder Gottes - Pjotr Vins.“

Mein Vater fuhr über Japan, Korea und Charbin (Nordchina) nach Wladiwostok.[1] Aus Amerika hatte er mehrere hundert geistli-

---

[1] Aus dem Protokoll des Verhörs von Pjotr Vins vom 27. April 1936: „Ich kam aus Amerika nach Chabarowsk im Jahre 1926, um meine Eltern, die zu der Zeit in Chabarowsk wohnten, zu besuchen und um im Baptistenbund des Fernen Ostens zu arbeiten.“ Im Verhörprotokoll vom 26. September 1936 steht geschrieben: „Das Verhör wurde vom Leutnant des Staatlichen Sicherheitskomitees, Rudik, durchgeführt. Frage: ‚Aus welchem Staat und durch welche Staaten sind Sie nach Rußland gekommen?‘ Antwort: ‚Ich fuhr aus Amerika durch Kanada, Japan, Korea, Charbin. In Charbin war ich den ganzen Juli 1926, weil ich auf mein Visum wartete. In den ersten Augusttagen 1926 kam ich nach Chabarowsk‘.“

che Bücher, fast alle in Englisch, mitgenommen. Bruder Puke, ein Prediger in der Baptistengemeinde in Charbin, schrieb im Herbst 1926 an die Christen in Amerika: „Pjotr Vins aus Amerika war hier. Er wohnte hier einige Zeit, denn er wartete auf seine Bücher. Jetzt ist er schon in Rußland, vorerst in Wladiwostok, von da geht es nach Chabarowsk, dort findet am 20.-24. Oktober der Jahreskongress des Baptistenbundes im Fernen Osten statt." So erfüllte sich der Traum meines Vaters - er war wieder in Rußland, das er als dreizehnjähriger Junge fünfzehn Jahre zuvor verlassen hatte. Diese Jahre waren mit Lernen, Studieren und geistlicher Arbeit in Amerika und Kanada gefüllt; jetzt war er wieder in seiner Heimat.

Pjotr Jakowlewitsch Vins war am 16. Februar 1898 in der Stadt Samara an der Wolga geboren worden. Seine Eltern Jelisaweta Wasiljewna und Jakow Jakowlewitsch waren von der Herkunft her Holländer und Mennoniten nach ihrem Glauben. Das Leben der Familie war eng mit dem russischen und ukrainischen evangelisch-baptistischen Glauben verbunden. Das Lebensziel von Jakow Jakowlewitsch war, dem russischen und ukrainischen Volk die Botschaft des Evangeliums zu bringen. Ungefähr hundert Jahre vor Pjotrs Geburt war sein Ururgroßvater Heinrich Vins (Heinrich Wiensz)[2], ein Mennonit aus Ostpreußen (Deutschland) in die Ukraine gezogen. Die Mennoniten wurden in Deutschland wegen ihres Glaubens damals sehr verfolgt, besonders, weil sie den Militärdienst in der preußischen Armee verweigerten. Zu der Zeit regierte König Friedrich der Zweite, der sein ganzes Leben in Militärmärschen verbrachte und Preußen in ein militärischen Lager verwandelte. Die Mennoniten waren gemäß ihrer Glaubensüberzeugung gegen den Krieg und Militärdienst. Für sie war es Sünde, ein Gewehr in die Hand zu nehmen und zu töten, und deshalb wurden sie von seiten des Königs sehr hart verfolgt.

Die russische Zarin, Katharina die Zweite (die „Große") schlug den verfolgten Mennoniten vor, nach Rußland überzusiedeln; sie versprach ihnen Glaubensfreiheit, Befreiung vom Militärdienst und kostenloses Land für jede Familie. An den europäischen Grenzen Rußlands gab es am Ende des 18. bis Anfang des 19. Jahrhunderts

---

[2] Wenn wir noch weiter in die Jahrhunderte hineinschauen, so waren die Vins im 16. Jahrhundert in Holland an der geistlichen Erweckung beteiligt, an der Reformation, und erlitten viel Verfolgung um ihres Glaubens willen von seiten der römisch-katholischen Kirche.

viel freies Land, welches die Mennoniten dann besiedelten (hauptsächlich im Süden der heutigen Ukraine, später auch in den Steppen von Orenburg im Gebiet des Flusses Ural). Die erste Gruppe der Mennoniten-Umsiedler kam im Jahre 1789 nach Rußland. Heinrich Vins, Ururgroßvater von Pjotr Jakowlewitsch, kam 1804 nach Rußland, damals regierte schon der Zar Alexander I. Er siedelte mit seiner Familie im Südosten der Ukraine an, unweit des Asowschen Meeres. Später ließen sich seine Nachfahren am Fluß Wolga, im Gebiet Samara, nieder.

Der Vater von Pjotr, Jakow Jakowlewitsch, war ein Prediger unter Ukrainern und Russen in der Ukraine und auch in Powolshje (am Fluß Wolga), auch unter den Mennonitendeutschen war er tätig. Die Mutter von Pjotr, Jelisaweta Wasiljewna Berg, war die Tochter eines Gemeindeleiters einer Mennoniten-Brüdergemeinde[3] im Gebiet der Stadt Ufa in der Nähe des Urals. Seine Kindheit verlebte Pjotr in Samara, dort war sein Vater von 1905 bis 1911 Gemeindeleiter einer russischen Baptistengemeinde. Bis zu seinem dreizehnten Lebensjahr lernte Pjotr in einer allgemeinbildenden Schule. Von Kindheit an besuchte er die Gottesdienste, die zu der Zeit in der Straße Sobornaja 121 stattfanden. Außerdem war sein Vater Dirigent des Gemeindechores. 1907 bestand die Gemeinde aus mehr als 250 Mitgliedern.

In der Gemeinde gab es auch eine Sonntagsschule für Kinder. Im Januar 1907 schlug sein Vater den Kindern in der Sonntagsschule vor, einen Aufsatz zu schreiben: „Wie muß ein Schüler der Sonntagsschule zu Hause, draußen und in der Schule sein?“ Dann bewertete er die Ergebnisse dieses Aufsatzes in einem Artikel, der im „Bratskij Listok“ (eine Beilage zur Zeitschrift „Christianin“ Nr. 3 aus dem Jahr 1907, die in St.-Petersburg von I. S. Prochanow herausgegeben wurde) abgedruckt wurde. In seinem Artikel zitierte Jakow Jakowlewitsch Auszüge aus dem Aufsatz einer Schülerin: „Ich muß mich so benehmen, daß nur Jesus Christus in mir zu sehen ist; mit meinem Leben muß ich beweisen, daß ich eine Christin bin. Ich muß ein Licht für die Welt sein; ich muß fest, unerschütterlich und eifrig sein. Meine Aufgabe ist es, überall ein Zeugnis abzulegen, damit die Menschen die Liebe Gottes

[3] Mitte des 19. Jahrhunderts fand unter den Mennoniten, die im Süden Rußlands wohnten, eine geistliche Erweckung statt, die zur Gründung der Mennoniten-Brüdergemeinden führte, die in ihrem Glaubensbekenntnis mit den Evangeliumschristen Baptisten verwandt sind.

spüren. In all diesem glaube ich, daß meine Kraft und meine Hilfe der Herr ist!“ Pjotr war damals neun Jahre alt, aber mit großem Ernst schrieb auch er seinen ersten christlichen Aufsatz.

Die Gemeinde in Samara war in jenen Jahren sehr eifrig im Dienst, sie verkündete die Botschaft von Jesus, viele Menschen bekehrten sich, in der Wolga fanden große Tauffeste statt. In der Gemeinde gab es viele Kinder und Jugendliche, auch einen Jugendchor gab es. In den Sommern 1909 und 1910 organisierte Jakow Jakowlewitsch mit dem Jugendchor Abendfahrten auf den Wolga-Ausflugsschiffen. Zu diesem Zweck pachteten die Gläubigen für einen halben Tag ein Schiff und luden alle Willigen ein, eine Spazierfahrt auf der Wolga zu machen. Es waren Evangelisationsfahrten, an den stillen Sommerabenden hörte man über dem großen russischen Strom das herzergreifende Singen der jungen Christen von Jesus Christus - dem Retter der Welt. Auf dem Schiffsdeck wurden dann Gespräche über Gott und den Weg der Errettung geführt.

An diesen Missionsfahrten nahm auch der Sohn des Gemeindeleiters, Pjotr, teil, und dies hinterließ in seiner Seele einen großen Eindruck. „Da auf der Wolga, als ich noch ein Junge war, lernte ich von ganzem Herzen das russische Volk lieben, und schon damals bat ich meinen Herrn, mich zu einem Prediger des Evangeliums in Rußland zu machen!“ erinnerte sich Pjotr Jakowlewitsch später an diese Zeit. Der Herr erhörte seine Gebete und viele Jahre später wurde dieses sein Verlangen erfüllt.

Pjotr war das einzige Kind der Familie, mehr Kinder hatten Jelisaweta Wasiljewna und Jakow Jakowlewitsch nicht. Im Jahre 1909 adoptierten sie ein sieben Monate altes Mädchen, das eine Waise war, und nannten sie Lidia. Jetzt waren in der Familie zwei Kinder, alle liebten die Jüngste und waren besorgt um sie, besonders freute sich Jelisaweta Wasiljewna über die kleine Tochter. Auch Pjotr war sehr besorgt um seine neue Schwester und sehr lieb zu ihr.

1910 fand in Rostow-am-Don ein Kongreß der russischen Baptisten statt, an dem auch Jakow Jakowlewitsch teilnahm. Seine Erfahrungen in der Jugend- und Evangelisationsarbeit interessierten alle, er war ein lebendiger, aktiver Diener, der immer neue Methoden der Evangelisation suchte. Auf diesem Kongreß wurde er zum Vorsitzenden des Jugendbundes der russischen Baptisten gewählt. Doch die Gegner der geistlichen Erweckung schlummern nie; obwohl in Rußland durch das Manifest des Zaren vom Jahre 1095 die religiöse Freiheit garantiert war, setzten die Verfolgungen gegen die Baptisten wieder ein. Im November 1910 wurde Jakow Jakowlewitsch in Samara verhaftet und für drei Monate ins Gefängnis gebracht. In der Gefängniszelle gab er den anderen Häftlingen Zeugnis von Jesus Christus und als Folge davon bekehrten sich mehrere Personen zu Gott. Im Dezember 1910 wurde Jakow Jakowlewitsch entlassen und nahm sofort wieder den Dienst des Gemeindeleiters auf. Am 18. Mai 1911 fand in der Wolga im Gebiet Samara eine Taufe statt, acht Personen wurden getauft. Die Polizei entdeckte den Ort, wo die Taufe stattfand, und versuchte sie zu verhindern. Weil Jakow Jakowlewitsch die Taufe durchgeführt hatte, wurde er zu 300 Rubel Strafe verurteilt, was zu der Zeit sehr viel Geld war. Ende Mai wurde Jakow Jakowlewitsch zur Polizeiregierung in Samara vorgeladen und bekam eine Vorschrift ausgehändigt, in der stand, daß es ihm verboten sei, auf dem Gebiet des europäischen Teils Rußlands zu wohnen.

Im Juni 1911 fand in Philadelphia in den USA der zweite Weltkongress der Baptisten statt. Aus Rußland nahmen an diesem Kongreß fast 40 Delegierten teil, viele von ihnen hatten von seiten der zaristischen Regierung und der staatlichen orthodoxen Kirche Verfolgungen erlitten. Unter den russischen Delegierten war auch Jakow Jakowlewitsch Vins, der beschloß, nach dem Kongreß nicht mehr nach Rußland zurückzukehren, sondern sich in Kanada niederzulassen, wo seine Verwandten wohnten. Nach einem Jahr kam auch seine Familie dahin, seine Frau Jelisaweta Wasiljewna, der vierzehnjährige Sohn Pjotr und die fünfjährige Tochter Lidia. Sie siedelten sich in der kanadischen Provinz Saskatschewan an. Hier pachtete Jakow Jakowlewitsch ein Grundstück[4], so konnte er als Bauer für seine Familie sorgen, und in der freien Zeit predigte er das Evangelium unter Umsiedlern verschiedener Nationalitäten: Russen, Ukrainer, Weißrussen, Polen und Mennoniten-Deutschen.

Obwohl Pjotr in Samara schon sieben Klassen in der Schule hinter sich hatte, ging er in Kanada in die erste Klasse der allgemeinbildenden Schule, weil er die englische Sprache nicht beherrschte. Doch bald erlernte er die englische Sprache und wurde höher versetzt. In der Nähe der elterlichen Farm gab es keine Schule,

[4] Die kanadische Regierung verpachtete für eine kleine Summe Land im westlichen Teil Kanadas an die Umsiedler. Auf diesem Land mußte man zuerst den Wald roden und das Land trocken legen; dann erst konnte man pflügen und Weizen säen. Nach einigen Jahren mühevoller Arbeit war das Land von Jakow Jakowlewitsch zu einer guten Farm geworden, die er dann von der kanadischen Regierung kaufte; so wurde sie sein Eigentum.

so mußte Pjotr mehrere Jahre in einer Internatsschule wohnen und lernen, die 200 km von der Farm entfernt war. Nur in den Weihnachts- und Sommerferien konnte er zu Hause sein. Im Sommer half er dem Vater bei der Arbeit auf der Farm. 1915, im Alter von 17 Jahren, bekehrte sich Pjotr, ließ sich taufen und sang dann im Chor in der Baptistengemeinde.

Nach Abschluß der allgemeinbildenden Schule beschloß Pjotr, eine theologische Ausbildung zu machen für den weiteren Dienst in dem Erntefeld Gottes. Sein geheimster Wunsch war, zurück nach Rußland zu fahren; dafür betete er von den ersten Tagen seines Aufenthalts in Kanada an. Um eine theologische Ausbildung zu bekommen, zog Pjotr im Jahre 1916 von Kanada nach Amerika. Über die weiteren Jahre seiner Ausbildung gibt es einen Bericht in seiner Akte, als er am 26. September 1936 verhört wurde: „Von 1916 bis Juni 1918 lernte ich in der Vorbereitungsschule, die zum Baptistenseminar in der Stadt Rochester, Staat New York, gehörte. Im Sommer 1918 fing die Ausbildung in der russischen Bibelschule in der Stadt Philadelphia Staat Pennsylvania an,[5] dort studierte ich ein Jahr bis Juni 1919. Ab 1919 folgten drei Jahre Ausbildung an dem Bibelseminar in der Stadt Louisville, Staat Kentucky. Während der Studienjahre arbeitete ich in den Ferien gewöhnlich in einem Werk.“ So hatte mein Vater die Möglichkeit, eine gründliche theologische Ausbildung zu bekommen.

In Rußland wurde während dieser Zeit die Revolution durchgeführt, es wurde die Glaubensfreiheit verkündet, und 1919 beschloß Jakow Jakowlewitsch, zurückzufahren und als Missionar in Samara tätig zu sein, wo er als Gemeindeleiter bis 1911 tätig gewesen war. Weil aber im ganzen Land, besonders im europäischen Teil Rußlands, der Bürgerkrieg herrschte, beschloß er, durch den Fernen Osten nach Samara zurückzukehren. Er mußte mit dem Schiff bis Wladiwostok fahren, dann mit der Eisenbahn durch Sibirien und den Ural bis an die Wolga. Im Frühling 1919 startete Jakow Jakowlewitsch mit seiner Frau und der zwölfjährigen Tochter Lidia von San-Francisco mit dem Schiff.

---

[5] Der Gründer und Leiter der Bibelschule war W. Fetler, der ein bekannter Prediger des Evangeliums in Rußland, Lettland und Amerika war. Der Unterricht wurde in Russisch durchgeführt; die Bibelschule war dazu bestimmt, Prediger aus den russischen, ukrainischen, lettischen und polnischen Umsiedlern, die in Nordamerika wohnten, auszubilden.

In Wladiwostok verweilte Jakow Jakowlewitsch vier Monate; er besuchte Chabarowsk, Blagoweschtschensk und andere Orte. Da beschloß er, im Fernen Osten zu bleiben, und siedelte sich in Blagoweschtschensk an. Bald darauf wurde er als Gemeindeleiter gewählt, die Gemeinde in Blagoweschtschensk zählte zu der Zeit 300 Mitglieder. Ich füge hier den Wortlaut der Verhörung von Pjotr Jakowlewitsch ein, die am 27. September 1936 stattfand. Der Untersuchungsrichter suchte von ihm zu erfahren, warum sein Vater 1919 wieder nach Rußland zurückgekehrt war:

„Die Frage des Untersuchungsrichters: ‚Mit welchem Ziel fuhr Ihr Vater 1919 in den Fernen Osten?'

Antwort: ‚Nachdem mein Vater Rußland im Jahre 1911 verlassen hatte und nach Kanada gezogen war, bekam er wiederholt Briefe von den Mitgliedern der Gemeinde in Samara mit der Bitte, nach Samara zurückzukehren. Sein Ziel war, zurückzukehren, doch während der Zarenzeit konnte er dies nicht tun. Nach der Februarrevolution begann er, ernstlich über die Rückkehr nachzudenken. Dieses Vorhaben erfüllte er 1919 und fuhr in den Fernen Osten mit dem Ziel, nach Samara zurückzukehren. Weil aber der Bürgerkrieg herrschte, konnte er nicht weiterfahren und war gezwungen, im Fernen Osten zu bleiben. In Blagoweschtschensk wurde er dann zum Gemeindeleiter gewählt. 1919 oder Anfang 1920 wurde er dann auf dem Kongreß der fernöstlichen Baptisten zum Vorsitzenden dieses Bundes gewählt. Mein Vater blieb bis 1926 Gemeindeleiter; als ich kam, wurde ich zum Gemeindeleiter gewählt und mein Vater zog nach Chabarowsk.'"

Nachdem seine Eltern 1919 nach Rußland zurückgefahren waren, blieb Pjotr in Amerika und setzte sein Studium fort.[6] In jenen Jahren hatte er einen regen Briefwechsel mit seinem Vater und auch anderen Predigern des Evangeliums. Im Mai 1921 wurden in der Zeitschrift „Sejatel Istiny" zwei Briefe aus Rußland abgedruckt, die an Pjotr Jakowlewitsch adressiert waren. Aus ihnen kann man ersehen, daß er sehr daran interessiert war zu erfahren, wie der Dienst

[6] 1980 besuchte meine Tochter Natascha das Baptistenseminar in Louisville, wo 60 Jahre zuvor ihr Großvater studierte. In der Bibliothek werden in einem Extra-Archiv die Unterlagen aller Studenten, die hier irgendwann mal studierten, aufbewahrt. Natascha fragte nach, ob sie die Dokumente von Pjotr Jakowlewitsch Vins einsehen könne, und als sie die Mappe bekam, hat sie mit innerer Bewegung das Studentenfoto ihres Großvaters angesehen; sie konnte nachlesen, welche Fächer er belegte, und auch der Unterrichtsplan war vorhanden.

für den Herrn in der Heimat geschah, und daß er seine Ausbildung in Amerika als eine Vorbereitungszeit für seinen künftigen Dienst in dem Land sah. Ich zitiere im folgenden einige Auszüge aus diesen Briefen.

Aus dem Brief von N. Kusnezow, ein Prediger von der Station Wjasemskaja im Ferner Osten: „Ich war froh, Deinen Brief zu bekommen, und ich freue mich, daß Du Dich für den Dienst des Herrn bereitest und daß Du zurückkommst nicht um der Weltlust willen, sondern um unsere Brüder zu retten, die im Strudel der Gleichgültigkeit, des Unglaubens, der Eitelkeit, der Verführung und vieler anderer Lüste untergehen. Der geistliche Morgen ist hier schon in vielen Herzen angebrochen. In bezug auf unser Gebiet kann ich mit Freuden sagen, daß fünf Jahre zuvor hier in vielen Dörfern und Siedlungen tödliche Finsternis herrschte; jetzt aber leben und blühen hier, durch den Willen unseres Gottes, ganze Gemeinden. Im Gebiet Sutschan, in der Nähe von Wladiwostok, entstanden auch einige lebendige Gemeinden. 1919 war ich dort und konnte mich nicht sattfreuen, wie eifrig sie für den Herrn sind. Ich hatte den Eindruck, mehr als sie freut sich keiner! Gott sei Dank für sie!

In unserer Umgebung war vor meinem Hinkommen im Februar 1920 keine einzige gläubige Seele, jetzt gibt es hier schon mehrere Gemeinden. Durch die Taufe sind schon 51 Personen Gemeindeglieder geworden, noch acht Personen freuen sich auch im Herrn. Ungefähr 100 Werst von uns entfernt, noch weiter im Norden, befindet sich das Dorf Poljotnoje, da wurden im Sommer 67 Personen getauft, im Dorf Jekaterinoslawka 25, in Georgijewsk 20, in Michajlowka 40 Seelen. In jedem Dorf gibt es viele, die interessiert und offen sind. In manchen Gemeinden gibt es eine herrliche geistliche Jugend! Es gibt hier sehr viel Arbeit, aber es sind nicht genügend Arbeiter da, und besonders mangelt es an Mitteln."

Aus dem Brief des Vaters Jakow Jakowlewitsch: „Das Feld ist reif zur Ernte, aber es sind nur wenige Arbeiter da. Und die da sind, haben nicht genügend geistliche Vorbereitung. Wie traurig ist hier alles in dieser Hinsicht! Hilf uns zu bitten, daß der Herr der Ernte noch mehr Arbeiter schickt! Vor kurzem hatten wir wieder Bibelkurse für Prediger. Wenn Du nur die verlangenden Augen und die hungrigen Ohren dieser Diener des Herrn sehen könntest! Mit wieviel Freude und Eifer nahmen die alle Erklärungen über das Wort Gottes auf! Wir haben den zweiten Brief an die Thessalonicher und die ersten zwei Bücher Moses durchgenommen. Außerdem nahmen wir die Schriftstellen durch, die über die letzte Zeit sprechen, hatten auch etwas Unterricht über die Predigt. Viermal in der Woche gab Bruder Schipkow Unterricht in Theologie, er sprach hautpsächlich über die Dreieinigkeit Gottes. Im Sommer werden zum dritten Mal Bibelkurse stattfinden. In diesen Bibelkursen sahen wir den völligen Sieg des Evangeliums. Die letzten Bibelkurse dauerten einen Monat, tagsüber nahmen am Unterricht 42 Personen teil, und abends während des Gottesdienstes war der Saal immer voll. Wahrlich man kann sagen, daß sie das Wort Gottes mit Freuden aufnahmen!"

Nach Abschluß des Bibelseminars im Jahre 1922 dient Pjotr als Prediger in Detroit, dann wurde er Gemeindeleiter der russischen Baptistengemeinde in Pittsburgh. Laut Protokoll während des Verhörs am 26. September 1936 erklärte mein Vater: „1922 wohnte ich in Detroit und nahm teil am Dienst in der russischen Baptistengemeinde und arbeitete im Ford-Werk am Fließband. Dort wohnte ich neun Monate, dann bekam ich eine Einladung von der russischen Baptisengemeinde in Pittsburgh, da als Gemeindeleiter tätig zu sein. Da war ich Gemeindeleiter bis 1926."

In der Zeitschrift „Sejatel Istiny" erschien in der Februarausgabe 1926 ein Artikel über die Einsegnung von Pjotr Jakowlewitsch zum Missionsdienst:

„Pittsburgh - der Prediger Pjotr Jakowlewitsch Vins wurde am 29. November 1925 zum geistlichen Dienst ordiniert. Morgens war der Gottesdienst, der von Bruder Schmujda aus Detroit eröffnet wurde. Dann predigte Bruder Nesdolij aus derselben Stadt und Professor Neprasch sprach ein kurzes Wort. Nachmittags war der Gottesdienst mit Händeauflegung in der Union-Gemeinde, die von Dr. Tschapel, dem Sekretär der Mission, geleitet wurde. Nach dem Gebet sprach Professor Neprasch die Einsegnungspredigt: „Fruchtbarkeit nach dem Tod" (Joh. 12, 24). Prediger Nesdolij gab einige Anweisungen an den Kandidaten und auch an die Gemeinde. Dann kniete der Kandidat sich hin, die Gemeinde erhob sich und Bruder Tschapel sprach das Einsegnungsgebet und weihte den Bruder für den Dienst des Herrn.

Abends fand wieder ein großer Gottesdienst statt, an welchem Mitglieder aus verschiedenen Städten teilnahmen. Es waren segensreiche Gottesdienste und sie werden noch lange in Erinnerung bleiben."

Im Mai 1926 fand in Hartford, Staat Connecticut der achte Jahreskongreß des Russisch-Ukrainischen Bundes der Evangeliumschristen-Baptisten statt. In der Zeitschrift „Westnik Istiny" wurde im Dezember 1926 der Vortrag von Pjotr Jakowlewitsch zum Thema „Geistliche Literatur“ veröffentlicht:

„Pjotr Vins - Geistliche Literatur. Von ganzem Herzen bin ich froh, daß der Herr mir die Möglichkeit gab, gerade über dieses Thema zu sprechen. Wir sprechen oft und viel über verschiedene Sachen, doch die Literatur war bei uns nicht selten vernachlässigt. Die geistliche Literatur darf man nicht einfach zur Seite legen. Sie ist für unsere Seele dasselbe wie die tägliche Speise für unseren Körper; je gesunder der Magen, desto mehr Speise kann er gebrauchen und sie besser verarbeiten und natürlich bekommt der Mensch eine bessere Gesundheit. Wenn aber der Magen nicht in Ordnung ist, so scheuen wir keine Mittel, um ihn wieder in Ordnung zu bringen, denn wenn er schwach ist, so ist der ganze Mensch schwach und lehnt vieles Essen ab. Genau so verhält es sich mit der Literatur: nur diejenigen, die geistlich schwach entwickelt sind, mögen nicht lesen. Alle Menschen, die gesund denken, lesen gern; je mehr der Mensch liest, desto heller wird sein Verstand. Natürlich, wenn du nicht gute Literatur lesen wirst, kannst du wenig etwas bekommen, denn die schlechten Bücher wirken auf den Verstand wie Drogen oder wie Alkohol auf den physischen Zustand des Menschen. Wir sollen gute Literatur, gute Bücher lesen.

A. WAS GIBT UNS DIE GUTE LITERATUR?

1. Sie vereint die Christen:

a) durch die Informationen über die Taten in anderen Orten und Ländern;

b) durch das Bewußtsein, daß Gott noch siebentausend andere Diener hat, die ihre Knie nicht vor Baal gebeugt haben (1 Kön. 19, 18).

2. Sie vernichtet Vorurteile der Verleumdung.

3. Sie bestätigt meine aus Erfahrungen gereiften Überlegungen; z.B. die Zeitschrift „Baptist“ brachte mich zu der Entscheidung, nie Ratschläge vom Feind anzunehmen.

4. Sie verbreitet die frohe Botschaft.

B. WIE KANN MAN SIE ENTWICKELN?

1. Diejenigen ermutigen, die die Fähigkeiten besitzen, sie herzustellen.

2. Sie verbreiten.

C. WIE SIEHT SIE AUS?

1. Zeitschriften, Broschüren, Bücher usw.

Wenn es die geistliche Literatur nicht geben würde, besonders die Bibel, die Bücher der Heiligen Schrift, das Wort Gottes, so hätten wir schon längst den lebendigen und wahren Gott vergessen. Und wer weiß, vielleicht wären wir dann schlimmer als das Volk vor der Sintflut oder schlimmere Sünder als die Menschen in Sodom und Gomorra. Dank dem Herrn für die geistliche Literatur! Brüder-Mitarbeiter, schreibt Artikel, gebt Zeitschriften heraus und druckt Bücher und Broschüren, wir werden sie lesen und euch unterstützen, wo und womit wir nur können."

Ende Juni 1926, nur einige Tage vor seiner Abreise nach Rußland, nahm Pjotr Jakowlewitsch am Kongreß der Evangeliums-Christen Baptisten Westkanadas teil, der in Igl-Krik in der Provinz Saskatschewan stattfand. Hier eine kurze Notiz aus der Zeitschrift „Sejatel Istiny" vom Juli 1926: „Nach dem Gebet sprach Bruder Pjotr Jakowlewitsch Vins zum Thema ‚Helden des Glaubens'. Er wies darauf hin, wie wichtig es sei, daß der Christ ein Leben fern der modernen, künstlichen Lebensweise führe und bemüht sei, das Reich Gottes zu vergrößern. Er zeigte viele, die ähnlich wie Moses sich von den Reichtümern losgesagt haben, um für die Sache des Herrn zu leiden. Er führte in seiner Predigt viele Beispiele der Selbstaufopferung auf."

Im Oktober 1926, wenige Tage nach seiner Ankunft im Fernen Osten, nahm Pjotr Jakowlewitsch am Kongreß des Baptistenbundes im Fernen Osten teil, der in Chabarowsk stattfand. Im November 1926 zog er nach Blagoweschtschensk, wo er zum Gemeindeleiter der Baptistengemeinde gewählt wurde. Jakow Jakowlewitsch war zu der Zeit schon nach Chabarowsk übergesiedelt. Der Umzug geschah deshalb, weil im Sommer 1926 die Verwaltung des Baptistenbundes im Fernen Osten in die Kreisstadt des Fernen Ostens, Chabarowsk, umgezogen war. Jakow Jakowlewitsch als Vorsitzender des Baptistenbundes mußte auch mit seiner Familie dahin ziehen. Ende 1926 wurde Pjotr Jakowlewitsch zum ersten Gehilfen des Vorsitzenden des Baptistenbundes im Fernen Osten gewählt; vom 14. bis zum 18. Dezember 1926 fand in Moskau der Allunionskongress der Baptisten statt. An der Arbeit des Kongresses nahmen auch Vertreter des Fernen Ostens - Jakow Jakowlewitsch Vins und Georgij Iwanowitsch Schipkow teil, die in Vorträgen über das Wirken des Herrn im Fernen Osten berichteten.

4

Gemeinsamer Weg

Im Frühling 1927 machte Pjotr Jakowlewitsch Lydia Sharikowa einen Heiratsantrag. Für sie war es eine große Überraschung. Sie kannten sich noch kein Jahr. Zum ersten Mal waren sie sich in Wladiwostok im Herbst 1926 begegnet. Als Lydia in den Sommerferien nach Hause nach Blagoweschtschensk kam, war Pjotr Jakowlewitsch schon der Leiter der Gemeinde in Blagoweschtschensk. Im Frühling 1927 kamen die ersten Zeichen der Christenverfolgung auf: die Sonntagsschulen wurden verboten, in den Zeitungen gab es immer mehr Artikel mit dem Aufruf, einen gnadenlosen Kampf gegen die Religion und Gemeinde zu führen. Pjotr Jakowlewitsch verstand gut, daß der Gemeinde und ihren Dienern schwere Prüfungen bevorstanden; deshalb wollte er auch seine künftige Braut davor warnen, welche Schwierigkeiten sie erwarteten, wenn sie ihr Leben mit einem Gemeindeleiter der Baptisten vereinte, der zudem noch aus Amerika kam.

Eines abends besuchte Pjotr Jakowlewitsch das Haus von Maria Abramowna, der Mutter von Lydia. Meine Mutter erinnerte sich später an diesen Besuch:

Vor unserem Haus auf der Straße stand eine Bank. Dort machte Pjotr Jakowlewitsch mir den Heiratsantrag. Als er zu uns kam, wusch ich gerade den Fußboden. Wir hatten bei uns im Haus Holzfußboden, er war mit Farbe angestrichen und immer sehr sauber. An diesem Tag, während ich den Fußboden wusch, klopfte jemand an die Tür. Mama nähte gerade etwas auf ihrer Nähmaschine und rief mir zu: „Lydia, da ist jemand gekommen! Mach mal die Tür auf!“ Ich öffnete die Tür und war sprachlos: „Pjotr Jakowlewitsch?“ Er war noch nie bei uns gewesen. „Also ist es etwas ganz Wichtiges“, dachte ich. Er grüßte und ging ins Wohnzimmer zu meiner Mutter. Ich wusch schnell den Fußboden zu Ende und zog dann ein Sonntagskleid an.

„Ich mochte gerne mit Lydia sprechen“, sagte er und schaute mich an, während ich gerade das Zimmer betrat. Mama tat sofort

sehr beschäftigt. „ Gut, ihr könnt miteinander sprechen, denn ich muß gerade die Nachbarin besuchen. Ich habe für sie ein Kleid genäht und will es anprobieren lassen. "

Pjotr Jakowlewitsch erwiderte: „Nein, Sie brauchen nicht wegzugehen. Ich setze mich mit Lydia auf die Bank vor dem Haus, da können wir auch alles besprechen. "

Wir gingen nach draußen. Kaum hatten wir auf der Bank Platz genommen, sagte Pjotr Jakowlewitsch: „Lydia, ich habe viel für dich gebetet und bat Gott, mir zu antworten, wie ich handeln sollte. Ich liebe dich und möchte dich bitten, meine Frau zu werden. Du sollst aber wissen, daß ich in Amerika eine Braut hatte. Sie war immer strikt dagegen, daß ich nach Rußland fahren wollte, und lehnte es ab, den schmalen Weg der Nachfolge Jesu zu wählen. Wir haben uns getrennt und bald darauf hat sie geheiratet. Ich verurteile sie nicht. Der Mensch kann nicht ein größeres Kreuz auf sich nehmen als das, welches der Herr für ihn bestimmt hat. Ich will auch vor dir nichts verbergen: ich weiß, daß durch den Willen Gottes ich hier im Fernen Osten bin. Doch ich sehe schon im voraus, wie schwer der Weg des Dienstes sein wird. Wenn du einverstanden bist, mit mir diesen Dienst für den Herrn zu teilen, mit mir zu leiden und vielleicht auch in den kalten sibirischen Wäldern zu sterben, so heirate mich. "

Sein Heiratsantrag überraschte mich sehr. Ich war ganz durcheinander und fragte nur: „Und was ist mit meiner Ausbildung?" Pjotr Jakowlewitsch antwortete ganz ruhig: „Die Ausbildung wirst du wohl sein lassen müssen." An diesem Abend gab ich ihm kein Versprechen, ihn zu heiraten; ich bat um einige Tage Bedenkzeit. Nachdem Pjotr Jakowlewitsch gegangen war, erzählte ich alles meiner Mutter. Meine Mutter umarmte mich: „Lydia, was soll ich sagen? Die Frau des Gemeindeleiters zu sein ist eine große Verantwortung. Du bist immer im Blickfeld - jeder Schritt, jedes Wort. Zudem haben wir jetzt eine gottlose Regierung. Und wenn schon zur Zarenzeit viele Gläubige erfahren mußten, was ein Gefängnis ist, umso mehr kann es zu unserer Zeit geschehen. Überlege es gut: wenn du ihn heiratest, so kannst du für viele Jahre ohne Mann bleiben, du wirst weder Frau noch Witwe sein. Pjotr Jakowlewitsch ist ein sehr guter Mensch, er ist ein echter Christ. Er hat auch einen sehr guten Charakter. Ich achte ihn sehr und du kannst dir keinen besseren Mann wünschen. "

Nikolaj, Lydias älterer Bruder, war ungläubig. In seiner Kindheit hatte er die Sonntagsschule besucht, doch später wurde er Mitglied des Komsomol, und dann auch der Partei. Er war sehr gegen die bevorstehende Hochzeit eingestellt und sagte: „Und wozu brauchst du das - eine Frau des Baptistenpopen zu sein? Du bist noch jung, studiere erstmal, schließe deine Ausbildung im Technikum ab, und dann kannst du weiter in der Hochschule studieren!“ Die gottlose Welt hatte Nikolaj so in ihrem Griff, als ob er nie von Gott gehört hätte. Nicht nur einmal versuchte er seine Schwester zu überzeugen: „Lydia, laß deinen Glauben an Gott und komm zu uns in die Komsomolorganisation! Du weißt gar nicht, wie lustig es bei uns ist, welch gute Jugend wir haben! Es ist verzeihlich, daß unsere Mutter an Gott glaubt, sie ist alt und ist nicht gebildet, hat nirgendwo studiert. Aber du bist Studentin eines sowjetischen Technikums, ich schäme mich für dich!“

Nikolaj war technisch sehr begabt und mit fünfundzwanzig Jahren Direktor eines Werkes in Blagoweschtschensk, obwohl er nur eine achtjährige Schulbildung hatte. Später absolvierte er eine Hochschule, dann eine gewerbliche Akademie und wurde Ingenieur in der Metallindustrie. Er arbeitete als Hauptingenieur in großen Metallwerken in Sibirien, im Ural und später in Moskau. Dort starb er 1946 im Alter von 41 Jahren an Tuberkulose.

Pjotr, der zweite Bruder von Lydia, war ein tiefgläubiger Mensch und sagte anläßlich ihrer Hochzeit: „Weißt du, Lydia, ich achte Pjotr Jakowlewitsch sehr wegen seines guten Charakters, er ist immer gradlinig und echt. Er liebt Gott und unser Volk. Er hat Amerika verlassen und ist hierher zu uns gekommen, um von Christus zu predigen. Aber bedenke gut, was ihn erwartet. Du siehst doch, wie die Regierung gegen die Gläubigen eingestellt ist. Es kann wieder Verfolgung geben wie zur Zarenzeit, aber vielleicht noch viel schlimmer. Bedenke es alles, überlege alles und entscheide dich, denn es ist dein Leben!“

Lydia betete und dachte viel über den Heiratsantrag von Pjotr Jakowlewitsch nach und entschloß sich, seine Frau zu werden. Diese Entscheidung hat sie nie bereut, ungeachtet der vielen Schwierigkeiten, die sie später durchmachte. (Ich als ihr Sohn habe nie gehört, daß meine Mutter unzufrieden war oder über ihr Schicksal murrte.)

Im Juni 1927 fand in Blagoweschtschensk die Hochzeit von Pjotr Jakowlewitsch und Lydia statt. Sie wurden von Pawel Dmitrijewitsch Skworzow, den Evangelisten des Fernöstlichen Baptisten-Bundes, getraut. Die Jungverheirateten lebten fast ein Jahr in der Wohnung von Iwan Fjodorowitsch Sablin. (Die Familie Sablin hatte in Blagoweschtschensk eine Wohnung, selber wohnte sie aber auf der Station Botschkarjewka, wo Iwan Fjodorowitsch als Evangelist tätig war; ihre Kinder waren schon erwachsen, hatten ihre eigene Familien und wohnten getrennt von den Eltern.)

Die Gemeinde in Blagoweschtschensk hatte zu der Zeit fast 1000 Mitglieder und der Dienst des Gemeindeleiters nahm viel Zeit und Aufmerksamkeit in Anspruch. Dreimal in der Woche - sonntagmorgens und -abends und mittwochabends - war Gottesdienst.[1] Pjotr Jakowlewitsch predigte in fast jedem Gottesdienst. Er bereitete sich immer gründlich auf den Gottesdienst vor und war sehr froh, daß Gott es ihm ermöglicht hatte, eine theologische Ausbildung zu bekommen. Frei beherrschte er die russische und englische Sprache, in der theologischen Akademie lernte er noch Altgriechisch und Althebräisch und so konnte er die Bibel im Original studieren. Seit seinem Predigtdienst sind Jahrzehnte vergangen und trotz zahlreicher Hausdurchsuchungen habe ich mehr als 300 Konzepte seiner Predigten bewahrt.[2]

Die Gemeindeglieder liebten Pjotr Jakowlewitsch wegen seiner Einfachheit und Ehrlichkeit und weil er sich Sorgen über den geistlichen Zustand eines jedes einzelnen Mitglieds der Gemeinde machte. Viele älteren Gemeindeglieder kamen schon eine Stunde vor Beginn der Gottesdienste ins Gemeindehaus, um zusammen die alten christlichen Lieder zu singen. Sie sagten: „Wir wollen die Seele zur Ruhe bringen und gleichzeitig uns an den alten Liedern sattsingen.“ Pjotr Jakowlewitsch kam auch früher zum Gottesdienst und sang mit ihnen zusammen.

Er unternahm viele Reisen und besuchte die Gemeinden, die in den Nachbargebieten waren; sogar die Gemeinden im Gebiet Tschita

---

[1] Aus der Zeitschrift „Die Stimme der christlichen Jugend“ Nr. 1-2 von 1922: „Die Gottesdienste der Baptistengemeinde in Blagoweschtschensk werden im Gemeindehaus auf der Straße Irkutskaja (Ecke Kusnetschnaja) jede Woche sonntagmorgens von 9.30 bis 12 Uhr abgehalten für alle, die kommen wollen; nachmittags von 14 bis 16 für Kinder und von 16 bis 20 Uhr wieder für alle, die kommen möchten. Am Mittwoch findet von 19 bis 21 Uhr der Jugendkreis statt. Außer diesen Gottesdiensten führt die Gemeinde noch Gottesdienste in einem gemieteten Raum auf der Straße Artillerijskaja bei Familie Aistow durch, die am Sonntag von 19 bis 21 Uhr und am Donnerstag von 19 bis 21 Uhr stattfinden. Eintritt ist für alle frei.“

[2] Durch diese kurze Notizen konnte ich, nachdem ich erwachsener geworden war, mich mit meinem Vater und seinen Gedankengängen, die Grundlagen seines Glaubens und Vertrauens, bekanntmachen.

besuchte er. Während einer dieser Reisen schrieb er an seine Frau: „Wir erfahren sehr große geistlichen Segnungen vom Herrn. Ich habe schon einige Gemeinden besucht, viele bekehren sich zum Herrn, es gibt viel Freude. Bete. Dein Pjotr.“[3]

Die Gemeinde in Blagoweschtschensk erlebte auch viele geistliche Segnungen, es gab Bekehrungen und viele ließen sich taufen. Natürlich rief es Unzufriedenheit und Feindlichkeiten von seiten der Gottlosen hervor. Die Gebetshäuser der Baptisten und der Molokanen befanden sich im Zentrum von Blagoweschtschensk. Am Ostermontag 1928 sah man eine Reihe von Kleinlastwagen langsam die Straßen in Richtung der Gemeindehäuser entlangfahren. Auf den Lastwagen standen viele junge Menschen, sie waren alle grell bekleidet: einige waren als böse Geister mit Stoffschwänzen angezogen, die anderen als weiße Engel mit Flügeln, und einer hatte einen schwarzen Umhang und stellte den Teufel mit Hörnern dar. Außerdem hatten sich einige als Priester der Orthodoxen Kirche verkleidet, die anderen hatten lange schwarze Kleidung, wie sie die Nonnen und Mönche tragen. Sie alle schrien laut, tanzten und schnitten verschiedene Grimassen. Die Seitenwände der Lastwagen waren heruntergelassen und mit rotem Stoff bezogen.

Die Lastwagen fuhren langsam durch die Straßen der Stadt und wurden von vielen Komsomolmitgliedern, jungen Frauen und Männern in normaler Kleidung, begleitet. Sie alle lachten und höhnten sehr laut und schrien antireligiöse Floskeln: „Weg mit Gott!“, „Die Religion ist das Opium für das Volk!“. Zuerst blieb diese Prozession beim Gemeindehaus der Molokanen stehen. Es war ein massives, steinernes Gebäude, in dem ca. 1500 Personen Platz hatten; aber der Gottesdienst der Molokanen war zu der Zeit bereits beendet und alle waren schon nach Hause gegangen. Die Teilnehmer der Prozession schrien einige Sätze in Richtung des leeren Gebetshauses und zogen dann weiter. Das Gebetshaus der Baptisten war auch groß, 1910 sehr korrekt und fest aus Holzbalken gebaut und hatte Platz für ca. 1000 Personen. Die Lastwagen blieben stehen und ein Teil der besessenen Masse drang mit lautem Schreien aufs Gelände des Gebetshauses. Sie schrien: „Baptisten! Es reicht zu beten! Kommt raus, wir wollen diskutieren! Es gibt keinen Gott!“ Aber keiner kam heraus, man hörte nur das Singen des Osterliedes: „Er lebt! Er lebt! Seht nur, das Grab ist leer!“

---

[3] Jahrzehnte waren vergangen, aber noch in den 70-er Jahren erinnerten sich alte Gläubige im Gebiet Chabarowsk und Primorskij an diese Besuche von Pjotr Jakowlewitsch, besonders im Dorf Bogorodskoje am Amur und in der Stadt Ussurijsk.

Einige verkleidete Personen gingen zu den Türen des Gebetshauses und schauten in den Versammlungssaal hinein. Obwohl der Gottesdienst noch nicht zu Ende war, ging der Gemeindeleiter Pjotr Jakowlewitsch in den Hof zu den Verkleideten. Sie umringten ihn sofort von allen Seiten und schrien und schnitten dabei Grimassen. Nach Pjotr Jakowlewitsch kamen noch einige Prediger aus dem Versammlungshaus und gingen zu den Verkleideten, die auf den Lastwagen geblieben waren. Jemand von diesen rief laut: „Es gibt keinen Gott! Er ist tot! Warum verkündigt ihr den Toten?“

„Wenn es eurer Meinung nach keinen Gott gibt, warum kämpft ihr dann gegen einen Toten?“ fragte ein Prediger und zeigte mit der Hand auf die antireligiöse Gruppe, die gerade vom Hof des Gemeindehauses kam. Als alle sich etwas beruhigt hatten, fragte Pjotr Jakowlewitsch: „Womit kann ich euch behilflich sein? Was hat euch bewogen, zum Gottesdienst zu kommen? Heute haben wir einen großen Feiertag - die Auferstehung Jesu Christi. Christus ist auferstanden!“ mit diesen Worten wandte er sich unerwartet an die Volksmenge. Viele kamen in Verlegenheit wegen seines ruhigen Auftretens, einige Komsomolmitglieder vergaßen sich und antworteten laut: “Er ist wahrhaftig auferstanden!“ Dann drehten sich alle um und fuhren davon.

Auch Nikolaj, Lydias Bruder befand sich unter dieser Menschenmenge, die Gott „runterwerfen“ wollten. Zwar war er nicht verkleidet, aber mit allen anderen zusammen rief er verschiedene Sätze gegen Gott. Zu der Zeit war er schon verheiratet und bewohnte mit seiner Frau ein Zimmer im Hause der Mutter. Abends fragte Maria Abramowna ihren Sohn: „Nikolaj, schämtest du dich nicht an dieser Verkleidung teilzunehmen? Es ist so ein großer Feiertag, du aber und deine Freundchen haben so eine Narretei daraus gemacht: habt euch als Teufel verkleidet, geschrien und vor dem Gemeindehaus getanzt. Welch eine Schande! Einige Gläubige sagten nach dem Gottesdienst zu mir: ‚Auch dein Nikolaj ist ein Narr geworden!‘ Du solltest dich wenigstens vor deiner Mutter, die dich geboren hat, schämen!“

Beleidigt verteidigte sich Nikolaj: „Denkst du, ich habe es leicht? Auf jeder Parteisitzung bekomme ich Schelte wegen dir, Lydia und ihrem Mann! Man sagt sogar zu mir: Warum führst du in deiner Familie keine antireligiöse Propaganda durch? Warum ist deine Mutter Baptistin? Warum hat deine Schwester einen Baptisten-Popen geheiratet? Da wirst du tanzen und schreien, Hauptsache man läßt dich in Ruhe!“

Maria Abramowna ermahnte den Sohn: „Warum kämpfst du gegen Gott? Nikolaj, dein Weg ist sehr gefährlich. Du wirst kein Glück haben. Die besten Jahre und Kräfte schenkst du der Gottlosigkeit, aber sterben wirst du einsam und auch Rechenschaft wirst du vor Gott abgeben müssen, und das für dein ganzes Leben. Ach, wie schmerzt mein Herz deinetwegen!"

Aber Nikolaj wollte nicht auf die Worte seiner Mutter hören; von den fünf Kindern Marias Abramownas war er der Einzige, der sich von Gott losgesagt hatte. Ihr ältester Sohn Pjotr war schon verheiratet und hatte zwei Kinder. Er war ein aktives Mitglied der Gemeinde in Blagoweschtschensk, organisierte ein Blasorchester und leitete es. Die Tochter Lydia war Gemeindemitglied seit ihrem 12. Lebensjahr. Der jüngste Sohn studierte im Technikum und besuchte die Gottesdienste. Die jüngste Tochter Nadeshda bekehrte sich 1928 zu Gott und ließ sich taufen; sie wurde von Pjotr Jakowlewitsch getauft.

Im Winter 1928 besuchte Nikolaj Wasiljewitsch Odinzow den Fernen Osten, er war der Vorsitzende des Bundes der Baptisten in Moskau. Odinzow fuhr mit dem Zug nach Chabarowsk und kam vom Bahnhof sofort zum Gottesdienst. Anschließend besuchte er viele Gemeinden im Fernen Osten, auch die in Blagoweschtschensk. Lydia Michajlowna erinnerte sich an diesen Besuch:

In diesem Winter besuchte er auch unsere Familie. Schon zwei Monate vor seinem geplanten Besuch war besprochen, worden wo und in welchen Familien er sein würde nach dem Morgen- oder Abendgottesdienst. Alle, sogar die ärmsten Mitglieder der Gemeinde, hatten die Möglichkeit, ihn zu sich einzuladen. Eine ukrainische Schwester lud ihn während der Feiertage zu sich ein und bewirtete ihn mit Bortsch, der im Ofen gekocht war, und mit Buchweizengrütze. Sie hatte auch andere Gemeindeglieder zu sich eingeladen. Odinzow gefiel die Einfachheit und Gastfreundlichkeit der Gemeindeglieder in Blagoweschtschensk sehr.

In Chabarowsk fand eine Sitzung aller Mitarbeiter des Fernöstlichen Bundes der Baptisten statt, an der auch Odinzow teilnahm. Über diesen Besuch von Nikolaj Wasiljewitsch wird in einem Artikel der Zeitschrift „Baptist" aus dem Jahre 1928 berichtet. Es ist auch eine Fotografie aus dieser Zeit erhalten geblieben: Nikolaj Wasiljewitsch im Kreise der 19 Diener der Fernöstlichen Bruderschaft der Evangeliums-Christen-Baptisten. Fast alle Diener - außer zwei oder drei -, die auf dieser Fotografie zu sehen sind, wurden in den folgenden Jahren verhaftet und starben in Gefängnissen und Straflagern.

Schon 1928 fingen die Bedrängnisse der Gläubigen von seiten der Behörde an; es wurde immer schwieriger, den geistlichen Dienst zu tun. Die Behörden beanstandeten besonders den Dienst von Jakow Jakowlewitsch Vins, der zu jener Zeit der Vorsitzende des Fernöstlichen Bundes der Baptisten war. Er stand unter ständiger Beobachtung der GPU.[4] Viele Gläubigen aus Chabarowsk und anderen Städten wurden zum NKWD bestellt, wo sie stundenlang über den Dienst von Pjotr Jakowlewitsch und die Tätigkeiten des Bundes der Baptisten verhört wurden.[5] Im Frühling 1928 sagte Jakow Jakowlewitsch zu seinem Sohn: „Mein Dienst in Rußland ist zu Ende, die Behörde wird es nicht erlauben, daß ich auch weiter tätig bin. Ich habe die Absicht, nach Kanada zurückzukehren. Und was gedenkst du zu tun?“ Pjotr Jakowlewitsch antwortete: „Einer von uns muß hier bleiben und so lange wirken, wie es nur möglich ist. Ich fühle mich berufen, das Schicksal der russischen Bruderschaft zu teilen.“

Im Sommer 1928 fand in Toronto, in Kanada, der vierte Weltkongress der Baptisten statt. Von der Fernöstlichen Bruderschaft waren J. J. Vins und G. I. Schipkow als Abgeordnete anwesend. Jakow Jakowlewitsch begleitete seine Frau nach Toronto. Sie fuhren durch Moskau (dort gesellten sie sich zu den anderen Abgeordneten der Delegation des Baptisten-Bundes der Sowjetunion), dann fuhren sie durch Deutschland nach Hamburg und von da mit dem Schiff nach Kanada. Nach dem Ende des Kongresses beschloß Jakow Ja-

---

[4] OGPU (GPU) - Objedinjennoe Gosudarstwennoje Polititscheskoje Uprawlenie (1923-1934); NKWD - Narodnyj Komissariat Wnutrennich Del (1934-1946); MGB - Ministerstwo Gossudarstwennoj Besopasnosti (1946 - 1953); KGB - Komitet Gosudarstwennoj Besopasnosti (1953 - 1991) – Geheimdienst der Sowjetunion.

[5] Anfang 1928 wurde Pjotr Michajlowitsch Sharikow zum NKWD vorgeladen. Nach dem Verhör erzählte er: „Die Behörden sind sehr unzufrieden, daß sich der geistliche Dienst von Jakow Jakowlewitsch im Fernen Osten so verbreitet hat. Sie sagen direkt: „Was sucht er hier, in unserem sowjetischen Fernen Osten? Er ist britischer Staatsangehöriger, so soll er doch nach seinem Kanada verschwinden!“ Sogar elf Jahre, nachdem Jakow Jakowlewitsch den Fernen Osten verlassen hatte, führten die Behörden immer noch Verhöre über seinen Dienst durch. 1939 wurde in Blagoweschtschensk Vera Timofejewna Sharikowa verhaftet, und nach der Entlassung erzählte sie: „Ein ganzes Jahr verhörten mich die NKWD-Untersuchungsrichter über Jakow Jakowlewitsch; die Frage, ob er von Kanada aus Kontakte mit Christen im Fernen Osten hat, beunruhigte sie sehr.“

kowlewitsch, nicht mehr in den Fernen Osten zurückzukehren. Da er die kanadische Staatsangehörigkeit hatte, blieb er mit seiner Frau in Kanada und tat dort bis zum Ende seines Lebens den Dienst für den Herrn unter Russen, Ukrainern, Polen und Deutschen in den Provinzen Saskatschewan, Alberta und Britisch-Columbia.

Am 4. August 1928 gebar Lydia einen Sohn. In diesen Tagen war im Gebiet Blagoweschtschensk eine große Überschwemmung: der Fluß Seja kam über die Ufer. Viele Straßen in der Stadt waren unter Wasser, die Menschen suchten Zuflucht auf den Dächern der Häuser. Oma Maria Abramowna erzählte mir später: „Da, wo deine Eltern wohnten, stieg das Wasser bis zu den Fenstern. Einige Stunden vor der Geburt wurde Lydia mit einem Boot aus dem überschwemmten Haus weggebracht. Das Wasser stieg schnell höher, es wehte ein starker Wind und der Regen peitschte unaufhörlich. Das Boot schwankte und konnte sich kaum über Wasser halten. Die schwangere Lydia und noch andere Frauen und Kinder wurden in einen Stadtteil gebracht, der höher lag und den die Überschwemmung nicht bedrohte. Da bist du geboren. In solch einer stürmischen Zeit hast du das Licht der Welt erblickt! Dein ganzes Leben wird jetzt stürmisch sein, aber fürchte dich nicht, denn das Boot unseres Lebens ist in den Händen des Herrn. Kein Sturm ist gefährlich, wenn Gott mit uns ist!“

So erinnerte sich meine Mutter an die Geburt: „Als unser Sohn geboren wurde, schlug Pjotr Jakowlewitsch vor, ihn Georgi zu nennen, zum Andenken an Georgi Iwanowitsch Schipkow, der ein gesegneter Diener des Herrn war. Pjotr Jakowlewitsch liebte und ehrte Georgi Iwanowitsch sehr.“

Im Herbst 1928 bereiste Wasilij Prokopjewitsch Stepanow den Fernen Osten. Er besuchte die Gemeinden, predigte von Christus und rief gewaltig zur Bekehrung auf. Im Verlaufe vieler Jahre erinnerte Mama sich an diesen Besuch:

Wasilij Prokopjewitsch Stepanow war ein sehr begabter Prediger und besuchte verschiedene Gemeinden und Städte. Er war schon früher mal im Fernen Osten gewesen. Stepanow war ein geistlicher Diener, der nicht an den Ort gebunden war, er führte Evangelisationen im ganzen Lande durch. Er predigte, sang, organisierte Chöre an Ort und Stelle und führte mit ihnen Evangelisationen durch. Während seiner Predigten bekehrten sich viele zu Gott.

Im Verlaufe von zwei Monaten besuchte Wasilij Prokopjewitsch zusammen mit Pjotr Jakowlewitsch die Gemeinden im Fernen Osten.

Pjotr Jakowlewitsch eröffnete gewöhnlich die Versammlungen mit Gebet, und die andere Zeit stellte er dem Bruder zur Verfügung. Während Wasilij Prokopjewitsch aufstand und zur Kanzel ging, sang er oft schon unterwegs ein Lied, das die Herzen der Anwesenden bewegte. Aus den Reihen schlossen sich seine Sänger ihm an. Es geschah auch, daß er während der Predigt sang. Seine Sänger saßen gewöhnlich in den Reihen zwischen den anderen Gläubigen und wenn er zu singen begann, sangen auch diese und kurze Zeit später die ganze Versammlung.

Seine Predigten rührten so sehr die Herzen an, daß viele nach vorne kamen und sich bekehrten. Die Räume, in denen die Versammlungen durchgeführt wurden, waren gewöhnlich bis auf den letzten Platz besetzt und so füllten die Neubekehrten den Durchgang bis zur Kanzel. Ich kann mich sehr gut an seine wunderbare Predigt über Moses und den brennenden Busch erinnern, wo Gott zu Moses sagte: „Er sprach: Tritt nicht herzu, zieh deine Schuhe aus von deinen Füßen; denn der Ort, darauf du stehst, ist ein heilig Land!" (2. Mose 3, 5). Stepanow machte wunderbare Vergleiche; er sagte, daß der brennende Busch die Gemeinde Gottes sei, die durch das Blut Jesu Christi gereinigt sei, geprüft und bewährt in den Leiden. Und sie verbrennt und geht nicht unter, obwohl sie beständig im Feuer der Versuchung und Verfolgung ist. Sie wird dadurch nur noch mehr gereinigt und gefestigt. Das war eine gewaltige Predigt, ich hörte sie in Moskau im Januar 1931, als Pjotr Jakowlewitsch schon verhaftet war. Zu der Zeit befanden sich viele Prediger in Haft, eine schreckliche Verfolgung hatte die Gemeinde Christi ereilt, und diese Predigt von Stepanow im Moskauer Gemeindehaus - eine sehr kühne und gewagte - hatte viele Gläubige gestärkt und ermutigt. Sie rief die Christen auf, tapfer auf dem dornigen Pfad der Christen zu gehen.

Wasilij Prokopjewitsch hat dasselbe Schicksal erlitten, wie auch viele andere Brüder: er wurde 1934 verhaftet und verbrachte drei Jahre in schrecklichen Umständen in Haft. Er kam sehr krank nach Hause zurück und ging bald heim. Bruder Stepanow war bis zu seinem Lebensende ein treuer und gottergebener Diener. Einige Tage nach seiner Beerdigung kamen die Beamten vom NKWD mit einem neuen Verhaftungsbefehl. Die Frau von Wasilij Prokopjewitsch sagte zu ihnen: „Ihr Lieben, dieses Mal seid ihr zu spät gekommen. Wasilij Prokopjewitsch ist vor drei Tagen zu seinem Herrn gegangen."

5

Die Staatsangehörigkeit

Im Winter, Anfang des Jahres 1929, bekam mein Vater eine erste Vorladung zur GPU der Stadt Blagoweschtschensk. Ein Laufbote brachte sie und bat um eine Unterschrift, eine Bestätigung, daß wir sie auch bekommen hätten.

„Was wollen die von dir?“ fragte Mama, als er spät abends von der Sitzung des Bruderrates der Gemeinde nach Hause kam.

„Viel wollen die von mir. Ich denke nicht, daß die mir in der GPU etwas Angenehmes vorbereitet haben“, antwortete Papa.

Sie beteten zusammen und übergaben alles in die Hände Gottes. Am nächsten Tag ging Vater zur GPU. „Möge der Herr dich bewahren. Ich werde im Gebet bei dir sein“, sagte Mama zum Abschied.

In der GPU empfing ein ruhiger und höflicher Mitarbeiter, sein Name war Smirnow, Papa.

„Pjotr Jakowlewitsch, mir wurde aufgetragen, mit Ihnen über Ihre Staatsangehörigkeit zu sprechen. Haben Sie Ihren amerikanischen Ausweis bei sich?“ fragte er.

„Der Ausweis liegt bei mir zu Hause. Wenn es sein muß, kann ich ihn bringen,“ antwortete Papa.

„Wie lange wohnen Sie schon in der Sowjetunion?“

„Zweieinhalb Jahre.“

„Womit beschäftigen Sie sich?“

„Ich bin Gemeindeleiter der Baptistengemeinde in Blagoweschtschensk.“

„Wir wissen, daß Sie aus Amerika gekommen sind, um hier religiöse Propaganda zu treiben,“ der GPU-Mitarbeiter verschärfte seine Stimme. „Sie müssen das Territorium der Sowjetunion verlassen. Wir haben eine Anweisung aus Moskau, daß alle Ausländer, die religiöse Aktivitäten ausüben, entweder die sowjetische Staatsangehörigkeit annehmen oder das Land verlassen müssen.“

„Gut, ich werde darüber nachdenken. Aber warum soll ich Rußland verlassen? Es ist meine Heimat, hier bin ich geboren, hier sind auch mein Vater und mein Großvater geboren. Ich bin aus Amerika hierher zurückgekommen, um den Menschen von dem für meine Seele Wichtigsten und Teuersten zu zeugen - von Jesus Christus," sagte mein Vater aufgeregt.

Smirnow war eine Zeitlang still. Dann, so als ob er sich entschuldigen wollte, sagte er: „Pjotr Jakowlewitsch, ich glaube an Ihre Ehrlichkeit. Ich weiß, daß Sie ein tiefgläubiger Mensch sind und sich in große Gefahr begeben haben, indem Sie hierher gekommen sind. Aber verstehen Sie, die Frage, ob Sie weiter in der Sowjetunion bleiben können oder nicht, hängt nicht von mir ab. Mir wurde nur befohlen, Ihnen den Bescheid in bezug auf Ausländer, der aus Moskau gekommen war, mitzuteilen."

„Wieviel Zeit steht mir zur Verfügung? Ich muß mich mit meiner Frau beraten, aber diese Frage auch mit der Gemeinde verhandeln."

„Sie haben zwei Wochen Zeit. Reicht diese Zeit für Sie aus?" fragte Smirnow.

„Ja, das ist genug. Ich habe noch eine Frage. Ich bin ein amerikanischer Staatsangehöriger, aber meine Frau hat die sowjetische Staatsangehörigkeit und wir haben einen Sohn. Kann ich die Sowjetunion mit Frau und Sohn verlassen?"

„Ja, Sie können mit ihnen zusammen fahren", antwortete Smirnow.

Pjotr Jakowlewitsch verabschiedete sich und ging aus dem Zimmer.

Zu Hause angekommen, erzählte Papa: „Lydia, die Behörden fordern von uns, daß wir Rußland verlassen. Wir haben zwei Wochen Zeit bekommen, um diese Frage zu regeln. Von dieser Entscheidung wird unser ganzes zukünftiges Leben abhängen. Sollen wir wegfahren oder den amerikanischen Ausweis abgeben, die sowjetische Staatsangehörigkeit annehmen und hier bleiben?"

Mama fragte: „Wegfahren? Und was wird aus der Gemeinde, aus der Bruderschaft? Denn dieses ist ja nicht nur unsere eigene Frage. Wie du dich entscheidest, so möge es auch sein. Ich bin mit allem einverstanden."

Papa verbrachte zwei Wochen im Gebet und in Überlegungen. Manche Tage blieb er die ganze Zeit in seinem Zimmer und fastete und betete über diese Frage. Einige Glaubensfreunde, die mit ihm zusammen den Dienst taten, besuchten ihn, beteten zusammen mit ihm und erwarteten eine Antwort von Gott auf diese für ihn so lebenswichtige Frage. „Wieviel junge Diener haben wir! Wie kann ich sie alleine lassen in der Zeit der Leiden und Verfolgung und mich selber in Sicherheit bringen! Wieviel neue Gemeindeglieder haben wir und die soll ich alle im Stich lassen?" überlegte Papa.

Eines Abends spät klopfte jemand an die Tür. „Wer kann das sein, so spät?" fragte Mama beunruhigt. Papa ging und öffnete die Tür. Im Hause war es warm und gemütlich und draußen kalt und dunkel, denn nachts gab es in der Stadt kaum Beleuchtung. Es herrschte großer Frost, und der Schnee fiel reichlich vom Himmel. Papa öffnete die Tür und die Eltern sahen das lächelnde Gesicht des Bruders K., er war ein sehr guter Freund meines Vaters. Er war ganz voll Schnee, sein Mantel, seine Mütze und sogar das Gesicht.

„Lydia Michajlowna, Pjotr Jakowlewitsch, nehmt einen nächtlichen Besucher auf," sagte er freundlich.

„O, Sie haben uns aber erschreckt!" sagte Mama und atmete erleichtert auf. „Kommen sie bitte herein!"

„Es ist noch zu früh, sich zu ängstigen, ihr seid noch Amerikaner, man kann zu euch nicht nachts mit einem Haftbefehl kommen," sagte der Gast lachend und schüttete dabei den Schnee von seinen Kleidern. Er zog seinen Mantel aus und ging zusammen mit den Eltern in Papas Arbeitszimmer.

„Entschuldigt mein spätes Kommen, aber ich bin in einer sehr wichtigen Angelegenheit gekommen. Pjotr Jakowlewitsch, soll ich dir aus dem Worte Gottes vorlesen, wie ich die Aufgaben des Gemeindedieners verstehe?" Er nahm die Bibel und las: „Ich bin gekommen, daß sie das Leben und volle Genüge haben sollen. Ich bin der gute Hirte. Der gute Hirte läßt sein Leben für die Schafe. Der Mietling aber, der nicht Hirte ist, des die Schafe nicht eigen sind, sieht den Wolf kommen und verläßt die Schafe und flieht; und der Wolf erhascht und zerstreut die Schafe. Der Mietling aber flieht; denn er ist ein Mietling und achtet der Schafe nicht." (Joh. 10, 11-13). Dann sagte er: „Heute wurde ich zur GPU vorgeladen, genau wie auch du, zum ersten Mal. Der Mitarbeiter sagte zu mir: Sofort fahren Sie aus Blagoweschtschensk fort, entweder in eine andere Stadt oder ins Ausland. Ich gebe Ihnen zwei Wochen, um alles dazu vorzubereiten!"

„Und wie hast du dich entschieden?" fragte Vater.

„Ich habe dir schon aus dem Wort Gottes vorgelesen, was der Herr mir antwortete!" sagte er.

Papa umarmte den Freund und sagte unter Tränen: „Danke dir, mein Bruder, für den guten Rat!"

Endlich kam der Tag, an dem Papa ganz ruhig aus seinem Arbeitszimmer trat und zu Mama sagte: „Lydia, ich habe die endgültige Entscheidung getroffen, in Rußland zu bleiben und mit dem Volk Gottes alle Leiden und Schmach zu tragen. Morgen gehe ich und gebe meinen amerikanischen Ausweis ab. Bist du mit meiner Entscheidung einverstanden?“

„Ja, ich will mit dir alle Umstände des Lebens und des Dienstes für den Herrn teilen“, antwortete Mama.

„Danke, meine Liebe. Ich habe auch nichts anderes von dir erwartet. Kannst du dich erinnern wie ich, als ich dir den Heiratsantrag machte, von solcher Zeit sprach? Schon damals offenbarte der Herr uns, daß unsere Zukunft nicht leicht sein wird.“

Am nächsten Morgen bekam Vater einen Brief von einer christlichen Mission aus Amerika: „Wir haben gehört, daß in der Sowjetunion die Zeit der Verfolgung der Religion und der Kirche anfängt. Vielleicht hat Pastor Vins das Verlangen, den Ort seines Dienstes zu wechseln und als unser Missionar in die Tschechoslowakei zu fahren? Alle Auslagen anläßlich des Umzuges nimmt die Mission auf sich. Wir bitten Sie, uns schnellstens eine Antwort über Ihre Entscheidung zukommen zu lassen.“

Vor den Eltern stand die Frage: Wie sollen wir diese Einlandung verstehen? Als Gottes Antwort auf unsere Gebete, daß wir aus Rußland wegfahren sollen? Oder soll dies eine Prüfung sein, wie ernst es uns mit der Entscheidung - mit der Gemeinde in der Zeit der Verfolgung bis zum Ende zu sein- ist? Papa zeigte den Brief Mama. „Und was wirst du jetzt sagen?“ Mama antwortete: „Du mußt der Entscheidung folgen, die du nach tagelangem Beten und Fasten und Gesprächen mit den Brüdern getroffen hast.“

Papa ging, um seinen amerikanischen Ausweis abzugeben. Seine Angelegenheit bearbeitete derselbe Smirnow, mit dem er beim ersten Besuch gesprochen hatte. Smirnow bat Vater in sein Dienstzimmer, schloß die Tür und sagte: „Pjotr Jakowlewitsch, Sie tun mir leid! Fahren Sie schnellstens von hier weg, geben Sie doch nicht Ihren amerikanischen Ausweis ab! Das ist falsch, und diesen Schritt können Sie nicht mehr korrigieren. Wenn Sie die sowjetische Staatsangehörigkeit annehmen, erwarten Sie große Schwierigkeiten und vielleicht sogar das Gefängnis. Ich sollte Ihnen dies eigentlich nicht sagen, aber ich schätze Sie als einen ehrlichen Menschen, der an seinen Prinzipien festhält. Überdenken Sie noch mal sehr gut Ihre Entscheidung und kommen Sie morgen wieder zu mir.“ Er gab Papa den Ausweis zurück.

Aber Papa sagte fest entschlossen: „Danke für Ihren Rat, ich habe aber meine Entscheidung vor Gott getroffen und bin entschieden, in Rußland zu bleiben und unter beliebigen Umständen meinen Dienst für Ihn weiterzutun.“ Smirnow sprach über eine Stunde mit Papa und beschwor ihn, Rußland zu verlassen und nach Amerika zurückzukehren. Dann, als er Papas Entschlossenheit sah, gab er ihm die Formulare, um die sowjetische Staatsangehörigkeit zu beantragen. In diesen Tagen schrieb Papa einen Brief an seine Eltern in Kanada, in dem es hieß: „Ich habe die Entscheidung getroffen, mit meinen Brüder und Schwestern im Glauben zusammenzubleiben. Hebräerbrief 11, 25 und 26 Vers.“

Diese Ereignisse geschahen Anfang des Jahres 1929. Konnte mein Vater es voraussehen, daß 50 Jahre nach jenem GPU-Gespräch seinem Sohn zwangsweise die sowjetische Staatsangehörigkeit aberkannt und daß er direkt aus dem Moskauer Gefängnis in Moskau unter Bewachung mit einem sowjetischen Flugzeug nach den USA gebracht würde? Daß er nicht nach Deutschland, England oder in irgendein anderes Land, sondern gerade in die Vereinigten Staaten von Amerika gebracht wurde? Und das Wichtigste bei dieser Sache ist, daß durch diese Verbannung aus der Sowjetunion Gott große Möglichkeiten eröffnete, die Christen in der ganzen Welt zum Gebet und zur geistlichen Unterstützung der verfolgten Christen in der Sowjetunion aufzurufen! Schon das Wort Gottes spricht in Jesaja 55, 8-9: „Meine Gedanken sind nicht eure Gedanken, und eure Wege sind nicht meine Wege, spricht der Herr; sondern soviel der Himmel höher ist denn die Erde, so sind auch meine Wege höher denn eure Wege und meine Gedanken denn eure Gedanken.“

Es vergingen anderthalb Monate nach Annahme der sowjetischen Staatsangehörigkeit, da bekam Papa wieder eine Vorladung zur GPU. Diesmal wurde er aber nicht zum Gespräch vorgeladen, sondern in der Vorladung stand: „Bringen Sie einfache winterliche und sommerliche Arbeitskleidung und Schuhe mit sowie eine Decke, ein Kissen und für drei Tage Lebensmittel.“ Es stand auch darin, daß er am nächsten Tag frühmorgens zum GPU-Gebäude kommen sollte. „Nun, Lydia, die Prüfungen fangen schon an, so bald,“ sagte Papa, nachdem er die Vorladung gelesen hatte. Mama machte sich sofort an die Arbeit und bereitete die Sachen und Lebensmittel für die Reise vor.

Ähnliche Vorladungen von der GPU hatten nicht nur Papa, sondern auch viele andere bekommen: Baptisten, Molokanen, Duchobory, orthodoxe Priester - und nicht nur in Blagoweschtschensk, sondern auch in den Dörfern und Siedlungen der Umgebung. Jemand hatte in Erfahrung gebracht, daß die „Kult-Diener“ (so wurden die geistlichen Arbeiter genannt) für drei Monate in die Taiga gebracht werden sollten, in ein wildes unbewohnbares Gebiet, um eine Straße zu bauen. Diese Neuigkeit wurde schnell unter den Mitgliedern der Gemeinde bekannt und am Abend versammelten sich im Gemeindehaus viele Freunde. Mit Gebet verabschiedeten sie sich von ihrem Gemeindeleiter.

Am nächsten Morgen sehr früh gingen Mama und noch einige Freunde mit Papa. Unter den Freunden war auch Bruder K. An diesem Morgen war er sehr in Gedanken und schwieg, und bevor sie aus dem Hause gingen, las er aus Johannes 15,13: „Niemand hat größere Liebe denn die, daß er sein Leben läßt für seine Freunde.“ Jemand von den Begleitenden fragte ihn: „Warum haben Sie gerade diesen Vers gelesen?“ Er antwortete: „So handelte unser Herr, er gab seine Seele für uns. Dieses steht vielen von uns bald bevor, wenn wir Gott die Treue bewahren werden!“

Es war Mitte März, die ganze Nacht war Schnee gefallen, aber es war nicht sehr kalt, ungefähr 10-15 Grad. Eine kleine Gruppe von sechs Personen ging langsam durch die verschneiten Straßen. Bruder K. zog einen kleinen Schlitten, auf dem der Sack mit den Sachen meines Vaters lag. Die Luft war frisch, es atmete sich leicht, und aus den Schornsteinen stieg der dunkelblaue Rauch gerade gen Himmel. In den zugefrorenen Fenstern gingen immer mehr Lichter an, die Stadt erwachte. Alles ringsumher war so friedlich und still, daß Mama es einfach nicht glauben konnte, daß ihr eine lange Trennung bevorstand. Papa fragte sie: „Welchen Vers aus der Bibel wünschst du mir auf die Reise?“ Mama sagte leise: „Und ob ich schon wanderte im finstern Tal, fürchte ich kein Unglück; denn du bist bei mir...“ (Ps. 23, 4).

Das GPU-Gebäude befand sich im Zentrum der Stadt auf der Straße Blagoweschtschenskaja, drei Häuserblocks von dem Grenzfluß Amur entfernt (an der anderen Uferseite war schon China). Es war ein großes steinernes dreistöckiges Gebäude, mit einem großen Keller, der aus mehreren Räumen bestand. Früher war dies ein Gasthaus, das den Händlern Kuwschinow gehörte. Auch jetzt noch hieß das Gebäude „Kuwschinow-Anwesen“, es war eins der besten Gebäude in der Stadt. Nach der Revolution hatten die GPU-Organe es für sich eingenommen.

Als mein Vater mit den Freunden am Gebäude ankam, waren da schon mehrere Hundert Menschen versammelt: es waren diejenigen, die eine Vorladung bekommen hatten, und ihre Verwandten. Viele waren aus den Dörfern gekommen, am Straßenrand standen viele Schlitten. Viele, die aus der Umgebung eine Vorladung bekommen hatten, waren in großer Unsicherheit: was erwartete sie? Wohin werden sie gebracht? Alle schauten voller Unruhe auf die hellerleuchteten Fenster der GPU, da wurde die Arbeit weder tags noch nachts unterbrochen. Aus dem Haupteingang kam bald der GPU-Leiter in Militäruniform heraus. Mit ihm zusammen kamen noch einige GPU-Mitarbeiter, und einer von ihnen hatte eine Liste in den Händen. Der Leiter sagte laut: „Alle, die eine Vorladung bekommen haben, werden nach der Liste kontrolliert!“ und zeigte dabei auf den Mann mit der Liste. Dann sagte der Leiter: „Ihr werdet für drei Monate ins Gebiet Chabarowsk in die Taiga gebracht, wo ihr eine Straße bauen werdet. Essen und Obdach werdet ihr bekommen, aber ein Arbeitslohn steht euch nicht zu. Ihr alle seid Diener des Kults und das Arbeitsvolk hat keinen Nutzen von euch. Jetzt bieten wir euch eine Möglichkeit, gut für die Arbeiter- und Bauernmacht auf dem Bau zu arbeiten. Wenn jemand nicht gekommen ist, der eine Vorladung hatte, der wird es bereuen! Wir werden sehr hart strafen! Wir werden jetzt aufgrund der Liste nachprüfen, wer nicht gekommen ist. Wenn jemand von dem Bau wegläuft, den werden wir verhaften und ins Straflager bringen. Die Familien solcher Leute werden auch bestraft und in ferne Gebiete verschickt. Gleich werden Lastwagen kommen und euch zum Bahnhof bringen. Gibt es noch Fragen?“

Jemand fragte: „Wenn jemand aber krank ist, was dann tun?“

„Wir haben sehr gute Ärzte, sie werden euch sehr schnell untersuchen und alle gesund machen!“ und furchterregend schaute der Leiter den Fragesteller an.

„Auf Wiedersehen, Pjotr, ich werde für dich beten. Der Herr wird dich nicht verlassen!“ sagte Mama leise.

„Gott mit dir, teurer Pjotr Jakowlewitsch. Die Gemeinde wird dich nicht in ihren Gebeten vergessen. Um deine Familie brauchst dich nicht zu sorgen, wir werden für sie sorgen, alles wird gut sein“, so verabschiedeten sich die Freunde von Papa.

Bald kamen die Lastwagen und einige Dutzend Männer mit ihren Sachen nahmen auf ihnen Platz.

„Vins, Pjotr Jakowlewitsch!“ schrie der Militärmann laut.

„Hier!“ antwortete Papa, küßte Mama, drückte die Hände seiner Freunde und beeilte sich, zum Auto zu kommen. In den Händen hatte er seinen Sack mit den Sachen und Lebensmitteln. Eine halbe Stunde später verließen drei Lastwagen langsam den Hof und fuhren in Richtung Bahnhof. Und obwohl die Leute, die zum Bau der Straße geschickt wurden, nicht als verhaftet erklärt wurden, fuhr kurze Zeit später noch ein Auto vom Hof des GPU-Gebäudes, auf dessen Ladefläche einige Wachsoldaten mit Gewehren, den drei Lastwagen hinterher.

Mama aber stand immer noch und schaute auf die Straße, auf welcher der ihr liebste Mensch weggebracht wurde. Unwillkürlich liefen ihr Tränen übers Gesicht, sie war damals erst 22 Jahre alt. Die Anwesenden gingen auseinander. Da kam ein Mann in Militäruniform auf Mama zu und fragte: „Sind Sie die Frau von Vins, Pjotr Jakowlewitsch“

„Ja, ich bin seine Frau“, antwortete Mama unter Tränen.

Der Mann beugte sich zu ihr und sagte leise: „Welchen Fehler hat Ihr Mann begangen, daß er nicht nach Amerika zurückkehrte!“

„Wer sind Sie, Smirnow?“ fragte Mama.

„Ja, ich habe mit Ihrem Mann im Januar gesprochen.“

„Mein Mann konnte nicht anders handeln, der Dienst für den Herrn ist ihm wichtiger als sein Leben! Und ich bin ganz mit seiner Entscheidung einverstanden!“ In Mamas Augen waren keine Tränen mehr, sie leuchteten voll innigen Glaubens. Smirnow zuckte mit den Schultern und entfernte sich.

Drei Monate lang arbeitete Papa beim Bau der Eisenbahnlinie, welcher eine wichtige staatliche Bedeutung beigemessen wurde; sie wurde im Norden des Landes in der Taiga verlegt. Zu diesem Bau hatte man aus ganz Sibirien Tausende geistlicher Diener - Gemeindeleiter der Baptisten, orthodoxe Priester, Molokanen, Prediger und viele andere - hingebracht. Erst mußten sie die Bäume abhacken, dann mit den Händen, ohne jegliche technische Hilfsmittel die Baumstümpfe ausrotten, mit Eisenstangen mußten sie dabei die gefrorene Erde hacken. Sie arbeiteten 10-12 Stunden am Tag, das Essen war aber sehr knapp. Es herrschte großer Frost, sie wohnten jedoch in Sommerzelten und es war sehr kalt darin. Dann wurde es sehr schnell Frühling, der Schnee schmolz und es kam die Zeit des kalten Frühlingsregens. Tagsüber war alles naß, nachts fror es noch und so hatten alle beständig nasse Kleidung und Schuhe. Die Menschen wurden krank, doch keiner durfte die Baustelle verlassen.

Nach drei Monaten kam mein Vater nach Hause; er war sehr abgemagert, sah abgequält aus. In diesen drei Monaten hatten sie nie die Möglichkeit, sich zu waschen oder zu rasieren.

Die Stadt Blagoweschtschensk liegt am Fluß Amur, der die Grenze zwischen Sowjetunion und China darstellt. In den Jahren 1928-1929 wurde diese Grenze kaum bewacht, und ganze Russenfamilien liefen über die Grenze nach China, von wo aus sie weiter zu kommen versuchten: nach Amerika, Frankreich oder Australien. Die Menschen kamen sogar aus Zentralrußland und aus der Ukraine nach Blagoweschtschensk, um hier über die Grenze zu gehen. Nachdem Papa nach den drei Monaten Zwangsarbeit wieder zu Hause war, kamen einige Freunde und rieten ihm: „Pjotr Jakowlewitsch, die Behörden werden dir sowieso nicht erlauben, in der Gemeinde tätig zu sein. Lauf doch schnell von hier weg! Geh über die Grenze, das ist doch nicht kompliziert. Wir haben zuverlässige Leute, die für einen kleinen Lohn dich und deine Familie mit einem Boot über den Fluß auf die andere Seite des Amurs bringen. Gib nur deine Einwilligung, dies ist ganz einfach zu organisieren!" Aber Papa antwortete immer wieder: „Ich kann nicht das Werk Gottes in Rußland verlassen und weglaufen! Dies ist Gott nicht wohlgefällig!"[1]

Am 8. April 1929 wurde das neue Gesetz über die religiösen Kulte in der Sowjetunion herausgegeben. Dieses Gesetz begrenzte nicht nur die Tätigkeit und das geistliche Leben der Gemeinde sehr, sondern war darauf ausgerichtet, die Religion zu vernichten. Dieses Gesetz war fast 60 Jahre in Kraft, bis zur Zeit der Perestrojka, und der Grund, weswegen die Christen massenweise wegen ihres Glaubens verfolgt wurden. Der Baptistenbund im Fernen Osten war von Anfang an sehr negativ gegenüber diesem Gesetz eingestellt. Ende Juli 1929 fand in Chabarowsk eine erweiterte Sitzung des Bundes der Baptisten im Fernen Osten statt, der sich mit einer besonderen Bitte an die höheren Machtorgane in Moskau wandte, worin sie baten, dieses Gesetz abzuändern.

---

[1] Davon erfuhr ich schon in Amerika, als ich mich 1980 mit Bruder G. Nidens aus San-Francisco traf, der mir ausführlich darüber berichtete. Er wohnte noch Ende der 20-er Jahre in Blagoweschtschensk und war Mitglied der Gemeinde der Evangeliumschristen Baptisten.

6

Die Verhaftung

Anfang Dezember 1930 bekam Papa einen Brief aus Moskau:

„Teurer Bruder im Herrn, Pjotr Jakowlewitsch Vins, Gnade und Friede sei mit Euch! Wir wollen mitteilen, daß am 20. Dezember 1930 in Moskau das Plenum des Föderalen Bundes der Baptisten einberufen wird. Wir bitten Sie, unbedingt zur Sitzung zu kommen mit den für diesen Zweck benötigten Dokumenten und mit einem Vorrat von Lebensmitteln für drei Tage.

Die Tagesordnung:

1. Über die Tätigkeit des Bundes und seine organisatorische Strukturen (Sprecher M. D.)

2. Die Wahl des Exekutiv-Komitees des Bundes (Sprecher N. W. Odinzow)

Zur Kenntnisnahme legen wir den Entwurf der „Verodnung“ bei.

Möge der Herr euren Weg leiten und euch Weisheit schenken, damit eure Teilnahme an diesem Plenum zur Förderung des Werks und zur Ehre Gottes sei. 27. November 1930

Mit brüderlichen Grüßen N. W. Odinzow P. J. Dazko“

Papa zeigte diesen Brief sofort dem Bruderrat der Gemeinde in Blagoweschtschensk, damit sie entscheiden konnten, was zu tun sei. Zu Mama sagte er: „Wir müssen fahren. Es muß auf dieser Sitzung in Moskau über sehr wichtige Fragen eine Entscheidung getroffen werden. Außerdem denken unsere Brüder, daß unsere Kontakte zu den Brüdern in Moskau in letzter Zeit sehr nachgelassen haben. Lydia, vielleicht solltest du auch mit mir fahren, was denkst du?“

„Ich fahre gerne mit, aber was machen wir mit unserem Sohn?“ sagte Mama nachdenklich. „Ihn mitzunehmen ist unmöglich, die Reise ist sehr weit und die Züge verkehren sehr unregelmäßig. Du weißt ja, daß wir mindestens zwei Wochen unterwegs sein werden. Der Kleine ist erst zwei Jahre alt, jetzt ist es Winter, und die Waggons werden kaum beheizt, es ist sehr kalt.“

„Ja, den Sohn können wir nicht mitnehmen. Vielleicht ist deine Mutter einverstanden, ihn für diese Zeit zu sich zu nehmen?“

„Ich denke, sie wird es machen.“

So beschlossen sie, diesen Weg zu zweit zu machen und so schnell wie möglich die Reise anzutreten, um rechtzeitig in Moskau anzukommen. Und meine Oma Mascha war einverstanden, mich für diese Zeit zu sich zu nehmen.

Am darauffolgenden Tag bekam Vater wieder eine Vorladung in die städtische Abteilung der GPU. Diese Vorladung brachte, wie auch beim ersten Mal, ein Bote und er bat um eine Unterschrift, daß er die Vorladung ausgehändigt hätte.

„Was ist das für eine Vorladung?“ fragte Mama. „Wieder mit warmen Sachen und Zwieback für drei Tage?“

„Nein!“ antwortete mein Vater „Diesmal ohne Zwieback. Aber kommen muß ich heute abend.“

In der GPU-Abteilung wurde mein Vater von einem höheren Beamten empfangen. Er war, wie auch alle anderen Mitarbeiter dieser Abteilung zu der Zeit, in Militäruniform. Er war schlank und groß, und er war freundlich, ja sogar froh.

„Pjotr Jakowlewitsch! Ich bin sehr froh, Sie kennenzulernen! Ich habe viel von Ihnen gehört. Wie steht's mit Ihrer Gesundheit? Wie geht's der Frau, dem Sohn?“

„Danke, alle sind am Leben und gesund, Gott sei Dank“ antwortete mein Vater zurückhaltend, er war über so viel Freundlichkeit sehr überrascht.

Der hohe Beamte stellte sich vor: „Ich bin aus Chabarowsk und verantwortlich für die Religionsabteilung der GPU im Fernen Osten. Sie sind, wie mir bekannt ist, seit zwei Jahren der Vorsitzende des Baptistenbundes im Fernen Osten? Deshalb müssen wir auch mit Ihnen sprechen, um Sie näher kennenzulernen. Ohne Zweifel, ich bin Atheist, aber ich habe den Auftrag bekommen, die Tätigkeit aller religiösen Vereine in unserem Gebiet zu kontrollieren.“

Papa korrigierte ihn: „Ich bin nicht der Vorsitzende, ich bin dessen Vertreter.“

Der Beamte unterbrach ihn: „Das ist nicht wichtig. Sie erfüllen die Aufgaben des Vorsitzenden.“ Dies alles sprach er in einem strengen, offiziellen Ton. Dann aber beugte er sich über den Tisch und sagte mit einem feinen Lächeln: „Pjotr Jakowlewitsch, ich habe erst heute erfahren, daß man Sie im vorigen Jahr zwangsläufig in die Taiga schickte, zum Bau einer Eisenbahnlinie. Das ist schrecklich: einen hochgebildeten Menschen, der zu uns aus Amerika gekommen ist, dahin zu schicken, um die gefrorene Erde zu hacken!“ Er hatte sich so sehr in seine mitleidende Rolle hineingeredet, daß seine

Stimme sogar leicht bebte. Er machte eine Pause, so als ob er seiner Gefühle Herr werden wolle und sagte fest: „Ich habe die Anordnung gegeben, daß sich solches nicht mehr wiederholt!“

Dann sagte er: „Haben Sie aus Moskau einen Brief bekommen über das Plenum des Baptistenbundes?“

„Ja, gestern habe ich den Brief bekommen“, bestätigte Papa.

„Und was gedenken Sie zu tun? Wollen Sie fahren?“

„Ich denke, ich werde fahren. Die Brüder in Moskau laden mich ein, an dieser Sitzung teilzunehmen.“

„Natürlich, Sie sind ein neuer Mensch in unserem Land und ich möchte Ihnen einige gute Ratschläge geben. Eure Alten in der Verwaltung des Baptistenbundes sind allzu konservativ, sie leben vom Vergangenen. Schließen Sie sich den Jüngeren an, sie sind fortschrittlicher, ihnen vertrauen wir mehr.“

„Wie soll ich Sie verstehen?“ fragte Vater. „Die Fragen des geistlichen Dienstes gehören der Gemeinde und die Gemeinde ist vom Staat getrennt! Warum aber erwähnen Sie, ein Vertreter des GPU, Fragen, über die nur die Gemeinde entscheiden kann?“

Der Beamte zuckte sagte dann aber friedlich: „Fahren Sie nach Moskau, da wird man mit ihnen noch sprechen. Aber mein Rat für Sie ist: orientieren Sie sich an den Jungen. Aufwiedersehen! Ich wünsche Ihnen eine gute Fahrt!“

Innerlich aufgewühlt verließ Papa das GPU-Gebäude. Er sprach mit den Brüdern der Gemeinde: „Was geschieht in Moskau? Welch einen eigenartigen Rat gab mir der Beamte der GPU?“ „Die Fahrt muß stattfinden, und zwar so schnell wie möglich!“ beschlossen die Brüder einmütig.

Vor der Fahrt nach Moskau beschloß Papa erst nach Chabarowsk zu fahren, dort kam in diesen Tagen der Rat des Bundes im Fernen Osten zusammen. Nachdem sich alle mit dem aus Moskau gekommenen Projekt „Die neue Ordnung“ und dem Tagesprogramm des Plenums bekannt gemacht hatten, war die Meinung aller Brüder, daß ihr Vertreter unbedingt an diesem Plenum teilnehmen sollte. Am Sonntag, nachdem Papa aus Chabarowsk zurückgekehrt war, verabschiedete sich die Gemeinde in Blagoweschtschensk mit Gebet und guten Wünschen für die Reise von ihrem Gemeindeleiter und seiner Frau. Alle waren froh und aufgeregt; keiner von ihnen ahnte, daß er Pjotr Jakowlewitsch zum letzten Mal auf dieser Erde sah.

Vierzehn Tage brauchten meine Eltern, um nach Moskau zu kommen. Es war die Zeit des Verfalls, die Züge fuhren sehr langsam, oft standen sie lange auf verschiedenen Bahnhöfen oder an Weichenstellen; die ganze Eisenbahn in Sibirien war damals einspurig. Papa wunderte sich über die unendlichen Weiten Sibiriens, Urals und Rußlands. Später war er nicht nur einmal durch diese Weiten gefahren, aber schon in einem Häftlingswaggon. Jetzt aber, in dem hellen Passagierwagen laß er geistliche Bücher auf Englisch, die er auf die Reise mitgenommen hatte, und unterrichtete zeitweise Mama in Englisch. (Nach der Heirat fing sie an, diese Sprache zu erlernen, denn Papa meinte, daß sie diese Sprache kennen sollte. Und er hatte recht, die englische Sprache konnte Mama sehr gut in den letzten Jahren ihres Lebens in Amerika brauchen.)

Unterwegs erzählte Papa ihr sehr viel über Amerika, über das Leben dort. Aber worüber sie auch sprachen, die Gedanken darüber, was sie in Moskau erwartete, verließen sie nicht. Nach dem GPU-Gespräch hatte Vater verstanden, daß die Regierung nicht zufrieden war mit der Leitung des Baptistenbundes und besonders der konsequenten Haltung von Odinzow, Iwanow-Klyschnikow, Dazko und noch anderer Brüder. Sie wollte den Baptistenbund leiten und ihn durch die Hände der eigenen Leiter zerstören. Am 3. März 1929 war der Generalsekretär des Baptistenbundes, Pawel Wasiljewitsch Iwanow-Klyschnikow, verhaftet und nach Kasachstan verbannt worden. Jetzt wollte die Regierung ihre eigenen Leute in den Vorstand des Baptistenbundes hereinbringen, einige von den jüngeren Dienern, die sich schon zur Zusammenarbeit mit der GPU bereit erklärt hatten. Mehr über diese GPU-Pläne erfuhr Papa in Moskau: die Behörden hatten einige Teilnehmer des bevorstehenden Plenums vorgeladen, ihnen eine Auflistung des Verwaltungsrates gezeigt und vorgeschlagen, auf dem Plenum für diese Personen zu stimmen. Binnen kurzer Zeit erfuhren viele davon. Papa war ein gerader vertrauender Mensch, er fragte die Brüder in Moskau geradeheraus: „Warum wählt die Behörde die Leitung unseres Bundes? Dies ist doch die Sache der Gemeinde und ihrer Diener!"

So erinnerte sich Mama an diese Zeit:

In Moskau angekommen, blieb ich mit Pjotr Jakowlewitsch den ersten Tag bei dem Diakon der Moskauer Gemeinde, Jakowlew, es war ein guter, fester, älterer Bruder. Er erzählte Pjotr Jakowlewitsch über die Machenschaften der GPU im Baptistenbund und unterstrich, daß die Lage von Odinzow, dem Vorsitzenden des Baptistenbundes, sehr schwierig sei. Dasselbe teilten auch andere Brüder der Moskauer Gemeinde Pjotr Jakowlewitsch mit.

Am nächsten Tag wurden wir bei Alexandra Iwanowna Mosgowa einquartiert. Sie wohnte zusammen mit ihrer Mutter im Rubzow-Pereulok in einem alten zweistöckigen Haus, in einer Dreizimmerwohnung. Mosgowa arbeitete in der Kanzlei des Baptistenbundes. Sie war sehr vorsichtig in ihren Gesprächen, bestätigte aber auch, daß die Lage von Odinzow sehr schwierig sei.

Am 26. Dezember wurden wir beide zu Bruder Timoschenko, einem Diener im Bund, zum Tee eingeladen. Dort waren auch andere Teilnehmer des bevorstehenden Plenums, Odinzow war aber nicht dabei. Während des Teetrinkens sagte Pjotr Jakowlewitsch ohne Umschweife: „Mich verwundert, daß die GPU die Kandidaten für die Leitung des Baptistenbundes vorschlägt. Ich werde darüber auf der bevorstehenden Tagung sprechen!" Bruder B. stand unerwartet auf und ging weg. Einige Brüder wußten, daß Pjotr Jakowlewitsch an diesem Abend noch in der Wohnung von Mosgowa ein Treffen mit Odinzow haben sollte. Vielleicht wußte auch Bruder B. darüber. Nach dem Teetrinken gingen auch wir weg.

Zuvor hatte Pjotr Jakowlewitsch schon ein kurzes Gespräch mit Odinzow: „Nikolaj Wasiljewitsch, werden Sie nicht Mitglied der neuen Leitung des Baptistenbundes, sie wird von den Behörden zusammengestellt", bat Pjotr Jakowlewitsch. „Ihr Name ist hoch geschätzt unter den Gläubigen im In- und Ausland, und mit diesem Namen, der nicht von Kompromissen befleckt ist, wollen die Behörden die Namen ihrer Mitarbeiter in der Leitung des Bundes decken, und diese werden die ganze Sache verraten. Später dann werden die Behörden auch euch verhaften und vernichten. Solch einen Baptistenbund, der von der GPU zusammengestellt ist, braucht keiner!"

An diesem Abend gingen wir nach dem Teetrinken zurück in die Wohnung von Mosgowa, dort sollte das zweite Treffen von Pjotr Jakowlewitsch und Odinzow stattfinden. Wir waren gerade in die Wohnung reingekommen, da klopfte auch schon jemand an die Tür und bat, Pjotr Jakowlewitsch solle für einen Moment rauskommen. Er ging nach draußen und – und von da an haben wir ihn nicht mehr gesehen. Wir warteten auf ihn, als er aber nicht kam, gingen wir nach draußen. Es war unerklärlich, was mit ihm passiert war, wir schauten überall nach, doch Pjotr Jakowlewitsch war nirgendwo zu sehen. Kurze Zeit später kam Odinzow. Er wußte sofort, warum Pjotr Jakowlewitsch nicht zurückgekommen war und wo er sich jetzt befand. Als ich am nächsten Abend zum Gottesdienst kam, wußten schon alle, daß Pjotr Jakowlewitsch verhaftet war. Ich ver-

suchte mich zu beherrschen, um nicht zu weinen. Als ich aber wieder in der Wohnung von Mosgowa war, habe ich sehr geweint, es tat so weh! Aber keiner, außer Gott, sah meine Tränen.

Am nächsten Morgen fuhr ich zum Gefängnis Butyrka, um zu erfahren, ob Pjotr Jakowlewitsch in diesem Gefängnis sei. Stundenlang mußte ich in der Schlange vor einem kleinen Fenster stehen, um ein Gesuch auf den Namen des Gefängnisleiters abzugeben. Erst nach zwei Wochen bekam ich die Antwort, daß Pjotr Jakowlewitsch tatsächlich verhaftet sei und sich in diesem Gefängnis befinde.

Um in das Gefängnis Butyrka zu kommen, mußte man eine lange Strecke mit der Straßenbahn zurücklegen, die Waggons waren überfüllt, unbeheizt und es war sehr kalt. Es gab auch nur wenige Straßenbahnen, so mußte man stundenlang an der Haltestelle warten, bis eine kam. Im Januar 1931 herrschte in Moskau großer Frost. Die Hauswirtin gab mir ihre alten Filzstiefel; sie waren löchrig und ich legte Stroh hinein, um die Löcher zu schließen.

Die Einzelheiten der Verhaftung erfuhr ich erst drei Jahre später, als Pjotr Jakowlewitsch entlassen wurde. Der Mann, der zur Wohnung von Mosgowa gekommen und ihn herausgerufen hatte, sagte zu ihm: „Hier steht ein Auto, wir müssen zu einem Gespräch fahren." Pjotr Jakowlewitsch sagte sofort: „Erlauben Sie mir, es meiner Frau mitzuteilen!" „Später, nicht jetzt!" sagte der Mann, nahm ihn unter dem Arm und zwang ihn, ins Auto einzusteigen.

Pjotr Jakowlewitsch wurde nach Lubljanka, zur GPU gebracht. Das Gespräch war ganz kurz, der Moskauer Untersuchungsrichter fragte: „Wie betrachten Sie die Frage einer Neuwahl des Bundesrates? Wie ist Ihr Verhalten gegenüber Odinzow und den anderen Brüdern? (Der Untersuchungsrichter nannte noch einige Namen.)

Pjotr Jakowlewitsch antwortete: „Warum mischen Sie sich in die Angelegenheiten der Kirche ein? Odinzow ist ein sehr geschätzter Diener des Baptistenbundes, ihr aber, die GPU, hetzt ihn. Die Kandidaten des neuen Vorstandes des Bundes sind von euch bestimmt worden, aber aus welchem Grund bestimmen die GPU-Organe ihre Kandidaten?"

Nach diesen Worten drückte der Untersuchungsrichter mit dem Fuß eine Klingel (denn mit den Händen hatte er nichts getan), sofort öffnete sich die Tür und zwei Wachhabende traten ein. Der Untersuchungsrichter sagte kurz zu ihnen: „Führt ihn ab!" und so wurde Pjotr Jakowlewitsch ins Gefängnis Butyrka gebracht.

Zu der Zeit war es noch nicht vorgeschrieben, wie oft man den Häftlingen Lebensmittel bringen durfte, und so fuhr ich einmal in der Woche zum Gefängnis, um Pjotr Jakowlewitsch Lebensmittel zu bringen. Er befand sich in einer großen Zelle, dort befanden sich 50 Männer, die in Moskau und der Umgebung verhaftet waren. In der Zelle war es sehr laut. Mit vielen führte er Gespräche über Gott. Das war seine erste Bekanntschaft mit einem anderen Rußland - mit dem Gefängnis. Die Untersuchungshaft dauerte etwa übe einen Monat. Am 16. Februar, es war sein Geburtstag, brachte ich ihm eine Tafel Schokolade, Wurst und einige Kilo Zwieback. Weil sein Urteil schon gesprochen war - drei Jahre Haft in den fernen Lagern-, durften wir ein kurzes Wiedersehen haben.

Der Gerichtsprozeß von Pjotr Jakowlewitsch war unter Ausschluß der Öffentlichkeit. Er wurde von drei Personen, der sogenannten „Trojka“, verurteilt. Es war in Wirklichkeit auch kein Gerichtsprozeß, ihm wurde nur das Urteil vorgelesen. Im Gefängnis in Butyrka war ein Raum zum Treffen eingerichtet. Es war ein langes Zimmer, das von einen dichten starken Maschendraht, der bis zur Decke reichte, in drei Teile geteilt war. An einer Seite des Maschendrahtes befanden sich fünfzig Personen, die Verwandten der Verhafteten, auf der anderen Seite befanden sich fünfzig Häftlinge. Und dazwischen war noch ein schmaler Gang für die Wache. Erst mußte man seinen Häftling finden. Alle riefen einander etwas zu, man konnte fast nichts verstehen, und binnen einer halben Stunde kann man eigentlich nicht viel sagen. Pjotr Jakowlewitsch war mager geworden, er hatte schon lange keine Möglichkeit gehabt, sich zu rasieren. Er schaffte es, nur einen Gruß und einen kurzen Wunsch an die Gemeinde zu sagen. Zwei Wochen später kam ich wieder und bat, mir ein Treffen zu erlauben, doch man sagte mir, daß er nicht mehr in Moskau sei. Ich stand sehr lange in der Schlange zum kleinen Fensterchen, bis man mir endlich sagte, daß er in ein Straflager in den Ural geschickt worden sei. In Moskau hatte ich nichts mehr zu tun, und so machte ich mich für die Reise zurück nach Blagoweschtschensk fertig.

In den Vorstand der Leitung des Baptistenbundes wurden Odinzow, Dazko, Timoschenko, Bondarenko, Kolesnikow und noch andere gewählt. Kostjukow, der Vorsitzende des Ukrainischen Baptistenbundes, Ananjin, der Vorsitzende des Sibirischen Baptistenbundes und noch einige andere angesehene Brüder waren verhaftet und die Behörde ließ es nicht zu, daß sie an diesem Plenum teilnahmen.[1] Ei-

[1] Andrej Prokopjewitsch Kostjukow wurde nach dem Zeugnis seiner Tochter Jewgenija Andrejewna auf dem Bahnhof in Kiew aus dem Zug geholt und befand sich unter Hausarrest all die Tage, während derer das Plenum des Baptistenbundes stattfand. Alexandr Spiridonowitsch Ananjew wurde in Nowosibirsk kurz vor dem Plenum verhaftet.

nige Male, bevor ich aus Moskau wegfuhr, kam Odinzow in die Wohnung von Mosgowa, fragte nach, wie es Pjotr Jakowlewitsch geht, und sagte: „Es ist sehr schwierig geworden, den Dienst zu tun! Was Pjotr Jakowlewitsch vorausgesagt hat, das erfüllt sich auch. Bald werde auch ich verhaftet.“

In der Zeitschrift „Sejatel Istiny“, die vom Russisch-Ukrainischen Baptistenbund in Amerika herausgegeben wurde, wurde im Juni 1932 ein Artikel über die Verhaftung von 20 Mitgliedern des Plenums des Baptistenbundes in Moskau veröffentlicht. „Anfang des Jahres 1931 wurde, nach dem Willen der GPU, ein Plenum des Baptistenbundes einberufen, auf dem wieder ein Baptistenbund gegründet wurde. Dieser Bund ist natürlich nur auf dem Papier geblieben, er kann keine Tätigkeit ausüben. Nach dem Plenum wurden ungefähr 20 Personen verhaftet und in Straflager geschickt. Unter anderen wurde auch Pjotr Jakowlewitsch Vins verhaftet und ins Straflager geschickt.“

Im August 1995 hatte ich die Möglichkeit, im Archiv des Föderalbüro des Staatssicherheitsdienstes die Akte über den Gerichtsprozeß gegen meinen Vater einzusehen, und auf der ersten Seite fand ich den Befehl zu seiner Verhaftung.

Die Vereinigte Staatliche Politische Verwaltung
Order Nr. 7707

27. Dezember, 1930

Dem Mitarbeiter der Operativen Abteilung OGPU – Sabo ausgehändigt
Sache - Verhaftung von Vins, Pjotr Jakowlewitsch
Anschrift- Kommandantur der OGPU

Anmerkung: Alle beamteten Personen und Bürger sind verpflichtet, der Person, auf deren Namen der Order ausgestellt ist, alle Mithilfe zu leisten, damit die vorgegebene Aufgabe erfolgreich ausgeführt wird. (Stempel)

Der Stellvertreter des Vorsitzenden der OGPU
G. Jagoda (Unterschrift)

Leiter der Operativen Abteilung
Jeshow (Unterschrift)

Papa war am 26. Dezember verhaftet, der Order zur Verhaftung aber erst am folgenden Tag ausgestellt worden, außerdem war der Order von hochgestellten Amtmännern unterschrieben - von Jagoda und Jeshow.

Papa war am 24. Dezember nach Moskau gekommen, und schon zwei Tage später wurde er verhaftet und befand sich unter Bewachung in der Kommandantur des OGPU. Ich vermute, daß die Beamten vom OGPU ihn deshalb so schnell verhafteten, um nicht zuzulassen, daß er an dem Plenum des Föderalen Baptistenbundes teilnahm, welcher seine Arbeit am 27. Dezember begann. Nach der Verhaftung wurde Vater nach Lubjanka, zum Untersuchungsrichter des OGPU, gebracht, wo das erste Verhör stattfand. Die feste unerschrockene Position, die Vater in bezug auf die Verteidigung der Sache des Herrn einnahm, entschied auch sofort sein Schicksal. Von diesem Gespräch wurden die höherstehenden Beamten des OGPU, Jagoda und Jeshow, unterrichtet, die auch die Entscheidung trafen, ihn sofort zu verhaften.

Auf der zweiten Seite der Akte unter der Nr. P-33960 ist das Protokoll der Durchsuchung von Pjotr Jakowlewitsch Vins, auf dem dritten Blatt sind die Angaben zu seinem Vor- und Nachnamen. Aufschlußreich sind die Punkte 10 und 11, wo geschrieben steht:

„10. Beruf: Prediger-Baptist

11. Seine Beschäftigung und die Anschrift seiner Arbeitsstelle während der Verhaftung: Stellvertretender Vorsitzender des Fernöstlichen Baptistenbundes."

In dem Untersuchungsprotokol vom 8. Januar 1931 sind einige Angaben gemäß seinen Antworten auf die Fragen aufgeschrieben: „Ich erkenne die Sowjetmacht an, als eine Macht, die von Gott gegeben wurde, doch in Fragen ihrer Politik in bezug auf Religionsfragen bin ich nicht einverstanden. Ich bin der Meinung, daß die Einschränkungen und Verfolgungen, die von der Sowjetmacht durchgeführt werden, nicht richtig sind. Und in dieser Frage bin ich der Meinung, man soll mehr Gott untertan sein als den Menschen. Meine Ansichten sind in der Resolution dargelegt, die vom Plenum des Fernöstlichen Baptistenbundes 1929 an die Anschrift von WZIK geschickt wurde. Da steht geschrieben, daß die Politik, die die Sowjetmacht in Religionsangelegenheiten durchführt, uns in die Rolle der Verbrecher stellt. Wir wünschen uns solches nicht und bitten deshalb, das neue Gesetz über religiöse Vereinigungen abzuändern. Der Initiator dieser Resolution war ich. Mehr kann ich dazu nichts sagen. (Das Protokoll ist laut meinen Worten richtig aufgeschrieben und wurde mir vorgelesen.) Unterschrift: Pjotr Vins."

Im Protokoll des Verhörs vom 10. Januar 1931 steht geschrieben:

„Nach meiner Ankunft in Moskau machte ich mich mit der Lage der Dinge bekannt, die mit dem bevorstehenden Plenum des

Baptistenbundes, der am 25. Dezember 1930 stattfinden sollte, bekannt und fand heraus, daß ich mit einigen Punkten, die auf diesem Plenum bestätigt werden sollten, nicht einverstanden sein konnte, wenn ich meiner Überzeugung treu bleiben wollte. So kam ich zu der Überzeugung, daß ich deshalb verhaftet werden würde. Aber dieses zählte und zähle ich auch jetzt noch als besseres Los für mich, als gegen mein Gewissen und meine Überzeugungen zu handeln. Dies habe ich aufgeschrieben am 10. Januar 1931. Unterschrift: P. Vins."

Auf der 14. Seite befindet sich die Kopie eines Telegramms, das bei Papa während der Verhaftung beschlagnahmt wurde: „Chabarowsk. Pljusnenko 22. Perzewu. Sind 24. angekommen. Gesund. Wünschen alles Gute zum Neuen Jahr. Apostelgeschichte zwanzig, 23-24. 32. Telegrafiere Dobrynin. Vins." Die Anschrift des Absenders: Vins. Schkolnaja 4. Moskau.[2]

Auf der 15. Seite befindet sich der Beschluß der geheimen Abteilung des OGPU vom 8. Januar 1931 darüber, daß man P. J. Vins nach Artikel 58-10 UK beschuldigen sollte. Auf Seite 16. ist der Beschluß des Untersuchungsausschusses des OGPU vom 12. Januar 1931 enthalten, und auf der 17. Seite der Akte das Urteil der besonderen Sitzung vom 13. Januar 1931.

„Eine Abschrift aus dem Protokoll der besonderen Sitzung beim Kollegium der OGPU vom 13. Januar 1931.

Es wurde die Akte Nr. 106173 über die Beschuldigung von Bürger Vins nach Artikel 58-10 UK angehört

Beschlossen:

Vins P. J. in ein Konzentrationslager für die Dauer von drei Jahren verhaften. Die Datierung erfolgt vom 26. Dezember 1930. Die Akte im Archiv abgeben.

(Stempel) Sekretär des Kollegiums der OGPU (Unterschrift)."

Aus diesem Dokument folgt, daß es keinen Gerichtsprozeß gegen Papa gab, er wurde nicht einmal zur Sitzung des Kollegiums

[2] Hier die Verse, die mein Vater in seinem Telegramm erwähnte. „...daß der Heilige Geist in allen Städten mir bezeugt, daß Fesseln und Bedrängnisse auf mich warten. Aber ich achte mein Leben nicht der Rede wert, wenn ich nur meinen Lauf vollende und das Amt ausrichte, das ich von dem Herrn Jesus empfangen habe, zu bezeugen das Evangelium von der Gnade Gottes" (Apg. 20, 23-24) „Und nun befehle ich euch Gott und dem Wort seiner Gnade, der da mächtig ist, euch zu erbauen und euch das Erbe geben mit allen, die geheiligt sind." (Apg. 20, 32)

gerufen. Das Urteil „drei Jahre Straflager“ war ohne ihn gesprochen worden, und erst vor seiner Etappierung ins Straflager bekam er die eilige Benachrichtigung hierüber. Das letzte Dokument in der Akte war der Beschluß über die Rehabilitation; der Beschluß dieser besonderen Sitzung vom 13. Januar 1931 über die Sache von Pjotr Jakowlewitsch Vins wurde abgeändert. Diesen Beschluß hatte die Staatsanwaltschaft der Sowjetunion am 21. März 1989 gefaßt.

Am 4. Februar 1931 wurde Papa ins Straflager in der Stadt Usolje (Solikamsk) im Ural geschickt. Es vergingen sechsunddreißig Jahre, da fand in Moskau wieder einmal ein Gerichtsprozeß statt, auf welchem ich wegen Treue gegenüber den Prinzipien des Evangeliums und wegen Verkündigung des Wortes Gottes zu drei Jahren Straflager verurteilt wurde. Am 20. Februar 1967 wurde ich aus Moskau in den Ural, in die Stadt Solikamsk, etappiert. Unsere Etappe erreichte den Ort am 28. Februar. Ich füge einige Auszüge aus meinem Straflagertagebuch ein:

„28. Februar 1967. Solikamsk. Der Güterbahnhof. Aus dem Häftlingswaggon werden wir in einen „Schwarzen Raben“ umgeladen und in ein Etppengefängnis gebracht, das sich im Straflager mit strengem Regime befindet. Aber Solikamsk ist nicht die Endstation unserer Häftlingsreise, unser Weg geht noch weiter. Aber weiter in den Norden gibt es keine Eisenbahn, und so warten wir lange auf eine Etappe in diesem Gefängnis. Wir werden in einer Zelle gehalten, in der für 20 Personen Platz ist. Es ist sehr eng und stickig.

14. März 1967. Endlich werden wir mit drei Autos etappiert. Es sind offene Lastwagen mit Bewachung und Hunden. Vor uns liegen 250 km durch die Taiga. Irgendwo hier war Papa 1931 zu Fuß durch diese Taiga etappiert worden. Vielleicht sogar auf diesen Wegen? Nach einem Monat, als ich schon im Straflager „Tschepetschanka“ war, schrieb ich ein kurzes Gedicht, das meinem Vater gewidmet war.

Die Täler und Berge des Urals,
Die Wälder wie ein grünes Meer,-
Hier ging auch dein Pfad durch, damals
Du Liebe verströmtest umher.
Durch Sturm, Ungewitter gingst du,
Und hörtest des Wildes Geschrei,
Leise raunten die Birken dir zu
Durch den Frühlingswind: „Bleibe nur treu!“

April 1967, Nord-Ural
Straflager „Tschepetschanka“.

7
Die Trennung

Papa wurde zusammen mit anderen Häftlingen in ein Straflager im Nord-Ural etappiert und Mama machte sich fertig, den Rückweg aus Moskau nach Wladiwostok anzutreten. Sie berichtete:

Nach Hause fuhr ich auch lange, ich war über zwei Wochen unterwegs. Am Knotenpunkt Belogorsk mußte ich umsteigen; von Belogorsk nach Blagoweschtschensk ging in diese südliche Richtung eine andere Eisenbahnlinie, sie war ungefähr 100 km lang. Hier in Belogorsk wohnte meine Kusine und ich besuchte sie, da der Zug noch nicht da war.

Noch an der Tür sagte ich ihr ohne Umschweife: „Nun, jetzt komme ich aus Moskau wieder zurück nach Hause, ich habe meinen Mann da gelassen. Ich weiß nicht, was mich jetzt erwartet."

Sie schaute mich mit einem unruhigen Blick an und sagte: „Ja, Lydia, weiß du denn noch nichts? Wo wirst du denn leben?"

„Wie wo? In Blagoweschtschensk in meiner Wohnung. Was ist denn passiert?" fragte ich unruhig.

„Du hast keine Wohnung mehr, die GPU hat sie eingenommen. Du kannst jetzt nirgendwo mehr wohnen. Wir müssen deiner Mutter in Blagoweschtschensk ein Telegramm schicken, damit man dich am Bahnhof empfängt."

Am Bahnhof von Blagoweschtschensk warteten Mama und mein Stiefvater Franz Pawlowitsch Krajewskij auf mich. Mama hatte ihn zwei Jahre zuvor geheiratet. Sie hatten einen kleinen Wagen mitgebracht, um meine Sachen daraufzulegen. Als Mama mich sah, weinte sie sehr.

„Guten Tag, mein Töchterlein. Und wo ist Pjotr Jakowlewitsch? Was ist mit ihm?"

„Er ist in ein Straflager im Ural geschickt worden, mehr weiß ich nicht. Und was ist mit meinem Sohn, ist er gesund?"

„Ihm geht es gut, er ist gesund und läuft umher. Weiß du schon, daß in deiner Wohnung jetzt ein GPU-Beamter wohnt? Er hat fast alle Bücher von Pjotr Jakowlewitsch verbrannt."

„Wie verbrannt?!“

„Die GPU hat die ganze Wohnung und alles, war darin war, beschlagnahmt.“

Es war sehr schwer, dies zu hören. Am meisten tat es mir um die Bücher leid: Pjotr Jakowlewitsch hatte eine große Bibliothek, die meisten Bücher waren in Englisch, er hatte sie aus Amerika mitgebracht. Ich wußte, daß er sehr traurig sein würde, sollte er erfahren, daß es die Bücher nicht mehr gab. Mama und Franz Pawlowitsch fragten mich: „Wo willst du denn wohnen? Komm zu uns!“

Ich hatte zwei Koffer, dieselben, mit denen Pjotr Jakowlewitsch und ich im Dezember nach Moskau gefahren waren. In dem einen Koffer waren einige Bücher, Pjotr Jakowlewitsch hatte sie für unterwegs mitgenommen, sie waren ihm sehr kostbar. Franz Pawlowitsch legte meine Koffer auf den Wagen und so gingen wir durch die ganze Stadt zu Fuß nach Hause. Ich konnte es mir nicht leisten, einen Kutscher zu nehmen, ich hatte kein Geld, und ein anderes Bewegungsmittel gab es in der Stadt nicht.

In Mamas Haus wohnte zu der Zeit mein Bruder Nikolaj mit seiner Frau und der einjährigen Tochter. Mein Bruder war auch in der Parteiarbeit weitergekommen und jetzt ein hoher Beamter, er war Chef eines Werkes. Der Name meines Mannes war in der Stadt sehr bekannt und mein Bruder war sehr verlegen, daß ich gezwungen war, jetzt in einem Haus mit ihm zusammen zu wohnen. „Kannst du dich erinnern, Lydia, wie ich dir nicht geraten habe, einen amerikanischen Missionar zu heiraten?! Du aber hast nicht darauf gehört und jetzt siehst du die Folgen: der Mann ist im Gefängnis, du bist ohne Wohnung und hast einen kleinen Sohn. Mache wenigstens deinem Sohn nicht das Leben kaputt, erzähle ihm nichts von Gott!“ so empfing mich mein Bruder.

Am nächsten Tag ging ich in meine alte Wohnung. Da wohnte der GPU-Beamte und alles, was in der Wohnung war - unsere Möbel, Kleider, Schuhe, sogar mein Geschirr-, hatte er sich angeeignet. Als ich reinkam, war er gerade zu Hause. „Guten Tag,“ sagte ich. „Was ist hier los? Ich wohne hier, dies ist meine Wohnung!“ Er zuckte unter meinen Worten zusammen und ich sagte weiter: „Dies ist das Bett von meinem Sohn Georgij, ich habe es selber gekauft!“

Der Beamte sagte zu mir: „Hier werde ich mit Ihnen nicht sprechen! Kommen Sie heute abend um neun Uhr in die GPU-Abteilung!“ Ich verstand, wenn ich zu ihm kämme, würde er mich da nicht mehr rauslassen. Ich ging zur GPU, aber nicht zu der angegebenen Zeit, und zu einem anderen Beamten, zu dem Leiter der GPU der Stadt Blagoweschtschensk. Der GPU-Wachhabende, der mir den Ausweis ausstellte, war ein älterer, sehr freundlicher Mann. Er führte mich zum Dienstzimmer des Leiters, ging erst selbst hinein, dann kam er raus und bat mich, hineinzugehen. Als ich reinkam, las der Leiter eine Zeitung, er hob nicht einmal seinen Kopf. Ich nannte meinen Namen und erklärte, was passiert war. „Meine Wohnung hat einer eurer Beamten eingenommen. Alle meine Sachen sind da geblieben, ich bin mit einem kleinen Kind auf der Straße, im Schnee geblieben."

Der Leiter hörte mich an und sagte dann: „Kommen Sie ein anderes Mal, ich werde die Sache klären." Er nannte mir den nächsten Termin. Als ich nach einigem Tagen wiederkam, sagte er zu mir: „In der Wohnung gibt es keine Sachen von Ihnen! Kommen Sie nicht mehr hierher!" Beim Hinausgehen aus dem Gebäude, stieß ich fast mit Smirnow zusammen. Leise sagte er zu mir: „Kommen Sie nicht mehr hierher! Es kann für Sie sehr schlecht enden! Sie müssen es selber sehr gut verstehen, Ihr Sohn kann ein Waise werden", und er schaute mich sehr mitleidig an. So ging ich nicht mehr hin.

Bevor Pjotr Jakowlewitsch und ich nach Moskau fuhren, zog eine meiner Verwandten, eine gläubige Frau, für die Zeit unserer Abwesenheit in unsere Wohnung, um auf sie aufzupassen. Als dann der GPU-Beamte kam, wurde ihr befohlen, sofort die Wohnung zu räumen. Sie war zu der Zeit ungefähr 40 Jahre alt und sehr resolut. Sie wohnte noch paar Tage in der Wohnung, während sie für sich etwas anderes suchte, und sah, wie der Beamte zwei Tage lang im Ofen die christlichen Bücher verbrannte. Da waren Bibeln, Bibelkommentare, Auslegungen und andere geistliche Literatur. Meine Verwandte schaffte es, einige Bücher und Aufzeichnung von Pjotr Jakowlewitsch und sogar unser Familienalbum zu retten.

Außerdem nahm sie im Beisein des Beamten ein schön gesticktes Kinderbild von der Wand, auf dem Gänse waren, und ein Handtuch, auf dem stand „Guten Morgen!" Dieses Handtuch hatte Jelisaweta Wasiljewna, die Mutter von Pjotr Jakowlewitsch, für uns ausgestickt. Meine Verwandte sagte dabei zu dem Beamten: „Diese Sachen gehören dem Kind und Sie brauchen sie nicht!" Der Beamte schwieg dazu. Dann nahm sie noch die eiserne Badewanne, in der ich den Jungen badete. Der Beamte schwieg weiter. Als sie aber noch ein paar Kochtöpfe, Löffel und Tassen nehmen wollte, schrie er: „Es reicht! Hören Sie sofort mit dem Raub auf! Dies gehört alles dem Staat!" So durfte sie keinen Löffel oder sonstwas nehmen, so-

gar den kleinen Kochtopf, in dem ich immer für Georgi den Grießbrei kochte, behielt er. Aber das Kinderbild mit den Gänsen und das Handtuch mit den Worten „Guten Morgen" bekamen wir wieder, und sie begleiteten uns all die Jahre in Sibirien, und in Kiew in der Ukraine.

Mein Tagebuch, die Konzepte der Predigten von Pjotr Jakowlewitsch, unsere persönlichen Bibeln, einige Bücher in Englisch und die russische Konkordanz nahmen wir mit nach Moskau. Diese Sachen konnte ich nach Blagoweschtschensk zurück bringen, denn in der Moskauer Wohnung, wo wir waren, wurde keine Haussuchung durchgeführt.

Der Winter 1931 war sehr hart und ich hatte weder eine Wohnung, noch Sachen, noch Geschirr. Zu der Zeit konnte man im Geschäft kein Geschirr kaufen. Auf dem Markt wurden nur Töpfe und Tassen aus Ton und Holzlöffel verkauft. Ich wollte arbeiten gehen, doch wegen meines Namens wurde ich nirgendwo eingestellt. Ich konnte auch nicht lange im Hause meiner Mutter wohnen, denn mein Bruder Nikolaj bestand darauf, daß ich mich von meinem Mann scheiden lassen und meinen Namen ändern solle. Gegenüber dem Gebetshaus wohnte eine alte Frau und ich zog in ihr Häuschen. Bei ihr war ein kleines Zimmerchen leer und so wohnte ich vorläufig dort; Georgi war damals zweieinhalb Jahre alt.

Eine gläubige Schwester, die eine erfahrene Buchhalterin war, nahm mich in ihrem Büro als Gehilfin an. Von ihr konnte ich viel über die kaufmännische Arbeit lernen. Doch nach zwei Monaten sagte sie zu mir: „Es kam ein GPU-Beamter und befahl, dich zu entlassen." So war ich in meiner Heimatstadt der Möglichkeit beraubt, eine Arbeit zu finden. In jener Zeit half mir die Gemeinde; nach der Verhaftung von Pjotr Jakowlewitsch war Georgij Iwanowitsch Schipkow Gemeindeleiter geworden.

Während ich noch bei Mama wohnte, besuchte mich einige Male Iwan Karpowitsch Golajkow. Er schätzte Pjotr Jakowlewitsch sehr und jetzt, nach seiner Verhaftung und der Konfiszierung unserer Wohnung, kam er, um mich zu ermutigen. Er hat mich sehr ermutigt durch seine Standhaftigkeit in dieser schweren Zeit. Er wohnte in Tambowka, ungefähr 100 km von Blagoweschtschensk entfernt, und wenn er nach Blagoweschtschensk kam, besuchte er uns nach Möglichkeit.

Goljakow war Gemeindeleiter einer großen Baptisten-Gemeinde in Tambowka, die aus mehr als 600 Mitgliedern bestand. Er hatte eine große Familie, sieben oder acht Kinder, und seine Frau war gestorben. Er war 1931 ungefähr 40 Jahre alt. Seine älteste Tochter war 15 Jahre alt und die Jüngste zwei Jahre alt. Im Winter 1931 wurde Goljakow zum GPU zum Gespräch vorgeladen. Die Behörden waren sehr unzufrieden über seine Standhaftigkeit und seine Ansichten. Er wurde sofort dort, im Dienstzimmer verhaftet. Aber weil bei ihm daheim kleine Kinder waren, wurde er nach zehn Tagen Gefängnisaufenthalt nach Hause entlassen. Bei der Entlassung sagte man ihm: „Fahre sofort nach Hause! Gehe nicht ins Gemeindehaus in Blagoweschtschensk und predige auch nicht! Höre auch auf, in Tambowka zu predigen. Sitze zu Hause mit deinen Kindern und besuchte auch nicht die Gottesdienste!"

Ich kann mich erinnern, daß am Tage der Entlassung von Goljakow in Blagoweschtschensk Gebetsstunde war, die von Georgij Petrowitsch Schipkow durchgeführt wurde. Wir beteten viel für Pjotr Jakowlewitsch, für Bruder Goljakow, der zu der Zeit im Gefängnis in Blagoweschtschensk war, und auch für viele andere Christen, die in Haft waren. Es war ein Abendgottesdienst mitten in der Woche. Ich, meine Mutter, aber auch alle anderen Gläubigen versuchten, die Gottesdienste nicht zu versäumen. Und an diesem Abend, mitten im Gottesdienst, öffnete sich die Tür und Iwan Karpowitsch trat ein! Er kam direkt aus dem Gefängnis, in zerknüllter Kleidung, unrasiert, und ging sofort zur Kanzel. (Bruder Schipkow, der sah, wie er reinkam, bat ihn sofort, zu predigen.) Und was war das für ein Wort: ein brennendes Zeugnis über Gottes Liebe und über unsere Treue und Ergebenheit dem Herrn gegenüber.

Nach seiner Rückkehr nach Tambowka predigte Goljakow und diente Gott wie zuvor. Kurze Zeit später wurde er wieder von den GPU-Beamten verhaftet. Er wurde ins Gefängnis nach Blagoweschtschensk gebracht und die Kinder mußten alle sofort das Haus verlassen. Das war im Herbst 1931. Goljakow hatte eine leibliche Schwester, sie war viel älter als er, aber sehr schwach im Glauben. Sie besaß ein Haus in Blagoweschtschensk und die Kinder wurden von der Behörde mit dem Lastwagen zu ihr gebracht und bei ihr im Hof abgeladen. Sie aber sagte: „Ich werde sie nicht aufnehmen! Nehmt sie wieder zurück, bringt sie, wohin ihr wollt!" Ich kann mich noch jetzt an die Schreie und das Weinen der Waisen erinnern. Der Lastwagen wendete aber und fuhr davon.

Die Gläubigen unternahmen sofort etwas, um die Kinder irgendwo unterzubringen, sie wollten die Kinder auf verschiedene

Häuser verteilen, aber die Kinder wollten zusammenbleiben. Und in diesem schwierigen Moment sagte die fünfzehnjährige älteste Tochter: „Ich werde auf die Kinder aufpassen!" Die Gläubigen fanden in der Stadt ein altes leeres Häuschen, in dem früher eine alleinstehende Frau gewohnt hatte. Sie brachten das Häuschen in Ordnung, machten alles sauber und brachten Holz zum Heizen und Essen, denn die Kinder waren noch sehr klein.

Später, ungefähr nach einem Jahr, war die älteste Tochter dann doch dazu bereit, daß die Kinder verschiedenen Familien aufgenommen würden. Bruder in Goljakow war nach der Verurteilung in ein fernes nördliches Straflager gebracht worden. Unterwegs gelang es ihm, aus dem Fenster des Waggons einen Brief herauszuwerfen, jemand fand ihn und sandte ihn nach Blagoweschtschensk zu einer gläubigen Familie. Goljakow schrieb: "Man bringt mich nach Irkutsk. Wohin weiter, weiß ich nicht. Und was mit mir geschieht, weiß ich auch nicht. Ich glaube aber, daß der Herr meine Kinder nicht verlassen wird. Ich bete, daß sie im Glauben aufwachsen." Dieser Brief wurde in der Gemeinde und auch seinen Kindern bekannt.

35 Jahre später, im Jahre 1965, besuchte ich im Auftrag der Brüder des Kirchenrates der Evangeliums-Christen Baptisten den Fernen Osten und auch die Stadt Blagoweschtschensk. Auf der Station Botschkarjewka erfuhr ich die Anschrift meiner Kusine und mit viel Mühe fand ich ihr Haus. Wir hatten eine lange Unterhaltung und erinnerten uns an das Vergangene. Sie sagte zu mir: „Weißt du, unweit von hier wohnt die jüngste Tochter von Goljakow. Möchtest du sie sehen? Sie ist eine sehr ernste Christin." Meine Kusine lud Goljakowa zu sich ein und wir sprachen lange miteinander, sie war damals 37 Jahre alt. Sie erzählte mir: „Einige Zeit nach Papas Verhaftung nahmen verschiedene Gläubige uns in ihre Familien auf. Ich war damals drei Jahre alt. Alle meine Brüder und Schwestern sind groß geworden, alle leben, und was das Wichtigste ist: alle sind Christen!" Ich erzählte ihr auch von mir, von Pjotr Jakowlewitsch, von seinem letzten Brief aus dem Gefängnis. Die jüngste Goljakowa sagte mir: „Wir haben genauso wie auch ihr den letzten Brief von Papa aus dem Gefängnis in Irkutsk bekommen. Und so wissen wir gar nicht, wo oder wie sein Lebensweg endete, wir wissen nicht einmal, wo sein Grab ist."

8

Die nördlichen Straflager

Aus dem Gefängnis in Butyrka wurde Vater in den Ural gebracht, es war der traditionelle Ort, wo sich die Straflager, in denen Holz geschlagen wurde, befanden. Schon über sechzig Jahre wird im Ural der Wald mit den Händen der Gefangenen gefällt. Und nicht nur die Holzfällung, sondern auch fast alle Eisenbahnlinien und die größten Werke im Ural sind durch die Hände der Gefangenen errichtet worden. Aus Moskau bis nach Perm wurden die Häftlinge, unter denen auch mein Vater war, in Eisenbahnwaggons, die zum Transport verschiedener Sachen bestimmt waren, transportiert. Die Türen waren geschlossen, an den Fenstern waren Gitter angebracht, auf den Bremsplätzen befand sich die Wache und im letzten Waggon war ein Maschinengewehr. In Perm wurden die Häftlinge für einige Tage in ein Etappengefängnis gebracht, dann wurden sie weiter in den Norden bis zur Stadt Solikamsk transportiert. Zu der Zeit hatte man gerade von Perm bis nach Solikamsk eine schmalspurige Eisenbahnlinie gelegt. Es gab noch keine geschlossenen Gütterwaggons für die schmalspurige Eisenbahn, mit denen man die Häftlinge hätte transportieren können. Aber die GPU-Beamten fanden einen Ausweg: sie stellten auf die offenen Plattformen große Eisenkäfige, die ungefähr so hoch wie ein erwachsener Mann waren und legten oben etwas darauf, um den Gefangenen wenigstens etwas Schutz vor Regen und Kälte zu geben. Solche Eisenbahnkäfige auf den Plattformen gab es auf den schmalspurigen Eisenbahnlinien des Urals noch in den sechziger Jahren. So wurden die Gefangenen 200 km von Perm nach Solikamsk gebracht.

Gemäß dem Befehl der Behörden in Moskau, wurde mein Vater in die Wyschersk-Straflager der GPU in Gebiet der Stadt Usolje, die zum Gebiet Werchne-Kamsk gehörte, geschickt, um dort seine Haft zu verbringen. Von Solikamsk weiter in den Norden gab es keine Eisenbahnlinie mehr, und so mußten alle Häftlinge noch ungefähr 300 km zu Fuß auf den Taigastraßen zurücklegen. Unter den Häftlingen waren auch Kranke, und die Gesünderen halfen ihnen zu gehen. Vielen hielten die Strapazen des schweren Weges nicht aus und starben unterwegs. Nach seiner Entlassung erzählte Papa, daß er im Ural während des ganzen Winters schwere Erdarbeiten auf dem Bau einer Eisenbahn verrichten mußte. Die Häftlinge mußten nur mit Hilfe von Spaten und Eisenstange mit ihren Händen die gefrorene, steinharte Erde abschlagen und mit Schubkarren abtransportieren. Die vorgegebene Norm war hoch, sechs bis acht Kubikmeter Erde auf pro Häftling und Schicht, und um sie zu erfüllen, arbeiteten die Häftlinge vom frühen Morgen bis in den späten Abend. Nach der Arbeit mußten sie noch einige Kilometer zu Fuß zurücklegen, um ins Lager zu kommen. Die Füße waren immer naß. Oft, wenn die Häftlinge sich gerade etwas aufgewärmt hatten oder eingeschlafen waren, mußten sie mitten in der Nacht aufstehen und den Bereich des Straflagers vom Schnee freimachen.

Im Ural fällt im Winter sehr viel Schnee, angefangen im Oktober und fast bis in den Mai hinein schneit es fast jeden Tag, die Schneewehen sind drei bis vier Meter hoch. Nachts mußten die Häftlinge mehrere Stunden mit den Schaufeln den Schnee wegräumen und die Lagerzone freimachen, und um sechs Uhr morgens mußten sie wieder aufstehen und zur Arbeit in den Wald gehen. Nach einer schlaflosen Nacht war der Häftling physisch einfach nicht in der Lage, die Norm zu erfüllen, dann aber wurde die Brotration verkleinert, es gab weniger Suppe und Grütze. Viele starben vor Hunger, Müdigkeit und ständiger Schlaflosigkeit. Nur durch Gottes Gnade blieb Papa am Leben und kam nach Ablauf der Frist aus dem Straflager nach Hause.

Ende des Sommers 1931 wurde Papa aus dem Ural in den Fernen Osten etappiert. Über einen Monat lang dauerte diese Fahrt in Güterwaggons und die Häftlinge sahen durch Gitter die Berge und Wälder des Urals und die unendlichen Weiten Sibiriens. Die Eisenbahnlinie vom Ural in den Fernen Osten war einspurig und so standen die Züge mit den Häftlingen lange Zeit auf jeder Station, um die entgegenkommende Güter- und Pasagierzüge vorbeizulassen. Als der Zug schon durch den Fernen Osten fuhr, schaute Papa auf jeder Station alle Gesichter der umherstehenden Menschen sehr genau an; er hoffte, wenigstens jemanden von den Gläubigen zu sehen und durch ihn der Familie mitzuteilen, wohin er gebracht wird. Mama erinnerte sich an diese Tage:

Meine Freundin, eine Christin, kam aus Wladiwostok zurück nach Hause nach Blagoweschtschensk. Auf der Station Belogorsk stand ihr Zug lange Zeit, und sie stieg aus und ging hin und her. Auf dem Nebengleis fuhr ganz langsam ein Zug mit Häftlingen ein. Aus den Fenstern der Güterwaggons schauten durch die Eisenstäbe die gequälten Gesichter der Gefangenen. Da sah sie auf einmal am Fenster eines Waggons Pjotr Jakowlewitsch! Er sah sie auch und fing an, etwas zu schreien, wegen der Geräusche ringsum konnte sie aber nichts verstehen. Sie benachrichtigte mich sofort: „Man hat Pjotr Jakowlewitsch in den Fernen Osten gebracht. Ich sah ihn im Fenster eines Güterwaggon auf der Station Belogorsk." Ich konnte aber aus dieser Nachricht nichts verstehen. Zwei Wochen später kam eine Nachricht von den Geschwistern aus Chabarowsk, daß sie Pjotr Jakowlewitsch gesehen und gesprochen hätten. Der Zug mit den Häftlingen stand mehrere Tage in Chabarowsk auf dem Güterbahnhof. Pjotr Jakowlewitsch warf aus dem Fenster eine Postkarte mit der Adresse einer gläubigen Familie in Chabarowsk. Jemand hatte diese Postkarte gefunden und sie zum Adressaten gebracht. Auf der Postkarte schrieb er, wo der Zug stehe und bat, ihn zu besuchen. So kamen mehrere Tage drei bis fünf Gläubige zum Waggon und unterhielten sich mit ihm durchs Fenster. Die Wache verbot es nicht. Es war eine sehr große Ermutigung für Pjotr Jakowlewitsch. Mir teilten sie mit: „Pjotr Jakowlewitsch wird zum Etappen-Gefängnis gebracht. Bald wird er in Wladiwostok sein und bittet ihn zu besuchen."

Nachdem Mama den Brief bekommen hatte, beschloß sie, zu fahren und Vater zu besuchen. Mich nahm sie auch mit, ich war damals drei Jahre alt. Die Fahrt war mit vielen Schwierigkeiten verbunden. Mama erzählte über diese Fahrt:

Die Fahrkarten waren kaum zu bekommen, die Züge fuhren sehr selten. Doch der Herr half uns. Pjotr Jakowlewitsch befand sich im Etappen-Straflager in Wladiwostok und wartete, bis man ihn über das Meer noch weiter in den Norden brachte. In Wladiwostok angekommen, ging ich zur Verwaltung der Straflager, um ein Wiedersehen zu erbitten. Ich mußte lange, mehrere Stunden, warten, bis ich vorgelassen wurde. Es war schon später Abend, als der operative Arbeiter, ein Koreaner, mich empfing. „Ihr Mann ließ sich nicht umerziehen und er bekommt kein Treffen mit der Familie!" sagte er zu mir.

„Aber ich habe ihn schon sieben Monate nicht gesehen, und ich möchte ihm auch den Sohn zeigen!"

Der Beamte lachte: „Sieben Monate nicht gesehen! Bei uns sieht man sich sieben Jahre nicht und es ist nichts Schlimmes dabei!"

Ich bat ihn sehr, ein Treffen zu genehmigen, aber er war unerbittlich und ich mußte unverrichteter Dinge weitergehen. In der Seele war es mir sehr bitter. Draußen fiel ein kalter Herbstsregen, ein starker Wind wehte, es war schon sehr spät und ich mußte durch die ganze Stadt zu Fuß und dann noch ein gutes Stückchen auf einem Pfad bergauf gehen. Und dort erwartete mich das kalte Zimmer einer gläubigen alten Frau. Sie wohnte so arm, daß sie nicht einmal etwas Holz hatte, um den Ofen zu heizen. Ihr hatte ich auch den Sohn dagelassen in der Hoffnung, abends zurückzusein, und jetzt war es schon Nacht. Schrecklich müde und trostlos kam ich endlich um zwei Uhr nachts an. Die Schwester schlief noch nicht, sie wartete auf mich und betete. „Wie geht's? Haben Sie Pjotr Jakowlewitsch gesehen?" fragte sie.

Vor Leid, Kälte und schrecklicher Müdigkeit fing ich an zu weinen, ich war ganz durchnäßt und zitterte am ganzen Körper. Ich erzählte ihr von dem Koreaner: „Er hat es nicht erlaubt, hat abgesagt, er sagte mein Mann habe sich nicht geändert!" Und ich weinte weiter.

„Weine nicht, Lydia! Der Herr ist stärker, als dieser Koreaner! Alles liegt in Gottes Hand, wir wollen ihn bitten, ein Treffen zu schenken. Und sieh doch, wie gut der Koreaner über Pjotr Jakowlewitsch gesprochen hat: er hat sich nicht verändert! Also steht er fest im Glauben. Freue dich deshalb und weine nicht!" tröstete sie mich.

Wir beteten zusammen und legten uns schlafen. Am nächsten Morgen ging ich direkt zum Straflager. Es regnete nicht mehr, aber vom Meer wehte ein sehr kalter Wind. Ich ging die Straße am Meer entlang, das Meer stürmte und die kalten Wellen spritzten bis auf die Straße. Das Straflager befand sich auf dem hohen steinernen Ufer am Meer. Von allen Seiten war es mit hohem Stacheldraht umgeben, an den Ecken standen Wachtürme. Neben dem Straflager befand sich das Gebäude der Verwaltung. Ich beschloß, direkt zum Lagerleiter zu gehen und ihn zu bitten, wenigstens für fünf Minuten ein Treffen mit Pjotr Jakowlewitsch zu erlauben.

Der Lagerleiter war sehr gütig zu mir und erlaubte mir ein fünfzehnminütiges Treffen direkt im Straflager. Dabei sagte er: „Der Regel nach geben wir kein Treffen im Etappen-Straflager, wir haben sogar kein Gebäude dafür. Aber als eine Ausnahme erlaube ich Ihnen, Ihren Mann direkt im Straflager, im Beisein der Wache, zu treffen." Wie freute ich mich und dankte dem Lagerleiter! Ich hatte sogar vergessen zu fragen, ob ich etwas für Pjotr Jakowlewitsch mitnehmen könnte, und während ich hinausging, erinnerte ich mich und fragte: „Ich möchte meinem Mann einige Lebensmittel übergeben. Vielleicht erlauben Sie dies?" Er erlaubt auch dieses! Ich war doppelt glücklich!

Das Treffen fand gegen Abend statt. Mama wurde in die Zone reingelassen und in Begleitung von Wachsoldaten ging sie durch das ganze Gelände des Straflagers. Überall sah man gefangene Männer, die hin und her gingen, sie waren mager, schon lange nicht rasiert und hungrig; in ihren Augen sah man die Sehnsucht nach der Freiheit, nach den Verwandten. Am Ende des Geländes, gerade am Abhang, stand am Stacheldraht eine einzige Holzbank. Auf dieser Bank saß Papa, sein Gesicht war dem Meer zugewandt, in Gedanken versunken schaute er in die Ferne. Mama erkannte ihn von ferne.

Unten stürmte das Meer, mit Wucht schlugen die brausenden Wellen an das felsige Ufer, und am Himmel segelten ganz niedrig die schweren Wolken dahin. Hier waren das Straflager und die Leiden, und dort, hinter dem Wasser waren die Freiheit, seine Eltern und die amerikanische Freunde, da waren die Jugend- und Studentenzeit, da begann der Dienst. Hier in Rußland aber befand sich die leidende Bruderschaft, hier war sein missionarisches Feld, hier war seine Familie. Im Baptistenseminar in Amerika lehrte man, daß an erster Stelle im Leben des Christen Gott sein muß, an zweiter Stelle die Familie und an dritter Stelle der Dienst, die Gemeinde. Hier aber, in Rußland, war seine Ausbildung in der Schule des Leidens: in Gefängnissen und Straflagern. In den Prüfungen des Glaubens wurde ihm klar, daß ohne Zweifel Gott immer an erster Stelle sein muß, aber auch die Gemeinde, das missionarische Feld der Tätigkeit, denn Gott und der Dienst für Ihn sind nicht zu trennen. Und an letzter Stelle stehen das eigene Leben, die Freiheit, die Frau und die Kinder.

Mama rief Papa und sie umarmten sich. Dann saßen sie zusammen und hielten sich die Hände. Daneben stand der Wachsoldat, unten stürmte noch immer das kalte, herbstliche Meer als ein Symbol ihres Lebens: ein stürmisches, wanderndes Leben, das Leben einer christlichen Missionarsfamilie. So ist das Leben aller Christen, die den geraden schmalen Weg gehen.

„Du bist so abgemagert, und du siehst so gequält aus! Wie geht es dir gesundheitlich?" fragte Mama und schaute in sein Gesicht.

„Alles ist gut, der Herr ist mit mir! Und wie geht es dir? Unserem Sohn? Wie steht's mit der Gemeinde? Mit Bruder Odinzow?“

„Bruder Odinzow geht es sehr schlecht. Bevor ich aus Moskau wegfuhr sagte er zu mir, daß Pjotr Jakowlewitsch recht hatte. Zu der Sitzung wurden außer dir noch die Bruder Ananjin, Kostjukow und viele andere nicht zugelassen.“

„Mir ist klar, warum sie nicht zugelassen wurden, den Außenstehenden war von vornherein unsere negative Einstellung gegenüber ihrer Einmischung in die Gemeindeangelegenheiten bekannt.“

„In Blagoweschtschensk ist jetzt Bruder Schipkow Gemeindeleiter, er hat es auch sehr schwer. Die Behörden drohen, das Gebetshaus zu beschlagnahmen. Den Sohn habe ich mitgebracht, er ist hier in der Stadt. Der Junge spricht nur von dir: Ich möchte Papa sehen! Gestern war ich in der Lagerverwaltung und mir wurde kein Treffen genehmigt, ich war so mutlos, einfach geschlagen. Und heute, wider aller Erwarten erlaubte der Lagerleiter selbst ein fünfzehnminütiges Treffen! Ein Kind hätten sie natürlich nicht ins Lager reingelassen.“

Was kann man in fünfzehn Minuten sagen? Und der Wachsoldat drängte: „Es sind schon zwanzig Minuten vergangen, macht Schluß mit dem Gespräch.“ Sie umarmten sich zum Abschied. „Möge der Herr dich bewahren!“ sagte Mama. „Vergiß nicht die Lebensmittel entgegenzunehmen, sie sind im Wachraum.“ Papas Abschiedsworte waren: „Lydia, vertraue auf Gott, wir werden noch zusammen sein!“

Der Wachsoldat leitete Mama wieder durchs ganze Straflager. Mehrere Male wandte sie sich um und schaute zu Papa; er schaute ihr hinterher, lächelte und winkte mit der Hand. Am Ausgang des Straflagers traf sie den Lagerleiter.

„Und wie war das Treffen?“ fragte er.

„Danke, gut! Aber sehr kurz!“ sagte Mama.

„Mehr geht es nicht. Ich habe auch so schon die Vorschriften gebrochen. In einer Woche, wenn ihr Mann nicht etappiert wird, kommen Sie wieder zum Treffen.“

Als Mama nach einer Woche zum Straflager kam, sah sie den Wachsoldaten, der das vorige Mal beim Treffen zugegen war. Er sagte zu ihr: „Ihr Mann ist nicht mehr im Straflager, er ist weitergeschickt worden.“ Die Gruppe, in der Vater war, war übers Meer zur Bucht Swetlaja gebracht worden. Sie fuhren mit dem Schiff am Ufer entlang 800 km weiter nördlich. Diese Bucht wurde zu der Zeit erst erschlossen und man konnte sie nur über das Meer erreichen, es gab keine Eisenbahn und auch keine Straßen. In dieser Bucht befanden sich mehrere Straflager und auch Dörfer für Verbannte. Die Hautbeschäftigung der Bevölkerung war Fischfang.

Das Straflager, in dem Vater war, beschäftigte sich mit Fischfang, doch nur die ganz zuverlässigen Gefangenen durften unter Bewachung ins Meer hinaus. Mein Vater durfte nicht auf das Meer. Im Sommer und auch im Winter wohnten die Häftlinge in Zelten. In den Zelten hatte man zweistöckige Pritschen errichtet und mitten im Zelt befand sich ein Herd aus Eisenfässern, der im Winter Tag und Nacht geheizt wurde. Jedes Zelt war für 200 bis 300 Häftlinge gemacht. Die Wärme war nur in der Nähe des Herdes, deshalb schliefen alle in der Oberkleidung, keiner zog sich aus.

In der Bucht Swetlaja schrieb mein Vater für mich ein Gedicht und es gelang ihm, es in die Freiheit zu übergeben. Es war mit einem chemischen Bleistift geschrieben. Das war ein Vermächtnis eines Häftlingvaters an seinen Sohn: den Herrn zu lieben, das Leben ihm zum Dienst zu weihen und bereit zu sein, Verfolgungen um des Glaubens willen auf sich zu nehmen. Es war am 4. August 1932 geschrieben, an meinem Geburtstag, als ich vier Jahre alt wurde. Jahrelang hatten wir dieses Gedicht als Vermächtnis aufbewahrt, doch in den siebziger Jahren wurde es während einer Hausdurchsuchung in einer Familie, wo mein persönliches Archiv aufbewahrt wurde, beschlagnahmt. Doch ein Teil dieses Gedichtes und die wichtigsten Gedanken, der kostbare Wunsch meines Vaters, blieben in meinem Herzen aufgeschrieben. Hier einige Zeilen aus diesem Gedicht:

Zu leiden um des Herrn Willen
Bist unfreiwillig Du gezwungen.
Ich bete, daß aus freiem Willen
Erwählst du Christi Pfad und Wunden!

Wenn einst die goldne Zeit vergangen
Der Kindheit und als Jüngling du
All deine Sehnsüchte, Verlangen
In Träumen siehst, denk immerzu

An Gott. Die Willenskraft, das Leben
Die Träume deines jungen Herzens,
Dein Schicksal sei ganz Gott ergeben,
Zu dienen Ihm ganz fest von Herzen!

Danke dir, Papa, für alle Gebete für mich, für alle deine guten Wünsche und besonders für dein Lebensbeispiel der Treue zum Herrn bis ans Ende! Deine väterlichen Segnungen, deine Gebete begleiten mich auch heute noch, obwohl du schon lange nicht mehr auf Erden weilst, und ich danke Gott beständig für solch einen Vater.

Im Straflager befanden sich außer meinem Vater noch fünf bis sechs Gläubige. Das Lager war groß und die Brüder konnten ein stilles Eckchen zum Gebet und zu gemeinsamen Gesprächen während kurzer Ruhezeiten finden. In der Nähe des Lagers befand sich eine Siedlung für freie Menschen, deren Einwohner größtenteils Verbannte waren. In dieser Siedlung wohnten mehrere gläubige Familien, die aus verschiedenen Gebieten des Fernen Ostens in diese Bucht geschickt wurden. Unter ihnen befand sich auch Isaija Nikitowitsch Bobyljew, der zu jener Zeit über sechzig Jahre alt war. Er befand sich in der Verbannung mit seiner Frau und der jüngsten Tochter, die älteren Kinder waren schon selbständig und hatten ihre Familien. Vor der Verbannung war Bobyljew Gemeindeleiter im Dorf Alexandrowka, im Rayon Saseja (Gebiet Amur), in der es ungefähr 300 Gemeindemitglieder gab. Dort war auch ein Chor, der aus 60 Sängern bestand (nach Mamas Worten waren es ausgezeichnete Sänger). Obwohl die Verbannten selber sehr arm lebten - besonders fehlte es an Lebensmitteln- bemühten sie sich, wo sie nur konnten, den Häftlingen im Straflager zu helfen. Natürlich mußten sie dies geheim tun. Mama erinnert sich an Vaters Erzählungen:

Den verbannten Brüder und Schwestern gelang es sogar, etwas Wein zur Feier des Abendmahls ins Straflager zu schmuggeln. Auf dem Gebiet des Straflagers befanden sich hier und da einige Löcher. Die gläubigen Häftlinge legten sich in diese Löcher, damit die Wache sie nicht sah, und feierten da das Abendmahl. So wurde in diesen Löchern, auf der nassen Erde des Todes und der Leiden Christi gedacht. All dies geschah natürlich heimlich, damit die Wache es nicht sah.

Im Jahre 1932 geschah aus dem Lager in der Bucht Swetlaja ein Ausbruchversuch nach Japan. Die Häftlinge überwältigten die Wache, nahmen Gewehre, besetzten ein Boot und gingen aufs Meer. Dies geschah während eines sehr starken Sturms. Die Häftlinge luden auch Pjotr Jakowlewitsch ein, mitzukommen: „Pjotr Jakowlewitsch, komm mit uns! Von Japan kannst du weiter nach Amerika kommen!“ Aber Papa lehnte es ab, aus dem Straflager zu fliehen.

Im Straflager schwieg Papa nicht, auch hier sprach er weiter von Christus. Wie viele Häftlinge durch Papas Zeugnis im Straflager zum Glauben gekommen sind, weiß ich nicht, denn möglicherweise haben viele nicht den Tag ihrer Entlassung erlebt. Mir ist nur bekannt, daß zwei Häftlinge, die im Straflager durch das Zeugnis meines Vaters zum Glauben gekommen waren, auch den Tag ihrer Entlassung erlebt haben und danach Mitglieder der Gemeinde wurden, einer in Leningrad und der andere im Kaukasus.

Nachdem eine Gruppe von Häftlingen aus dem Straflager ausgebrochen war, schickten die Behörden eine Abteilung der GPU in das Straflager. Diejenigen, die an diesem Ausbruch beteiligt waren, es aber nicht geschafft hatten, wegzukommen, wurden an Ort und Stelle erschossen. Andere, die um diesen Ausbruch wußten, es aber nicht gemeldet hatten, wurden verurteilt. Das Straflager wurde aufgelöst, ein Teil der Häftlinge wurde in andere Straflager verlegt, der andere Teil nach Wladiwostok in das Etappen-Straflager gebracht. Unter ihnen befand sich auch Papa. Er war nun wieder in Wladiwostok, in dem Straflager, in dem er ein Jahr zuvor ein Wiedersehen mit Mama hatte. Vielleicht schaute er oft mit geheimer Hoffnung auf die Lagerpforte, ob nicht wieder seine Frau in Begleitung von Wachsoldaten zu ihm komme, wenigstens zu einem kurzen Wiedersehen.

Nach einem Monat, im November 1932, wurde Papa aus Wladiwostok wieder auf dem Meerweg in ein Straflager gebracht, das im Gebiet Nikolajewsk-na-Amure lag. Zum Hafen mußten die Häftlinge zu Fuß durch die ganze Stadt unter Bewachung gehen. Die Kolonne bewegte sich sehr langsam voran. Als die Häftlinge unter einer Fußgängerbrücke hindurchgingen, die über die Straße führte, stand auf dieser Brücke eine Frau mit einem Kind auf dem Arm und schaute sehr angestrengt die Reihen der Häftlinge an, so als ob sie jemand suche. Da hörte Papa eine laute Stimme aus der Häftlingskolonne, jemand schrie der Frau auf der Brücke zu: „Klawa! Je dunkler die Nacht, desto heller leuchten die Sterne, Je tiefer das Leid, desto näher der Herr!“ Wie ein elektrischer Funke gingen diese Worte durch die Kolonne, man hörte Rufe: „Nur Gott kann uns in unserem Häftlingsschicksal helfen! Nur Gott!“ Von allen Seiten schrien die Wachsoldaten: „Aufhören! Still sein! Wer schreit das?“ Die Frau schrie ihrem Mann zu: „Wasja, möge Gott dich bewahren! Sei nicht traurig!“ Dann hob sie ihren zweijährigen Sohn über das Geländer der Brücke und der winkte mit seinen kleinen Händchen den Häftlingen zu.

Als Papa diese Worte hörte, spürte er etwas Nahes, Liebes und fing an, die Häftlingsmasse genauer anzuschauen und denjenigen zu suchen, der geschrien hatte. Es stellte sich heraus, daß es ein junger orthodoxer Priester war, ihm war im Straflager das Wiedersehen mit seiner Frau und dem kleinen Sohn verweigert worden. Seine Frau war Tausende von Kilometern gefahren, aus Zentralrußland, um ein Wiedersehen mit ihrem Mann zu haben, und es war ihr verweigert worden. Papa lernte später diesen jungen Mann näher kennen und sie teilten zusammen das Häftlingsbrot.

Es war November, auf dem Meer herrschte großer Sturm. Die Häftlinge wurden im Deck des Schiffes transportiert, es war schrecklich kalt und die Wände des Decks waren mit mehreren Zentimetern dicken Eises bedeckt. Sie schwammen viele Tage dahin, Papa und der orthodoxe Priester waren immer zusammen. Papa hatte einen Schafspelz und der Priester hatte Filzstiefeln, und von Zeit zu Zeit wechselten sie: Papa zog die Filzstiefel an und wärmte seine Füße, und der Priester zog den Pelz an, um sich zu wärmen. Der Priester kam aus einer alten Stadt in Zentralrußland, aus Kolomna, diese Stadt befindet sich in der Nähe von Moskau. Mama hat einige Einzelheiten aus Papas Erzählungen behalten:

Die Fahrt dauerte sehr lange, viele wurden krank. Im Straflager, wohin sie kamen, war eine Wahlkommission, welche die Häftlinge zur Arbeit aufteilte. In dieser Kommission war nur einer, der aus der Freiheit kam, nämlich der Leiter des Straflagers; die anderen Mitglieder der Kommission waren auch Häftlinge: Ärzte, Vorarbeiter, Meister. Es stellte sich heraus, daß einer von ihnen ein ehemaliger GPU-Beamter aus Blagoweschtschensk war und Pjotr Jakowlewitsch sehr gut kannte. (Vielleicht war es Smirnow, ich weiß es nicht.) Ein anderes Mitglieder der Kommission war aus Moskau, auch ein ehemaliger hoher Beamter und jetzt Häftling, er befand sich mit Pjotr Jakowlewitsch zusammen eine Zeitlang in einer Zelle in dem Gefängnis in Butyrka. Pjotr Jakowlewitsch hatte etwas an sich, das die Menschen sofort anzog, er war mit einem guten, kindlichen Herzen, aber mit dem Verstand eines festen und prinzipientreuen Mannes. Als diese zwei aus der Kommission Pjotr Jakowlewitsch sahen, riefen sie: „Pjotr Jakowlewitsch! Auch Sie kommen zu uns ins Straflager!" Dann wandten sie sich an den Hauptarzt des Krankenhauses, der auch ein Häftling war, und sagten: „ Nehmen Sie ihn doch ins Krankenhaus als Sanitäter, er ist ein sehr guter Mensch!"

Der Lagerleiter begamm zu fragen: „Was ist das für ein Mensch? Wofür ist er verhaftet?" Nachdem er erfahren hatte, daß er nach einem religiösen Paragraphen verurteilt sei und Baptist war, lächelte der Lagerleiter und sagte: „Da im Krankenhaus sind schon sechs orthodoxe Priestersanitäter, dann wird jetzt der siebte ein Baptisten-Priester sein!" So kam Pjotr Jakowlewitsch ins Krankenhaus im Straflager. Alle orthodoxen Priester hatten eine hohe Haftstrafe bekommen (sie waren sehr gebildete Leute, wie die meisten orthodoxen Priester der alten Zeit). Sie alle hatten ein gutes Verhältnis zu Pjotr Jakowlewitsch. Und er setzte sich dafür ein, daß sein Bekannter aus Kolomna auch als Sanitäter ins Krankenhaus kam.

Weil Pjotr Jakowlewitsch Sanitäter war, durfte er sich frei in der ganzen Lagerzone bewegen und in jede Baracke reingehen. Es war ein großes Straflager, hier befanden sich mehrere tausend Häftlinge. Zu der Zeit waren schon viele Prediger und Gemeindeleiter des Baptisten-Bundes im Fernen Osten, aber auch aus anderen Teilen der Sowjetunion verhaftet und waren in verschiedenen Straflagern, auch in diesem Straflager befanden sich mehrere Dutzend. Viele Häftlinge waren krank, sie hatten Skorbut, die Füße waren geschwollen, der Gaumen blutete, die Zähne waren rausgefallen. Sie waren nicht mehr imstande, aufzustehen und zur Arbeit zu gehen; so lagen sie auf den Pritschen, sie konnten nicht aus den Zelten rausgehen. Im Straflager gab es keine Vitamine, kein Gemüse. Pjotr Jakowlewitsch und die anderen Sanitäter suchten diejenigen, die am schlimmsten krank waren, und diese wurden ins Krankenhaus eingeliefert.

Pjotr Jakowlewitsch suchte in den Zelten auch seine Glaubensbrüder. Jedesmal, wenn er in ein Zelt kam, summte er halblaut die Melodie des Liedes: „Kennst du den Strom, der fließt, vom Kreuz, wo Christus starb?", oder auch ein anderes Lied. Und derjenige, der das Lied kannte, gab sich zu erkennen und erhob sich von den Pritschen. Es gelang ihm, einige Brüder, die Skorbut hatten, ins Krankenhaus einzuweisen. Und einige Brüder konnte er etwas wiederherstellen, indem er ihnen Moosbeeren besorgte, die im Norden gesammelt und als Mittel gegen Skorbut eingesetzt wurden. Die Brüder sagten: „Bruder Pjotr Jakowlewitsch, du bist bei uns gleich-

zeitig Arzt wie auch der barmherzige Samariter! Nie haben wir gedacht, daß wir uns hier treffen würden!" Er antwortete: „Ich bin ja kein Arzt, ich bin nur ein Sanitäter im Straflager. Aber ich bin sehr froh, daß ich wenigstens mit etwas euch dienen kann!"

Interessant war die Begegnung von Pjotr Jakowlewitsch und Iwan Fjodorowitsch Sablin, der Reiseprediger des Baptistenbundes im Fernen Osten war. Sablin war zu zwei Jahren Straflager verurteilt worden und befand sich in diesem Straflager. Nach Ablauf seiner Haftfrist sollte er mit dem Schiff nach Wladiwostok gebracht werden. Vor dem Abtransport wurde er aufgrund eines Befehls in das Quarantänezelt gebracht, und für ein halbes Jahr hatte man ihn vergessen. Sablin hatte kein Recht, selber aus dieser Zone rauszugehen. So befand er sich noch ein halbes Jahr nach Haftfrist im Straflager. Pjotr Jakowlewitsch schaute zufällig in dieses Zelt und erkannte Sablin. Sie freuten sich sehr, einander zu sehen.

„Was machst du hier, Iwan Fjodorowitsch? Welche Krankheit hast du?" fragte Pjotr Jakowlewitsch.

„Ich glaube, keine. Aber warum ich nicht aus dem Straflager entlassen werde, weiß ich nicht, meine Frist ist schon lange zu Ende!" antwortete Sablin.

Pjotr Jakowlewitsch erzählte dem Hauptarzt des Krankenhauses von diesem Treffen und dieser berichtete es dem Lagerleiter. Kurz darauf wurde Sablin mit einem Schiff nach Wladiwostok geschickt und dort wurde er entlassen.

9
Wieder zusammen

Mama und ich wohnten damals in Blagoweschtschensk und litten sehr große Not. Mama erinnerte sich an diese Zeit:

Im Herbst 1931 ging ich eines Tages an unserer ehemaligen Wohnung vorbei, die jetzt ein GPU-Mitarbeiter eingenommen hatte. Auf dem Zaun sah ich einen Zettel hängen, auf dem stand, daß hier verschiedene Sachen verkauft würden. Es stellte sich heraus, daß der GPU-Mitarbeiter in eine andere Stadt umzog und er die Sachen verkaufte, die er nicht mehr gebrauchen konnte (in erster Linie waren es natürlich meine Sachen.) Ich ging ins Haus, schaute schweigend meine Sachen an, die er verkaufte, und ging dann weg. Er verkaufte alles als sein Eigentum und zog dann um. Ich kenne sein weiteres Schicksal nicht, es ist durchaus möglich, daß er in späteren Jahren das Schicksal derjenigen GPU-Mitarbeiter teilte, die auch verhaftet wurden.

Im Fernen Osten war in den Jahren 1931-1933 eine große Hungersnot, deshalb hatte man Lebensmittelkarten eingeführt. Es war eine sehr schwere Zeit. Ich und mein Sohn waren die Familie eines Gemeindedieners und zudem noch eines Verhafteten, deshalb hatten wir kein Anrecht auf Brot- oder Lebensmittelkarten; so waren wir der Möglichkeit beraubt, Brot oder andere Lebensmittel im Geschäft zu kaufen. Lediglich auf dem Markt, und das nur sehr früh am Morgen, konnten wir etwas Brot kaufen, welches Chinesen verkauften. Die Gemeinde half mir noch etwas, doch war mir klar, daß die Gemeinde noch viele andere Häftlingsfamilien und zudem viele kinderreiche Familien betreute, die wirklich in sehr großer Not waren. Unermüdlich suchte ich Arbeit, jede beliebige Arbeit. Aber Blagoweschtschensk war keine große Stadt, alle kannten meinen Namen sehr gut und ich konnte keine Arbeit finden. Nur ungefähr zwei Monate lang arbeitete ich in einem Büro als Buchhalterin, aber die GPU-Behörden erfuhren sehr schnell davon und befahlen, mir zu kündigen.

Ich bekam einen Brief von meiner Freundin Schura Petuchowa aus der Stadt Ussurijsk, unweit von Wladiwostok. Sie schrieb: „Ly-

dia, komm zu uns, hier kannst du leichter eine Arbeit finden. In Ussurijsk ist eine große Eisenbahnstation und man braucht hier Büroarbeiter. Und außerdem kennt dich hier kaum einer.“ So beschloß ich, nach Ussurijsk zu ziehen. Den Sohn ließ ich bei Mama, sie überredete mich: „Laß Georgi bei uns! In einer neuen Stadt, in einer fremden Wohnung wird es dir mit ihm sehr schwierig sein. Wer bleibt mit ihm zu Hause, wenn du zur Arbeit gehen wirst?“ Die Freunde in Ussurijsk halfen mir, eine Arbeitstelle bei der Eisenbahn zu bekommen, ich wurde als Buchhalterin eingestellt. Jetzt bekam ich Brot, außerdem konnten wir als Eisenbahnmitarbeiter in der Bahnhofskantine essen, obwohl es da oft nur verkommenen Fisch gab. Aber auch solch ein Essen freute uns!

In Ussurijsk wurde das Gemeindehaus der Baptisten 1931 konfisziert. Der Gemeindeleiter hieß Anton Pawlowitsch Martynenko, er war ein Ukrainer. Er hatte einen sehr schönen Tenor, sang und predigte gut. Nach der Beschlagnahmung wurden die Gottesdienste trotzdem weitergeführt, jetzt aber in Privathäusern. Da wurde Martynenko verhaftet und er befand sich fünf Monate lang im Gefängnis. Nachdem er entlassen wurde, besuchte er weiterhin die Gottesdienste und predigte auch. Anton Pawlowitsch war sehr lebensfroh und freundlich zu jedermann, er hatte ein gutes Herz und war seinem Herrn treu ergeben. Er hatte eine Frau und drei Kinder. Seine Frau, Anisija Andrejewna, war kaum gebildet, aber eine sehr treue Christin. Anton Pawlowitsch hatte einen guten Beruf, er war Schreiner. Sie besaßen in Ussurijsk ein kleines Haus, in dem die Gläubigen oft zusammenkamen. In dem Eisenbahnbüro, in dem ich arbeitete, waren auch einige aus der christlichen Jugend: einige waren als Rechnungsführer tätig, die anderen als Buchhalter. Wir besuchten alle die Gottesdienste, in denen Martynenko predigte, sogar einige unsere ungläubigen Mitarbeiter kamen mit.

In der GPU-Leitung in Blagoweschtschensk wurde bald bekannt, daß ich nach Ussurijsk gezogen war, und dies wurde der örtlichen GPU kundgetan. Die Behörden waren besonders beunruhigt, daß in der Stadt eine Erweckung unter der Jugend stattfand. Die Verfolgungen fingen an; die erste Maßnahme, welche die GPU ergriff war, daß sie den Befehl gaben, mir den Zutritt zur Eisenbahnkantine zu verwehren, weil mein Mann ein Häftling war. In der Stadt gab es kein Heizmaterial, man konnte kein Holz kaufen, alle froren. Um sich irgendwie aufzuwärmen, verbrannten die Menschen die Möbel: Stühle, Tische, Bücherregale und auch

Bücher. Ich wohnte in einem kleinen Zimmer, in dem es nachts so kalt war, daß sogar das Wasser im Eimer einfror. Wir schliefen in Mantel, Handschuhen und Filzstiefeln. Um die Stadt herum gab es viel Wald, aber die Leute durften keinen Baum absägen, denn es gehörte alles dem Staat. Es fing die Typhusepidemie an. In der Stadt gab es mehrere Krankenhäuser, aber sie waren alle überfüllt. Unter solchen Umständen überlebte ich den Winter. Von Pjotr Jakowlewitsch hatte ich schon über ein Jahr keine Nachricht, er durfte keine Briefe schreiben.

Mein kleiner Sohn Georgi befand sich bei Mama in Blagoweschtschensk. Im Winter 1932 beschlossen die GPU-Beamten in Blagoweschtschensk, mir den Sohn wegzunehmen, weil sein Vater ein Gemeindediener und jetzt ein Häftling war. Er sollte in ein spezielles Kinderheim kommen und in atheistischem Geist aufgezogen werden. Um dieses nicht zuzulassen, beschloß mein Stiefvater Franz Pawlowitsch Krajewskij, Georgi zu adoptieren, und dieses rettete Georgi vor dem Kinderheim.

In Ussirijsk wurde ich mehrere Male vom GPU-Untersuchungsrichter zu Gesprächen vorgeladen. Er sagte zu mir: „Sie müssen sich von Ihrem Mann, einem amerikanischen Missionar, scheiden lassen und den Namen ändern. Wenn Sie damit nicht einverstanden sind, so wird man Sie als Frau eines Häftlings in den Hohen Norden schicken. Die Entscheidung liegt in Ihren Händen!" Kategorisch lehnte ich dieses ab. Der Leiter des Büros, in dem ich arbeitete, lud mich auch zu einem Gespräch ein, er war ein sehr korrekter Mann. Er sagte mir: „Die GPU-Behörden haben uns befohlen, Ihnen zu kündigen. Es tut mir sehr leid, aber ich kann Ihnen gar nicht helfen. Außerdem habe ich erfahren, daß man Sie in den Hohen Norden in die Verbannung schicken will, wenn Sie nicht darauf eingehen, sich öffentlich in der Zeitung von Gott loszusagen und sich von Ihrem Mann scheiden lassen."

Kurz darauf wurde ich sehr krank (es war schon Sommer 1933) und in das Krankenhaus, das der Eisenbahn gehörte, eingewiesen. Bei mir war die rechte Niere entzündet und außerdem hatte ich noch Malaria, ich war in sehr schlechtem Zustand. Aber im Krankenhaus waren so viele Kranke, daß wir gar nicht behandelt wurden. Auch die Umstände waren schrecklich: Hunger, kein Platz, überall Schwerkranke... Es war nur dem Namen nach ein Krankenhaus, aber besser könnte man es „Totenhaus" nennen, den die Menschen wurden hierher gebracht, um zu sterben. Oft war ich abends und die ganze Nacht bewußtlos, nur morgens kam ich zu mir, und dann mußte ich furchtbare Schmerzen erleiden.

Eines Tages schlief ich am Tage ein und sah einen Traum. Pjotr Jakowlewitsch kam zu mir, er war so froh und sagte zu mir: „Lydia, ich bin zurückgekommen!" Zu der Zeit wußte ich nicht, wo er war, wie es um ihn stand, er durfte keine Briefe schreiben. Deshalb bat ich meine Freundin, Schura Petuchowa, die mich öfters im Krankenhaus besuchte, nach Wladiwostok zu fahren und zu erfahren, was von Pjotr Jakowlewitsch zu hören ist. In Wladiwostok wohnte eine Schwester, an ihre Anschrift hatte Pjotr Jakowlewitsch noch aus dem Ural mir heimlich einige Briefe zugeschickt. Ich bat Schura: „Geh zu ihr und frage nach, vielleicht gibt es irgendwelche Nachricht von Pjotr Jakowlewitsch."

Am selbem Tag, als Schura nach Wladiwostok fuhr, stand ich auf - ich fragte keinen im Krankenhaus - und ging nach Hause, denn ich wurde sowieso nicht behandelt und die Verhältnisse waren schrecklich. Ich war sehr schwach und ging nur sehr langsam nach Hause, ich mußte mich an den Zäunen festhalten. Die Frau, mit der ich zusammen in einer Wohnung wohnte, war auch krank, sie hatte Unterleibstyphus in schwerer Form. Als ich nach Hause kam, fand ich die Wohnung in einem schrecklichen Zustand.

Nach zwei Tagen kam meine Freundin Schura nachmittags hereingestürmt und sagte: „Ich bin gerade aus Wladiwostok zurückgekommen. Mach dich auf eine Überraschung gefaßt!" „Auf welche Überraschung?" fragte ich. „Du wirst es selber sehen!" antwortete sie freudig. Ich ging in die Küche, dabei mußte ich mich an der Wand festhalten, denn ich war noch sehr schwach und konnte nicht gut gehen, und sah Pjotr Jakowlewitsch! Er stand da und lächelte mir zu. Er war in einem jämmerlichen Zustand; nichts war von dem Amerikaner geblieben, der 1926 in den Fernen Osten kam. Er hatte irgendein Hemd an, das ihm zu klein war und dessen Ärmel nur bis zu den Ellenbogen reichten, und alte, ganz zerknitterte Hosen, er sah schlimm aus. Er war sehr mager und sah abgearbeitet aus. Ich erschrak sehr, nicht nur weil es so unerwartet war, sondern auch, weil er so schlimm aussah. Er war auch erschrocken, als er mich sah, ich war sehr abgemagert und dem Tode nahe.

Es stellte sich heraus, daß Papa einige Monate vor Ablauf der Haftfrist entlassen wurde, denn er hatte im Straflager einige Tage angerechnet bekommen. (Wenn man die Arbeitsnorm über 100 Prozent erfüllte, wurde ein Tag im Straflager als zwei Tage angerechnet.) Unter Bewachung wurde er nach Wladiwostok gebracht und es war ihm strengstens verboten, sich in Blagoweschtschensk zu zeigen. Aus Wladiwostok mußte er selber, ohne Bewachung, zum Verbannungsort fahren. Der Personalausweis hatte er nicht bekommen, nur ein Dokument, daß er ein Verbannter sei und nach Nowosibirsk geschickt werde, dort stehe er unter der Aufsicht der GPU von Westsibirien. Papa sollte sofort nach Nowosibirsk fahren. Er lief aber schnell zu der Schwester, an deren Anschrift er die Briefe geschickt hatte, und traf da Mamas Freundin, Schura, die gerade angekommen war! Sie erzählte ihm: „Lydia ist im Krankenhaus, sie ist sehr krank und macht sich große Sorgen um Sie!“ Papa bat die Behörde, ihm zu erlauben, nach Ussurijsk zu fahren und seine Frau im Krankenhaus zu besuchen. Mama erzählte später:

Er bekam die Erlaubnis, mich nur für 24 Stunden im Krankenhaus zu besuchen, außerdem war dies eine mündliche Erlaubnis, keine schriftliche. Auf den Bahnhöfen waren beständig Kontrollen, denn die Miliz kontrollierte bei allen Reisenden die Ausweise, er hatte aber nur eine Bescheinigung aus dem Straflager. Die Freunde aus Wladiwostok brachten ihn zum Bahnhof, versteckten ihn vor der Miliz, und jetzt war er angekommen! Ich erzählte ihm alles von den beständigen Drohungen der GPU, von ihren Forderungen, mich scheiden zu lassen, von ihrem Vorhaben, mich in die Verbannung in den Hohen Norden zu schicken.

Pjotr Jakowlewitsch sagte zu mir: „Habe keine Angst! Der Herr wird dies nicht zulassen! Fahr zu deiner Mama nach Blagoweschtschensk, ruh dich aus, werde gesund, und dann kommst du mit unserem Sohn zu mir nach Nowosibirsk. Laß alle Brüder und Schwestern in Blagoweschtschensk von mir grüßen, besonders den Bruder Georgij Iwanowitsch Schipkow. Erfahre von ihm, wie das geistliche Leben der Gemeinde aussieht, wie die Stimmung unter den Gemeindegliedern ist. Bitte Georgij Iwanowitsch bei der Gemeindestunde in meinem Namen die Verse aus Math. 16, 18 „Ich will bauen meine Gemeinde, und die Pforten der Hölle sollen sie nicht überwältigen“, und Luk. 12, 32 „Fürchte dich nicht, du kleine Herde! denn es ist eures Vaters Wohlgefallen, euch das Reich zu geben“ zu lesen. So hatten wir uns einen Plan zusammengestellt. Am nächsten

Tag fuhr ich mit ihm bis zur Knotenstation und dort trennten wir uns; ich fuhr nach Blagoweschtschensk und er fuhr nach Westsibirien in die Verbannung.

Dies geschah im Herbst 1933, zu der Zeit war Bruder Martynenko[1] schon nicht mehr in Ussurijsk. Fast vierundzwanzig Stunden fuhren Papa und Mama zusammen bis zur Knotenstation - zum ersten Mal zusammen nach drei Jahren! Sie waren beide sehr froh, denn sie hatten eine schwere Schule des Leidens um Christi willen hinter sich, aber sie waren wach im Geist, dem Herrn und einer dem anderen treu geblieben. So waren sechs Jahre ihres gemeinsamen Lebens vergangen. Was erwartete sie noch, wie würden die folgenden Jahre sein?

Pjotr Jakowlewitsch mußte sich in Nowosibirsk in der GPU-Abteilung, die für Westsibirien zuständig war, melden, und dort wurde ihm gesagt: „Der Ort Ihrer Verbannung heißt Bijsk. Sobald Sie in Bijsk angekommen sind, müssen Sie sich bei der Miliz melden." Die Stadt Bijsk liegt ca. 500 km südlich von Nowosibirsk. Bis 1930 war es eine kleines ruhiges sibirisches Städtchen. Aber in den Jahren 1931-1932 wurden aus allen Teilen der Sowjetunion verschiedene Verbannte dahin geschickt. In der Stadt gab es auf einmal Engpässe mit Wohnungen, Lebensmitteln und Arbeit, und der Winter ist dort lang und hart.

Im September 1933 kam Pjotr Jakowlewitsch nach Bijsk und konnte lange Zeit nicht einmal ein kleines Zimmerchen für seine Familie finden. Kurz zuvor waren mehrere Tausende Familien der Molokanen aus dem Fernen Osten, aber auch aus anderen Gegenden nach Bijsk verbannt worden. Natürlich hatten sie alle leerstehenden Wohnungen oder Häuser gemietet oder gekauft. Deshalb war es jetzt einfach unmöglich, eine Wohnung zu finden. Außerdem waren die Wohnungen so teuer, daß wir sie garnicht bezahlen konnten. Endlich bekam ich eine Nachricht von Pjotr Jakowlewitsch: „Ich habe ein Zimmer gefunden, kommt." So fuhr ich mit meinem Sohn aus Blagoweschtschensk nach Bijsk. Auf dem Bahnhof wurden wir von Pjotr Jakowlewitsch und Wasilij Iwanowitsch Sinizyn und seiner Frau in Empfang genommen. Die Familie Sinizyn war auch geschlossen aus Moskau nach Bijsk verbannt worden. Wasilij Iwanowitsch war in Moskau im Baptistenbund tätig. In Bijsk war zu der

---

[1] Im Februar 1933 wurde A. P. Martynenko mit seiner Familie aus Ussurijsk nach Omsk verbannt. Zusammen mit Anton Pawlowitsch zog auch seine Familie dahin, da kann man aus den Archivmaterialien des KGB erfahren (Sache unter der Nr. P-663).

Zeit das Gebetshaus der Baptisten schon geschlossen, deshalb versammelten wir uns - die Familie Sinizyn, unsere Familie und noch einige andere im Hause von Sinizyn.

In der ersten Zeit hatten weder Pjotr Jakowlewitsch noch ich Arbeit und wir waren in großer Not. Wir hungerten sehr; oft kochte ich eine Suppe nach folgendem Rezept: vier Liter Wasser, ein Eßlöffel Sonnenblumenöl, dazu gab ich eine Zwiebel, und dies war unser einziges Essen. Das war eine schreckliche Zeit! Endlich fand ich eine Arbeit als Buchhalterin. Ich mußte mehrere Kilometer zu Fuß zur Arbeit gehen, außerdem mußte ich noch im kalten Herbst in einem Boot den Fluß überqueren, denn es gab zu der Zeit noch keine Brücke. Es war schlimm, das Boot schaukelte hin und her, immer hatten wir Angst, daß wir umkippten; die eiskalten Wellen schlugen uns ins Gesicht, die Füße waren beständig naß. Um sechs Uhr morgens ging ich aus dem Haus, damit ich um neun Uhr rechtzeitig auf dem Arbeitsplatz war.

Kurze Zeit später fand auch Pjotr Jakowlewitsch eine Arbeit auf einem Bau. Er mußte auch mehrere Kilometer zur Arbeit zu Fuß gehen, der Fluß war zu der Zeit schon gefroren und man konnte ihn übers Eis überqueren. Er mußte schwer arbeiten, sie bauten im Winter ein Werk, und er mußte die Wände hochziehen. Es war sehr kalt, überall gab es Durchzug, er kam sehr spät abends nach Hause und war immer sehr müde. Zu Anfang des Winters bedeckte das erste Eis den Fluß, er „atmete" und bog sich unter den Füßen, und Pjotr Jakowlewitsch mußte über dieses gefährliche Eis zur Arbeit gehen. Wir Frauen bekamen die Erlaubnis, eine ganze Woche nicht zur Arbeit zu gehen, bis das Eis auf dem Fluß fest geworden war. An manchen Stellen waren Löcher im Eis geblieben und abends konnte man sie schwer sehen. Mehrere Male sank Pjotr Jakowlewitsch in solche Löcher ein, sein Pelzmantel und Filzstiefel waren ganz naß, und bis er zu Hause war, war die Kleidung schon gefroren.

Aber wir waren sehr froh, daß wir wenigstens solche Arbeit hatten, denn wir waren ja Verbannte, Menschen ohne irgendwelche Bürgerrechte, ohne Ausweis. Pjotr Jakowlewitsch hatte nur eine Bescheinigung über seine Entlassung aus dem Straflager. Jederzeit konnte man uns kündigen. Im Winter 1933 wurde in allen Städten der Sowjetunion eine allgemeine Ausweispflicht eingeführt und alle bekamen einen Ausweis. Im Betrieb, wo ich arbeitete, mußten alle bestimmte Formulare ausfüllen und genaue Angaben machen, um den Ausweis zu bekommen. Ich füllte auch das Formular aus, doch anstatt einen Ausweis zu bekommen, wurde mir vorgeschlagen, zu kündigen. Jetzt arbeitete nur Pjotr Jakowlewitsch und sein Verdienst war sehr gering. Kurze Zeit später wurde auch ihm gekündigt.

Jeden Monat mußte Pjotr Jakowlewitsch sich in der Miliz melden. Er beschloß, gründlich mit dem Leiter der Miliz zu sprechen. Der Leiter empfing ihn in seinem Dienstzimmer und Pjotr Jakowlewitsch sagte zu ihm: „Warum hat man mich zur Verbannung nach Bijsk geschickt? Es ist eine kleine Stadt, die mit Verbannten überfüllt ist, es ist hier sehr schwierig, eine Wohnung und Arbeit zu finden. Meine Frau und ich haben mit viel Mühe eine Arbeit für drei bis vier Monate gefunden und sie jetzt wieder verloren. Wir haben nichts, wovon wir leben können. Erlauben Sie mir, nach Nowosibirsk umzuziehen, es ist eine große Stadt, da gibt es große Bauobjekte, es gibt viele Werke. Ich hoffe da eine Arbeit zu finden, um die Familie zu ernähren." Der Leiter der Miliz hörte Pjotr Jakowlewitsch an und sagte dann: „Ja, ich bin mit Ihnen einverstanden, daß Bijsk überfüllt ist. Viele klagen darüber, daß es in der Stadt keine Arbeit und keine Wohnungen gibt. Ich werde deshalb nach Nowosibirsk in der Hauptabteilung anrufen, kommen Sie in einer Woche wieder."

Anfang Januar 1934 wurde Papa zur Miliz vorgeladen. Er wurde sofort in das Dienstzimmer des Leiters geführt, mit dem er voriges Mal gesprochen hatte. Dieser fragte: „Wie steht's mit Ihnen? Haben Sie eine Arbeit gefunden?"

„Leider nicht. Ich habe keinen Ausweis, und die Entlassungsbescheinigung aus dem Straflager schreckt viele."

„Ich möchte Ihnen eine gute Nachricht mitteilen: wir haben beschlossen, Ihnen und Ihrer Frau Ausweise auszuhändigen und euch zu erlauben, nach Nowosibirsk zu ziehen."

„Danke, vielen Dank euch!" sagte Papa.

So antwortete der Herr auf die Gebete meiner Eltern, aber auch auf die Gebete der Gemeinde in Blagoweschtschensk. Nach ein paar Tagen waren wir schon im Zug. Es war Januar 1934 und ich kann mich sehr gut an unsere Fahrt nach Nowosibirsk erinnern, ich war damals fast sechs Jahre alt. Wir fuhren im überfüllten Waggon. Auf den untersten Bänken saßen viele Fahrgäste. Auf dem Fußboden zwischen den Bänken lagen viele Sachen und Pakete, auch auf ihnen saßen Menschen. Auch die Liegeplätze in der zweiten und dritten Reihe waren besetzt. Ich lag auf dem zweiten Liegeplatz und schaute durchs Fenster, meine Eltern saßen unten und unterhielten sich über etwas. Neben ihnen saßen Kasachen, gegenüber Russen. Jeder sprach in seiner Sprache, man hörte Russisch und Kasachisch durcheinander. Das kleine Tischchen beim Fenster war voll mit verschiedenen Lebensmitteln, da lag auch noch die Pelzmütze eines Kasachen. Sobald der Zug sich in Bewegung setzte, begannen alle, zu essen. Eine Familie stellte eine große Metallschüssel auf den Tisch, goß Sonnenblumenöl hinein, dann tunkten sie große Stücke Brot ein und aßen. Sie stellten auch die Flasche, in der noch etwas Öl war, auf das Tischchen. Der Zug fuhr sehr ruckartig, blieb oft unerwartet stehen. Da wankte die Flasche und fiel fast hin, doch jemand schaffte es noch, sie zu packen und wieder hinzustellen. Alle sprachen sehr laut und lachten.

Ich fand es sehr interessant, alles von oben zu beobachten. Da bremste der Zug so ruckartig, daß ich fast von dem Liegeplatz runterfiel. „Halte dich fest, falle nicht!“ sagte Papa fröhlich und fing mich auf. Von diesem Ruck kippte die Ölflasche um, jemand wollte sie fangen, doch es war schon zu spät: das Öl floß geradewegs in die Pelzmütze. Der ältere Kasache nahm schnell seine Mütze, er hatte aber nichts gemerkt und setzte die Mütze sofort auf den Kopf. Ich habe es noch vor den Augen, wie das Sonnenblummenöl aus der Mütze über sein Gesicht floß, er wackelte böse mit dem Kopf, riß sich die Mütze herunter, aber das Öl floß weiter über den Kopf und tropfte sogar von den Spitzen seines Bartes. Der Kasache schimpfte laut in gebrochenem Russisch und die Menschen rundherum waren laut und lachten. Ich fand es auch lustig, diese unerwartete Vorstellung zu sehen. Ich sah, wie auch Mama bemüht war, ihr Lachen zu verbergen, aber Papa war sehr ernst, er legte den Finger an die Lippen und schaute mich an. „Ruhig, nicht lachen!“ verstand ich. Aber ich sah, wie auch bei ihm fröhliche Funken in den Augen blinzelten.

10
Der Trübsalskelch

Es war mir sehr kostbar, Papa jeden Tag zu sehen und mit ihm zusammen zu sein. Nur derjenige, der in der Kindheit eine lange Trennung vom Vater erlebt hat, kann es verstehen, welches Glück es ist, den Vater neben sich am Mittagstisch zu haben; immer wieder die so bekannten Gesichtszüge zu betrachten; seine ruhige und leise Stimme in sich aufzunehmen, wenn er etwas mit Mama bespricht, oder einfach zu ihm zu gehen und die Wange an seine große Vaterhand zu drücken! Es machte mich glücklich, daß ich Mama wieder so froh sehen konnte, sie war sogar jünger geworden. Für Jahre hatte sie die Erinnerung an jene glücklichen Tage in ihrem Gedächtnis aufbewahrt.

In Nowosibirsk mieteten wir bei Gläubigen die Hälfte eines nicht großen Zimmers, die zweite Hälfte dieses Zimmers bewohnte ein Ehepaar, das vor kurzem aus einem Dorf in die Stadt gezogen war. Das Zimmer war durch eine dünne Sperrholzmauer getrennt, die allerdings nicht bis zur Decke reichte. Das Fenster war dadurch auch geteilt und uns gehörte nur die Hälfte des Fensters. In unserer Zimmerhälfte hatten nur ein schmales Bett, ein kleiner Tisch und eine Holztruhe, auf der unser Sohn schlief, Platz. Das war unser ganzes Mobiliar. Manchmal fragte ich spaßeshalber Pjotr Jakowlewitsch: „Bruder Vins, Sie sind ein Missionar aus Amerika, wo ist denn Ihr Arbeitszimmer mit den vielen Büchern, in dem Sie studieren können? Wo ist das Wohnzimmer, um die Gäste und Besucher zu empfangen? Wo ist das Kinderzimmer Ihres Sohnes?“

Pjotr Jakowlewitsch lächelte in solchen Augenblicken froh und gab zur Antwort: „Hier, in diesem Zimmer ist alles Notwendige für unsere Missionarsfamilie! Sieh nur, wie gut wir es haben: es ist warm, trocken und nicht gefährlich! Meine Freunde, Missionare im südamerikanischen Amazonasdschungel, haben dies nicht, da gibt es so viele giftige Schlangen, wilde Tiere und das ganze Jahr über gibt es diesen starken tropischen Regen, manchmal ein paar Male am Tag. Und über ihren Kopf haben sie eine Decke aus Blättern und Zweigen, so leben die Missionare!"

Wir waren so froh, das wir dieses bescheidene Zimmerchen hatten! Nach den vielen durchlebten Stürmen und Aufregungen war dies ein kurzes Ausruhen, das Gott uns geschenkt hatte. Pjotr Jakowlewitsch befestigte an der Wand ein kleines Regal, auf dem seine ihm gebliebenen Bücher, die meine Mutter aufbewahrt hatte, Platz hatten. Ich hatte diese Bücher aus Blagoweschtschensk mitgebracht. Über dem kleinen Tisch hing eine elektrische Lampe. Mein Mann hatte einen Lampenschirm aus Papier gemacht und im Zimmer wurde es sofort so gemütlich. Draußen heulten die sibirischen Schneestürme, der Frost klirrte, weit hinten lagen die Straflager des Urals und des Fernen Ostens, und Pjotr Jakowlewitsch saß in der arbeitsfreien Zeit auf dem Bett, setzte seine Metallbrille auf, las die Bibel oder die Bücher in Englisch, schrieb Briefe oder bereitete seine Predigten vor. Acht Jahre seines missionarischen Dienstes waren vergangen.

In Nowosibirsk kamen zu der Zeit die Gläubigen in einem Privathaus am Ende der Stadt zusammen. Viele Prediger waren schon verhaftet, auch Alexandr Spiridonowitsch Ananjin, der Vorsitzende des Baptistenbundes in Sibirien. Selbst der Bund war von den Behörden geschlossen worden, es existierten nur noch einzelne Gemeinden in verschiedenen Städten Sibiriens. In Nowosibirsk selbst befanden sich auch verbannte Brüder aus verschiedenen anderen Orten. Unter ihnen war Fjodor Pimenowitsch Kuksenko, ein treuer und gottergebener Diener. Er leitete jetzt die Baptistengemeinde in Nowosibirsk. Die Familie Kuksenko wohnte nicht weit von uns und wir trafen uns sehr oft. Fjodor Pimenowitsch wurde später verhaftet, als wir schon aus Nowosibirsk weggefahren waren, und teilte das Los vieler Märtyrer um des Glaubens willen in meiner Heimat.

Papa predigte oft in den Versammlungen. Ich habe noch eins seiner Hefte aus Nowosibirsk, mit kurzen Konzepten zu den Predigten. Das ist ein altes Heft, nicht sehr groß, mit schon vergilbten Seiten und kariertem Papier, und die Zeilen sind schon fast nicht zu sehen. Zweiunddreißig Seiten sind fein beschriftet, er schrieb Russisch, obwohl auch manchmal englische Wörter dazwischen sind, die den biblischen Text erklären. Die Konzepte sind kurz, wie sie auch sein sollen, aber verständlich genug, um den Gedankengang jeder Predigt zu verstehen. Auf manchen Seiten steht in Rotschrift eine Bemerkung: „N. Sib.“ (Nowosibirsk) und das Datum des Gottesdienstes, oben auf jeder Seite das Thema der Predigt, das Kapitel und die Verse aus der Bibel.

Auf der ersten Seite ist die Predigt unter dem Thema „Tröstet, tröstet!“ (Jesaja 40, 1) enthalten.

1. Wer hat dies gesagt?
   a) Derjenige, dessen Hand gestraft hatte;
   b) Derjenige, dessen Herz voller Liebe ist.
2. Wem wurde dies gesagt?
   Allen treuen Dienern, die
   a) Seine unbegrenzte Liebe erfahren hatten;
   b) um die Schrecken des Abfalls, eines völligen oder auch teilweisen, wissen;
   c) die Verantwortung der großen Mission, die auf ihnen liegt, vor dem Volk und vor Gott begreifen;
3. Wen soll man trösten?
   a) Diejenigen, die die Schwere ihrer Sünden erfahren haben;
   b) die abgefallen sind, aber das Verlangen, zurückzukommen, haben;
   c) die sich in verschiedenen Trübsalen befinden.
4. Wie trösten?
   a) liebend;
   b) mitleidend (2. Kor. 11, 29).

Der Herr hat dieses für mich so kostbares Heft bewahrt, wo von Papas Hand die Gedanken über die Liebe Gottes und unsere Treue Ihm gegenüber aufgeschrieben sind, die ihren Wert auch heute noch nicht verloren haben. Auch ist sein Artikel über das Thema „Erstattung noch mangelnder Trübsalen Christi“ (Kol. 1, 24) erhalten geblieben, nur das Ende desselben fehlt.

„Erstattung noch mangelnder Trübsalen Christi“

„Nun freue ich mich in den Leiden, die ich für euch leide, und erstatte an meinem Fleisch, was noch mangelt an den Trübsalen Christi, seinem Leibe zugut, welcher ist die Gemeinde.“ Kol. 1, 24

Wenn wir die Worte aus Kol. 1, 24 nur oberflächlich lesen, so rufen sie Befremden hervor und die Frage entsteht: Ist denn das Opfer Christi nicht genug, um uns zu erretten? Mußte der Apostel Paulus wirklich leiden, um das noch Fehlende zu erstatten?

Wir wollen diese Fragen näher betrachten. Das Wort Gottes sagt uns ganz klar, daß der Opfertod Christi völlig ausreicht, um uns zu erretten. „... unsere Sünden selbst hinaufgetragen hat ... auf das Holz..." (1. Petr. 2, 24).

Das Wort „Es ist vollbracht!" (Joh. 19, 30), welches Jesus am Kreuz sprach, ist ein unumstößlicher Beweis dafür, daß die Leiden Christi genug waren, um uns zu erretten (Hebr. 10, 10-14). Der Apostel spricht davon, daß er mit seinen Leiden die fehlenden Leiden Christi für die Gemeinde erstattet. Hier gibt es zwei Gedanken, die wir erfassen sollten.

Der erste Gedanke: die Leiden Christi hatten nicht genug sichtbaren Beweis. Das sind die Leiden, die Jesus hatte, als Er mit mutigem, sicherem festem Schritt ging und die Leiden in Gethsemane und auf Golgatha, die Erniedrigung, Schmach und Schande auf sich nahm. Dieses sichtbar Fehlende erstattete der Apostel Paulus, als er alles das erlebte, worüber er in 1. Kor. 4, 9.13; 2. Kor. 4, 8-18; 2. Kor. 6, 3.10 schreibt. Deshalb ging der Apostel Paulus den Leiden und Entbehrungen nicht aus dem Wege in dem Bewußtsein, daß genau wie er, so auch die anderen Apostel in den Leiden die Kraft aus dem unnachahmlichen Beispiel des Herrn schöpften und daß die Gläubigen auch durch seine Banden und Entbehrungen ermutigt werden (Phil. 1, 14).

Der zweite Gedanke: Der Apostel litt nicht wegen seiner Verbrechen, als Dieb oder Totschläger. Er litt für die Gemeinde, und litt um des Evangeliums willen. Er erduldete alles, um der „Auserwählten willen..."(2. Tim.1, 9, 12; 2:8-10). Könnte es sein, daß nur der Apostel Paulus dieses Leiden erstattete? Nein! Mit den Worten (1. Kor. 4,9) zählt er auch andere zu diesem Dienst, welcher die Leiden Christi erstattet. Zu diesem gehörten ohne Zweifel auch der erste Märtyrer Stephanus, der gesteinigt wurde; der Apostel Jakobus, der Bruder von Johannes, den Herodes tötete; der Apostel Petrus, der vor dem Synedrion geschlagen wurde; der Apostel Johannes, der auf die Insel Patmos verbannt wurde; Timotheus, der in Gefangenschaft war (Hebr. 13, 23).

Zu dieser Zahl sollte man auch den Bischof der Gemeinde in Smyrna Polykarp, der im zweiten Jahrhundert lebte, rechnen; genauso wie Jan Hus, der im vierzehnten Jahrhundert auf einem Scheiterhaufen starb; John Bunyan, der 12 Jahre in feuchten Gefängnissen verbrachte; und mehr als fünfzig Millionen (nach der Berechnung einiger Theologen) andere, die ihre Liebe und Hingabe an Jesus Christus dadurch bewiesen, daß sie im römischen Amphitheater von den Händen der Gladiatoren oder durch wütende hungrige wilde Tiere starben, durch Foltern in den Gefängnismauern oder auf den Scheiterhaufen der Inquisition als solche, die von den Feinden als Verräter und Sektierer gebrandmarkt wurden.

Zu diesen verklärten Wolken von Zeugen und Heiligen, der die ganze Welt nicht würdig ist, gehören auch unsere Brüder und Schwestern, die um Jesu Christi auch heute noch leiden. Solche Auserwählte hatte Gott in jeder Generation, Er hat sie auch heute noch. Lohnt es sich denn, ihre Namen auf dem Papier aufzureihen? Denn ihre Namen hat Gott in seinem Gedächtnis aufgeschrieben, und auch das treue Volk Gottes kennt diese Namen! Waren seine Diener jemals in solcher Verachtung wie in unseren Tagen (1. Kor. 4, 9)?

Wie sollen wir, die Glieder an seinem Leib uns verhalten gegenüber denen, die solchermaßen für die Gemeinde leiden? Erstens müssen wir für sie beten. Wenn Paulus, ein Apostel für die Heiden, es nötig hatte, daß andere für ihn beteten, und sogar bat, für ihn zu beten, um so mehr brauchen unsere Brüder und Schwestern diese Gebete, auf deren Schultern dieser schwere Dienst der Leiden für die Gemeinde liegt. Wir müssen beten, daß sie beständig die Seligkeit empfinden, die Gott ihnen versprochen hatte (Matth. 5, 10-12), damit sie nicht mutlos werden, sondern vielmehr durch ihre Treue und Tapferkeit ein Beispiel für uns alle werden.

Zweitens sind wir verpflichtet, ihre Leiden zu erleichtern, indem wir einen Teil ihrer Last auf uns nehmen, indem wir uns um ihre Familie und auch um sie selbst sorgen..."

Pjotr Jakowlewitsch predigte in der Gemeinde während der Gottesdienste, und in der freien Zeit besuchte er zusammen mit Fjodor Pimenowitsch Kuksenko die Familien der Gläubigen. Es war eine schwere Zeit für das Volk Gottes, viele warteten auf geistliche Ermutigung und Wegweisung, besonders diejenigen, die aus Angst die Gottesdienste nicht mehr besuchten.

Im Frühling 1934 besuchte uns meine Mutter Maria Abramowna und nahm Georgi mit sich nach Blagoweschtschensk, dort wohnte er bei ihr bis Juni 1935. In Nowosibirsk angekommen führte es der Herr so, daß Pjotr Jakowlewitsch sofort eine Arbeit finden konnte;

so hatten wir etwas zum Leben und konnten für mehrere Monate im voraus das Zimmer bezahlen. Pjotr Jakowlewitsch arbeitete als Tischler auf einem Bau. Er kannte diese Arbeit noch aus Kanada und Amerika, wo er sich sein Studium mit Gelegenheitsarbeiten finanziert hatte. In Kanada arbeitete er als Tischler auf der Farm, er half Häuser und Scheunen bauen, und diese Erfahrungen waren ihm in Rußland sehr nützlich.

Seine Arbeitsstelle befand sich weitab von unserer Wohnung und er mußte zu Fuß gehen. Fast ein Jahr lang arbeitete er auf diesem Bau; im Sommer war es nicht so schwer, aber im Winter war es eine harte Arbeit. Der Winter in Sibirien ist sehr hart: große Schneefälle, sehr starker Frost mit kaltem Wind, Schneestürme. Während die ersten Stockwerke gebaut wurden, war der Wind noch nicht so schlimm. Wenn aber schon das dritte oder vierte Stockwerk eines Hauses errichtet wurde, war es sehr schwer zu arbeiten, denn der Wind war stark, überall zog es, weil die Fenster- und Türenlöcher offen waren.

Im Dezember 1934 wurde Pjotr Jakowlewitsch sehr krank, er hatte beidseitige Lungenentzündung. Fast ein halbes Jahr lag er im Bett. Zu der Zeit wohnten wir schon in einer anderen Wohnung, die besser war: wir hatten ein kleines Zimmerchen, eine kleine Küche und einen eigenen Eingang. Natürlich war unsere materielle Lage während Pjotr Jakowlewitsch´s Krankheit wieder schlechter geworden. Unser Sohn war noch immer bei meiner Mutter in Blagoweschtschensk. Ich konnte in Nowosibirsk lange Zeit keine Arbeit finden. Ich hatte zwar einen Ausweis, aber das Zeugnis von der Arbeitsstelle war noch das alte vom Fernen Osten, und da stand geschrieben, daß ich eine „Lischenka“ (Rechtlose) war, die Frau eines „Kultdieners“. Die Gemeindediener wurden von der Behörde Kultdiener genannt und sie wie auch ihre Familien mußten viele Entbehrungen auf sich nehmen in bezug auf Arbeit, Wohnort und auch Lebensmittelkauf, denn im Land waren die Lebensmittelkarten eingeführt worden. Die „Lischenzy“ waren aller Rechte beraubt und somit praktisch der Vernichtung preisgegeben. In Bijsk konnte ich noch mit solch einem Zeugnis arbeiten, aber in Nowosibirsk ging das nicht. Ich brauchte neue Zeugnisse, saubere, in denen das Wort „Lischenzy“ nicht stand.

Deshalb mußte ich, bevor ich eine Arbeit finden konnte, erst als Buchhalterin lernen gehen (obwohl ich schon als einfache Buchhalterin gearbeitet hatte) um saubere Zeugnisse zu bekommen. Ich mußte ganz von vorne anfangen: erst lernen, dann konnte ich mit diesen Zeugnissen offiziell meine Arbeitstätigkeit beginnen. Ich begann den Buchhalterkurs, während Pjotr Jakowlewitsch noch gesund war und arbeitete, und lernte auch weiter, als er schon krank war und im Bett lag. Die Krankheit von Pjotr Jakowlewitsch machte schnelle Fortschritte, er nahm zusehends ab. Keine Ärzte und keine Medikamente halfen ihm und im Krankenhaus wurde er nicht aufgenommen, weil er vorbestraft war. Den ganzen Winter, ungefähr ein halbes Jahr lang, war er in solchem Zustand. Er konnte nicht nach draußen gehen, er konnte gar nicht aufstehen, und alles mußte ich ihm ins Bett reichen. Nächtelang konnte ich nicht schlafen; ich saß an seinem Bett, denn wenn er hustete, mußte man ihn aufrichten und hinsetzen, damit er aushusten konnte. Er war so schwach geworden, daß er nicht einmal selber essen konnte. Ich selbst war ausgemergelt, denn nur gegen Morgen konnte ich mich neben seinem Bett etwas hinlegen und so wenigstens ein paar Stunden schlafen. Morgens mußte ich aber täglich zum Unterricht gehen, und Pjotr Jakowlewitsch blieb dann allein. Er war so abgemagert, daß ich, wenn ich das Bett machte, ihn einfach aus dem Bett hob und auf die Decke neben dem Bett hinlegte, bis das Bett fertig war, und dann ihn wieder zurück ins Bett legte. Er konnte selber nicht mehr das Bett verlassen, und wenn er anfing zu husten, so hustete er oftmals mindestens eine halbe Stunde lang ohne aufhören.

Wir waren in großer Not, oft hatten wir nichts mehr zu essen. In einem solchen verzweifelten Augenblick, als wir so hungrig waren und ich müde von den durchwachten Nächten, hielt ich es nicht mehr aus und sagte zu Pjotr Jakowlewitsch: „So können wir nicht weiter leben! Wir haben nichts mehr zu essen! Du bist so krank und ich bin schon ganz schwach geworden, ich habe keine Kraft mehr, zum Unterricht zu gehen. Ich kann nicht mehr weiter so leben, wir sind in einer Sackgasse. Sieht der Herr denn nicht, in welchem Zustand wir uns befinden? Warum schweigt er und antwortet nicht auf unsere Gebete?"

Pjotr Jakowlewitsch wurde sehr ungehalten über meine Worte. Er hatte keine Kraft mehr, sich im Bett aufzurichten, aber er hob seine abgemagerte Hand hoch auf, sammelte seine letzten Kräfte und sagte: „Lydia, der Gott, dem wir dienen und der diese Schwierigkeiten in unserem Leben, diese undurchdringliche Mauer zugelassen hat, hat schon einen Ausweg für uns vorbereitet. Möge in allem sein heiliger Name verherrlicht werden!" Ich beharrte aber auf meinem: „Ich kann nicht mehr weiter... Warum schweigt Gott?"

Ungefähr zwei Stunden nach diesem schweren Gespräch kam die Hauswirtin in unser Zimmer und sagte: „Der Postbote fragt nach euch!" Ich ging nach draußen und der Postbote händigte mir eine Geldüberweisung von den Eltern meines Mannes aus Kanada aus und sagte: „Mit dieser Überweisung müssen sie in die Zentralbank gehen, um die Zertifikate für diese zehn Dollar zu bekommen." Dann erklärte er mir, daß im Stadtzentrum ein spezielles Geschäft ist, wo man Lebensmittel und Kleidung auf diese Zertifikate kaufen kann. Diese zehn Dollar haben eigentlich unser Leben gerettet. Dies alles war später... Jetzt aber hielt ich diese Überweisung für zehn Dollar in den Händen, stand im Flur und wagte nicht ins Zimmer zu gehen, wo mein kranker Mann lag.

Pjotr Jakowlewitsch hatte wohl gemerkt, daß etwas Außergewöhnliches passiert war und rief mich: „Lydia, bist du hier? Wer war da gekommen?" Aber ich schämte mich so sehr vor ihm wegen meiner Schwachheit. Endlich wagte ich es, ins Zimmer zu gehen, und sagte leise: „Es war der Postbote. Er brachte eine Benachrichtigung über eine Geldpostüberweisung über zehn Dollar von deinem Vater aus Kanada." Dann fügte ich hinzu: „Vergib mir, Pjotr!" Pjotr Jakowlewitsch sagte nichts, nur über sein sehr abgemagertes, unrasiertes Gesicht liefen Tränen. Dann beteten wir und dankten Gott für seine so unerwartete wunderbare Hilfe.

Viele Gläubige in Nowosibirsk beteten um die Genesung von Pjotr Jakowlewitsch und halfen uns nach ihren Möglichkeiten auch. Von seiner Krankheit erfuhren die Gläubigen aus Blagoweschtschensk und beteten auch für ihn. Und jetzt so ein Geschenk! Was konnten wir für diese zehn kanadischen Dollar kaufen? In den speziellen Geschäften, wo man etwas auf ausländisches Geld kaufen konnte, kostete ein Liter Milch nur drei Cent, ein Kilo Fleisch zehn Cent, ein Kilo Mehl auch nur ein paar Cent. Wir konnten für dieses kanadische Geld längere Zeit Lebensmittel kaufen - Fleisch, Milch, Mehl woraus ich Brötchen buk. Zu unserem Erstaunen konnten wir uns jetzt richtig satt essen und sogar noch einigen Notleidenden helfen. In einem Monat brauchten wir nur drei kanadische Dollar für die Lebensmittel. Natürlich besserte sich dank solch einem Essen der Gesundheitszustand von Pjotr Jakowlewitsch zusehends.

Ich erinnerte mich an den Rat von Jelisaweta Wassiljewna, der Mutter von Pjotr Jakowlewitsch, wie man eine Lungenentzündung durch bestimmte Wasseranwendungen heilen konnte. Ich machte ein Handtuch naß, wrang es aus, legte es auf seine Brust, dann kam ein

Laken drauf und mehrere Decken. Ich deckte ihn von allen Seiten sehr fest zu und so lag er eine Stunde lang und schwitzte. Nach einer Stunde wechselte ich die Unterwäsche, wickelte ihn wieder ein, nur das Gesicht und der Kopf waren nicht zugedeckt, und so schwitzte er wieder. Dies tat ich mehrere Tage lang und sein Zustand besserte sich zusehends. Doch am meisten half ihm das gute Essen, und bald wurde er ganz gesund.

Nachdem er genesen war, ging er wieder zu seinem alten Arbeitsplatz, doch er wurde nicht mehr zur Arbeit zugelassen, denn man erinnerte sich auf einmal an seine Verurteilungen. Pjotr Jakowlewitsch fragte den Leiter der Baustelle: „Warum ist das so? Ich habe ja schon bei euch gearbeitet!“ Der Leiter antwortete ihm: „Es war unser Fehler, daß wir Sie mit solch einem schlechten Zeugnis annahmen.“ An anderen Orten wollte man mit ihm nicht einmal sprechen, er bekam sofort eine Absage.

Die Gläubigen aus Blagoweschtschensk schrieben ermunternde Briefe an meine Eltern, erst nach Bijsk, dann nach Nowosibirsk. Drei dieser Briefe sind erhalten geblieben, sie waren alle von Georgij Iwanowitsch Schipkow geschrieben. Nach Papas Verhaftung war er Gemeindeleiter in der Gemeinde in Blagoweschtschensk geworden. Ich bringe einige Auszüge aus einem Brief:

„Stadt Blagoweschtschensk, 7. Januar 1934
Sehr geehrter und viel geliebter Bruder im Herrn Pjotr Jakowlewitsch, Friede sei mit euch!

Am 1. Januar dieses Jahres haben wir Ihren Brief an unsere Gemeinde, denn Sie am 6. Dezember 1933 geschrieben hatten, angehört. Durch diesen Brief möchten wir unsere große Dankbarkeit zum Ausdruck bringen, daß Sie an uns denken und uns ermutigen. Wir beteten und beten immer für Sie, damit der Gott und der Vater unseres Herrn Jesus Christus Ihnen Kraft und Geduld schenke, bis zum Ende das von der göttlichen Hand auferlegte Kreuz der Leiden zu tragen auf dem Weg, den Christus, seine Jünger und noch viele Märtyrer gingen. So sieht der Weg aus, den Christus gegangen ist und den er auch für seine Nachfolger zu allen Zeiten gekennzeichnet hat (Joh. 15, 18-20; Apg. 14, 22; 2. Tim. 3, 12)

„,... wir wissen, daß Bedrängnis Geduld bringt, Geduld aber Bewährung, Bewährung aber Hoffnung.„ (Röm. 5, 3-4). Ein Zeuge Gottes aus dem Alten Testament, der lange Zeit in Ungewißheit in bezug auf den Weg Gottes war, wurde durch Trübsal erprobt, mit Geduld umgeben, durch Erfahrung reicher, durch die Hoffnung neu ermutigt, und doch konnte er am Schluß zu Gott sagen: „Ich weiß, Herr, daß des Menschen Tun nicht in seiner Gewalt steht, und es liegt in niemandes Macht, wie er wandle oder seinen Gang richte." (Jer. 10, 23).

Ein anderer Zeuge Gottes, der noch früher lebte, erlebte als Gerechter und Dulder des Herrn eine ganze Serie von Fragen, die sozusagen „in der Luft hängen blieben" in denen ein Hinweis auf die womögliche Ungerechtigkeit Gottes verborgen war und die an ein Murren erinnerten, und dennoch sagte er am Schluß all dessen zu seinem Gott: „Und Hiob antwortete dem Herrn und sprach: Ich erkenne, daß du alles vermagst, und nichts, das du dir vorgenommen, ist dir zu schwer. Wer ist der, der den Ratschluß verhüllt mit Worten ohne Verstand? Darum hab ich unweise geredet, was mir zu hoch ist und ich nicht verstehe. So höre nun, laß mich reden; ich will dich fragen, lehre mich! Ich hatte von dir nur vom Hörensagen vernommen; aber nun hat mein Auge dich gesehen. Darum spreche ich mich schuldig und tue Buße in Staub und Asche " (Hiob 42, 1-6). „Seid auch ihr geduldig und stärkt eure Herzen; denn das Kommen des Herrn ist nahe.... Nehmt, liebe Brüder, zum Vorbild des Leidens und der Geduld die Propheten, die geredet haben in dem Namen des Herrn. Siehe, wir preisen selig, die erduldet haben. Von der Geduld Hiobs habt ihr gehört und habt gesehen, zu welchem Ende es der Herr geführt hat; denn der Herr ist barmherzig und ein Erbarmer" (Jak. 5, 8, 10-11).

Sie, teurer und geliebter Bruder, schreiben: ‚Wenn wir auch im Materiellen manchmal Not leiden, im Geist sind wir wach, und für alles danken wir dem Herrn.' Wir freuen uns, daß Sie geistlich wach sind, und aufrichtig teilen wir mit Ihnen Ihre Not, die Sie haben. ‚Seid allezeit fröhlich, betet ohne Unterlaß, seid dankbar in allen Dingen...' (1. Thess. 5, 16-18) - so lauten die dreifachen Prinzipien der Christen, die sich in ähnlicher Lage wie Sie befinden.

Bruder, danke Christus für unsere Freuden,
Bruder, danke Christus für den Kelch der Leiden!
Denn selbst der Himmelskönig kommt zu uns
und ewige Seligkeit bringt Er für uns!
Denn die Ewigkeit ist schon ganz nah!

Eure Euch immer liebenden Brüder und Schwestern in Christus durch die Liebe, den Glauben und die Hoffnung, die Mitglieder der Baptisten-Gemeinde in Blagoweschtschensk. ‚Ich..., der ich diesen Brief geschrieben habe, grüße euch in dem Herrn.' (Röm. 16, 22).

Für die Gemeinde und in ihrem Auftrag - G. Schipkow."

11
Der Dienst in Omsk

Im Sommer 1935 beschloß Papa bei der Verwaltung des NKWD in Westsibirien um Erlaubnis nachzufragen, aus Nowosibirsk in eine andere Stadt zu ziehen. Weil er ein Verbannter war, durfte er nicht ohne Erlaubnis der Behörde den Wohnort wechseln. In jenem Jahr wurde Nowosibirsk zur Kreisstadt Westsibiriens ernannt, sozusagen zur Hauptstadt Westsibiriens, und die Forderungen an diejenigen, die eine Arbeitsstelle suchten, wurden verschärft; besonders diejenigen, die schon mal verurteilt waren oder als Verbannte galten, hatten es sehr schwer. Mama hatte zu der Zeit den Lehrgang als Buchhalterin absolviert, bekam ein Zeugnis und arbeitete als Buchhalterin in der Schule für Gehörlose.

Papa bekam die Erlaubnis, nach Omsk umzuziehen, und meine Eltern beschlossen, daß vorerst er allein übersiedeln sollte. Mama sollte noch einige Monate in Nowosibirsk bleiben und als Buchhalterin arbeiten, um die erworbenen Kenntnisse zu festigen und Erfahrungen zu sammeln. Außerdem sollte Oma mich aus Blagoweschtschensk nach Nowosibirsk bringen, denn ich wohnte schon über ein Jahr bei ihr. Mama erinnerte sich an diese Zeit:

In Omsk angekommen, blieb Pjotr Jakowlewitsch die erste Zeit bei Familie Perzew,[1] die er noch aus dem Fernen Osten sehr gut kannte. Wasilij Nikitowitsch Perzew hatte viele Jahre mit seiner Familie in Chabarowsk gewohnt und war zusammen mit Jakow Jakowlewitsch Vins im Baptistenbund tätig gewesen. Er war Sekretär

[1] Aus dem Protokoll vom 26. Oktober 1936, als P. J. Vins im Gefängnis in Omsk verhört wurde:
Die Frage des Untersuchungsrichters: „Wann kamen Sie nach Omsk und bei wem blieben Sie stehen?“ Antwort: „Im Juni 1935 kam ich aus Nowosibirsk nach Omsk. Erst hatte ich vor, aus Nowosibirsk bis zur Station Moskalenko durchzufahren, ich hatte auch eine Fahrkarte bis dorthin gelöst. Ich verbrachte eine Woche in Moskalenko, auf dem Anwesen Jekaterinowka, bei meiner Großmutter Jekaterina Iwanowna Berg.“

oder Kassenwart des Baptistenbundes im Fernen Osten (Ich weiß nicht mehr genau, welche Tätigkeit er ausübte.) Perzew war ein guter Prediger. Als Pjotr Jakowlewitsch 1930 verhaftet worden war, war Wasilij Nikitowitsch ungefähr zwei Jahre der Vorsitzende des Fernöstlichen Baptistenbundes. Nachdem der Baptistenbund von den Behörden geschlossen wurde, zog er zusammen mit seiner Frau Jefrosinija Andrejewna und seinen vier Kindern nach Omsk. Perzew nahm teil am Dienst in der Baptistengemeinde in Omsk, bis die Behörden das Gebetshaus konfiszierten.[2]

Pjotr Jakowlewitsch wohnte den ganzen Sommer 1935 bei der Familie Perzew, suchte eine Arbeit für sich und eine Wohnung für seine Familie. Zuerst konnte er auch in Omsk keine Arbeit finden. Eine gläubige Schwester arbeitete in der städtischen Abteilung für Statistik. Diese Arbeit erforderte große Genauigkeit und Zuverlässigkeit, und sie suchten für diese Arbeit sehr gebildete Leute. Diese Schwester sagte eines Tages: „Pjotr Jakowlewitsch, ich werde Ihnen einen Arbeitsplatz in der Abteilung Erfassung verschaffen. Ich verstehe, daß man Sie mit Ihren Dokumenten nicht bei uns im Büro einstellen wird, aber wir haben jetzt so viel Arbeit, daß wir 12 Stunden am Tag arbeiten und es immer noch nicht schaffen. Wir brauchen sehr gebildete Leute, kommen Sie deshalb zu uns ohne irgend welche Unterlagen und fangen Sie sofort an zu arbeiten! Mein Vorgesetzter bat mich, irgendeinen Arbeiter zu finden, die einzige Voraussetzung ist, daß er gebildet und zuverlässig ist. Und die Dokumente kommen später!“

So begann Pjotr Jakowlewitsch zu arbeiteten, und er war sechs Monate lang als Statistiker bei der Stadtverwaltung in Omsk tätig. Er war sehr fleißig und alle waren mit ihm zufrieden. Weil er aber ohne Dokumente eingestellt wurde, erfuhr die Verwaltung von seiner Vergangenheit erst, als aus Moskau unerwartet eine Dankesurkunde von der höheren Behörde kam auf den Namen von Pjotr Jakowlewitsch Vins für seine qualifizierte Arbeit, die er leistete. Die Leitung des Statistikbüros war sehr erschrocken, daß sich Pjotr Jakowlewwitsch diese Dankesurkunde aus Moskau überreichen mußten. Bis dahin wußte niemand in dem Büro, daß Pjotr Jakowlewitsch in Haft gewesen war, zudem noch wegen seines Glaubens. Nachdem

---

[2] Das große steinerne Gebetshaus der Baptistengemeinde in Omsk, das sich auf der Straße Mjasnizkaja 1 befand, wurde von den Gläubigen im Jahre 1910 gebaut. Im Juni 1935 wurde es von den Behörden konfisziert und erst 1991 den Gläubigen zurückgegeben.

die Urkunde aus Moskau gekommen war, fingen sie an, seine Dokumente zu erforschen, und dabei kam es heraus.

Der Leiter des Büros rief Pjotr Jakowlewitsch zu sich, um ihn näher kennenzulernen. Nachdem er die Einzelheiten aus dem Leben von Pjotr Jakowlewitsch erfahren hatte, war er sehr erschrocken und verlegen: „Pjotr Jakowlewitsch, Sie sind ein ausgezeichneter Arbeiter. Sie haben uns sehr in der Arbeit ausgeholfen, sogar Moskau hat Sie deshalb ausgezeichnet. Aber Ihr Glauben und Ihre Verhaftung!? Das ist schrecklich! Womöglich werde ich selber ihretwegen bestraft und von der Arbeit gekündigt!" Pjotr Jakowlewitsch fragte ihn: „Wie kann ich Ihnen in der gegenwärtigen Situation helfen?" Der Leiter antwortete: „Reichen Sie eine freiwillige Kündigung ein." Pjotr Jakowlewitsch war damit einverstanden.

Kurze Zeit später gelang es Pjotr Jakowlewitsch, als Schreiner in einer Möbelfabrik einen Arbeitsplatz zu bekommen. Das war im Herbst 1935, zu dieser Zeit war auch ich schon nach Omsk gezogen und hatte sehr schnell eine Stelle aus Buchhalterin gefunden. Im Büro, in dem ich arbeitete, waren wir ungefähr fünfzehn Personen in einem Zimmer. Es gab so viel Arbeit, daß ich oft erst um ein Uhr nachts von der Arbeit nach Hause kam. Wir wohnten damals in der Küche einer gläubigen Familie. Zu der Zeit hatte meine Mutter auch schon Georgi wieder zurückgebracht. Mein Mann und ich gingen früh morgens zur Arbeit und unser kleiner Sohn blieb den ganzen Tag allein. Natürlich konnten wir nicht lange in der Küche wohnen bleiben und suchten uns eine andere Bleibe. Wir suchten eine Wohnung nur für uns alleine, wie klein sie auch sein mochte; Hauptsache, wir waren für uns allein. Endlich fanden wir ein Zimmer in einem Haus am Stadtrand. In dieser Wohnung wurde Pjotr Jakowlewitsch dann später, im April 1936, verhaftet.

Zu jener Zeit wuchs die Stadt Omsk, wie auch die meiten anderen Städte in Sibirien, sehr schnell; viele Umsiedler aus verschiedenen Teilen der Sowjetunion, sogar aus der Ukraine, kamen dorthin. Die Stadtbehörde schaffte es nicht, den neuen Straßen Namen zu geben, deshalb nannte man die Straßen, die in eine Richtung gingen, 1. Linija, 2. Linija und so weiter; die Straßen in die andere Richtung hießen 1-ja Sewernaja, 2-ja Sewernaja und so weiter. Wir wohnten auf der 5. Linija in einem großen Holzhaus. Im Hof befand sich ein hoher Stall, an den eine hölzerne Leiter gelehnt stand. Ich kletterte gern auf dieser Leiter nach oben, es war zwar gefährlich, aber interessant. Unsere Straße war breit und still und in den Nachbarhäusern gab es viele Kinder, mit denen ich schnell Freundschaft schloß.

Solange Papa und Mama arbeiteten, lebten wir verhältnismäßig gut, wir hatten alles Notwendige; aber das Wichtigste war, daß wir alle zusammen waren. Abends ging Papa sehr oft andere Gläubige besuchen, und an Feiertagen besuchten wir alle zusammen die Gottesdienste. Der Weg war sehr weit. Zuerst gingen wir lange zu Fuß, bis wir zum Stadtzentrum kamen, dann fuhren wir mit dem Bus weiter (Straßenbahnen gab es zu der Zeit in Omsk noch nicht, sie wurden erst im Herbst 1936 eingeführt). Ich erinnere mich an die Busse in Omsk zu jener Zeit: es waren gewöhnliche Lastwagen, auf deren Ladenraum man einfach einen großen Holzkasten hingestellt hatte, der hinten eine Eingangstür besaß. Vor der Tür hing eine eiserne Leiter mit drei bis vier Sprossen, die an der hinteren Wand des Lastwagens befestigt war. Im Holzkasten waren Holzbänke aus dünnen Brettern. In solch einem Lastwagenbus hatten ungefähr 25-30 Personen Platz. Für die Erwachsenen war die Fahrt in solchen Bussen sehr unbequem, aber für uns Kinder war es interessant und machte uns Freude. In solchen Bussen fuhren wir dann zum Gottesdienst, der in einem Dorf in der Nähe des Bahnhofes abgehalten wurde. Dieses Dorf wurde im Volksmund Port-Artur genannt, weil es so weit vom Stadtzentrum entfernt war. Die Entfernung vom Stadtzentrum, wo wir den Bus bestiegen, bis zu diesem Bahnhof war ungefähr 15 Kilometer.

Ich war gern im Gottesdienst. Es war ein ganz gewöhnliches Holzhaus, drinnen waren alle Trennwände herausgenommen worden; da standen eine kleine Kanzel, ein Fußharmonium und Bänke. An der Wand hing ein Bibelvers. In diesem Raum hatten ungefähr 150 Personen Platz, und natürlich konnten nicht alle, die den Gottesdienst besuchen wollten, dabei sein, denn das Hauptgebetshaus in Omsk war schon von der Obrigkeit geschlossen worden und die Gemeinde dort zählte über 800 Mitglieder. Deshalb war der Gebetsraum immer überfüllt. Ich hörte gerne die Predigten über Christus, besonders wenn Papa predigte. Im Gottesdienst waren oft einige Schwestern anwesend, deren Männer um ihres Glaubens willen in Haft waren. Mama erzählte mir davon und ich schaute mit Hochachtung auf sie: Alles was mit Gott und dem Glauben an Ihn verbunden war, war das Wichtigste in meinen Augen.

Im Dezember 1936 wurde auch dieses Gebetshaus in Port-Artur von der Behörde geschlossen. Die Baptistengemeinde in Omsk war dazu verurteilt, langsam auszusterben. Die Behörden luden den Gemeindeleiter Iwan Jewgenjewitsch Kondratjew und noch einige Mitglieder des Bruderrates zum Verhör. Die Brüder fragten: „Aus welchem Grund haben Sie uns verboten, die Gottesdienste in Port-Artur abzuhalten? Erst habt ihr im Juni das Gebetshaus weggenommen, das die Gläubigen 1910 mit ihren Händen errichteten, und jetzt habt ihr uns verboten, auch in dem gemieteten Haus zusammenzukommen?!"

Ein Behördenvertreter antwortete: „Die Konfiszierung des Gebetshauses auf der Straße Mjasnizkaja haben nicht wir beschlossen, sondern Moskau, dahin könnt ihr euch auch wenden! Und in Port-Artur haben wir die Gottesdienste in einem privaten Haus deshalb verboten, weil die hygienischen Auflagen nicht eingehalten wurden, denn in einem Raum, der für 80 Personen gedacht ist, versammeln sich über 200 Personen und außerdem habt ihr noch Kinder bei euch. Es ist sehr schädlich für die Gesundheit, deshalb hat die medizinische Kommission dies auch verboten."

Jemand von den Brüdern erwiderte: „Aber in der Sommerzeit öffnen wir alle Fenster und Türen, und im Winter kommen ja nicht so viele zusammen."

Ein Vertreter der Behörde sagte sofort: „Das ist gerade schlecht, daß ihr in der Sommerzeit alle Fenster und Türen öffnet und daß eure Predigten und euer Singen sogar auf der Straße zu hören ist. Die Vorübergehenden bleiben stehen und gehen gar in den Hof, um zuzuhören. Dies ist schon religiöse Propaganda, und das Gesetzt verbietet dies."

Da fragte der Gemeindeleiter: „Und wenn wir in der Stadt ein großes leeres Gebäude finden und es als Gebetshaus herrichten?"

Ein Beamter schrie sofort empört: „Was? Könnt ihr nicht die Politik der sowjetischen Macht in bezug auf die Religion verstehen? Wir bauen eine neue Gesellschaft - einen atheistische! Wir brauchen keine Religion und keine Kirchen! Unser sowjetisches Volk baut unter der Leitung der bolschewistischen Partei und unter der persönlichen Leitung des Genossen Stalin neue Werke, Fabriken, Kohlengruben und Eisenbahnlinien. Und unsere grandiosen Kanäle: der Belomor-Baltijskij und der Kanal Moskau-Wolga! Auch in Omsk wird die erste Straßenbahnlinie vom Bahnhof bis zum Stadtzentrum verlegt, und im nächsten Jahr zur Feier der Oktoberrevolution wird sie in Betrieb genommen! Hindert uns nicht, lenkt nicht das sowjetische Volk von dem großen Ziel, dem Bau des Sozialismus, ab!"

Kondratjew sagte ruhig: „Wir, ich und meine Brüder im Glauben, arbeiten alle in den sowjetischen Fabriken und Werken."

Einer von den Brüder ergänzte: „Und ich arbeite auf dem Bau der Straßenbahn!"

Kondratjew fuhr fort: „Wir alle arbeiten ehrlich und verantwortungsbewußt, so wie die Bibel es lehrt. Aber wir als Gläubige brauchen Gottesdienste, um gemeinsam zu Gott zu beten und ihn zu verherrlichen. Jetzt wird gerade das neue Projekt der Verfassung der Sowjetunion diskutiert, wonach den gläubigen Bürgern das Recht gewährt wird, frei an Gott zu glauben. Geben Sie uns unser Gebetshaus zurück oder erlauben Sie uns, ein anderes Gebäude zu pachten, das der Zahl der Gemeindeglieder entspricht."

Daraufhin antworteten die Machtvertreter: „Das Gebetshaus geben wir euch nicht zurück, die berittene Miliz befindet sich jetzt da. Und in bezug auf die Pachtung eines anderen Gebäudes wendet euch an Moskau, wir übernehmen es nicht, diese Frage zu regeln."

Dann sagte einer der anwesenden Beamten: „Ich bin ein Vertreter des NKWD im Gebiet Omsk. Ich habe eure ganze Unterhaltung aufmerksam verfolgt und möchte jetzt das Gespräch zusammenfassen. Ich bin beauftragt worden im Namen des NKWD, euch zu verwarnen, daß ihr zur Verantwortung gezogen werdet, wenn ihr weiterhin zum Gebet in Privathäusern zusammenkommen werdet, auch wenn es nur ein paar Menschen sind. Dafür werden wir euch sehr streng behandeln: nämlich verhaften und verurteilen! Ich muß euch auch noch mitteilen, daß in diesem Jahr der Baptistenbund in Moskau durch den Beschluß der sowjetischen Regierung liquidiert ist. Eure Anführer in Moskau - Odinzow, Iwanow-Klyschnikow, Dazko und die anderen - sind wegen antisowjetischer Tätigkeit verhaftet. Auch die sibirische Abteilung des Baptistenbundes ist geschlossen worden und ihr Vertreter, Ananjin, befindet sich im Straflager auf dem Bau des Belomor-Baltischen Kanals. Zieht aus alledem die nötigen Schlüsse und verhaltet euch dementsprechend!"

Damit war das Gespräch zu Ende. Kondratjew und die anderen Brüder beschlossen, auch weiterhin Gottesdienste in kleinen Gruppen in den Häusern und Wohnungen der Gläubigen in den verschiedenen Stadtteilen von Omsk durchzuführen. Aus dem Protokoll P-663 ist zu ersehen, daß die Gottesdienste der Gläubigen in den Häusern von Kondratjew auf der Straße Oswodowskaja 76, Semiretsch auf der Straße Fabritschnaja 36, Martynenko auf der Straße Oswodowskaja 162, Markowja auf der Straße 2-ja Linija 81, Klimenko auf der Straße 5-ja Remesslenaja 30, Soloducha auf der Straße 2-ja Beregowaja 36, und auch in den Häusern von Sewjastjanow und Maslenok durchgeführt wurden. Bei jedem Gottesdienst waren 20 bis 30 Personen anwesend. (Es ist möglich, daß die Gottesdienste auch in anderen Häusern der Gläubigen abgehalten wurden, aber davon wußten die Untersuchungsorgane des NKWD nicht.)

Am 31. Dezember 1935 lud Bruder Kondratjew, ungeachtet des kategorischen Verbotes der Machthaber, die Christen zu sich ein, um zusammen Sylvester zu feiern. Es ist interessant zu bemerken, daß drei Jahre später, am 31. Dezember 1938, als Iwan Jewgenjewitsch schon verhaftet war, seine Frau, Jekaterina Iljinitschna, die Gläubigen zu sich nach Hause zur Sylvesterfeier einlud. Ich war zusammen mit Mama in diesem Gottesdienst und erinnere mich noch sehr gut an alles, damals war ich 10 Jahre alt. Es wurden Predigten gebracht, es wurde gesungen und inbrünstig für die Häftlinge gebetet, auch viele Kinder waren anwesend.

Im Protokoll zur Gerichtssache P-663 sind auch Angaben zu einem Vortrag von Papa über das Thema „Die Gefahr des Liberalismus in bezug auf die Bibel“, den er auf einer Predigerzusammenkunft in der Wohnung von Martynenko im Dezember 1935 hielt. Der NKWD beurteilte diesen Vortrag als konterrevolutionär. Während des Verhörs des Gemeindeleiters Kondratjew bezeugte dieser, daß der Vortrag nur die dogmatischen Seiten des Glaubens behandelte:

„... diesmal hielt Vins einen Vortrag ‚Über die Modernisierung’ und bezeugte, daß dies eine gefährliche Richtung sei, vor der man die einheimischen Baptisten bewahren sollte...“ Es ist ermutigend zu wissen, daß sechzig Jahre zuvor unsere Glaubensbrüder in Rußland fest auf den Grundlagen der Bibel standen; sie glaubten an die ganze Bibel als Wort Gottes und deckten die Verirrungen der liberalen Theologie auf.

Papa besuchte die Gläubigen und predigte in den kleinen Versammlungen, die in den Privathäusern abgehalten wurden. Mit ihm zusammen war auch Anton Pawlowitsch Martynenko, der Reiseprediger des Fernöstlichen Baptistenbundes, der zu der Zeit ebenfalls in Omsk wohnte. Er war ein Mann von hoher Gestalt, mit einem offenen, mutigen Gesichtsausdruck; so habe ich diesen treuen Mann Gottes in Erinnerung behalten. Am Tage arbeiteteten beide: der Vater als Tischler in der Verwaltung der Omsker Apotheken und Anton Pawlowitsch als Schreiner in der Schuhfabrik in Omsk, und abends gingen sie zusammen auf Besuch zu den verschiedenen Gläubigen.

Sie trösteten und ermunterten die Christen in dieser für die ganze Gemeinde so schwierigen Zeit.

So vergingen der Winter und der Frühlingsanfang des Jahres 1936. Es war ein besonderes Jahr in meinem Leben, denn im Herbst sollte ich eingeschult werden, und in freudiger Erwartung fieberte ich diesem Tag, dem 1. September, entgegen. Obwohl es eine schwere und unruhige Zeit war, schenkte der Herr uns doch jeden Tag das tägliche Brot. Ich habe gut behalten, wie Papa mir die Bedeutung des Gebets des Herrn „Unser Vater!" erklärte: „Es ist interessant, daß wir um das tägliche Brot nur immer für einen Tag bitten sollen, nur für heute, nicht für morgen! Und im Matthäusevangelium 6, 34 lesen wir: ‚Sorget nicht für den morgigen Tag.' Mein Sohn, im Leben wird es verschiedene Situationen geben, nicht selten werden sie sehr schwierig sein, aber bewahre das volle Vertrauen Gott gegenüber in allem!" In den darauffolgenden Jahren erinnerte Mama mich immer wieder an dieses Vermächtnis meines Vaters.

Wenn ich mit meinen Nachbarn und Kameraden Gemeinschaft hatte, so versuchte ich ihnen von Gott und Jesus Christus, der für uns auf Golgatha gelitten hatte, zu erzählen. Die gleichaltrigen und jüngeren Kinder hörten aufmerksam zu und stellten viele Fragen; aber die Jungs, die älter waren, lachten über mich: „Was, willst du ein Pope werden? Wenn du ein Gottgläubiger bist, so zeige uns doch dein Kreuzchen!" Ich antwortete: „Ich habe kein Kreuzchen! In der Bibel steht nicht geschrieben, daß man Kreuzchen tragen muß." Dann schrien sie: „Dann bist du also ein Antichrist! Und deine Eltern tragen auch kein Kreuz? Auch sie sind Antichristen!"

Beleidigt ging ich nach Hause, und wenn Papa abends von der Arbeit nach Haus kam, erzählte ich ihm alles. Er hörte mir lächelnd zu und sagte: „Ja, du bist ja schon ein richtiger kleiner Verkündiger. Werde nicht mutlos, auf deinem Weg wirst du noch viele Hindernisse antreffen, aber es werden auch Gottes Segnungen sein! Jetzt aber, mein Sohn, ist es das Wichtigste für dich, die Reinheit des Herzens zu bewahren und im Glauben zu wachsen. Höre mal zu, was in der Bibel geschrieben steht: ‚Behüte dein Herz mit allem Fleiß, denn daraus quillt das Leben' (Spr. 4, 23)."

Mitte April erreichten die warmen Sonnenstrahlen auch das kalte Sibirien, der Schnee schmolz sehr schnell, obwohl nachts noch Frost war. Auf dem Fluß Irtysch in Omsk schmolz das Eis gewöhnlich in den ersten Maitagen. Sobald das Eis weg ist, fängt es an, intensiv warm zu werden, das Gras und die Blumen sprießen hervor, die

Knospen auf den Bäumen schlagen aus und es kommen die ersten kleinen grünen Blätter. Und hoch am Himmel sieht man die unendlichen Karawanen der Zugvögel: Enten, Gänse, Kraniche.

Mit Ungeduld erwartete ich den endgültigen Sieg des Frühlings über den Winterfrost und das Schneereich. Nach der Eisschmelze kann man Mantel und Jacke ausziehen und sich nur in einem Hemd draußen an der Sonnenflut erfreuen. Papa versprach mich zum Fischfang mitzunehmen, und ich träumte oft davon, wie dieser glückliche Sommer aussehen würde. Aber Ende April erfuhren wir unabänderliches Leid: Papa wurde wieder verhaftet.

12
Neue Verhaftung

Am 26. April 1936 kam mein Vater abends von der Arbeit nach Hause und wir setzten uns hin, um das Abendbrot zu essen. Während dieser Zeit hielt neben dem Haus, in welchem wir wohnten, ein Auto und mehrere Männer stiegen aus und klopften sehr laut an das Tor. Der Wirt ging nach draußen, fragte die Männer etwas, dann öffnete er das Tor, ließ sie auf den Hof kommen und führte sie ins Haus. Es waren Mitarbeiter des NKWD und sie kamen, um Papa abzuholen. An der Tür unseres Zimmers wurde laut geklopft. Papa stand vom Tisch auf und fragte: „Wer ist da?“ Als Antwort hörten wir: „Macht auf! Die Miliz!“ Papa öffnete die Tür.

Mehrere Männer traten ins Zimmer, nur einer von ihnen war in der Milizuniform, die anderen drei waren Mitarbeiter des NKWD und trugen Militäruniform; sie hatten auch Waffen bei sich. Der NKWD-Beamte, sein Name war Dementjew, wandte sich an Papa: „Sind Sie Pjotr Jakowlewitsch Vins?“

„Ja, das bin ich!“

„Hier ist Ihr Verhaftungsbefehl und der Hausdurchsuchungsbefehl!“

Dementjew reichte Papa ein Blatt Papier. Er laß es leise durch. Mama stand vom Tisch auf und sagte: „Erlaube mir, es auch zu lesen.“ Papa überreichte ihr das Papier. Ich saß immer noch hinter dem Tisch und hielt meinen Löffel in der Hand. Mein Herz krampfte sich vor Angst um Papa zusammen. Ich schaute auf die Männer in Militäruniform, die jetzt in unseren Sachen herumwühlten. Dementjew, der diese Gruppe leitete, ging in die Mitte des Zimmers, blieb dort stehen und beschaute sich die einfache Einrichtung unseres Zimmers: ein altes Holzbett, ein einfacher Tisch, drei Hocker, eine große Eichenkiste, die gleichzeitig unser Sofa und Schrank war und nachts mein Bett. Seinem Gesicht sah man gleichzeitig seine Verwunderung, aber auch seine Enttäuschung an. „Pjotr Jakowlewitsch, ich erwartete eine pompöse Wohnung eines amerikanischen Missionars zu sehen, und hier herrscht ja Armut!“ sagte er höhnisch.

Während der Durchsuchung wurden unsere Bibel, das Neue Testament, unsere Briefe und Fotos beschlagnahmt und mitgenommen.

Papa hatte schon längere Zeit zuvor einen kleinen Sack mit Zwieback zubereitet; diesen nahm er, dann zog er seine warme Kleidung an. Schließlich wurde das letzte gemeinsame Gebet im Beisein des Untersuchungsrichters gesprochen - und Papa wurde abgeführt. Wir hörten noch, wie das Auto brummte, während es sich vom Haus entfernte. Ich lief in den Hof, setzte mich hinter den Stall und weinte, das schreckliche Leid drückte aufs Herz. Dann hörte ich Mama laut rufen, sie suchte mich. Ich lief zu ihr und schmiegte mich fest an sie: „Mama, ich will nicht mehr leben!“ Weinend führte Mama mich ins Haus und versuchte mich zu trösten.

An diesem Abend wurden in Omsk noch drei Prediger verhaftet: Anton Pawlowitsch Martynenko, Andrej Nikolajewitsch Klimenko und Wasilij Nikitowitsch Perzew. Alle drei, wie auch mein Vater, waren Mitarbeiter des Fernöstlichen Baptistenbundes, die in den Jahren 1933-1935 aus dem Fernen Osten nach Omsk verbannt oder umgezogen waren. Gleichzeitig wurde auch Ludwig Gustawowitsch Butkewitsch verhaftet, er war Gemeindeleiter der damals noch offiziell tätigen Gemeinde der Evangeliumschristen, sie versammelten sich am linken Ufer des Irtysch im Ort Omsko-Leninsk (früher Station Kulomsino).

Bei der Verhaftung von Perzew hatten die NKWD-Mitarbeiter bei ihm 22 Bücher mit religiösem Inhalt beschlagnahmt, 215 Fotos und 97 Briefe. Nach seiner Verhaftung blieben seine Frau Jefrosinja Andrejewna und vier Kinder ohne ihren Ernährer zurück; Jewgenija war 18 Jahre alt, Viktor 16 Jahre, Wladimir 13 und Lidia 3 Jahre alt. Bei der Verhaftung von Martynenko hatten die NKWD-Beamten während der Hausdurchsuchung eine Bibel, vier Briefe und neun Fotos beschlagnahmt. Ohne Ernährer blieben seine Frau Anisja Andrejewna und drei Kinder: Larissa 12 Jahre alt, Valentin 10 Jahre alt, und Soja 4 Jahre alt. Bei Klimenko blieben seine Frau und vier Kinder und bei Butkewitsch seine Frau und zwei Kinder ohne Ernährer.

Am 24. April, zwei Tage bevor diese Brüder verhaftet wurden, waren im Dorf Aleksejewka, Rayon Muromzewsk, Gebiet Omsk (250 km nördlich von Omsk) auch drei Brüder verhaftet worden: es waren Michail Andrejewitsch Jeroschenko, Pjotr Ambrosijewitsch Galusa und Wasilij Osipowitsch Drakin, Jeroschenko ließ seine Frau und vier Kinder, Galusa seine Frau und sechs Kinder und Drakin seine Frau und sieben Kinder zurück. Außerdem waren in jenem Dorf an diesem Tag wegen der Sache der Baptisten noch zwei ungläubige Männer verhaftet worden: Grigorij Maksimowitsch Soskowzew, der alleinstehend war, und Kusjma Wasiljewitsch Fomitsch, der seine Frau und Mutter zurückließ. Am 6. Mai wurde im Dorf Aleksejewka Semjon Jakowlewitsch Tischkowitsch, (1876 geboren), der ungläubig war und zu den Baptisten keinen Kontakt hatte, verhaftet; er hinterließ seine Frau und den 17jährigen Sohn.

Am 29. Mai wurde in Omsk Pjotr Ignatjewitsch Maslenok, der 1886 geboren war und bis 1930 im Dorf Aleksejewka wohnte und dort Gemeindeleiter der Baptistengemeinde war, verhaftet. Er hinterließ seine Frau und einen 23jährigen Sohn. Insgesamt wurden in dieser Sache zwölf Personen inhaftiert, und die Hauptschuldigen waren Vins und Martynenko.

Nachdem Papa verhaftet war, bekam der Hauswirt schreckliche Angst und kündigte uns das Zimmer. Er sagte zu Mama: „Ich wußte gar nicht, daß ihr amerikanische Missionare seid; es ist sehr gefährlich, solche Einwohner zu haben! Entschuldigen Sie mich, Lydia Michajlowna, aber Sie können nicht mehr in meinem Haus wohnen." Mama bat ihn, uns wenigstens noch so lange zu dulden, bis sie etwas anderes gefunden hätte, und er willigte ein. Am nächsten Morgen, noch bevor Mama zur Arbeit gegangen war, kam eine junge gläubige Schwester mit einer Neuigkeit zu uns gelaufen: „Gestern abend wurden Martynenko und Klimenko verhaftet! Und wo ist Pjotr Jakowlewitsch? Was ist mit ihm?" Mama antwortete: „Er wurde auch gestern abend abgeholt."

Als der Wirt des Hauses hörte, daß man auch andere Gläubige verhaftet hatte, fing er an zu klagen: „Ihr tut mir so leid, ihr Gläubigen! Ihr seid gute Leute, ehrlich, arbeitsam und trinkt nicht! Warum nur verfolgt man euch? Welch ein guter Mensch war auch Pjotr Jakowlewitsch! In der ganzen Zeit, die ihr bei uns wohntet, gab es keine Skandale, keine Trinkgelage! Und vor euch hatten wir andere Bewohner, es gab nur Leid mit ihnen: sie waren laut, stritten sich, betranken sich, und dann gingen sie auf mich, einen alten Mann, mit ihren Fäusten los. Ihr habt den richtigen, guten Glauben; ihr trinkt nicht, ihr streitet nicht, ihr arbeitet ehrlich, bringt den ganzen Verdienst nach Hause, ehrt die Frau und kümmert euch um die Kinder. Dies alles ist sehr gut. Aber ich habe Angst vor den Machthabern, große Angst! Deshalb bitte ich Sie, Lydia Michajlowna, verlassen Sie mich so schnell wie nur möglich. Sehen Sie mal, wie viele von euch verhaftet sind! So kann es passieren, daß man auch mich zu den Baptisten abschreibt und ich dann verhaftet und ins Gefängnis gesteckt werde!"

So standen wir vor dem Problem der Wohnungssuche, die lange Sucherei ging los. Viele Bekannten, an die Mama sich wandte, hatten Angst, uns in ihre Wohnung aufzunehmen. Endlich nahm uns eine gläubige Schwester, Alexandra Iwanowna Semiretsch, bei sich auf. Ihr Mann war ein schrecklicher Säufer und Raufbold; sie hatte zwei Söhne: Wasilij 18 Jahre alt und Student eines Bautechnikums, und Michail, 12 Jahre alt.Ihnen gehörte der dritte Teil eines großen Hauses, das auf der Straße Fabritschnaja 36 in der Nähe des Kasak-Marktes lag. Sie hatten ein großes und ein kleines Zimmer. Im großen Zimmer wohnten Alexandra Iwanowna und ihre Familie, das kleine Zimmer gaben sie uns ab. Der Hauswirt war oft betrunken; nicht selten fing er mitten in der Nacht an zu toben, dann gingen Mama und ich durchs Fenster zu den Nachbarn und blieben dort bis zum Morgen.

Der 1. Mai ist ein staatlicher Feiertag. Die ganze Stadt ist mit roten Fahnen, Sprüchen und Porträten der Regierungsmänner geschmückt. Auf einem der Gebäude hängt ein großes Spruchband mit den Worten Lenins: „Religion ist das Opium für das Volk!“ Vom frühen Morgen an sieht man auf den Straßen Kolonnen von Demonstranten, festlich gekleidete Menschen. Man hört die Blasorchester spielen. Die Kinder gehen auch mit kleinen roten Fähnchen. An den Straßenecken sind kleine Buden aufgestellt, in denen man verschiedene Süßigkeiten, Keks, mit Fleisch gefüllte Teigtaschen, Schnaps und Zigaretten kaufen kann. Der Schnaps ist bei den demonstrierenden Menschen besonders beliebt, zur Mittagszeit sieht man in der Stadt viele betrunkene Menschen, die laut ihre Freude bezeugen, sie singen laut und tanzen mitten auf der Straße. Manche können nicht mehr selber gehen und werden von Frauen geführt, die auch schon angeheitert sind.

Zu dieser Zeit versammelten sich an verschiedenen Orten der Stadt die Gläubigen in kleinen Gruppen zu Gebetsversammlungen. Viele von ihnen hatten an diesem Tag auch gefastet und gebetet für die Brüder, die fünf Tage zuvor verhaftet waren. (Aus dem Protokoll der Sache P-663 geht hervor, daß am 1. Mai 1936 in der Wohnung von Aleksej Fjodorowitsch Sewastjanow eine Gruppe von Christen zum Gebet versammelt war; da waren auch Georgij Schipkow, P. Gruschko, J. Kononow, selbst Sewjastjanow mit seiner Familie und noch andere anwesend.) Ich danke meinem Gott, daß aus diesem Protokoll auch die Tatsache, daß Gebetsstunden stattfanden, bekannt wurde. Wie ähnlich ist das dem, was zu der Zeit der Apostel geschah, als nach der Verhaftung von Petrus und Johannes die Gemeinde zusammen kam und zu Gott schrie: „Und nun, Herr, siehe an ihr Drohen und gib deinen Knechten, mit aller Freudigkeit zu reden dein Wort“ (Apg. 4, 29). Auf denselben Prinzipien stand auch die verfolgte Gemeinde in den Jahren der geistlichen Erweckung 1960 und später, in dem sie die Positionen der Treue Gott gegenüber auch der Reinheit im persönlichen Leben verteidigte!

An den arbeitsfreien Tagen brachten wir Papa Lebensmittel ins Gefängnis. Fast immer nahm Mama mich dabei auch mit. Früher befand sich das Omsker Gefängnis weit außerhalb der Stadt, aber in den dreißiger Jahren war die Stadt sehr gewachsen und jetzt umringten Häuser und Straßen das große vierstöckige Gebäude. Im Raum, der extra für Aufnahmen war, war immer eine lange Schlange zu dem Fenster hin, an dem die Lebensmittelpakete angenommen wurden, denn jeder brachte seinem Verwandten etwas und mit Unruhe fragten sie, ob der Betreffende noch lebe, wann er entlassen oder wann der Gerichtsprozeß stattfinden werde. Die Antworten waren immer allgemein und sehr formell, aber wenn das Paket entggengenommen wurde, so hieß das, daß der Betreffende noch lebe und noch in diesem Gefängnis ist. Aber nur wenige weinten, denn die meisten Tränen waren schon ausgeweint und das Leid war in den Tiefen der eingefallenen Augen verborgen. Hier weinten nur die „Neuen“.

Wir brachten Papa immer große Pakete; er bat darum, damit er auch mit anderen teilen konnte. Er war der einzige Russe in der Zelle, die anderen Zelleninsassen waren sibirische Tataren. Die NKWD-Beamten hatten es extra so gemacht, damit er keinen geistlichen Einfluß auf die Russen hatte. Wir brachten Papa viel Zwieback, gekochte Kartoffeln, Zwiebeln und Zucker. Sie hatten in der Zelle alles gemeinsam. Papa war der Zellenälteste, die Tataren hatten ihn gern. Durch die Tataren gelang es ihm, uns zwei bis drei Zettel in die Freiheit zu schmuggeln. Ich erinnere mich, wie uns mehrere Male Tataren besuchten, die aus dem Gefängnis entlassen waren. Sie waren mit Papa zusammen in einer Zelle gewesen und brachten uns kurze Mitteilungen von ihm. Sie erzählten uns über die Verhältnisse, die im Gefängnis herrschten. Von diesen geheimen Mitteilungen sind zwei erhalten geblieben: für mich ist jede Zeile sehr kostbar, jedes Wort meines Vaters, das uns aus den trüben Zellen des Omsker Gefängnisses erreichte. Es sind von der Zeit vergilbte Zettel, die Zeilen sind auf kariertem Papier mit Bleistift geschrieben. Mama und ich haben diese Zettel all die langen Jahre sehr sorgfältig aufbewahrt. Als auch ich seinerzeit die Banden für die Verkündigung des Evangeliums erfuhr, dachte ich oft an Papas Worte, die auf einem dieser Zettel standen: „Lieber mit Ihm im Gefängnis sein als ohne Ihn in der Freiheit.“

„11. August 1936.

Ihr Teuren! Meine Sache ist immer noch ohne Änderungen. Klimenko hat schon zum zweiten Mal sieben Tage und Nächte gefastet. Er wurde schon einmal verhört. Der Staatsanwalt versprach, die Untersuchung bis zum 15. September zu beenden, aber irgendwie glaube ich diesem nicht. Sage es den Verwandten, damit sie für uns beten, damit der Herr die Brüder stärke und auch mich, daß wir seine treue Zeugen bleiben. Es ist sehr zweifelhaft, daß man uns entlassen wird, obwohl unser einziges Verbrechen unsere Treue zum Herrn ist. Ich glaube, daß der Herr alles machen kann. Lieber mit Ihm im Gefängnis zu sein als ohne Ihn in der Freiheit.

Bis zum Tod euer Vater."

„Oktober 1936.

Teure L. und lieber G. Seit dem 26. September wurde ich zweimal am Tag zum Verhör geladen und am 5. Oktober ist die Untersuchung beendet worden. Der Herr stärkte mich und gab mir Kraft und Mut, Ihn zu bezeugen. Es wurde versprochen, die Sache an ein spezielles Kollegium im Gebietsgericht weiterzugeben.

Man kann hoffen, daß im November der Gerichtsprozeß stattfindet. Wie der Untersuchungsrichter sagte, sind wir 12 Personen: ich, Klimenko, Pjotr Ignatjewitsch, Butkewitsch - Gemeindeleiter der Evangeliumschristen und noch andere, die ich nicht kenne. Der Herr ist unser Verteidiger.

Es war eine ärztliche Kommission hier, bei mir sind die Herzmuskeln erweitert und der Blinddarm entzündet. Ich bete, daß Gott dich geistlich und physisch stärke. Übe mich mache dir keine Sorgen. Möge der Herr euch bewahren. Pjotr."

Die Untersuchung war am 5. Oktober beendet worden und so bekam Papa im November und Dezember die Möglichkeit, einige Briefe offiziell, durch die Verwaltung an uns weiterzuleiten. Davon sind zwei Briefe erhalten geblieben:

„15. November 1936.

Guten Tag, ihr meine Lieben, L. und G.! Ich hoffe sehr, daß wir jetzt nicht mehr lange bis zum Gerichtsprozeß warten müssen, und dann werden wir auch ein Treffen bekommen. Unsere Sache ist schon an ein spezielles Kollegium im Gebietsgericht weitergeleitet worden. Ich hoffe sehr, daß Ende November oder Anfang Dezember der Gerichtsprozeß stattfindet. Komme zum Gerichtsprozeß, dann können wir auch ein Treffen erhalten. Ein Treffen noch vor dem

Prozeß kann der Gebietsstaatsanwalt oder das spezielle Kollegium genehmigen. Ich habe sehr Heimweh nach euch. Ich bin sehr in Sorge, denn ich weiß nicht, wie ihr lebt und wie dein Gesundheitszustand ist. Mit Wehmut gedenke ich der glücklichen Minuten, die ich mit euch verbracht habe. Zu meinem großen Leidwesen gab es ihrer nicht sehr viele.

Die letzten sieben Monate, die ich in dieser Schule der Geduld verbringen mußte, haben mich vieles gelehrt und ich hoffe, es ist eine Lehre für mein ganzes Leben. Meinetwegen braucht ihr keine Sorgen zu haben, ich bin im Geiste munter, und körperlich bin ich auch einigermaßen gesund. Ihr könnt mir Briefe schreiben an die Anschrift des Gefängnisses: 3. Untersuchungsabteilung, Zelle 12. Einen Gruß an Mama und alle Verwandten.

Ich küsse euch fest, Papa.

P. J. Vins, Zelle 12.“ [1]

„15. Dezember 1936.

Ihr meine Teuren und Geliebten! Gerade (4 Uhr nachmittags) habe ich euren kostbaren Brief vom 29. November bekommen, das ist der erste Brief von euch. Ich las und unwillkürlich rollten mir die Tränen und es kostete mich sehr viel Überwindung, sie von meinen Zellennachbarn zu verbergen. Aber nicht deshalb, weil ich betrübt bin, sondern wegen eurer Liebe zu mir, die ich durch den Brief spürte.

Euer Verlangen, daß ich nicht mutlos werde, entspricht auch meinem Verlangen und bis jetzt bin ich nicht mutlos geworden. Die Leitung des Gefängnisses behandelt mich gut, die Zellennachbarn sind auch gut zu mir, so haben wir sogar aus hygienischen Gründen eine Ecke für das Rauchen eingeräumt und alle, die rauchen, befolgen dieses auch genau. Mit einem Wort, mein Leben hier ist zu ertragen, denn Diebstahl und Ausschreitungen gibt es in unserer Zelle nicht, und wenn ihr jetzt mit mir sein würdet und dazu noch in der Freiheit, so wäre es ganz gut. Dies sage ich so, unter anderem, damit ihr meinetwegen nicht besorgt sein sollt. Ich wünsche nur eins: daß man uns schneller verurteile, denn eine Entlassung erwarte ich nicht. Die Zeit des Gerichtsprozesses steht noch nicht fest, aber ich hoffe, daß es bald geschieht.

---

[1] Papa saß 1936 in der 12. Zelle, und vor kurzem erfuhr ich, daß sich 1966 in der Nachbarzelle, in der 14. Zelle dieses Gefängnisses, der Gemeindeleiter der Omsker Gemeinde der Evangeliumschristen Baptisten, Alexej Timofejewitsch Kosoresow, drei Monare lang befand, er erzählte mir, daß es sogar im Sommer in diesen Zellen kalt und feucht ist, denn sie befinden sich im Keller. So erfuhr ich noch eine Einzelheit über den Gefängnisaufenthalt meines Vaters.

Ich bin sehr zufrieden, wie Goscha sich benimmt. Ich freue mich, daß mir ein solch gehorsamer Sohn wächst. Ich möchte sehr, daß er auch so bleibt. Ich bin zuversichtlich, daß die Zeit kommen wird, wo wir wieder zusammen sein werden.

Ich küsse euch fest, euer Vater, Zelle 12"

Die Untersuchungshaft dauerte neun Monate. Die Beschuldigungen wurden nach Mamas Worten aus den Zeugnissen zweier im Glauben schwach gewordener Christen zusammengestellt. Der eine arbeitete als Hauswart im Zentrum der Stadt auf der Lenin-Straße, die andere war eine Hausfrau. Beide Zeugen waren sehr vom Untersuchungsrichter eingeschüchtert und geängstigt, sie widersprachen sich sehr und unterschrieben beliebige unwahrscheinliche Aussagen des Untersuchungsrichters. Das Wichtigste in dieser zusammengestellten Fabrikation war, daß Papa und die anderen Brüder in ihren Predigten die Christen dazu aufgerufen haben sollen, sich mit Waffen gegen die Sowjetmacht zu erheben, und daß sie „antisowjetische Agitation" betrieben. Als diese Zeugen eine Gegenüberstellung mit meinem Vater hatten, bezeugten sie die vom Untersuchungsrichter erfundenen Lügen. Wie Papa später erzählte, konnten sie ihm dabei nicht in die Augen schauen.

Als Mama eines Tages aus dem Gefängnis zurückkam - sie hatte Papa Lebensmittel gebracht, - nahm sie den kleinen Beutel, in dem Zucker gewesen war und den Papa zurückgegeben hatte, legte ihn auf den Tisch und sah, daß Papa auf der anderen Seite mit einem chemischen Bleistift diese beiden Gegenüberstellungen und alles, was die Zeugen gesagt hatten, aufgeschrieben hatte. Mama zeigte dieses Schreiben Alexandra Iwanowna Semiretsch; diese energische und treue Schwester im Herr beschloß, beide Zeugen aufzusuchen, die wahrscheinlich dachten, daß keiner etwas über ihre falsche Aussagen erfahren würde. Beide waren schockiert, als sie hörten, daß das Geheime öffentlich bekannt geworden war, obwohl sie nie erfuhren, wie es dazu gekommen war.

Alexandra Iwanowna ging erst zu einer anderen gläubigen Schwester, dann suchten beide den Bruder auf, der als Hauswart arbeitete, und teilten ihm mit, daß sie mit ihm über eine sehr wichtige Angelegenheit sprechen müßten. Er ging mit ihnen in das Dachgeschoß des großen Gebäudes, wo er arbeitete. Da sagten sie zu ihm: „Bei der Gegenüberstellung mit Pjotr Jakowlewitsch haben Sie folgendes gesagt..." Sie führten alles auf, was der Bruder gesagt hatte, und auch Papas Antworten. Dieser Mann hatte so etwas nicht erwartet, er fiel an der Stelle auf die Knie und bat Gott um Vergebung. Sodann erzählte er, wie man ihn bei dem Verhör eingeschüchtert und mit Verhaftung bedroht hatte. Er sagte: „Die ganze Zeit quäle ich mich, weil ich falsch ausgesagt habe, ich habe den Frieden und die Ruhe meiner Seele verloren, ich konnte nicht mehr beten! Jetzt, da der Herr mich zurechtgewiesen hat, bin ich bereit, sogar ins Gefängnis zu gehen, nur um das Gesagte zurückzunehmen.“ Sie beteten zusammen und beschlossen, daß der Bruder auf dem Gerichtsprozeß nur die Wahrheit sprechen werde. Nachdem Schwester Semiretsch mit der zweiten Zeugin, der Hausfrau, gesprochen hatte, kam auch diese zu demselben Entschluß.

Mit den Unterlagen des Omsker Gerichtsverfahrens von meinem Vater unter der Nummer P-663 vom 1936-1937 Jahr machte ich mich 1995 im Moskauer Archiv des Föderalen Staatssicherheitsdienstes bekannt. Das Verfahren umfaßt 434 Blätter, sie sind alle mit Bleistifft numeriert und die letzte Seite endet mit einem nicht zu Ende geschriebenen Wort. Auf jedem Blatt ist auch die anfängliche Numerierung mit Kugelschreiber zu sehen, aus der herausgeht, daß das Verfahren P-663 650 Blätter hatte, jemand jedoch über 200 Seiten aus dem Verfahren herausgenommen hat. Ich fragte die Archivinspektorin: „Wo befinden sich diese fehlenden Blätter, wer und wann hat sie herausgenommen?“ Sie antwortete: „ Wir in Moskau, wissen nichts davon. Das Gerichtsverfahren wurde uns aus dem Omsker Archiv, nachdem wir es angefordert hatten, in solch einem Zustand, wie Sie es heute sehen, zugeschickt.“ So bleibt es ein Geheimnis, was diese fehlenden Blätter enthielten, womöglich auch die Gegenüberstellungen mit den Zeugen.

Laut Angklageschrift vom 19. Oktober 1936 werden in der Anklage 11 Personen erwähnt. Fünf von ihnen sind Einwohner aus Omsk, die anderen sechs kommen aus dem Dorf Alexejewka, Muromzewskij Rayon, Gebiet Omsk. Von diesen elf Angeklagten waren sechs Personen Christen und fünf Personen nicht gläubig. Alle werden beschuldigt, daß sie einen bewaffneten Aufstand gegen die Sowjetmacht planten. Anfangs waren es zwölf Angeklagten, aber Perzew wurde am 5. Oktober 1936 aus dem Gefängnis entlassen und mußte unterschreiben, daß er die Stadt nicht verlassen werde; später trat er nur als Zeuge auf. Die anderen elf waren seit ihrer Verhaftung im April und Mai 1936 bis zum Gerichtsprozeß, der im Januar 1937 stattfand, im Omsker Gefängnis inhaftiert.

Wenn man sich mit der Anklage bekannt macht, so wird eindeutig klar, daß die NKWD-Leitung beschlossen hatte, in Omsk ein Vorzeigegericht über eine Gruppe von Baptisten durchzuführen. Die Hauptbeschuldigten waren frühere Diener des Fernöstlichen Baptistenbundes, die sich aus verschiedenen Gründen 1935-1936 in Omsk befanden. Die Untersuchungshaft und die Verhöre der Verhafteten begannen Ende April und wurden bis zum 5. Oktober durchgeführt, die Anklageschrift wurde am 19. Oktober 1936 zusammengestellt, und es wurden noch 30 Personen als Zeugen verhört.

Papa wurde dreizehnmal verhört. Ein Teil der Verhöre befaßte sich mit seinem Leben, seinem Studium und seinem Dienst in Amerika, um die Gründe herauszufinden, die ihn bewogen hatten, 1926 nach Rußland zurückzukommen. Papa sagte, daß er mit einem einzigen Ziel nach Rußland zurückgekehrt war: um das Evangelium zu predigen. Der zweite Teil des Verhörs behandelte seinen Dienst im Fernöstlichen Baptistenbund und in Omsk. Die NKWD-Untersuchungsrichter versuchten ihn zu beschuldigen, daß er eine konterrevolutionäre Arbeit unter den Baptisten der Stadt Omsk und der Umgebung organisiert hätte. Im Protokoll des Verhörs vom 11. Mai 1935 behauptete der Untersuchungsrichter Jurmasow, daß Papa der Anführer und Inspirator der revolutionären Arbeit unter den Baptisten gewesen sei und zu diesem Zweck die geheimen Gottesdienste benutzt hätte.

Papa antwortete: „Ich war Gemeindeleiter der Gemeinde in Blagoweschtschensk bis zu dem Moment, wo sie aufgelöst wurde, das heißt bis 1935. In der Stadt Omsk bin ich nicht der Gemeindeleiter der örtlichen Gemeinde." Weiter bezeugte Papa, daß er in Omsk die Gottesdienste in den Wohnungen und Häusern der Christen besuchte und auf Bitten der Gläubigen auch Abendmahlsfeiern durchführte. Aber seine Predigten, wie auch diejenigen anderer Christen, enthielten keine konterrevolütionären Aussagen. Ich führe einige Auszüge aus dem Protokoll des Verhörs vom 2. Oktober 1935 an. Da wurde Papa gefragt, was für Gespräche er mit Christen in Omsk führte.

Vins: „Es waren nur Gespräche, wir sprachen über religiöse Themen."

Untersuchungsrichter: „Was beinhalteten diese Gespräche?"

Vins: „Wir sprachen über biblische Themen."

Untersuchungsrichter: „Sprach man da auch über den Zustand der Gemeinde und welche Aussichten man in bezug auf religiöse Propaganda hat?"

Vins: „In den Gesprächen wurde auch über den Zustand der Gemeinde gesprochen, besonders darüber, daß die Gemeinde im Stadtzentrum kein Gebäude für ihre Gebetsversammlungen hatte."

Untersuchungsrichter: „Der Untersuchungsausdchuß verfügt über Angaben, daß diese Gespräche wie Sitzungen abgehalten wurden. Sie haben in Ihren Vorträgen aufgefordert, daß die Christen geduldig sein, sich zusammentun und wirken sollten, daß sie in kleinen Gruppen in verschiedenen Wohnungen zusammenkommen sollten und es wurde die Hoffnung geäußert, daß es nicht mehr lange dauern werde, bis Änderungen eintreten, dabei wurden Bibelstellen angeführt."

Vins: „Ich rief die Gläubigen auf, sich gegenseitig zu besuchen, um einander im Glauben zu stärken. Ich sprach davon, daß die Zeit der freien Verkündigung des Evangeliums laut dem Wort Gottes auch für Rußland kommen werde, aber wann und auf welchen Wegen, davon spricht die Bibel nicht."

In der Anklage P-663 befinden sich mehrere medizinische Bescheinigungen aus der Medizinischen Abteilung des Omsker Gefängnisses, in denen über den Gesundheitszustand des Verhafteten Klimenko geschrieben wird. In den Bescheinigungen vom 1. Mai 1936 unter der Nummer 228 steht geschrieben: „Am 1. Mai 1936 wurde um sieben Uhr dreißig der Untersuchungshäftling Andrej Nikolajewitsch Klimenko auf einer Bahre ins Krankenhaus gebracht. Er ist 34 Jahre alt. Bei der Untersuchung wurde festgestellt, daß aus dem rechten Ohr und aus dem Mund Blut floß. Der Gesundheitszustand des Kranken ist sehr schwer. Er ist nicht verhörfähig. Es ist eine klinische Behandlung notwendig.

Die Diagnose: Es wird Schädelbasisvraktur vermutet.

Arzt, Leiter der medizinischen Abteilung des Omsker Gefängnises (Unterschrift)."

Doch ungeachtet dieses kritischen Gesundheitszustandes von Klimenko schreibt der Untersuchungsricher Jurmasow am 9. Mai 1936 einen Beschluß, daß man gegen ihn die Anklage eröffne.

„Stadt Omsk, 9. Mai 1936.

Ich, der Hauptbevollmächtigte SPO, Leutnant des Staatssicherheitsdienstes Jurmasow habe die Anklage Nr. 7297 durchgesehen, in der Andrej Nikolajewitsch Klimenko beschuldigt wird, daß er, nachdem er in Omsk angekommen war, 1935 und 1936 geheime Gottesdienste der Baptisten organisierte und auch dabei anwesend war. Er stellte auch sein Haus für diese geheimen Gottesdienste zur Verfügung, in denen er konterrevolutionäre Propaganda trieb und auch Geld zusammensammelte für die Brüder, die schon litten. Deshalb wird aufgrund des Artikels 145 UPK beschlossen: A. N. Klimenko soll nach dem Artikel 58-10-11 UK zur Verantwortung gezogen werden, und die frühere Maßnahme bleibt, er wird unter Bewachung gehalten.

Der Oberbevollmächtigte SPO UGB, Jurmasow."

Es vergingen zweieinhalb Monate, vom Mai bis 14. Juli, und Klimenko befand sich noch immer im Gefängniskrankenhaus; davon zeugt das Schreiben, das der Leiter der Medizinischen Abteilung an den Leiter des Omsker Gefängnisses schrieb:

„An den Leiter des Gefängnisses in Omsk.

Ich bitte um Ihre Fürsprache vor den Untersuchungsorganen und der Staatsanwaltschaft, daß die Untersuchung in der Anklage gegen A. N. Klimenko, der 34 Jahre alt ist, beschleunigt wird. Der Untersuchungshäftling Klimenko befindet sich zur Zeit in Behandlung im Omsker Gefängniskrankenhaus, er ist hier schon seit dem 1. Mai, weil Schädelbasisvraktur vermutet wird.

Arzt, Leiter der Medizinischen Abteilung des Omsker Gefängniskrankenhauses (Unterschrift)."

Es vergingen die Monate Juli und August, und am 1. September wurde eine Bescheinigung mit der Unterschrift des Gehilfen des Wachhabenden im Omsker Gefängnis ausgestellt:

„**Bescheinigung**. Hiermit wird bestätigt, daß Klimenko im Krankenhaus liegt, er ist nicht transportfähig"

September 1936. Der Gehilfe des Wachhabenden

(Unterschrift und ein dreieckiger Stempel)."

Der September verging, dann kam der Oktober, und Klimenko befand sich noch immer im Gefängniskrankenhaus. Laut der Anklage wurde er am 15. Oktober verhört, obwohl unklar bleibt wo der Verhör stattfand: im Gefängniskrankenhaus oder im Dienstzimmer des Untersuchungsrichters.

Aus dem Protokoll des Verhörs von Klimenko am 15. Oktober 1936:

Untersuchungsrichter: „Die Untersuchung hat festgestellt, daß Suchowin euch mit konterrevolutionären Literatur belieferte, die von euch unter den Baptisten verbreitet wurde."

Klimenko: „Ich bestreite dies!"

Untersuchungsrichter: „Sie lügen! Ich zeige Ihnen Verse, die bei euch während der Durchsuchung beschlagnahmt wurden, sie sind von Ihnen von Hand abgeschrieben und der Anfang lautet: Wir wollen beten, Brüder. Diese Verse haben einen konterrevolutionären Charakter und beinhalten Aufrufe zum Kampf. Sie haben diese Verse verbreitet!"

Klimenko: „Diese Verse habe ich 1924 für mich persönlich abgeschrieben."

Untersuchungsricher: Sie fahren fort mit Lügen! Diese Verse fand man bei Ihnen zweimal abgeschrieben!"

Klimenko: „Ich habe diese Verse erst mit Tinte auf ein gesondertes Blatt abgeschrieben, dann habe ich sie nochmal mit dem Bleistift in mein Notizbuch geschrieben."

Untersuchungsrichter: „Sie lügen hartnäckig!"

In der Anklage P-663 befindet sich auch ein Zeugnis des Verhafteten Pjotr Abramowitsch Galusa über die ungesetzlichen Methoden, die während der Untersuchung angewandt wurden.

„An den Gebietsstaatsanwalt vom Untersuchungshäftling Pjotr Abramowitsch Galusa

Erklärung

Mit diesem Schreiben bitte ich Sie, sich einzumischen und die unrichtigen Fakten in der Anklageführung der Untersuchungsrichter im Rajon wie auch im Gebiet zu beseitigen. Es geht darum, daß am 5. Mai dieses Jahres, als ich im Rayon verhört wurde, mir das Protokoll nicht vorgelesen wurde, ich aber gezwungen wurde, dieses Protokoll zu unterschreiben. Obwohl ich nur die reine Wahrheit bezeugte, daß ich tatsächlich von 1925 bis 1930 bei den Baptisten war, wo Maslenok Gemeindeleiter war, und daß ich tatsächlich nie von ihm konterrevolutionäre Propagada hörte, daß er nur Gebetsstunden durchführte und auch ich nicht diese Propaganda trieb. Aber meine Angaben wurden von keinem aufgeschrieben; es wurden nur meine Angaben verfälscht, und als ich mich weigerte, wurde mir direkt gesagt: „Sowieso wirst du dies unterschreiben!" Deshalb finde ich, daß die Untersuchung nicht richtig geführt wird, und bitte um Ihre Einmischung.

2. November 1936 Galusa (Unterschrift)"

13

Gerichtsprozeß

(Omsk, Januar 1937)

Während in Omsk vom April bis Oktober 1936 die Untersuchung der Anklage gegen die verhafteten Baptisten stattfand, wurde im ganzen Land die Diskussion über das Projekt der neuen Konstitution geführt. Diese Verfassung garantierte die Freiheit des Gewissens, des Wortes und der Versammlungen. Das Projekt wurde in den Zeitungen und Zeitschriften veröffentlicht und auch als einzelne Broschüre herausgegeben. Es wurde hervorgehoben, daß die Konstitution der Sowjetunion die demokratischste in aller Welt sei; darüber schrieben die Zeitungen jeden Tag und auch im Radio sprach man darüber. Vom 25. November bis zum 5. Dezember 1936 fand in Moskau der achte Außerordentliche Kongreß der Sowjets der USSSR statt, auf dem die neue Konstitution der Sowjetunion angenommen wurde (sie wurde auch „Stalin-Konstitution“ genannt). Der 5. Dezember wurde zum staatlichen Feiertag erklärt, es war der „Tag der Stalinistischen Konstitution“.

In der Anklageschrift, die am 19. Oktober 1936 zusammengestellt wurde, schreibt der Leutnant des Staatssicherheitsdienstes, Jurmasow: „Die Anklage gegen P.J. Vins, A. P. Martynenko, A. N. Klimenko und andere, insgesamt 11 Personen, soll durch den stellvertrettenden Staatsanwalt des Gebietsstaatsanwalts für spezielle Anklagen an das spezielle Kollegium des Omsker Gebietsgerichts zur Einsicht geschickt werden. Die Beschuldigten werden ab diesem Tag an das spezielle Kollegium des Gebietsgerichts überwiesen.“ Also war die Konstitution für sich selbst eine Sache, und der NKWD bereitete sich schnellstens darauf vor, die Anklagen zum Gericht über die Baptisten fertigzustellen.

Der Gerichtsprozeß fand in Omsk vom 19. bis zum 21. Januar 1937 statt.[1] In Moskau fand zu dieser Zeit der 17. Außerordentliche Allrussische Kongreß der Sowjets statt, der die neue Konstitution der RSFSR bestätigte, die voll und ganz mit der Konstitution der Sowjetunion übereinstimmte.

In den ersten Januartagen erfuhren die Verwandten der Häftlinge, daß der Gerichtsprozeß am 19. Januar stattfinden sollte. Fast jeden Tag sammelten sich im Haus von Schwester Semiretsch, wo Mama und ich zu der Zeit wohnten, fünf bis zehn Gläubigen und wir beteten zusammen. Der Gerichtsprozeß begann tatsächlich am 19. Januar im Gebäude des Gebietsgerichtes im Zentrum der Stadt auf der Lenin-Straße. Außer den Häftlingen wurden auch die Verwandten in den Gerichtssaal hereingelassen, und auch die Zeugen durften nach ihrer Aussage im Saal bleiben.

Am ersten Prozeßtag um 10. Uhr morgens verkündete der Vorsitzende des speziellen Kollegiums des Omsker Gebietsgerichtes, daß die Verhandlung eröffnet sei und gab die Zusammensetzung des Gerichts bekannt. Der Vorsitzende des Gerichts war der Richter Dudko, Mitglieder des Gerichtskollegiums waren Kugajewskij und Iwanowa, und die Verteidiger waren Rubkewitsch und Nowikowa. Der Verlauf der Gerichtsverhandlung wurde vom Sekräter des Gerichts, Putrenko, geführt.

Dann wandte sich der Richter Dudko an den Leiter der Wache: „Stellen Sie die vor, die zum Gericht gebracht sind!“ Der Leiter der Wache las die Namen und Vornamen aller elf Personen vor, die sich unter Bewachung befanden. Zum ersten Mal nach fast neun Monaten Trennung konnten ihre Verwandten sie nun im Gerichtssaal sehen. Und obwohl man mit den Häftlingen nicht sprechen durfte, konnte man doch ihnen in die Augen schauen, ihnen zulächeln, ihnen mit dem Blick die Liebe zeigen und sie im Gebet unterstützen.

---

[1] Am Gerichtsprozeß nahmen Verteidiger teil, die Angeklagten und Zeugen wurden öffentlich angehört, und im Gerichtssaal befanden sich die Verwandten der Angeklagten. 1937 war das so ein sehr seltenes Verfahren. Obwohl die Verhaftungen der Gläubigen zu jener Zeit massenhaft im ganzen Land geschahen, wurden die Verhafteten fast immer in außergerichtlichen Verfahren verurteilt. Ihre Anklage wurde von der sogenannten „Troika“ angehört und fast immer beschloß diese entweder 10 Jahre Haft oder Erschießung. Deshalb ist dieses Material aus dem Archiv des Föderaldienstes für Staatssicherheitsdienst, das über den Prozeß in Omsk berichtet, ein einmaliges Zeugnis, welches auch etwas Licht auf die Geschichte der Verfolgung der Gläubigen vor dem Krieg wirft.

Der Richter Dudko las die Anklageschrift vor. Sie umfaßte 14 Blätter, und die Verhafteten wurden nach Artikel 58-10-11 UK der RSFSR beschuldigt. Er las auch ihre Namen vor:

1. Pjotr Jakowlewitsch Vins
2. Anton Pawlowitsch Martynenko
3. Andrej Nikolajewitsch Klimenko
4. Pjotr Ignatjewitsch Maslenok
5. Michail Andrejewitsch Jeroschenko
6. Pjotr Abramowitsch Galusa
7. Grigorij Maksimowitsch Soskowez
8. Wasilij Osipowitsch Drakin
9. Kusjma Wasiljewitsch Fomitsch
10. Semjon Jakowlewitsch Tischkowez
11. Ljudwig Gustatowitsch Butkewitsch

Die Anklageschrift beginnt mit der folgenden Behauptung: „In das SPO UNKWD des Omsker Gebietes wurden Unterlagen übermittelt, daß die aus dem Fernen Osten nach Omsk gekommenen, früher wichtigen Leiter der Baptisten, Vins, Martynenko und Klimenko, die Baptisten in Omsk in kleinen illegalen Gruppen organisiert haben und unter ihnen konterrevolutionäre Arbeit durchführten. Ihr Ziel war, die konterrevolutionären Elemente zu vereinigen, um gegen die Sowjetmacht zu kämpfen. Aus diesem Grund wurden die wichtigsten aktiven Teilnehmer dieser Gruppen verhaftet und zur Verantwortung gezogen.“

Dann wurden die Verhafteten vom Gericht verhört. Als erster wurde Pjotr Jakowlewitsch verhört.

Vins: An den religiösen Versammlungen, von denen in der Anklageschrift gesprochen wird und die von der Regierung nicht genehmigt waren, nahm ich teil. Diese Versammlungen wurden in Privathäusern und in Wohnungen abgehalten, weil bei den Gläubigen der Stadt Omsk 1935 das Gebetshaus konfisziert wurde, und so waren die Gläubigen gezwungen, in kleinen Gruppen in den Häusern zusammenzukommen.

Richter Dudko: Welchen Charakter hatten diese Gottesdienste und was haben Sie persönlich auf diesen Gottesdiensten getan?

Vins: Wir gingen zu den Gottesdiensten, um dort zu singen, zu beten und in der Bibel zu lesen. Unsere Versammlungen waren rein religiös. Meine Predigten begründete ich mit Versen aus der Heiligen Schrift.

Richter Dudko: In der Anklageschrift heißt es, daß Sie geheime Zusammenkünfte in Privathäusern veranstalteten und diese gebrauchten, um konterrevolutionäre Propaganda zu treiben, und daß Sie die Bibelstellen für konterrevolutionär erklärt haben. Erkennen Sie sich in diesem schuldig?

Vins: In diesen Versammlungen wurden keine konterrevolutionären Gespräche geführt. Es gab und es konnte auch keine Gespräche geben über den Sturz der Sowjetmacht oder darüber, daß die konterrevolutionären Kader vorbereitet werden. Ich betrachte meinen geistlichen Dienst nicht als konterrevolutionären Dienst.

Richter Dudko: In der Anklageschrift heißt es: „Vins hat sich nicht völlig für schuldig erklärt. Er wird aber durch die Zeugen Maslenok und auch andere Zeugen überführt." Sagen Sie, Verhafteter, worin erkennen Sie sich schuldig?

Vins: Ich habe schon gesagt, daß ich es nicht leugne, daß ich ein Christ bin, daß ich die Gottesdienste in Privathäusern besuchte und da das Wort Gottes predigte, aber nicht konterrevolitionär. Ja, ich habe es zugegeben, daß ich Teilnehmer unserer religiösen Gebetsversammlungen war. Ich glaube an Gott und predigte von Gott. Ich rief auch die anderen auf, an Gott zu glauben.

Richter Dudko (unterbricht den Häftling): Häftling Vins, Sie sind ein Mensch mit höherer Bildung und beschäftigen sich mit Quatsch: Sie predigen irgendeinen nicht existierenden Gott, Christus! Ihr Glaube und alle Ihre Beschäftigung sind Unsinn!

(Gemäß Mamas Worten unerbrach Papa den Richter und sagte laut: „Ich bitte Sie, Bürger Richter, unseren Glauben nicht zu beleidigen! Der Glaube an Gott und der Dienst für Ihn - das ist das Kostbarste in meinem Leben!")

Im Protokoll der Gerichtsverhandlung (Anklage P-663, Seite 348) ist vom Sekräter des Gerichts aufgeschrieben worden: „Der Häftling Vins erklärte: ‚Ich betrachte meine Arbeit nicht als konterrevolutionäre Arbeit, und meine Arbeit ist für mich kein Quatsch, meine Arbeit und mein Glaube - das ist die wichtigste Frage in meinem Leben!'") Am Ende des Verhörs steht im Protokoll: „Der Häftling Vins hat sich nicht als schuldig bekannt." Somit endete der erste Prozeßtag.

Am Abend versammelten sich im Haus von Alexandra Iwanowna so viele Gläubige, daß kein Sitzplatz mehr vorhanden war. Bis in die späte Nacht hinein kamen immer wieder Besucher. Es wurde viel gebetet, und Mama erzählte ausführlich über den ersten Gerichtstag und teilte ihre Eindrücke über die verhaftete Brüder mit:

„Sie sind so munter, nicht mutlos, sie sehen gar nicht wie Häftlinge aus!“ Als Mama von Papas Antworten erzählte, gefiel es den Christen, daß er gesagt hatte, der Glaube an Gott sei für ihn kein Unsinn. Ich konnte auch lange nicht einschlafen, hörte zu und wünschte mir so sehr, wenigstens für eine Minute Papa zu sehen, seine Stimme zu hören; aber da ich noch nicht volljährig war, durfte ich nicht dem Gerichtsprozeß beiwohnen.

Am nächsten Tag wurde die Gerichtsverhandlung um 10.30 Uhr eröffnet. Weiterhin wurden die Häftlinge verhört. Im Protokoll der Gerichtsverhandlung ist aufgeschrieben: „Der Häftling Klimenko eröffnete dem Gericht, daß er seit dem 1. Mai 1936 krank sei und zur Zeit im Gefängniskrankenhaus liege. Er hatte einen Bluterguß im Gehirn, zur Zeit fühlt er sich sehr schlecht, hat oft Anfälle und verliert die Besinnung. Die Verteidigung plädierte dafür, daß die Anklage gegen Klimenko gesondert geführt wird und die Haftbedingungen geändert werden sollten; er solle freigelassen werden, aber unterschreiben, daß er die Stadt nicht verlassen werde. Man solle ihn zur Genesung in ein entsprechendes Krankenhaus bringen.“

Das Gericht beschloß: „Das Anhören der Anklage gegen Klimenko ist zunächst mal zu stoppen und dem Leiter der städtischen Abteilung für Gesundheitswesen vorzuschlagen, Klimenko stationär in ein entsprechendes Krankenhaus aufzunehmen. Die Art der Bestrafung von Klimenko ist in eine leichtere umzuwandeln, und zwar soll er unterschreiben, daß er den Wohnohrt nicht verlassen wird; und man soll ihn sofort von der Bewachung befreien.“ [2] Andrej Nikolajewitsch wurde sofort im Gerichtssaal freigelassen; er verabschiedete sich von den Brüdern und verließ zusammen mit seiner weinenden Frau den Gerichtssaal.

Das Gericht ging zum Verhör von Anton Pawlowitsch Martynenko über.

---

[2] Wahrscheinlich befürchteten das Gericht und der NKWD, daß es im Verlauf der Anhörung von Klimenko während des Gerichtsprozesses zutagekommen werde, daß während seiner Gefängnishaft sein Schädel gebrochen wurde (darüber ist in den medizinischen Dokumenten des Omsker Gefängnisses geschrieben). Deshalb wurde Klimenko, der aus dem Gefängniskrankenhaus in den Gerichtsaal gebracht wurde, nicht vom Richter verhört, sondern direkt aus dem Gerichtssaal entlassen. Es ist nötig zu bemerken, daß Klimenko am 26. April verhaftet und schon am 1. Mai auf einer Tragbahre ins Gefängniskrankenhaus gebracht wurde. Als der Gerichtsprozeß am 19. Januar begann, war er nach achteinhalb Monaten immer noch im Krankenhaus. Was war mit ihm geschehen?!

Martynenko: Im Februar 1933 kam ich nach Omsk. Ich meldete mich sofort zur Aufnahme in die Omsker Baptistengemeinde, damit ich ihr Mitglied werden konnte. Meine Frau und ich wurden in die Gemeinde aufgenommen. In dieser Gemeinde predigte ich nur darüber, was im Wort Gottes geschrieben steht. Das Wort Gottes verfälschen konnte ich nicht, und in meinen Predigten habe ich auch nie etwas Konterrevolitonäres gesagt. 1935 wurde uns, gemäß dem Befehl der Stadtverwaltung in Omsk, das Gebetshaus weggenommen und deshalb waren wir gezwungen, zu den Versammlungen in den Privathäusern der Gläubigen zusammenzukommen.

Richter Dudko: In der Anklageschrift steht geschrieben, daß „Martynenko seine Wohnung für illegale Versammlungen zur Verfügung stellte, bei denen zusammen mit Vins, Klimenko und Maslok die organisatorischen und taktischen Fragen der konterrevolutionären Organisation besprochen wurden." Was sagen Sie dazu? Erkennen Sie sich für schuldig?

Martynenko: Das ist alles Unwahrheit. Es gab unter den Baptisten keine konterrevolutionäre Organisation. Ich wurde im Jahre 1915 im Fernen Osten gläubig, damals wurde ich auch Mitglied der Evangeliumschristen-Baptisten Gemeinde. Von dort kam ich nach Omsk. Ich habe nie etwas Konterrevolutionäres unter den Baptisten angetroffen.

Vertreidiger Rubkewitsch: Sagen Sie mal, Martynenko, wurden in Ihrem Hause Versammlungen der Baptisten abgehalten?

Martynenko: Nachdem die Behörden unserer Gemeinde das Gebetshaus weggenommen hatten, kamen wir zum Gebet in verschiedenen Häusern der Gläubigen in Omsk zusammen. Auch ich habe die Gläubigen in mein Haus eingeladen um das Wort Gottes zu lesen und zu beten.

Verteidiger Rubkewitsch: Martynenko, ich habe noch eine Frage an Sie: Wurden Ihre Gottesdienste nicht als Deckung gebraucht, um konterrevolutionäre Aktivitäten durchzuführen?

Martynenko: Unter dem Vorwand eines Gottesdienstes haben wir nie konterrevolutionäre Versammlungen durchgeführt. Wir predigen Christus den Gekreuzigten, wir beschäftigen uns nicht mit konterrevolutionären Sachen!

Im Protokoll der Gerichtsverhandlung heißt es: „Der Angeklagte Martynenko hat sich nicht für schuldig erklärt."

Das Gericht verhörte den weiteren Angeklagten Pjotr Ignatjewitsch Maslenok.

Richter Dudko: Angeklagter Maslenok! Erkennen Sie sich für schuldig?

Maslenok: Nein, ich erkenne mich nicht für schuldig.

Richter Dudko: Warum steht denn in der Anklageschrift geschrieben: „Maslenok hat sich des Verbrechens, das im Artikel 58-10-11 RSFSR verzeichnet ist, für schuldig erklärt“? Ich lese Ihre Aussagen während des Verhörs, das am 19. September 1936 stattfand: „Ich bin Mitglied einer konterrevolutionären Organisation, in die mich Anton Pawlowitsch Martynenko im Sommer 1935 lockte. Unsere Untergrundorganisation hatte es sich zum Ziel gesetzt, die Sowjetmacht durch einen Aufstand abzusetzen. Ich nahm an geheimen Versammlungen teil, bei denen die Aufgaben unsererer kontrerevolutionären Organisation ausgearbeitet wurden. Ich bekam die Aufgaben von Vins und Martynenko, konterrevolutionäre Propaganda zu betreiben.“ Nun, erkennen Sie sich für schuldig in dieser Anklage?

Maslenok: Nein, ich erkenne mich nicht für schuldig! Das alles hat der Untersuchungsrichter Jurmasow ausgedacht, mir aber hatte er das Protokoll des Verhörs so nicht vorgelesen. Der Untersuchungsrichter Jurmasow sagte zu mir, daß man alles unterschreiben müsse, denn im Evangelium stehe geschrieben, daß man in allem der Regierung untertan sein muß, und die Regierung ist von Gott eingesetzt. Vins und Martynenko haben von keiner konterrevolutionen oder aufständischen Organisation oder vom Sturz der Sowjetmacht gesprochen.

Richter Dudko: Warum steht denn Ihre Unterschrift unter dem Verhörprotokoll vom 19. September 1936, in dem von einer bestehenden konterrevolutionen Organisation unter den Baptisten gesagt wird?

Maslenok: Ich wurde viele Tage und Nächte ununterbrochen, ohne Ruhe und Schlaf, von den Richtern Nelippa und Jurmasow verhört. Ich war in einem sehr schweren Zustand.

Verteidiger Nowikowa: Ihre Unterschrift steht unter dem Verhörprotokoll vom 19. September 1936. Haben Sie bewußt dieses Protokoll unterschrieben?

Maslenok: Ich war während des Verhörs mehrere Tage und Nächte ohne Schlaf, mußte die ganze Zeit auf einem Stuhl sitzen, durfte nicht einmal die Augen zumachen.

Verteidiger Nowikowa: Und Ihre Untersuchungsrichter waren auch die ganze Zeit bei Ihnen?

Maslenok: Nein, sie haben mich abwechselnd verhört, sie ruhten zwischendurch aus.

Verteidiger Nowikowa: Sie sagen sich also von den Angaben vom 19. September ab?

Maslenok: Ja, ich sage mich ab! Das sind nicht meine Angaben, sondern von den Untersuchungsrichtern Nelippa und Jurmasow.

Im Protokoll der Gerichtsverhandlung steht geschrieben: „Der Angeklagte Maslenok hat sich nicht für schuldig erklärt."

Das Gericht verhörte als nächsten den Angeklagten Ludwig Gustawowitsch Butkewitsch.

Butkewitsch: Ich als gläubiger Mensch kann keine Organisation gegen die Macht zusammenstellen. In meinen Predigten sprach ich nur über das Wort Gottes. Unsere Gemeinde der Evangeliumschristen-Baptisten ist bei den Behördern registriert und die Gottesdienste werden im Omsker Stadtteil Leninsk, am anderen Irtyschufer auf der Straße Shelikowskaja, durchgeführt. Ich bin der Leiter der Gemeinde oder besser gesagt ihr Diener. Wir haben einen Rat in der Gemeinde, der alle Fragen regelt.

Richter Dudko: In der Anklageschrift steht geschrieben: „Butkewitsch verstrickte sich 1935-1936 in die konterrevolutionäre Arbeit, um alle Kader im Kampf gegen die Sowjetmacht zusammenzuschließen, er arbeitete mit der konterrevolutionären Leitung der Baptisten - Vins , Martynenko und andere - zusammen." Angeklagter Butkewitsch, erklären Sie sich hierin für schuldig?

Butkewitsch: Ich bin mit keiner konterrevolutionären Organisation zum Kampf gegen die Sowjetmacht verbunden. In der Anklageschrift werde ich beschuldigt, illegale Taufen im Fluß Irtysch massenweise durchgeführt zu haben. Wir haben tatsächlich Taufen durchgeführt, aber nicht massenweise, es wurden 2-3 Personen getauft. Darüber hatten wir die administrative Abteilung benachrichtigt. Bei diesen Taufen waren ungefähr acht Personen, Mitglieder unserer Gemeinde, anwesend. Die Taufen wurden früh am Morgen oder spät abends durchgeführt. In vier Jahren wurden 15 Taufen durchgeführt.

Richter Dudko: Haben Sie gemeinsame Gottesdienste mit Vins, Klimenko, Martynenko und Maslenok?

Butkewitsch: Vins, Klimenko und Maslenok kenne ich überhaupt nicht. Zum ersten Mal habe ich sie hier, in diesem Gerichtssaal, getroffen. Martynenko sah ich nur einmal in der Wohnung von Semiretsch.

Richter Dudko: Also verneinen Sie jeglichen Kontakt mit den Baptisten Vins, Martynenko, Maslenok und Klimenko?

Butkewitsch: Ich verneine!

Verteidiger Nowikowa: Werden Ihre Versammlungen in Leninsk jetzt noch durchgeführt? Sind sie gesetzlich erlaubt?

Butkewitsch: Unsere Gottesdienste der Evangeliumschristen werden auch heute noch in Leninsk durchgeführt, sie sind erlaubt.

Im Protokoll der Gerichtsverhandlung steht geschrieben: „Der Angeklagte Butkewitsch hat sich nicht für schuldig erklärt."

Das Gericht begann mit dem Verhör des Angeklagten Michail Andrejewitsch Jeroschenko aus dem Dorf Alexejewka.

Richter Dudko: In der Anklageschrift steht geschrieben, daß Jeroschenko „als aktives Mitglied einer konterrevolutionären Organisation die Leitung dieser Arbeit 1934 von Maslenok übernahm, der sie begonnen hatte, um eine konterrevolutionäre Gruppe im Dorf Alexejewka zu organisieren, die den Sturz der Sowjetmacht zum Ziel hatte. Er benutze für seine konterrevolutionäre Propaganda die geheimen religiösen Versammlungen und stellte dazu seine Wohnung zur Verfügung. Dieses Verbrechens nach dem Artikel 58-10-11 UK hat er sich für schuldig erklärt." Angeklagter Jeroschenko, bestätigen Sie hier vor Gericht Ihre Schuld in den genannten Verbrechen?

Jeroschenko: Ich war in keiner konterrevolutionären Organisation Mitglied. Ich führte keine Arbeit gegen die Sowjetmacht durch.

Richter Dudko: Aber während der Untersuchung haben Sie sich doch eines Verbrechens gegen die Sowjetmacht für schuldig erklärt? Können Sie sich an Ihre Aussagen während der Untersuchung erinnern?

Jeroschenko: Ja, ich machte Aussagen unter dem Druck des Untersuchungsrichters Cholodow. Alles, was da aufgeschrieben ist, das habe nicht ich bezeugt. Der Untersuchungsrichter schlug mich sogar unters Kinn und zog mich an den Haaren und ich war gezwungen, das zu unterschreiben, was der Untersuchungsrichter selber geschrieben hatte. Ich führte keine Agitation gegen die Sowjetmacht, auch sagte mir keiner etwas über einen bewaffneten Aufstand.

Richter Dudko: Kennen Sie Vins, Klimenko, Martynenko?

Jeroschenko: Ich bin weder mit Vins noch mit Klimenko noch mit Martynenko bekannt.

Im Protokoll der Gerichtsverhandlung steht geschrieben: „Der Angeklagte Jeroschenko hat sich nicht für schuldig erklärt."

Nun wurde der Angeklagte Pjotr Ambrosijewitsch Galusa aus dem Dorf Alexejewka verhört.

Richter Dudko (liest aus der Anklageschrift): „Galusa war Mitglied einer konterrevolutionären Organisation, er wurde erst von Maslenok dazu bearbeitet und später von dem im Jahre 1935 dazu angeworbenen Jeroschenko. Zusammen mit Jeroschenko und gemäß seinem Befehl führte er 1935-1936 eine Agitation gegen die Kolchosen durch, das heißt, er nahm Anteil an einem Verbrechen, das nach dem Artikel 58-10-11 UK geahndet wird. Er erklärte sich für schuldig.“ Angeklagter Galusa, bekennen Sie sich zu Ihren Aussagen, die Sie während der Untersuchungshaft gemacht haben?

Galusa: Ich habe während der Untersuchung nur gesagt, daß in unserem Dorf bis 1930 Maslenok Gemeindeleiter war. Jeroschenko hat mir nie etwas über eine konterrevolutionäre, aufständische Organisation erzählt, er hat mich zu keiner Organisation angeworben, und ich war in keiner konterrevolutionären Organisation.

Verteidiger Rudkewitsch: Sagen Sie Galusa, sind Sie jetzt Mitglied in der Baptistengemeinde im Dorf Alexejewka?

Galusa: Nein, ich verließ 1930 die Gemeinde der Baptisten, denn ich wurde Kolchosmitglied. Und Mitglied der Kolchose zu sein und Baptist zu sein das geht nicht.

Vins (wendet sich an den Richter): Erlauben Sie mir, Galusa eine Frage zu stellen?

Richter Dudko: Sie können die Frage stellen.

Vins: Sagen Sie, Galusa, kennen Sie mich persönlich, haben Sie mich irgendwann mal getroffen?

Galusa: Nein, ich kenne Sie nicht und habe Sie auch nie gesehen.

Im Gerichtsprotokoll steht geschrieben: „Der Angeklagte Galusa hat sich nicht für schuldig erklärt.“

Das Gericht begann das Verhör des Angeklagten Wasilij Osipowitsch Drakin aus dem Dorf Alexejewka.

Richter Dudko (liest): „Drakin war Mitglied einer konterrevolutionen Organisation, er wurde von Jeroschenko 1935 dazu angeworben. Zusammen mit Jeroschenko und Galusa führte er 1935-1936 eine Antikolchospropaganda durch. Er nahm an den geheimen Gottesdiensten im Hause Jeroschenko teil. Er hat sich nicht völlig für schuldig erklärt, aber er wurde durch die Zeugenaussagen und die Aussagen von Jeroschenko und Galusa überführt, das heißt er hat sich nach Artikel 58-10-11 UK schuldig gemacht.“

Drakin: Ich habe keine Agitation gegen die Sowjetmacht geführt, ich war nie Mitglied in der Baptistengemeinde. In der Wohnung von Jeroschenko war ich ein- oder zweimal wegen der Schafsfelle, wegen wirtschaftlicher Dinge.

Martynenko (wendet sich an den Richter): Erlauben Sie mir, Drakin eine Frage zu stellen.

Richter Dudko: Sie können sie stellen.

Martynenko: Sagen Sie Drakin, kennen Sie mich, haben Sie mich irgendwann mal getroffen?

Drakin: Ich kenne keinen von euch, habe euch nie getroffen.

In Gerichtsprotokoll steht geschrieben: „ Der Angeklagte Drakin hat sich nicht für schuldig erklärt."

Es folgte das Verhör von Grigorij Maksimowitsch Soskowez, 64 Jahre alt, aus dem Dorf Alexejewka.

Richter Dudko (liest aus der Anklageschrift): „Soskowez war Mitglied einer konterrevolutionären Organisation in der Gruppe im Dorf Alexejewka und führte unter den Kolchosmitgliedern Antikolchospropaganda durch. Er war durch Maslenok der Verbindungsmann von der Gruppe im Dorf Alexejewka zu den konterrevolutionären Leitern in Omsk. Er hat sich für schuldig erklärt." Angeklagter Soskowez, bestätigen Sie vor Gericht Ihre Schuld?

Soskowez: Keiner hat mir je etwas über eine konterrevolutionäre Organisation gesagt, ich weiß nichts davon.

Richter Dudko: Soskowez, bestreiten Sie Ihre Schuld?

Soskowez: Ich bestreite vollständig!

Richter Dudko: Während der Untersuchung habe Sie Ihre Schuld in der konterrevolutionären Tätigkeit bekannt. Wie können Sie jetzt alles bestreiten? Haben Sie die Protokolle der Untersuchung unterschrieben?

Soskowez: Ich habe die Protokolle unterschrieben, weil ich vom Untersuchungsrichter Cholodow dazu gezwungen wurde.

Verteidiger Rubkewitsch: Soskowez, nachdem das Verhör zu Ende war, gab der Untersuchungsrichter Ihnen Ihre Aussagen zu lesen?

Soskowez: Nein, er gab sie mir nicht, außerdem könnte ich sie auch nicht durchlesen, ich kann nicht lesen.

Verteidiger Rubkewitsch: Soskowez! Welche Ausbildung haben Sie? Gingen Sie zur Schule?

Soskowez: Ich bin Analphabet, ich bin keinen einzigen Tag in die Schule gegangen.

Verteidier Rubkewitsch: Soskowez, wie haben Sie dann die Protokolle unterschrieben?

Soskowez: Ich habe sie auch nicht unterschrieben, habe nur einen Buchstaben geschrieben.

Richter Dudko: Kennen Sie Vins, Martynenko, Klimenko, Butkewitsch persönlich?

Soskowez: Ich kenne keinen von ihnen, weder Vins noch Martynenko noch Klimenko noch Butkewitsch. Ich kenne nur Maslenok, der in unserem Dorf wohnte, und auch die anderen Dorfbewohner.

Verteidiger Rubkewitsch: Soskowez, antworten Sie, hat Maslenok Sie zu einer konterrevolutionären Organisation angeworben?

Soskowez: Maslenok hat mich nirgenwo angeworben, weder zu den Baptisten, noch zu den Konterrevolutionären.

Im Protokoll der Gerichtsverhandlung steht geschrieben: „Der Angeklagte Soskowez hat sich nicht für schuldig erklärt."

Das Gericht führt das Verhör des Angeklagten Wasilij Osipowitsch Fomitsch, 64 Jahre alt, Einwohner des Dorfes Alexejewka, durch.

Richter Dudko (liest aus der Anklageschrift): „Fomitsch war Mitglied einer konterrevolutionären Organisation im Dorf Alexejewka, er führte auf den Befehl von Jeroschenko unter den Kolchosmitgliedern eine Antikolchospropaganda und aufständische Arbeit durch. Er hat sich nicht für schuldig erklärt."

Fomitsch: Ich habe keine Aufgaben von Jeroschenko empfangen und führte auch keine Antikolchospropaganda durch. Schon während der Untersuchung habe ich mich nicht für schuldig erklärt und erkläre mich auch jetzt nicht für schuldig.

Verteidiger Rubkewitsch: Sagen Sie Fomitsch, welche Ausbildung haben sie?

Fomitsch: Ich bin nicht gebildet, kann weder schreiben noch lesen.

In Gerichtsprotokoll steht geschrieben: „Der Angeklagte Fomitsch hat sich nicht für schuldig erklärt."

Das Gericht verhört den Angeklagten Semjon Jakowlewitsch Tischkowez, 51 Jahre alt, Einwohner des Dorfes Alexejewka.

Richter Dudko (liest aus der Anklageschrift vor): „Tischkowez war Mitglied einer konterrevolutionären Organisation, wurde durch Jeroschenko angeworben und bekam von ihm den Auftrag, konterrevolutionäre Propaganda zu betreiben. Er hat sich nicht für schuldig erklärt, wurde aber durch die Zeugenaussagen überführt."

Tischkowez: Ich erkläre mich nicht für schuldig. Ich war kein Mitglied einer konterrevolutionären Organistion und führte auch keine Propaganda durch.

Verteidiger Rubkewitsch: Sagen sie, Tischkowez, welche Ausbildung haben Sie?

Tischkowez: Ich bin ein einfacher Kolchosarbeiter und Analphabet.

Im Gerichtsprotokoll steht geschrieben: „Der Angeklagte Tischkowez hat sich nicht für schuldig erklärt."

Hiermit endete das Verhör der Angeklagten und das Gericht begann die Zeugen zu hören. Als erster wurde Michail Iwanowitsch Uschakow, 41 Jahre alt, Einwohner der Stadt Omsk, Anschrifft: 3-ja Sewernaja, Haus 151, verhört.

Uschakow: Von den Angeklagten kenne ich nur Martynenko, sonst keinen. Bei uns in den Gottesdiensten, die im Gebetshaus durchgeführt wurden, predigte Martynenko nur über das Wort Gottes; aber in seinen Predigten sprach er nichts gegen die Sowjetmacht, und auch in Gesprächen mit ihm hörte ich von ihm nichts gegen die Sowjetmacht.

Der Zeuge Iwan Jewgenjewitsch Kondratjew, 43 Jahre alt, Einwohner der Stadt Omsk, Hausanschrift: ul. Oswodowskaja, Haus 76, war bis zum Juni 1935 Gemeindeleiter der Baptistengemeinde in Omsk.

Kondratjew: Von den Angeklagten kenne ich Vins und Martynenko, habe auch Maslenok einmal gesehen. Nachdem unser Gebetshaus geschlossen wurde, hatten wir Gottesdienste bei Soloducha, wenn Beerdigungen waren. Auch in meinem Haus war am 31. Dezember 1935 ein Gottesdienst, wir feierten das Neue Jahr. Es gab auch Gottesdienste bei jemanden in der Straße 10-ja Linija. Unsere Gottesdienste besuchten 20-30 Personen. Bei den Gottesdiensten wurde nichts gegen die Sowjetmacht gesprochen.

Verteidiger Nowikowa: Sagen Sie, Zeuge Kondratjew, wer nimmt gewöhnlich an euren Beerdigungen teil? Und die zweite Frage: Haben Sie in den Predigten von Vins und Martynenko etwas Konterrevolutionäres gehört?

Kondratjew: Auf unseren Beerdigungen sind viele Menschen anwesend, die ganze Gemeinde nimmt daran teil. Auf eure zweite Frage kann ich sagen, daß ich in den Predigten von Vins uns Martynenko nichts Konterrevolutionäres hörte.

Vins (wendet sich ans Gericht): Erlauben Sie eine Frage an den Zeugen zu stellen?

Richter Dudko: Sie können sie stellen.

Vins: Sagen Sie, Iwan Jewgenjewitsch, habe ich Ihnen in unseren persönlichen Gesprächen auch nur etwas gegen die Sowjetmacht gesagt?

Kondratjew: Auch in den persönlichen Gesprächen habe ich von Ihnen nichts dergleichen gehört.

Die nächste Zeugin, Jewgenija Iwanowna Sannikowa, 50 Jahre alt, Einwohnerin der Stadt Omsk, erklärte dem Gericht folgendes:

Sannikowa: Ich sah Vins in der Wohnung von Semiretsch, es war Anfang 1936. Bei dem Gottesdienst waren ungefähr 20 Personen. Vins hielt eine Predigt aufgrund des Wortes Gottes, aber gegen die Regierung hat er nichts gesagt. Wir beteten und sangen. Vins las aus der Bibel. Ich habe von Vins keine konterrevolutionäre Gespräche gehört.

Dann kam der Zeuge Pjotr Fjodorowitsch Markow, 48 Jahre alt, Einwohner der Stadt Omsk, seine Anschrift: ul. 2-ja Linija Haus 81.

Markow: Ich kenne Martynenko und Vins. In meiner Wohnung war Martynenko mehrere Male. Wir sangen, lasen das Wort Gottes. Martynenko predigte aus der Bibel, aber nie hat er etwas gegen die Sowjetmacht gesagt.

Vins (wendet sich an das Gericht): Erlauben Sie, Markow eine Frage zu stellen?

Richter Dudko: Sie können die Frage stellen.

Vins: Sagen Sie, Pjotr Fjodorowitsch, haben Sie jemals von mir etwas Konterrevolutionäres gehört?

Markow: Vins war mehrere Male bei mir zu Hause zu Besuch. Es gab was zu essen, wir tranken Tee, sangen, lasen das Wort Gottes. Natürlich hatten wir kein Alkohol und auch keine weltliche Musik. Und von euch, Vins, habe ich nie etwas Konterrevolutionäres gehört.

Hier wurde eine Unterbrechung des Gerichts bis zum nächsten Tag um 10 Uhr angekündigt. Abends gab es im Hause von Semeritsch wieder viele Besucher. Ich hörte, wie Mama zu den Freunden sagte: „Der Verteidiger Nowikowa sprach zu mir: Der Gerichtsprozeß gegen Ihren Mann und auch gegen die anderen Baptisten ist total durchgefallen. In diesen zwei Gerichtstagen gab es keinen einzigen Hinweis, daß es irgendeine konterrevolutionäre Organisation gab.

Die Untersuchung hat versucht, unerfahrene Menschen durcheinanderzubringen, Menschen, die weder lesen noch schreiben können; aber auch dies hat nicht geklappt. Ihr Mann und auch die anderen Angeklagten haben gut gesprochen. Auch die Zeugen haben gute Zeugnisse gegeben." Da fragte Mama: „Was wird denn jetzt aus dieser ganzen Sache?" Der Verteidiger Nowikowa sagte: „Ich nehme an, daß die Anklage zur nochmaligen Untersuchung zurückgeschickt wird und Ihr Mann und die anderen Angeklagten muß man gemäß dem Gesetz entlassen, denn ihre Schuld ist nicht bewiesen. Umsomehr, da jetzt die neue Konstitution angenommen ist, und nach dieser Konstitution haben die Bürger der Sowjetunion die Freiheit, an Gott zu glauben oder nicht zu glauben. Obwohl es schwer zu sagen ist, wie sich alles wenden wird, sie müssen selber verstehen, daß ihre Sache vom NKWD geführt wird. In jedem Fall erwarten wir morgen den Beschluß des Gerichts, und sie bekommen ein Wiedersehen mit ihrem Mann, nehmen sie deshalb Ihren Sohn mit."

Vor dem Schlafengehen sagte Mama zu mir: „Morgen gehst du mit mir zum Gerichtsprozeß, man muß uns ein Treffen mit Papa geben!" Am nächsten Tag gingen Mama und ich zusammen zum Gerichtsprozeß. Uns begleitete auch Alexandra Iwanowna Semeritsch, sie war als Zeugin vorgeladen worden. Es war sehr kalt und es lag viel Schnee. Ich war an den Winter und den Frost gewöhnt, denn es war mein Element, hier in Sibirien war ich geboren und aufgewachsen. Munter schritt ich durch die zugeschneiten Straßen in der Hoffnung, Papa zu sehen.

Wir wohnten auf der Straße Fabritschnaja, die 1937 in die Straße Puschkina umbenannt wurde, denn in jenem Jahr feierte man in der Sowjetunion das 100. Todesjahr des großen russischen Poeten. Nach der Revolution wurde Puschkin zuerst nicht anerkannt, man zählte ihn zu den verfemten Poeten. Nach der Annahme der stalinistischen Konstitution wurde er rehabilitiert, seine Bücher wurden gedruckt und seine Gedichte lernten wir in der Schule auswendig. Vom Hause der Schwester Semiretsch, das sich in der Nähe des Kasazki-Marktes befand, gingen wir mehrere Quartale bis zur Straßenbahnhaltestelle zu Fuß.

Zu der Zeit war es für mich ein besonderes Vergnügen, mit einer Straßenbahn zu fahren. Die Straßenbahn war in Omsk erst vor kurzem in Betrieb genommen, am 6. November 1936, und es war noch etwas Neues. Uns Kindern sagte die Lehrerin in der Schule viele Male: „Kinder, behaltet es, die Stadt Omsk existiert seit 1782, also schon über 150 Jahre, und in der ganzen Stadtgeschichte gab es in

Omsk nie eine Straßenbahn. Und jetzt hat unsere sowjetische Macht in Omsk eine Straßenbahn in Betrieb genommen - dieses Ereignis hat weltweite Bedeutung! Es ist ein besonderes Geschenk der Sowjetmacht für die Arbeiter und Bauer in Sibirien!“

Die Straßenbahnwaggons waren neu und schön, es waren immer drei Waggons zusammengekuppelt. Am Dach des vorderen Waggons befand sich eine eiserne Stange, von der viele Funken flogen, und die Straßenbahn selbst klingelte beständig, um die Fußgänger vor der Gefahr zu warnen. Wir fuhren zwei Haltestellen bis zum Gerichtsgebäude. Ich war froh gelaunt: Schnee, Kälte, ich fahre mit der Straßenbahn - und vor mir lag das Wiedersehen mit Papa! Als wir in das Gebäude traten, wurde ich nicht in den Gerichtssaal gelassen, mir wurde aber erlaubt, im Flur zu bleiben. Mama sagte zu mir: „Setz dich auf die Bank und warte, gehe nirgendwo hin! Hast du verstanden?“ Ich antwortete: „Gut, ich werde warten, und wenn bis zum Abend!“

Um 11.30 Uhr wurde die Gerichtsverhandlung eröffnet. Zuerst wurden wieder die Zeugen verhört. Der Zeuge Wasilij Nikitowitsch Perzew, 37 Jahre alt, Einwohner der Stadt Omsk .

Perzew: Ich kenne Vins, Martynenko, Butkewitsch, Maslenok. Vins kenne ich sehr gut schon seit 1926, als er noch im Fernen Osten lebte. Damals wohnte er in Blagoweschtschensk und war Gemeindeleiter der Baptistengemeinde. Von Zeit zu Zeit besuchte Vins uns in Chabarowsk und predigte in unserer Gemeinde. Aber wir haben von ihm nie etwas Konterrevolutionäres oder Verurteilendes gehört. Nachdem Vins nach Omsk gekommen war, predigte er auch hier, aber er hat nichts Konterrevolutionäres gesagt.

Die nächste Zeugin war Anna Wasiljewna Markowa, 32 Jahre alt, Einwohnerin von Omsk, Hausanschrift: ul. 2-ja Linija, Haus 81.

Markowa: Ich kenne Vins, Martynenko, Maslenok. Vins traf ich bei Bekannten in Omsk, er war auch bei uns zu Hause. Ich hörte seine Predigten, aber er hat nie etwas gegen die Sowjetmacht gesagt, dies kann ich mit Gewißheit sagen. Ich selbst lud Gäste ein, und auch mein Mann und ich waren Ostern zu Besuch bei Semiretsch, und Sylvester feierten wir bei Kondratjew.

Die Zeugin **Alexandra Iwanowna Semiretsch**, 60 Jahre alt, Einwohnerin von Omsk, Hausanschritf: Straße Fabritschnaja, Haus 36.

Semiretsch: Ich kenne Vins, Martynenko, Maslenok, Butkewitsch. Und von keinem von ihnen habe ich konterrevolutinäre Ansichten gehört.

Endlich war das Verhör der Zeugen zu Ende. Dann sprachen die Verteidiger der Angeklagten: Nowikowa und Rubkewitsch. Leider ist in der Anklageschrift nicht wörtlich aufgeschrieben, was sie sagten. Der Sinn ihres Appells an das Gericht beinhaltete die Tatsache, daß während des Gerichtsprozesses keine Beweise vorgebracht wurden, daß die Angeklagten an der Gründung irgendeiner konterrevolutionären Organisation unter den Gemeinden der Baptisten beteiligt waren. Deshalb baten beide Verteidiger das Gericht, die Anklage abzulehnen und alle Angeklagten freizulassen.

Dann sprachen die Angeklagten ihr letztes Wort (in der Anklageschrift P-663 fehlen auch diese Eintragungen). Nach Mamas Worten bezeugten die gläubigen Angeklagten hauptsächlich ihren Glauben an Gott und daß sie überhaupt nichts mit einer konterrevolutionären Organisation zu tun hatten. Die Richter hörten sie geduldig an, sie wurden auch nicht unterbrochen. Die ungläubigen Angeklagten aus dem Dorf Alexejewka bezeugten auch noch einmal daß sie nichts mit einer kontrrevolutionären Organisation zu tun hatten und daß sie völlig unschuldig waren und nichts gegen die Sowjetmacht getan hatten.

Nach dem letzten Wort der Angeklagten zog sich das Gericht zur Beratung zurück. Als sie in den Saal zurückkamen, gab der Richter Dudko den Beschluß des speziellen Kollegiums des Omsker Gebietsgerichtes vom 21. Januar 1937 bekannt.

BESCHLUß

„Am 21. Januar 1937 hat das spezielle Kollegium des Omsker Gebietsgerichts in der Stadt Omsk im Beisein des Vorsitzenden Dudko und der Mitglieder des Gerichtskollegiums, Kugajewskij und Iwanowa, und der Verteidiger Rubkewitsch und Nowikowa und des Sekräters Putrenko, im geschlossenen Gerichtsverfahren die Anklage gegen die folgenden Angeklagte angehört:

1. Pjotr Jakowlewitsch Vins
2. Anton Pawlowitsch Martynenko
3. Pjotr Ignatjewitsch Maslenok
4. Michail Andrejewitsch Jeroschenko
5. Pjotr Ambrosijewitsch Galusa
6. Grigorij Maksimowitsch Soskowez
7. Wasilij Osipowitsch Drawkin
8. Kusjma Wasiljewitsch Fomitsch

9. Semen Jakowlewitsch Tischkowez

10. Ludwig Gustawowitsch Butkewitsch

Sie wurden nach Artikel 58-10-11 UK angeklagt. Nachdem die Ergebnisse der Untersuchungshaft angehört wurden, wurde festgestellt, daß während der Untersuchungshaft einige Angeklagten wie Maslenok, Jeroschenko, Galusa und Soskowez sich dessen für schuldig erklärten haben, daß sie Mitglieder einer konterrevolutionären Organisation waren, und sie haben auch die anderen Angeklagten belastet, daß auch sie konterrevolutionäre Arbeit, die gegen die Sowjetmacht gerichtet war, geführt hätten. Sie bezeugten auch, daß es unter den Baptistengemeinden eine konterrevolutionäre Organistion gab. Während des Gerichtsprozesses haben die Angeklagten strikt ihre Angaben während der Untersuchungshaft verneint.

Der Angeklagte Maslenok bezeugte während des Prozesses dem Gericht, daß er die falschen Angaben gegen Michail Jeroschenko während der Untersuchungshaft auf Druck des Untersuchungsrichters gab, der ihm drohte, wenn er dies nicht mache, werde er verhaftet und nach Muromzewo, dem Norden des Omsker Gebietes, gebracht. Die Zeugen Iwan Sliwko, Alexej Gradowitsch und Michail Uschakow haben ihre Angaben, die sie während der Untersuchungshaft gegeben hatten auch teilweise widerrufen, und sie teilweise auch verändert und dem Gericht gesagt, daß sie dem Untersuchungsrichter so etwas nicht gesagt hätten.

Die anderen vorgeladenen Zeugen haben keinen einzigen Beweis einer konterrevolutionären Tätigkeit der Angeklagten angeführt, deshalb hat das spezielle Kollegium aufgrund des Artikels 302 UPK beschlossen,

die Anklage zu unterbrechen und sie durch den Stellvertreter des Gebietsstaatsanwaltes für spezielle Angelegenheiten an die Untersuchungsorgane zurückzuleiten, um die Aussagen der Angeklagten zu überprüfen und die Anklagen durch die Zeugenaussagen zu bestätigen. Die Aussagen von Maslenok sollen in eine gesonderte Anklage geführt werden und an den Stellvertretenden Gebietsstaatsanwalt für spezielle Angelegenheiten geleitet werden, um sie zu untersuchen und die Schuldigen zur Verantwortung zu ziehen.

In Anbetracht dessen, daß die Angeklagten schon seit April 1936 unter Arrest stehen und alle Zeiten der Untersuchungshaft schon ausgeschöpft sind, sollte man den Angeklagten P. J. Vins, A. P. Martynenko, P. I. Maslenok, M. A. Jeroschenko, P. A. Galusa, G.

M. Soskowez, W. O. Drakin, K. W. Fomitsch, S. J. Tischkowez, L. G. Butkewitsch die Bestrafungsmaßnahme auf eine leichtere ändern, d.h. sie sollen unterschreiben, daß sie die Stadt nicht verlassen werden, und dann sollen sie alle sofort freigelassen werden.

Der Vorsitzende - Richter Dudko
Mitglieder des Kollegiums - Kugajewsij, Iwanowa."

Während die Erwachsenen im Gerichtssaal waren, saß ich im Flur und wartete den Schluß des Prozesses ab in der Hoffnung, dann ein Wiedersehen mit Papa zu haben. Da hörte ich auf einmal Lärm aus dem Gerichtssaal und laute Freudesrufe. Die bewaffnete Wache verließ schnell den Gerichtssaal und verschwand. Jemand von den Christen zog mich in den Saal und ich fand mich in Papas Umarmung wieder! Er war sehr mager geworden, seine Kleidung hatte einen unangenehmen Gefängnisgeruch, aber was ging mich das an: es war Papa, er war mir so nah! Neben ihm stand Mama und weinte, aber ich spürte, daß es nicht Tränen der Trübsal, sondern der Freude waren. Papa nahm mich auf den Arm und sagte: „Wie groß du geworden bist, deine Füße berühren schon den Boden!" Er setzte mich sanft wieder auf den Boden.

Um uns herum standen so viele Leute: die freigelassenen Angeklagten, ihre Verwandten, die Zeugen und Freunde. Von allen Seiten hörte man Lärm, laute Gespräche, man sah die Freudentränen. Der Sekretär des Gerichts schrieb für die Freigekommenen irgendwelche Bescheinigungen, der Richter Dudko erklärte ihnen: „Ihr seid jetzt frei und könnt euch eine Arbeit suchen. Diejenigen, die aus dem Dorf Alexejewka sind, fahren sofort nach Hause, bleibt nicht zu lange in Omsk. Und noch mein persönlicher Rat an euch alle: führt nicht mehr eure religiöse Versammlungen durch! Bleibt zu Hause, geht zur Arbeit und das ist alles. Seid vorsichtig und predigt nicht mehr!"

Die Entlassenen verabschiedeten sich von dem Richterkollegium und dankten den Verteidigern für die Hilfe während des Gerichtsprozesses. Dann verabschiedeten sich Papa und die anderen Brüder aus Omsk von ihren Mitangeklagten aus dem Dorf Alexejewka. Neben ihnen standen ihre Frauen und Verwandten, sie alle waren mit mehreren Pferdeschlitten direkt aus der Kolchose gekommen und beeilten sich jetzt, nach Hause zu kommen.

Papa sagte ihnen zum Abschied: „In diesen Tagen habt ihr viel über unseren Glauben und unser Vertrauen auf Gott gehört. Vergeßt es nicht: Gott liebt euch, Jesus Christus ist auch für eure Sünden gestorben!“

Einer von ihnen, Soskowez, antwortete: „Nur Gott allein konnte uns von solch einem Wahn befreien. Wir verstehen es sehr gut!“

Bruder Martynenko sagte zu Galusa: „Bruder Galusa, warum haben Sie Gott verlassen? Er liebt Sie, kommen Sie zu Ihm zurück!“

In freudigem Gespräch gingen alle nach draußen, aber auch da standen sie lange beisammen und wollten nicht auseinandergehen. Dann fuhren diejenigen aus Alexejewka nach Hause, die Brüder aus Omsk gingen mit den Entlassenen in die Wohnung eines in der Nähe lebenden Christen und dort beteten alle inbrünstig und dankten Gott für die Entlassung. Dann sangen wir zusammen das Lied: „Ich liebe Herr, dein Haus!“, und ich kann mich erinnern, daß viele Sänger Tränen in den Augen hatten.

14

Die letzten Tage in der Freiheit

Papa war zu Hause, er war wieder mit uns zusammen! Es war eine Zeit, wo beständig helle Freude herrschte. Die Türen unseres Hauses waren fast nie geschlossen, jeden Tag kamen Gläubige zu Papa, um einen Rat zu hören und geistliche Unterstützung zu bekommen. Sehr oft kam auch Anton Pawlowitsch Martynenko mit Anisija Andrejewna und ihren Kindern: Larisa, Valentina und Soja.[1] Papa und Anton Pawlowitsch besuchten abends die Familien der Gläubigen, sie waren irgendwie immer feierlich gestimmt, ihr Glaube strahlte lebendige Strahlen der Freude im Herrn aus; es war zu sehen, daß sie völlig dem Herrn vertrauten. Papa wiederholte oft die Worte Jesu Christi: „Ich muß wirken die Werke des, der mich gesandt hat, solange es Tag ist; es kommt die Nacht, da niemand wirken kann.“ (Joh. 9, 4).

Ich verstand, daß Anton Pawlowitsch und Papa mit einem sehr wichtigen Dienst beschäftigt waren, sie predigten das Evangelium in einem Land, wo der Glaube an Gott verworfen wurde. In der Schule versuchte man uns vom ersten Schuljahr an zu überzeugen, daß es Gott nicht gebe, daß nur entweder sehr alte Leute oder diejenigen, die nicht gebildet und Analphabeten oder zurückgeblieben sind, an Ihn glauben. In den Schulklassen und auch im Flur hingen Karikaturen über Gott und die Gläubigen. Aber ich glaubte fest, daß es Gott gibt und daß der Glaube an ihn sehr wichtig im Leben des Menschen ist; ich war froh, daß unsere Familie gläubig war.

Nach der Entlassung suchte Papa vom ersten Tag an eine Arbeitsstelle, aber nirgends wurde er angenommen, weil er den Bescheid über die Verurteilung hatte. Der älteste Sohn von Alexandra Iwanowna, Wasilij, war Student eines Bauinstituts und sagte eines Tages zu Papa: „In unserem Institut brauchen wir einen

---

[1] 1995 fand ich die Anschrift von Soja Antonowna und schrieb ihr einen Brief. Ich bekam von ihr einen Antwortbrief und erfuhr, daß sie in Omsk wohne, treu an Gott glaube und das Andenken ihres Vaters, Anton Pawlowitsch, treu in Ehren halte (ihr Brief und das notierte Gespräch mit ihr werden auf den Seiten 304-308 angeführt.)

Englischlehrer, vielleicht könnten Sie diese Stelle bekommen?" Papa wandte sich an das Institut und es stellte sich heraus, daß sie tatsächlich einen Englischlehrer suchten, denn der alte Professor für Fremdsprachen ging in Rente. Als Papa bei der Begegnung mit dem Professor Englisch sprach, war dieser ganz verwundert: „Ich habe schon lange nicht mehr so gutes und richtiges Englisch gehört! Wir brauchen dringend einen Englischlehrer, schreiben Sie schnell eine Bewerbung für diese Arbeit!" Und sofort führte er Papa zu dem Rektor des Instituts.

Papa wollte nichts verheimlichen: weder seine erste Verurteilung noch den stattgefundenen Gerichtsprozeß in Omsk, und so erzählte er alles ausführlich dem Professor und dem Rektor des Instituts. Aber der Rektor sagte: „Wir brauchen dringend einen guten Spezialisten! Reichen Sie Ihre Dokumente und die Bewerbung ein,und morgen können Se sofort mit der Arbeit beginnen!" Papa war sehr über diesen offenen Empfang verwundert. Am nächsten Tag ging er sofort morgens ins Institut und erzählte dann Mama am Abend: „Ich habe zusammen mit dem Professor die ersten Unterrichtsstunden mit den Studenten durchgeführt. Diese Arbeit gefällt mir sehr!"

Doch am Ende des nächsten Arbeitstages wurde Papa vom Rektor zum Gespräch vorgeladen. Er war sehr verwirrt, und neben ihm stand auch der betreffende Professor. Der Rektor sagte: „Pjotr Jakowlewitsch, Sie wissen, daß wir sehr dringend einen Englischlehrer brauchen. Sie als Spezialist sind sehr dazu geeignet und ich habe Sie auf meine Verantwortung eingestellt. Aber davon haben die höherstehenden Behörden erfahren und den Befehl gegeben, Sie sofort zu entlassen. Es tut mir sehr leid darum!"

Der Professor fügte hinzu: „Pjotr Jakowlewitsch, mit Ihren Englischkenntnissen würde man Sie liebend gern sogar in der Moskauer Universität einstellen! Ich bin über die aufgetretenen Unannehmlichkeiten sehr betrübt!"

Papa verabschiedete sich von ihnen, aber der Rektor bat ihn, noch etwas zu bleiben. Als der Professor aus dem Büro gegangen war, sagte er zu Papa: „Pjotr Jakowlewitsch, Sie können bei uns bleiben und nicht nur Englischlehrer sein, sondern die Abteilung für Fremdsprachen übernehmen, so hat man mir in den zuständigen Organen gesagt. Aber nur unter einer Bedingung: Sie müssen sich von Ihrem Glauben lossagen. Und dann öffnet sich vor Ihnen ein weiter Weg! Denken Sie mal darüber nach, wozu brauchen Sie den Glauben, wozu brauchen Sie Gott? Sagen Sie sich ab!"

Papa dankte dem Rektor für den Ratschlag und antwortete fest: „Der Glaube an Gott ist für mich wichtiger als einer Karriere und sogar wichtiger als mein Leben!“ So verabschiedeten sie sich. Beim Abschied drückte der Rektor Papas Hand und sagte: „Sie haben komische Überlegungen! Die höherstehenden Genossen gaben mir zu wissen, daß Sie vielleicht in Kürze wieder hinter Gitter sein werden. Sie tun mir von Herzen leid!“

Papa suchte weiterhin eine Arbeit, er war bereit, auch die einfachste anzunehmen. Die anderen Brüder, die mit ihm zusammen entlassen wurden, suchten ebenfalls Arbeit und konnten auch keine finden. So gründeten sie eine aus zehn Personen bestehende Schreinerbrigade und wurden von einer Baufirma eingestellt. Anton Pawlowitsch war der Brigadier.

Jeden Morgen, wenn Papa von zu Hause ging, zog er seine Arbeitskleider an: die Wattehosen, Wattejacke, Filzstiefel, Mütze und warme Handschuhe. Denn die Winter sind in Sibirien sehr kalt, besonders der Januar und Februar, und die Brigade arbeitete den ganzen Tag draußen in der großen Kälte. Mama ging auch ganz früh zur Arbeit, sie arbeitete in einem Büro als Buchhalterin. In diesem Winter ging ich schon zur Schule, in die erste Klasse. Die Schule befand sich unweit von unserem Haus, es war ein großes zweistöckiges hölzernes Gebäude. Bis zur Revolution befand sich in diesem Gebäude das Männergymnasium. Eine breite, eicherne Treppe führte in den zweiten Stock, sie war sehr schön und das Geländе war auch aus Holz. Die Treppe war in Gelb gestrichen, dieselbe Farbe hatten auch der Fußboden und ebenso die Tische und Bänke in den Klassen. Alles in der Schule war sehr schön und sauber, es blitzte alles. Wir Erstkläßler liefen während der Pausen sehr gern auf dieser Treppe in den zweiten Stock, wo die höheren Klassen waren. Ich ging sehr gerne zur Schule.

Ich kann mich daran erinnern, wie Papa zu mir sagte: „Lerne gut, dies wird dir im späteren Leben sehr nützlich sein. Ich möchte gerne, wenn du erwachsen wirst, daß du ein Prediger und ein Ingenieur wirst. Man braucht besonders in diesem Land einen guten technischen Beruf. Aber ich bete beständig, daß deine wichtigste Berufung im Leben der lebendige Glaube an Gott und das Zeugnis von Christus gegenüber dem russischen Volk sein soll!“ Diesen Wunsch meines Vaters wiederholte Mama mir sehr oft, als er nicht mehr bei uns war.

Zwei oder drei Wochen nach der Entlassung beschlossen meine Eltern, die Verteidigerin Nowikowa zu besuchen, die Papa auf dem

Gerichtsprozeß verteidigt hatte. Sie nahmen auch mich mit. Ich kann mich daran erinnern, wie wir eine Zeitlang mit der Straßenbahn fuhren, dann gingen wir noch ein Stückchen zu Fuß. Die Wohnung der Verteidigerin machte auf mich einen großen Eindruck, sie war sehr reich ausgestattet und bestand aus mehreren Zimmern, einem Klavier, reichen Möbel, an den Wänden entlang standen Regale mit vielen Büchern, und an der Wand hing ein schöner Behang. Besonders ist mir die reiche Hängelampe in Erinnerung geblieben, sie strömte sanftes, beruhigendes Licht aus - einfach wie in einem Königspalast! Was hatte ich auch in den acht Jahren meiner Kindheit schon gesehen: Not, beständige Wanderungen mit den Eltern durch fremde Wohnungen, und fast immer ein halbhungriges Dasein. Andererseits sah ich, wenn ich es auch nicht immer voll verstehen konnte, die geistlichen Reichtümer im Leben der Eltern, welche nicht vergingen, ich sah ihren unerschütterlichen Glauben an Gott, ihre wahrhafte Liebe zueinander, die tiefe Achtung und Ehre, die sie den Menschen erwiesen, und die Bereitschaft, jederzeit zur Hilfe zu kommen. Ich wuchs in einer Atmosphäre echter christlicher Bindungen auf; und als ich schon erwachsen war, habe ich diesen geistlichen Reichtum im Leben meiner Eltern viel besser schätzen gelernt.

Die Verteidigerin Nowikowa begrüßte uns sehr freudig. Die Eltern bedankten sich bei ihr, daß sie so mutig vor Gericht aufgetreten war und die Gläubigen verteidigt hatte, und schenkten ihr ein Fläschchen Parfüm. Die Gastgeberin schenkte uns Tee ein und bewirtete uns mit Keksen, die sehr gut schmeckten, und alles war so schön angerichtet! Man spürte es, daß die Verteidigerin froh war, uns zu sehen. Sie interessierte sich für das Leben meines Vaters in Amerika und für die Gründe, weswegen er in den Fernen Osten übersiedelt war. Sie hörte Papa an, dann sagte sie: „Pjotr Jakowlewitsch, wir haben erfahren, daß die Moskauer Behörde sehr unzufrieden mit dem Verlauf der Gerichtsverhandlung gegen die Baptisten in Omsk ist. Nach ihrem Vorhaben sollte dieser Prozeß nicht nur euch und die anderen Gläubigen als Feinde der Sowjetmacht verurteilen, sondern er sollte alle Baptisten in Lande als eine konterrevolutionäre Organisation entlarven, die unter dem Vorwand von religiösen Versammlungen, aufständische Gruppen organisiert hätten, um die Sowjetmacht zu stürzen. Das ganze Gerichtskollegium ist für diese Blamage streng bestraft worden; sie wurden zur Arbeit in ein weit entfernt liegendes Gebiet im Norden geschickt, in ein verkommenes Dorf, in dem es nicht mal Strom gibt, und sie haben

Familien, Kinder, Wohnungen in Omsk. Das Gericht wird beschuldigt, nicht fähig zu sein, eine Gerichtssache zu führen."

Papa fragte: „Wie soll man dann die neue Konstitution der Sowjetunion und die darin verkündete Gewissensfreiheit verstehen?"

„Deshalb wurdet ihr im Januar auch nicht verurteilt, weil die Konstitution erst vor kurzem angenommen wurde und das Gericht sich daran zu halten versuchte. Es gab nicht einmal einen Staatsanwalt bei dem Gerichtsprozeß! Jetzt aber sind aus Moskau erklärende Instruktionen gekommen, die besagen, daß man die Aktivisten bei den Baptisten verurteilen muß, ohne auf das Gesetz zu achten. Ich bin sehr darüber beunruhigt, daß ihr alle bald wieder verhaftet sein könntet und dann von der sogenannten „Troika" verurteilt werdet! Seien Sie vorsichtig, gehen Sie nur zur Arbeit, die freie Zeit verbringen Sie zu Hause mit Ihrer Frau und Ihrem Sohn, und in keinem Fall solltet ihr Gebetsversammlungen veranstalten!"

Die Eltern hatten mit der Verteidigerin ein mehrstündiges Gespräch über den Glauben an Gott, über den Sinn des Lebens, und Papa schenkte ihr ein Neues Testament. Zum Abschied wünschte er ihr, daß sie die Wahrheit suchen und zur Gotteserkenntnis streben sollte.

In meinem Gedächtnis ist noch ein Erlebnis mit Papa aus jener Zeit geblieben. Wir besuchten die Familie von Bruder Butkewitsch, der Gemeindeleiter der Gemeinde der Evangeliumschristen in Kulomsino war; das Dorf lag am anderen Irtysch-Ufer. Papa wollte sich näher mit ihm bekanntmachen, denn er kannte ihn nur vom Gerichtsprozeß. Es gab zu der Zeit noch keine Brücke über den Irtysch und im Winter, wenn der Fluß von dickem Eis bedeckt war, konnten die Lastwagen und die Fußgänger ohne Gefahr über das Eis gehen.

Wir gingen an einem arbeitsfreien Tag früh morgens los. Wir hatten uns warm angezogen: Wintermützen, Filzstiefel, Handschuhe. Mir wurde noch über die warme Mütze ein warmes Wolltuch um den Kopf und die Brust gebunden, man konnte nur meine Augen und die Nase sehen. Ich wehrte mich sehr gegen diese Prozedur, aber Papa bestand darauf, daß ich hierin Mama gehorsam sein sollte. Es war ein sonniger, aber sehr kalter Tag. Für mich war es sehr interessant, daß wir über das Eis gingen und nicht ins tiefe Wasser des Irtysch fielen, das ja unter dem Eis war. Neben der Straße waren auf dem Eis Pfosten eingeschlagen, an denen rote Stoffetzen angebunden waren. Papa erzählte mir: „Das sind die Straßenschilder, die anzeigen, wo die Straße verläuft, auf der man gehen und fahren kann. Etwas abseits von der Straße können Löcher sein, die mit einer dünnen Eisschicht bedeckt sind, das kann sehr gefährlich werden!"

Bruder Butkewitsch, seine Frau und der erwachsene Sohn waren zu Hause und empfingen uns sehr freundlich. Ich kann mich an das Gespräch erinnern, daß der Sohn von Butkewitsch im Institut studieren wollte, aber nicht angenommen wurde, da der Vater Prediger war. Meine Eltern sprachen lange mit den Butkewitsch und beteten mit ihnen. Aus den Gesprächen erfuhr ich, daß das Gebetshaus in Kulomsino von den Behörden auch geschlossen war und Butkewitsch sich darüber große Sorgen machte. Dann aßen wir gemeinsam zu Mittag, und noch während es hell war, gingen wir wieder nach Hause.

Aus der Anklageschrift P-663 erfuhr ich später, was weiter mit Butkewitsch passierte. Im April 1937 hatten die NKWD-Beamten beschlossen, ihn wieder zu verhaften, aber im Verhaftungsbefehl steht geschrieben: „Ludwig Awgustowitsch Butkewitsch liegt seit Februar 1937 gelähmt zu Hause, nachdem er einen Blutsturz im Gehirn hatte. Er kann nicht verhaftet werden." Allem Anschein nach hatten die Beamten, als sie im April 1937 ins Haus von Butkewitsch kamen, um ihn zu verhaften, ihn gelähmt und sprachlos gesehen, und so sahen sie davon ab, ihn zu verhaften. Was weiter mit Bruder Butkewitsch geschah, wie sein Lebensweg zu Ende ging, weiß ich nicht.

Ende April schien die Sonne frühlingsmäßig warm, der Schnee fing an zu schmelzen. Ich träumte vom Sommer und davon, wie Papa und ich an den Irtysch zum Fischfang gehen würden. Ich fragte Papa: „Hast du irgendwann mal Fische in Amerika gefangen?"

Papa lächelte und antwortete: „Habe ich gefangen in den Seen in Kanada!"

„Werde ich mit dir zusammen im Sommer im Irtysch Fische fangen?"

Papa lachte: „O, wie weit im voraus du planst! Sogar für den Sommer hast du schon Pläne bereit!"

Ich ließ nicht locker: „Papa, werden wir gehen? Gib mir das Versprechen, daß du es tun wirst!"

Papa gab nach: „Wir gehen unbedingt, wenn es dem Herrn wohlgefällig sein wird."

„Das ist aber gut! Wir haben ab 1. Juni Ferien und dann gehen wir zum Fischfang!"

Es tat sehr gut, einfach neben Papa zu sitzen, mit ihm zu sprechen, Pläne für den Sommer zusammenzustellen und abends zusammen vor dem Schlafengehen zu beten. Aber irgendwie fühlte ich, daß es bald wieder eine Trennung geben würde: Mama bereitete wieder für ihn warme Sachen vor und trocknete Zwieback. Papa hatte eine kleine englische Bibel mit sehr dünnen Blättern. Eines Abends merkte ich, daß Papa diese Bibel in viele Stücke teilte und Mama die Bibelseiten in den Kragen seines warmen Mantels, in das Futter, in die warmen Wattehosen einnähte. Ich verstand: die Trennung ist ganz nahe! Und ich wollte das doch gar nicht!

Nachdem Papa im Januar entlassen worden war, hatte er abends, wenn unsere Familie zusammen war, mich sehr oft zu sich auf die Knie gesetzt und wir sangen zu dritt sein Lieblingslied „Ich liebe, Herr, dein Haus!" Draußen vor dem Fenster wütete der sibirische Schneesturm, der Wind heulte sehr wehmütig und in unserem kleinen Zimmer war es warm und gemütlich, wir waren glücklich: Papa war bei uns! Und ich sang zusammen mit den Eltern:

„Ich liebe, Herr, dein Haus,
Die Stätte, wo Du thronst,
Ich lieb Dein Volk, das Du erkauft,
Bei dem Du selber wohnst.
Hier weile ich so gern,
Hier ist der Gnade Pfort,
Der Welt und ihren Lüsten fern,
Wo man von Liebe hört."

15

Auf Wiedersehen, Vater!

Am 16. April 1937 kam Papa von der Arbeit nach Hause, aß das Abendbrot und ging einige Gläubigen besuchen. Kurz nach seinem Weggang fuhr vor unserem Haus ein Auto mit NKWD-Beamten vor, sie alle hatten eine Militäruniform. Sie kamen ins Haus und zeigten Mama den Durchsuchungsbefehl. Die Hausdurchsuchung war sehr kurz und ohne Erfolg, die Beamten vom NKWD hatten nichts gefunden: weder die Bibel (denn Papa hatte sie mitgenommen) noch Fotos oder Briefe, denn die Eltern hatten sie sehr gut an einem geheimen Ort versteckt.

Der Leiter der NKWD-Beamten fragte Mama:

„Wo ist Ihr Mann?“

„Er ging Bekannte besuchen.“

„Geben Sie die Anschrift, wir brauchen ihn dringend!“

Mama fragte:

„Was, wollt ihr ihn wieder verhaften? Dann könnt ihr warten, er wird in ungefähr drei Stunden zurückkommen.“

„Wann ist er von zu Hause fortgegangen?“

„Ungefähr eine halbe Stunde, bevor ihr kamt.“

Dann begann Mama Papas Sachen und Lebensmittel in einen Reisebeutel zu packen. Einer der Männer fragte: „Was machen Sie?“

„Ich bereite die Sachen für meinen Mann fürs Gefängnis vor!“

Die Männer schwiegen. Spät abends kam Papa nach Hause, er kam ins Zimmer und grüßte. Die Männer zeigten ihm den Verhaftungsbefehl. Papa war ganz ruhig, er war dazu bereit. Mama machte seine Sachen fertig und erklärte ihm, was sie alles vorbereitet hatte. Papa wollte einige Lebensmittel für uns zurücklassen, aber Mama weigerte sich: „Nein! Nein! Wir werden schon etwas zu essen finden!“

Alexandra Iwanowna kam ins Zimmer und reichte Mama ein Paket: „Lydia, leg es Pjotr Jakowlewitsch in den Sack, damit er es mitnimmt.“

Der Militärmann wurde unruhig: „Was ist das?“

Alexandra Iwanowna antwortete: „Speck. Lydia, hast du eigentlich auch Zwiebeln eingepackt? Wenn du keine hast, so bringe ich gleich welche!“

Papa zog die Wattehosen an, in denen Teile der englischen Bibel eingenäht waren. Auf dem Bett lag ein warmer, gesteppter Mantel, in dessen Kragen auch Bibelteile eingenäht waren. Ich dachte: „Wie gut, daß Papa und Mama alles vorher bereitet haben!“

Der Anführer wurde ungeduldig: „Schneller, schneller!“

Papa sagte fest: „Erst werden wir beten!“

Alexandra Iwanowna kam wieder ins Zimmer und wir vier beugten unsere Knie, dies war unser letztes gemeinsames Gebet. Danach umarmte Papa mich und Mama zum letzten Mal, verabschiedete sich von Alexandra Iwanowna und wurde dann herausgeführt. An diesem Abend wurden auch Anton Pawlowitsch Martynenko und Pjotr Ignatjewitsch Maslenok verhaftet.

Einmal in der Woche ging ich mit Mama zum Omsker Gefängnis, wir brachten Papa Lebensmittel und konnten ihn sogar sehen. Wie geschah dies? Darüber hatten die Eltern schon vor der Verhaftung gesprochen und sich verabredet, wie es gehen sollte. Wir gaben die Lebensmittel ab, dann gingen Mama und ich langsam um das Gefängnis herum. Es war auf drei Seiten von stillen Straßen umgeben, an denen einstöckige kleine Häuser standen. Jeder Hof war von einem Zaun umgeben und vor der Pforte stand nach altem russischem Brauch eine hölzerne Bank. Beim ersten Besuch gingen wir langsam zweimal um das Gefängnis herum. In einem Gefängnisfenster im vierten Stock winkte jemand mit den Händen. Man konnte das Gesicht wegen der Entfernung und des Fenstergitters sehr schlecht erkennen. Aber sobald wir wieder diesem Fenster gegenüber waren, wurde uns sehr energisch zugewunken. Es war Papa. Aus den anderen Fenstern schauten fremde Gesichter gleichgültig auf uns herab.

Nachdem wir das Fenster von Papas Zelle ausgemacht hatten, setzten Mama und ich uns auf eine Bank neben den Häusern und schauten auf ihn. Die nächsten Male, sobald wir nur zu der Bank gingen, wartete Papa schon auf uns und gestikulierte sehr lebendig mit den Händen aus dem Fenster. Wir saßen stundenlang auf dieser Bank vor Papas Fenster und waren glücklich, daß er uns sah. Ich weiß nicht, was die Hauswirte von uns dachten, manchmal kamen sie heraus, schauten uns flüchtig an und gingen dann ihren Angele-

Jelisaweta Wasiljewna (1878-1968) und Jakow Jakowlewitsch Vins (1874-1944) mit dem Sohn Pjotr und der Tochter Lidia (1910).

Abram Pimenowitsch Tscheschew, der Großvater von Lydia (1895).

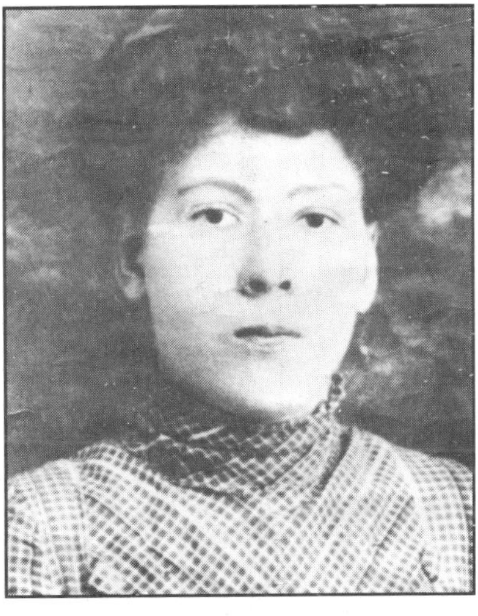

Maria Abramowna Sharikowa (geborene Tscheschewa), Mutter von Lydia (1920).

Pjotr Jakowlewitsch und Lydia Michajlowna Vins mit dem Sohn Georgi (1930).

Pjotr Jakowlewitsch Vins mit dem Sohn Georgi (Nowosibirsk, 1935).

Die Diener des Fernöstlichen Baptitstenbundes im Jahre 1927, während Bruder Odinzow die Gemeinden im Fernen Osten besuchte. Die obere Reihe von links nach rechts:
Alexej Fjodorowitsch Sewostjanow, ein Prediger in den Gemeinden in Blagoweschtschensk und Chabarowsk in den 20.-30. Jahren; seine erste Verhaftung - 1933, zweite - 1939, ist in der Haft gestorben. Fonderas, Gemeindeleiter in Chabarowsk, wurde 1931 verhaftet, ist in der Haft gestorben. Die Angaben über den dritten und vierten Bruder sind nicht erhalten geblieben. Iwan Fjodorowitsch Sablin, Reiseprediger des Fernöstlichen Baptistenbundes, wurde 1931 verhaftet, ist in der Freiheit in den 60. Jahren gestorben. Anton Pawlowitsch Martynenko, Gemeindeleiter in Ussurijsk, erste Haft - 1931, zweite - 1933, dritte - 1937, wurde am 26. August 1937 erschossen. Isaja Nikitowitsch Bobyljew, Gemeindeleiter im Gebiet Saseja, wurde in den 30. Jahren verhaftet und starb in Haft.
Mittlere Reihe von links nach rechts: Jakow Fjodorowitsch Sablin, Prediger in der Gemeinde Blagoweschtschensk, wurde 1934 verhaftet, in den 50. und 60. Jahren war er Gemeindeleiter in Barnaul, starb in Freiheit. Iwan Nikiforowitsch Konygin, Reiseprediger des Fernöstlichen Bundes, wurde in den 30. Jahren verhaftet, starb in der Haft. Jakow Jakowlewitsch Vins, Gemeindeleiter in der Gemeinde Samara in den Jahren 1905-1911, von 1911 bis 1919 war er im Russisch-Ukrainischen Bund in den USA und Kanada tätig, in den Jahren 1919-1928 war er erst Gemeindeleiter in Blagoweschtschensk, dann in Chabarowsk, von 1928 bis 1944 war er Gemeindeleiter in verschiedenen Gemeinden in Kanada. Nikolaj Wasiljewitsch Odinzow, seit den 90. Jahren des vorigen Jahrhunderts war er ein langjähriger Diener auf dem evangelistischen Feld in Rußland, seit 1926 war er der Vorsitzende des Föderativen Baptistenbundes in der Sowjetunion, wurde im November 1933 in Moskau verhaftet, starb in Haft. Georgij Iwanowitsch Schipkow, ein langjäriger Diener des Fernöstlichen Baptistenbundes, wurde 1936 nach Omsk verbannt, da wurde er 1939 verhaftet und starb in Haft. Stepan Stepanow, Reiseprediger des Feröstlichen Baptistenbundes, war in den Gemeinden im Gebiet Saseja tätig, die erste Haft war 1931, die zweite - 1937, starb in Haft.
Untere Reihe von links nach rechts: Pawel Dmitrijewitsch Skworzow, Reiseprediger des Fernöstlichen Baptistenbundes, die erste Haft - 1931, zweite - 1934, starb in Haft. Wasilij Wasiljewitsch Kosizyn, Prediger und Diakon in der Gemeinde Blagoweschtschensk, wurde 1932 verhaftet, starb in Haft. Wasilij Nikitowitsch Perzew, ein Diener des Fernöstlichen Baptistenbundes, die erste Haft - 1936, die zweite - 1938, starb in Haft. Pjotr Jakowlewitsch Vins, von 1925 bis 1926 ein Diener der Gemeinde in Pittsburgh, USA. Von 1926 bis 1930 Gemeindeleiter in Blagoweschtschensk, die erste Haft - 1930, die zweite - 1936, die dritte - 1937, wurde am 26. August 1937 erschossen. Pjotr Fjodorowitsch Labsin, Prediger der Gemeinde in Blagoweschtschensk, wurde 1932 verhaftet, starb in Haft.

Der Bruderrat der Gemeinde in Blagoweschtschensk im Jahre 1925. Von links nach rechts: Wasilij Semjonowitsch Russakow, der Hauptlehrer in der Sonntagsschule im den Jahren 1912 bis 1926; wurde 1932 verhaftet und starb im Jahre 1937 zwei Monate nach seiner Entlassung; Wasilij Nikitowitsch Perzew; Georgij Iwanowitsch Schipkow; Pjotr Fomitsch Noskow, ein Diener der Gemeinde in Blagoweschtschensk von 1914, wurde 1932 verhaftet und starb in Haft; Pawel Dmitrijewitsch Skworzow; Wasilij Wasiljewitsch Kosizyn.

Oben: Die Diener des Russisch-Ukrainische Bundes der Evangeliumschristen-Baptisten in den USA: Pjotr Vins und Biljak (Staat Pensylvanien, 1926).
Links: Pjotr Vins in Sibirien (1930).

Eine Gruppe der Diener des Bundes im Jahre 1928. Von links nach rechts: Wasilij Prokopjewitsch Stepanow; Wasilij Nikitowitsch Perzew; Pjotr Jakowlewitsch Vins, Alexej Fjodorowitsch Sewostjanow.
Unten: Die Gefängnisfotos von Pjotr Vins am Tage seiner Verhaftung im Gefängnis Butyrka (Moskau, Dezember 1930).

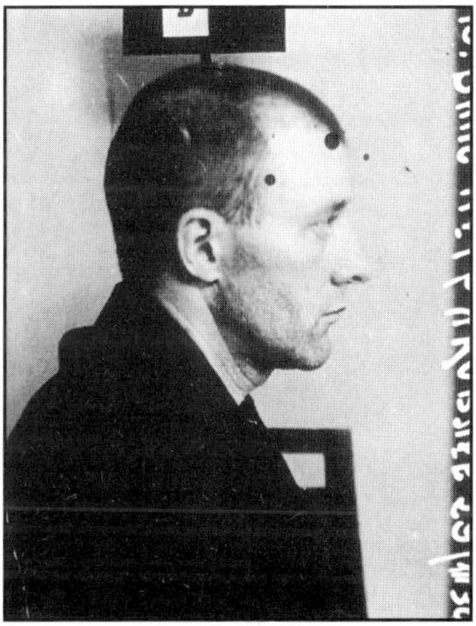

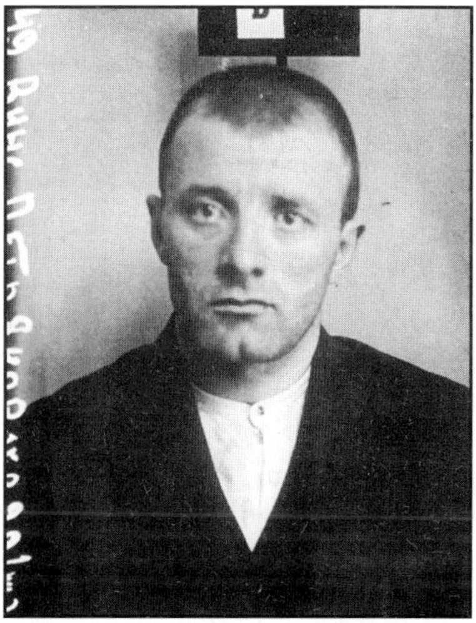

Eine Gruppe der Diener des Fernöstlichen Baptistenbundes; am Tisch in der ersten Reihe von links sitzt Anton Pawlowitsch Martynenko (Chabarowsk, 1930).
Unten: Die Gefängnisfotos von Martynenko im Omsker Gefängnis (1936).

Die Gemeinde der Evangeliumschristen-Baptisten in Blagoweschtschensk (1927).

Links: Georgi Petrowitsch Vins in den ersten Tagen der Freiheit, nachdem ihm die Staatsangehörigkeit aberkannt und er aus der UdSSR ausgewiesen wurde (April 1979, Neu-Jork, USA).Rechts: Lydia Michajlowna Vins in Elkhart, USA (Mai 1985).

Die Familie von Georgi Vins im Dezember 1983 in Elkhart, USA. Sitzend von links nach rechts: Tochter Natascha, Lydia Michajlowna, Frau Nadeshda Iwanowna. Stehend von links nach rechts: Sohn Alexander, Tochter Shenja, Sohn Pjotr, Tochter Lisa, Georgi Petrowitsch.

genheiten nach. So ging es ungefähr zwei Monate lang. Dann wurden auf die Gefängnisfenster hölzerne Kästen gehängt, die nur von oben offen waren. Später erfuhr ich, daß dies in jenem Jahr in allen Gefängnissen des Landes gemacht wurde. [1]

Die Holzkästen wurden erst auf die unteren Fenster gesetzt und Papas Fenster war noch lange offen. Bei einem unser Besuche stellten wir fest, daß nur noch wenige Fenster ohne Kästen geblieben waren, auch dasjenige von Papa. Er wußte auch, daß dies unser letztes Wiedersehen war. An diesem Tag schauten wir besonders lange auf ihn; von Zeit zu Zeit winkte er uns mit der Hand - und wir wollten für unser ganzes Leben wenigstens das Winken seiner Hand und seine etwas verschwommene Gestalt im Gedächtnis behalten. Als wir nach einer Woche wiederkamen, hingen schon an allen Fenstern die Kästen. Wir standen schweigend Papas Zelle gegenüber, beteten in Gedanken für ihn zu Gott und kehrten traurig wieder heim.

Am 7. Juni 1937 wurden der Gemeindeleiter der Omsker Gemeinde, Iwan Jewgenjewitsch Kondratjew, und noch andere Prediger verhaftet. Die Untersuchung lief, aber diesmal wurden keine Christen als Zeugen zum Verhör vorgeladen. Im Omsker Gefängnis war ein spezieller Raum mit drei kleinen Fenstern, wo man die Lebensmittel abgeben und irgend etwas von den Häftlingen erfahren konnte. Ende August, als Mama endlich nach langem Warten an der Reihe war und die Lebensmittel durchs Fenster reichte, wurden diese ihr zurückgegeben mit den Worten: „Ihr Mann ist nicht mehr im Verzeichnis unseres Gefängnisses."

„Wo ist er denn?"

„Ich weiß es nicht! Fragen Sie bei den Beamten nach!"

Mama erkundigte sich: „Bei welchen Beamten? Wo sind sie?"

Als Antwort hörte sie eine ungeduldige Stimme aus dem Fenster: „Ich weiß es nicht! Bürgerin, Sie behindern mich in meiner Arbeit! Der Nächste, wer möchte noch was abgeben?"

---

[1] Als ich 1960 - 1970 selbst mit den sowjetischen Gefängnissen bekannt wurde, waren auf den Gefängnisfenstern keine Holzkästen mehr. Aber außer den Gittern (die fast immer in zwei Reihen angebracht waren) befanden sich an der Außenseite eiserne Jalousien, die nur die Luft durchließen; durch sie konnte man aus der Zelle nichts sehen. Es ist interessant, daß am Lefortowogefängnis in Moskau auf den Fenstern keine Jalousien sind, aber die hohen Fenster dieses alten Gefängnisses, das im 18. Jahrhundert gebaut wurde, mit einer dicken Schicht aus Weißfarbe gestrichen sind. So kann man zwar aus der Zelle nichts sehen, aber das Tageslicht scheint sehr gut in die Zelle hinein. In den Fenstern befinden sich eine Luftklappe, und wenn sie geöffnet wird, können die Häftlinge ein Stückchen des Moskauer Himmels sehen.

Niedergeschlagen verließ Mama die Menschenschlange. Sie wandte sich sofort an den Leiter des Gefängnisses mit der Bitte, daß man ihr sagen sollte, wo sich ihr Mann befinde. Sie wurde von dem stellvertretenden Leiter empfangen und er sagte ihr: „Ihr Mann, Pjotr Jakowlewitsch Vins, ist nicht mehr in den Listen der Verhafteten des Omsker Gefängnisses!"

Mama fragte: „Aber wo ist er?"

„Ich weiß es nicht! Wenden Sie sich an die Leiter des Omsker NKWD, euer Mann gehört zu ihnen!"

Mama wandte sich an die Leitung des Omsker Gebiets-NKWD, aber dort wurde ihr gesagt: „Warten Sie, Sie werden schon benachrichtigt, wo sich Ihr Mann befindet." Betreffs Papas weiteren Schicksals hat Mama unzählige Male Bittgesuche an verschiedene Instanzen geschrieben. Lange Zeit gab es keine Antwort. Dann wurde ihr mitgeteilt, daß Papa von einem nichtöffentlichen Gericht, von der sogenannten „Troika" zu zehn Jahren Straflager, ohne das Recht auf Briefwechsel, verurteilt sei. Mama tröstete mich: „Wenn du 19 Jahre alt und erwachsen sein wirst, dann kommt Papa zurück!" Jahrelang hoffte ich, wartete auf das Treffen mit Papa, betete inbrünstig dafür.

Es kam der Winter 1937. Auf der Straße Puschkina, an der unser Haus stand, wurden sehr oft große Gruppen von Häftlingen vorbeigeführt, sie gingen in Richtung Eisenbahnlinie. Sie waren abgemagert, unrasiert, in dunkler Kleidung und mit Beuteln auf dem Rükken. Sie gingen auf den Pflastersteinen und schauten hungrig nach allen Seiten, sie suchten Freunde und Verwandten. Ich stand oftmals auf dem Bürgersteig, schaute in die Gesichter und es schien mir, daß ich bald bald Papa sehen würde. Aber er war nicht unter den vorbeigehenden Häftlingen, und jedesmal ging ich mit einem schweren Herzen nach Hause.

Ende August wurde im Omsker Gefängnis nichts mehr für Martynenko und Maslenok von ihren Verwandten entgegengenommen, und Ende November wurde auch nichts mehr von der Familie Kondratjew angenommen. Papas Entlassung haben wir so auch nicht erlebt, genau wie die Familien Martynenko, Kondratjew und viele andere ihre Väter nicht mehr wiedergesehen haben.

Nach Papas Verhaftung waren mehrere seiner Aufzeichnungen und auch ein Konzept seines Briefes an die Gemeinde in Blagoweschtschensk erhalten geblieben.

„12. Dezember 1935.

Ein weiteres Jahr ist zu Ende gegangen. Ein Jahr, als wenn es erst gestern angefangen hätte. Ein Jahr, das vielen treuen Dienern Christi nicht wenig Trübsal, Leid und Entbehrungen gebracht hat. Ein Jahr, in dem nicht nur eine Träne vergossen wurde. Ein Jahr, in dem der Herr wie ein Adler uns unter die Flügel griff und uns auf seinen Flügeln getragen hat. Er lehrte uns im Glauben zu wandeln und nicht im Schauen, d.h. nicht mit unseren Gefühlen, wenn durch die Umstände so manch ein Nest von Hoffnungen und gehegten Träumen, von persönlichen Plänen zerstört wurde (5. Mo. 32, 11-12; 2. Kor. 5, 7).

Wir sind dazu berufen, im Glauben zu leben (Röm. 1, 17; Kol. 2, 6). Durch den Glauben haben wir Christus angenommen als unseren Retter von der Verdammnis und dem Fluch der Sünde. Im Glauben eignen wir uns seine wunderbare Kraft der Auferstehung an (Phil. 3, 10), die uns, welche wir der Sünde gestorben sind (1. Petr. 2, 24) durch den Tod Christi am Kreuz und die wir jetzt allezeit das Sterben Christi an unserem Leib tragen (2. Kor. 4, 10), jeden Tag und jede Stunde von der Macht der Sünde in unserem Fleisch befreit. Durch den Glauben stärken wir unser oft flatterndes Herz mit den Worten, daß er, der uns berufen hat, auch treu ist und zu seiner Zeit uns von der Nähe und Anwesenheit der Sünde befreien und zu sich nehmen wird.

Aber ist denn derjenige, der früher und auch heute sich so um unsere Seele kümmert, gleichgültig gegenüber Nöten und Zuständen unseres Leibes? Wenn Er sein Leben gegeben hat, um unseren Geist zu befreien, wird Er dann für unseren Leib nicht die nötigen Kleider und das Essen geben? Selbst Jesus antwortet auf diese Frage mit den Worten, die in Matth. 6, 25-34 geschrieben stehen. Wir haben schon sehr oft diese wunderbare Sorge des Herrn um unseren Geist, Körper und Seele im gerade verflossenen Jahr erfahren, genauso wie auch in den vorhergehenden Tagen.

Ohne Zweifel, der Herr ruft uns dazu auf, alle unsere Sorgen auf ihn zu werfen (1. Petr. 5, 7), und verspricht uns, für uns zu sorgen, und Er wird dies auch in dem vor uns liegenden Jahr tun. So legt nun auf ihn alle eure Sorgen, es sei die Sorge um euren Dienst, um eure Kleidung, um die Sicherheit und vieles andere, denn Gott sagt: „Ja, ich will euch tragen bis ins Alter und bis ihr grau werdet, Ich will es tun, ich will heben und tragen und erretten" (Jes. 46, 4).

Möge der Entschluß des Psalmschreibers auch unser Entschluß sein: „Dieser Gott sei unser Gott immer und ewiglich. Er führt uns wie die Jugend" (Ps. 46, 15). Ich grüße alle treuen Christen und gratuliere zu dem freudigen Tag der Erinnerung an die Geburt Jesu Christi in Bethlehem und auch zum Neuen Jahr.

Euer Bruder in Christus Pjotr Vins."

Es vergingen zehn Jahre nach Papas Verhaftung, wir wohnten damals schon in Kiew. Da wurde Mama in die Gebietsverwaltung der MGB Kiew vorgeladen und ihr wurde mündlich eine Antwort auf ihre unzähligen Bittgesuche bezüglich Papas Schicksals gegeben. Man sagte ihr: „Wir haben aus Omsk eine Nachricht von Ihrem Mann bekommen, warten Sie nicht mehr auf ihn, denn er ist nicht mehr am Leben."

Mama fragte: „Zeigen Sie mir diese Nachricht, ich möchte sie selber lesen."

„Nein, wir können dies nicht tun, denn diese Nachricht ist ein staatliches Geheimnis. Wir wurden nur beauftragt, Sie in Kenntnis zu setzen, daß Ihr Mann nicht mehr am Leben ist."

„Wann ist er gestorben? Und wo, unter welchen Umständen?"

Der MGB-Beamte wiederholte: „Wann und wo er gestorben ist ist auch ein staatliches Geheimnis."

Das Geheimnis um Papas Tod offenbarte sich erst fünf Jahrzehnte später, als ich im August 1995 in Moskau die Möglichkeit hatte, mich mit der Anklageschrift und den Untersuchungsprotokollen bekannt zumachen. Sie enthüllten etwas den Schleier dessen, was im Omsker Gefängnis nach Papas letzten Verhaftung geschah. Das erste Verhör fand am Tage seiner Verhaftung statt. Es war der 16. April 1937, dann wurde er nochmal am 9. und 10. Mai verhört und zum letzten Mal am 21. Mai. Die Untersuchung wurde von dem Unterleutnant des Staatssicherheitsdienstes, Tschusowitin, geführt. Die Hauptfrage des Untersuchungsrichters war, welche Gottesdienste in den Häusern der Gläubigen in Omsk abgehalten wurden. Am 16. April sagte Papa aus: „Während meiner ganzen Zeit, die ich in Omsk verbrachte, habe ich keine konterrevolutionäre Tätigkeit ausgeübt."

Am 29. April bekam Papa den Bescheid, daß gegen drei Personen die Untersuchungshaft lief: Pjotr Jakowlewitsch Vins, Anton Pawlowitsch Martynenko und Pjotr Ignatjewitsch Maslenok, die beschuldigt wurden, daß sie:

„1. Regelmäßig konterrevolutionäre Agitation betrieben, den baldigen unumgänglichen Sturz der Sowjetmacht betrieben;

2. Illegale Zusammenkünfte der Baptisten organisierten, Geldsammlungen durchführten, um denjenigen materielle Hilfe

zu leisten, die wegen konterrevolutionärer Tätigkeit verurteilt wurden;

3. Konterrevolutionäre Propaganda gegen die Kolchosen durchführten;

4. Provokatorische Märchen verbreiteten, daß angeblich die Religion von seitens der Behörde verfolgt werde."

Am 9. Mai fand das nächste Verhör statt. Der Untersuchungsrichter interessierte sich wieder dafür, welchen Charakter die Gottesdienste hatten, die in den Häusern der Gläubigen abgehalten wurden. Am nächsten Tag, am 10. Mai, schrieb der Untersuchungsrichter während des Verhörs in das Protokoll:

Untersuchungsrichter: „Die Untersuchung hat festgestellt, daß ihr bei euren illegalen Gottesdiensten der Baptisten unter dem Deckmantel der Bibel Predigten mit konterrevolutionärem Charakter brachtet, ihr habt die Gläubigen aufgerufen, gegen die Sowjetmacht zu kämpfen. Erkennen Sie dies an?"

Vins: „Ich gebe zu, daß ich tatsächlich Predigten während der Gottesdienste in den Häusern brachte, ich erklärte das Wort Gottes; aber diese Predigten enthielten keine konterrevolutionäre Agitation."

Das letzte Verhör fand am 21. Mai statt, und im Protokoll steht geschrieben:

Vins: „Ich, als ein aufrichtiger gläubiger Mensch, bin fest davon überzeugt, daß die Zeit kommen wird, da die Völker vor dem Gericht Gottes stehen werden, und als Prediger predigte ich hiervon den Gläubigen, ich rief sie auf, sich darauf vorzubereiten. Ich bin davon überzeugt, daß in der ganzen Welt Veränderungen stattfinden werden, wenn alle ohne Ausnahme vor Gott erscheinen und über ihre Sünden Rechenschaft abgeben werden."

Untersuchungsrichter: „Durch dieses konterrevolutionäre Auslegen des Evangeliums vor den Gläubigen verstanden Sie, daß diese Zeit schon nahe gekommen ist, deshalb meinten Sie, daß die Macht der Sowjets nur vorübergehend besteht, und warteten auf ihr Ende?"

Vins: „Ich habe kein konterrevolutionäres Ziel verfolgt, ich habe nur vom Wort Gottes gesprochen, und nur so konnte mich jeder aufrichtiger Christ verstehen."

Am 4. Mai wurde Anton Pawlowitsch Martynenko verhört, und im Protokoll sind seine Aussagen festgehalten: „Ich habe unter den Gläubigen Predigten gehalten und das Evangelium erklärt, in meinen Predigten habe ich die Christen tatsächlich aufgerufen, fest in ihren

Ansichten gegenüber Gott zu sein, ich sprach davon, daß sie sich nicht von dem Teufel von der Gottlosigkeit verführen lassen sollten, daß sie nicht von der Bibel lassen sollten."

In der Anklage P-663 gibt es zwei Beschlüsse in bezug auf Ludwig Gustawowitsch Butkewitsch und Andrej Nikolajewitsch Klimenko, daß die Untersuchung gegen sie wegen ihres Gesundheitszustandes beendet werden sollte: „„... aus den in der Anklage befindlichen Dokumenten ist zu ersehen, daß Butkewitsch im Februar Monat dieses Jahres gelähmt wurde und zur Zeit krank liegt, und deshalb wurde beschlossen, die Führung der Anklage gegen Butkewitsch zu beenden.

Oberbevollmächtigter - Tschusowitin"

„Klimenko ist krank, er hat chronische Herzanfälle und zur Zeit liegt er krank im Bett. Deshalb wurde beschlossen, die Führung der Anklage gegen Andrej Nikolajewitsch Klimenko zu beenden.

Oberbevollmächtigter - Tschusowitin."

Der Beschluß über das Ende der Voruntersuchung gegen G. P. Vins, A. P. Martynenko und P. I. Maslenok wurde am 20. Mai unterschrieben. Aber diesmal wurden die Materialien der Untersuchung nicht zur gerichtlichen Verhandlung freigegeben. Auf Seite 430 befindet sich ein Auszug aus dem Protokoll der Sitzung der „Troika" bei der Omsker NKWD-Verwaltung vom 23. August 1937:

„Anklage Nr. 7297 UKB NKWD, Stadt Omsk wegen der Beschuldigung von Pjotr Jakowlewitsch Vins, geb. 1898

Er wird beschuldigt, systematisch die Baptistenkader zusammenzufestigen mit dem Ziel der Konterrevolution, illegal hat er Baptistenversammlungen einberufen, konterrevolutionäre Agitation durchgeführt, er wird nach Artikel 50-10-11 UK beschuldigt.

URTEIL:
Pjotr Jakowlewitsch Vins
soll erschossen werden."

Ein ähnliches Urteil „Erschießung" wurde auch über Martynenko gesprochen. Maslenok wurde zu 10 Jahren Haft in Straflagern verurteilt.

Auf Seite 431 der Anklage P-663 befindet sich die Bescheinigung über die Erschießung: „Der Beschluß der ‚Troika' des UNKWD des Omsker Gebietes über die Erschießung von Pjotr Jakowlewitsch Vins und Anton Pawlowitsch Martynenko wurde am 26. August 1937 ausgeführt."

26 Jahre später wurde die Anklage gegen meinen Vater und Martynenko und viele andere Brüder neu durchgesehen und beim Omsker Gericht Berufung eingelegt. Sie alle wurden für unschuldig erklärt und posthum rehabilitiert.

Jahrzehnte vergingen, und als seit dem Tag ihrer Erschießung fast 60 Jahre vergangen waren, schenkte der Herr mir die Möglichkeit, mich mit den Dokumenten bekanntzumachen, unter welchen Umständen das Leben meines Vaters und das von Martynenko zu Ende ging.

Immer und immer wieder las ich die knappen Zeilen aus den Briefen meines Vaters, die er in der Haft schrieb: „Sage den Verwandten, daß sie beten sollen, daß Gott die Brüder und mich stärken möge, damit wir seine treue Zeugen sein können. Es ist zweifelhaft, daß man uns freilassen wird, obwohl unser einziges Verbrechen die Treue dem Herrn gegenüber ist. Ich glaube, daß der Herr alles machen kann. Lieber mit Ihm in Haft sein, als ohne Ihn in der Freiheit."

Auf Wiedersehen, Vater, bis zum Treffen vor dem Herrn!

TEIL ZWEI

OHNE VATER

16
Nicht verlassen

Nachdem Vater 1937 verhaftet war, erwartete Mama, daß sie auch verhaftet würde. Zu jener Zeit hatte man bei ihr Lungentuberkulose festgestellt; sie war sehr krank, arbeitete aber trotzdem weiter. Alexandra Iwanowna Semiretsch machte für sie ein Medikament aus Hundefett, Aloe und Honig welches Mama ungefähr ein Jahr einnahm. In dieser Zeit hatte auch ich mich erkältet und bekam Lungenentzündung in schwerer Form. Wir erhielten mehrere Briefe von meinem Großvater Jakow Jakowlewitsch Vins aus Kanada, er war sehr um das Schicksal seines Sohnes besorgt, aber er konnte in den Briefen nicht direkt danach fragen; er erkundigte sich in seinen Briefen lediglich sehr vorsichtig: „Wie steht es mit der Gesundheit meines Sohnes?" Mama antwortete dann: „Er ist ernstlich krank, es gibt keine Änderungen."

1938 wurde in Blagoweschtschensk Mamas Stiefvater Franz Pawlowitsch Krajewskij verhaftet, und so zog Oma, um der drohenden Verhaftung zu entgehen, aus Blagoweschtschensk zu uns nach Omsk. Wir konnten nirgendwo wohnen, denn der ungläubige Mann von Alexandra Iwanowna trank sehr oft und dann war er gewalttätig und jagte uns oft aus dem Haus. Deshalb zogen wir 1938 in das Haus von Kondratjew. Der Hausvater dieser Familie, Iwan Jewgenjewitsch Kondratjew, war jahrelang der Gemeindeleiter der Omsker Gemeinde und am 7. Juni 1937 verhaftet worden. Am 11. November wurde er durch den Beschluß der „Troika" zum Tod durch Erschießen verurteilt; nach zwölf Tagen, am 23. November, wurde der Beschluß ausgeführt.[1] Seine sieben Kinder - Pjotr, Jakob, Nadeshda, Ljubow, Iwan, Pawel und Weniamin - blieben ohne Vater. Die älteren Kinder arbeiteten schon, die drei kleinsten gingen noch zur Schule. Jekaterina Ilinitschna, die Frau von Kondratjew, stellte uns ein Zimmer in ihrem großen Haus zur Verfügung. Wir waren ihr sehr dankbar dafür. Mit den drei Kleinsten aus der Familie wurden

[1] Davon erfuhr seine Tochter Ljubow Iwanowna erst 1992.

wir gute Freunde; Iwan war ein Jahr älter als ich, Pawel war in meinem Alter und Weniamin ein Jahr jünger, und wir haben sehr viel gemeinsam gespielt und unternommen.

1938 wurde in Omsk Pjotr Fjodorowitsch Markow verhaftet. Obwohl er selber kein Prediger war, hatten sich doch in den Jahren 1936-1937 in seinem Haus die Gläubigen zu Versammlungen versammelt und jemand von den Nachbarn hatte ihn bei der Behörde angezeigt. Auf dem Dachboden seines Hauses wurde die christliche Literatur aufbewahrt, darunter auch die Bücher meines Vaters. Bei der Verhaftung von Pjotr Fjodorowitsch wurde eine gründliche Haussuchung durchgeführt und alle Literatur beschlagnahmt. Markow wurde zu fünf Jahren Haft verurteilt und durfte Briefwechsel haben, was zu der Zeit eine Seltenheit war; aber aus dem Straflager ist er nicht zurückgekommen, er ist dort gestorben.

Nachdem Markow verhaftet war, blieben seine Frau Anna Wasiljewna, sein Sohn Wladimir (14 Jahre alt) und seine Tochter Galina (9 Jahre alt) ohne jeglichen Lebensunterhalt; denn Anna Wasiljewna hatte keinen Beruf, sie war Hausfrau. Alexandra Iwanowna Semiretsch hat dieser Familie viel geholfen, und Mama begann, ihr die Buchführung beizubringen und war ihr bei der Arbeitsuche behilflich. Ich kann mich daran erinnern, wie Anna Wasiljewna zu den Kondratjews kam und Mama ihr verschiedene Aufgaben auf dem Rechenbrett beibrachte. Es war ein großen Rechenbrett aus Holz, und sie klopfte laut mit den Kugeln, wenn sie etwas addierte oder subtrahierte, wir Kinder fanden es sehr interessant, dies alles zu beobachten.

Im ganzen Lande wurden die Verhaftungen von Gläubigen fortgesetzt. 1938 bekamen wir die Nachricht aus Blagoweschtschensk, daß Mamas ältester Bruder, Pjotr Michajlowitsch Sharikow, am 12. August verhaftet worden sei. Er war in den zwanziger Jahre der Leiter des Blasorchesters in der Baptistengemeinde in Blagoweschtschensk und die Behörden erinnerten sich jetzt daran. Als ein Jahr später auch seine Frau verhaftet wurde, blieben drei Kinder - Julja (15 Jahre alt), Gennadij (13 Jahre alt) und Gina (5 Jahre alt) - ohne Eltern.[2] Pjotr Michajlowitsch ist nicht aus dem Straflager zu-

[2] Obwohl die Kindheit- und die Jugendjahre von Julja, Gina und Gennadij sehr schwer waren, denn sie wuchsen ohne Vater und Mutter auf, hat der himmlische Vater sie in seiner Fürsorge bis zum Alter nicht verlassen. 1994 ging Julja zu ihrem Herrn heim im Glauben und Vertrauen auf Ihn. Dies bezeugte ihre jüngste Schwester Gina, die in den letzten Momenten bei ihr war und mit ihr zusammen betete.

rückgekehrt, wie auch viele andere Gläubigen: am 15. Oktober 1938 wurde er durch den Beschluß der „Troika“ zur Erschießung verurteilt und am 26. Oktober wurde der Beschluß ausgeführt.

Es gab aber auch einige Ausnahmen; so wurde Mamas Stiefvater nach 10 Monate Haft entlassen. Er wurde zusammen mit 800 anderen Häftlingen 1939 aus dem Gefängnis in Blagoweschtschensk entlassen, nachdem der NKWD-Leiter Jeshow abgesetzt wurde und Beria diesen Posten bekam. Es kam eine kurze Zeit der Lockerung, die aber nur einige Monate dauerte; dann folgten im ganzen Land wieder brutale Massenverhaftungen. Franz Pawlowitsch kam sofort nach der Entlassung zu uns nach Omsk. Oma hatte in dieser Zeit ihr Haus in Blagoweschtschensk verkauft und an der Straße Puschkina, in der Nähe von Semiretsch, einen Teil eines Hauses gekauft.

1939 wurden in Omsk Georgij Iwanowitsch Schipkow und Alexej Fjodorowitsch Sewostjanow verhaftet. Sie waren Diener des Fernöstlichen Baptistenbundes und 1935 nach Omsk verbannt worden. Im Omsker Gefängnis befanden sie sich erst zusammen in einer Zelle, dann wurden sie von der „Troika“ zu 10 Jahren Straflager ohne Briefwechsel verurteilt. Beide sind nicht aus der Haft zurückgekehrt und haben ihren Lebensweg als Märtyrer für Christus beendet.[3]

1939 wurde in Omsk auch Anna Charlampijewna Warnawskaja verhaftet, sie war eine Reisepredigerin unter den Schwestern in Sibirien. Warnawskaja hatte eine medizinische Ausbildung und arbeitete als Feldscher im Omsker Krankenhaus für Tuberkulosekranke; während ihres Dienstes in einem Krankenzimmer wurde sie verhaftet, was unter den Kranken viel Unzufriedenheit hervorrief, denn Anna Charlampijewna war immer sehr aufmerksam und fürsorgend zu den Kranken. Vielen Menschen, die an der Todesschwelle standen, hatte sie die Liebe Gottes bezeugt; sie hatte den Mut, in der schweren Zeit offen und ohne Angst von Christus, dem Heiland, zu sprechen.

Anna Charlampijewna wurde zu fünf Jahren Straflager mit Briefwechsel verurteilt. Die Frau ihres Bruders, Jewdokija Somojlowna Warnawskaja, eine sehr treue gottergebene Christin, schickte ihr Lebensmittelpakete ins Straflager. Nach fünf Jahren, Ende 1944, kam Anna Charlampijewna wieder nach Hause. Ich kann mich daran erinnern, wie an einem frühen Morgen jemand sehr laut an das Fen-

[3] „Verurteilt zu 10 Jahren Haft“ - dies ist die offizielle Angabe, die die NKWD-Beamten den Familien einige Jahre nach ihrer Verhaftung bekannt gaben. Ich vermute, daß Schipkow und Sewostjanow genau wie viele andere 1938 erschossen wurden.

ster unserer Wohnung klopfte. Mama und ich wachten auf, Mama ging hinaus um die Tür zu öffnen, schaute sofort weinend ins Zimmer und rief: „Anna Charlampijewna ist zurückgekommen!“ Es waren Freudentränen. Mama lief sofort in die nächste Wohnung, in der Jewdokija Somojlowna wohnte. Anna Charlampijewna kam direkt vom Bahnhof, sie war den weiten Weg zu Fuß gegangen, denn in der Kriegszeit verkehrten die Straßenbahnen sehr schlecht, besonders nachts. Die Freude erfüllte viele Gläubigen, denn es kam die Hoffnung auf, daß auch die anderen vielleicht zurückkommen würden.

Nachdem Anna Charlampijewna zurückgekehrt war, zeugte sie auch weiterhin von Christus: sie besuchte die Dörfer, die um Omsk lagen, und in denen früher große Baptistengemeinden waren, aber jetzt nach der jahrelangen Verfolgung nur kleine Gruppen von Gläubigen übriggeblieben waren. Anna Charlampijewna tröstete sie, las das Wort Gottes und so begann dort eine Erweckung: neue Seelen taten Buße und bekehrten sich zu Gott.

Noch vor dem Krieg, im Jahre 1939, wurde Kondraschow, der Dirigent der Omsker Baptistengemeinde, verhaftet und zu sieben Jahren Haft mit Briefwechsel verurteilt. Zurück blieb seine Frau mit drei kleinen Kindern. Sie mußte arbeiten gehen und auf die Kinder paßte eine gläubige blinde Schwester, Dunjascha, auf. Sie war der Familie Kondraschow sehr verbunden und sorgte sich viel um sie. Dunjascha war noch in der Kindheit blind geworden, ihre Familie wohnte in einem Dorf, und als das Mädchen drei Jahre alt war, wurde versehentlich ein Topf mit kochendem Wasser über sie gegossen. Nach diesem Vorfall wurde sie auf ein Auge blind. Die Ärzte schlugen ihren Eltern vor, das beschädigte Auge zu entfernen, um wenigstens das andere Auge zu retten; aber die Eltern lehnten die Operation ab, und mit sieben Jahren wurde Dunjascha völlig blind.

Als Dunjascha erwachsen wurde, fing sie an, die Gottesdienste der Gläubigen in ihrem Dorf zu besuchen. Ihre Eltern waren zu der Zeit schon verstorben. Die ungläubigen Verwandten verfolgten sie dafür und mit 19 Jahren jagte man sie aus dem Elternhaus heraus. Die Verwandten sagten zu ihr: „Entweder der Baptistengott oder die Familie!“ Aber Dunjascha sagte sich nicht von Gott ab. Zuerst nahmen Christen in dem Dorf sie auf, dann zog sie nach Omsk. Zuerst wohnte Dunjascha bei Jewdokija Somojlowna Warnawskaja, dann bei Alexandra Iwanowna Semiretsch, aber die meiste Zeit in der Familie Kondraschow. Von Zeit zu Zeit wohnte sie auch in anderen Familien der Gläubigen und überall war sie eine sehr tätige Helferin.

Obwohl sie nicht sehen konnte, verrichtete sie jede beliebige Hausarbeit: sie bereitete das Essen vor, sogar den Kocher zündete sie selber an, sie wusch den Fußboden, kaufte im Geschäft und auf dem Markt ein.

Dunjascha kannte sich sehr gut in der Stadt aus; sie hatte immer einen Stock in der Hand, mit dem sie auf die Erde klopfte, um die Straße zu fühlen, und so wanderte sie durch die ganze Stadt Omsk. Ohne Fehler fand sie immer die gesuchte Straße und das Haus, nur ab und zu fragte sie die Vorbeigehenden, um festzustellen, ob sie richtig ginge. Dunjascha hatte das Braillealphabet für Blinde erlernt, sie besaß Teile des Neuen Testamentes in Blindenschrift, es waren mehrere dicke große Bücher. Sie liebte es sehr, daß Wort Gottes laut zu lesen. 1938 war sie ungefähr 40 Jahre alt.

1939 bekamen wir aus Blagoweschtschensk noch eine traurige Nachricht: am 12. Oktober war Vera Timofejewna Sharikowa, die Frau von Mamas Bruder Pjotr, verhaftet worden. Sie war eine treue aktive Christin, sie sang im Chor, trug Gedichte in den Gottesdiensten vor, schrieb auch selber Gedichte, und in der Zeitschrift „Die Stimme der christlichen Jugend" waren 1922 mehrere ihrer Gedichte veröffentlicht worden. Ein ganzes Jahr wurde sie in einer Einzelzelle im Gefängnis in Blagoweschtschensk gehalten, dann wurde sie zu 10 Jahren Haft verurteilt. Vera Timofejewna verbrachte ihre Haftzeit in den Straflagern in Magadan. Nachdem ihre Haft zu Ende war, durfte sie Magadan nicht verlassen; erst 1956, nachdem sie 16 Jahre im Norden verbracht hatte, wurde ihr erlaubt, nach Blagoweschtschensk zurückzukehren. Vera Timofejewna hatte ein langes Leben und ging 1992 im Alter von 87 Jahren heim. Bis zum Ende hatte sie ihren Glauben und ihr Vertrauen auf Gott bewahrt.

1939 beschlossen Opa und Oma, von Omsk nach Kiew zu ziehen, dort wohnte ihre jüngste Tochter - Nadeshda Michajlowna - mit ihrem Mann und ihren Kindern. Sie nahmen mich mit sich und im Juni 1939 kamen wir in Kiew an. Für mich war dies eine unvergeßliche Reise: von Omsk bis Moskau fuhren wir mit dem Zug durchs ganze Westsibirien, Ural und Zentralrußland. Und von Moskau ging es weiter nach dem sonnigen, blühenden Kiew. In Moskau blieben wir mehrere Tage bei weit entfernten Verwandten von Oma und mir ist in Erinnerung geblieben, wie ich mit Opa zum Roten Platz ging, wo das Lenin-Mausoleum war. Mehrere Stunden standen wir in einer langen Schlange. Dann gingen wir nach unten in einen verdunkelten Raum, wo bewaffnete Soldaten waren und in einem gläsernen

Sarg derjenige lag, dessen Fotos und Denkmäler das ganze Land überfüllten.

Im ganzen Land und auch bei uns in Omsk hingen Sprüche „Lenin ist auch jetzt lebendiger als alle Lebendigen!“, „Lenin lebt!“, „Lenin ist mit uns!“. Ich war damals 11 Jahre alt, ich war gläubig und jetzt sah ich auf das tote Gesicht des Ideologen, der einen gnadenlosen Kampf gegen Gott führte, dessen Hand seinerzeit die Dekrete über die Vernichtung des Glaubens unterschrieben. „Armer Lenin, er glaubte nicht an Christus und ist auf ewig verloren gegangen, obwohl überall geschrieben steht, daß er lebendiger als alle Lebendige ist!“ sagte ich zu Opa, als wir aus dem Mausoleum herauskamen. Wir gingen aus dem trüben Raum ins helle Sonnenlicht und ich freute mich über die Wärme, das Leben, die Sonne, die von Gott geschaffen wurde, der „... läßt seine Sonne aufgehen über die Bösen und über die Guten und läßt regnen über Gerechte und Ungerechte“ (Math. 5, 45). Ich wußte schon damals, daß nur Christus die Wahrheit und das Leben ist, und ich war überzeugt, daß Vater und die anderen Häftlinge um ihres Glaubens willen die besten Menschen auf der Erde waren und nicht einfach Opfer der Repressalien; daß sie Kämpfer für die geistliche Erweckung des russischen Volkes waren, denn die Menschen brauchen einen lebendigen Gott und nicht irgendwelche tote Reliquien.

Im Herbst 1939 wurde Polen von Deutschland überfallen. Kiew war voll von sowjetischen Soldaten und bald marschierte die Sowjetarmee auch in Polen ein; sie nahmen die Westukraine und Westbelarussien, die zu der Zeit unter Polen waren, ein. Das Leben in Kiew wurde gefährlich und Opa Franz, der ein Pole war, beschloß nach Sibirien zurückzukehren, denn er hatte Angst, wieder verhaftet zu werden.

In den Jahren 1939 - 1940 wurden im ganzen Lande die Verhaftungen von Gläubigen fortgesetzt. Es gab zu der Zeit kaum mehr als fünf offiziell zugelassene Baptistengemeinden: in Moskau, Leningrad, Nowosibirsk und noch zwei bis drei Städten. Zu der Zeit stieg die Zahl der verhafteten Evangeliumschristen-Baptisten, die seit 1929 verhaftet wurden, auf die 25 000.[4] Größtenteils waren es

[4] Diese Zahlen gab ich während meines Gerichtsprozesses in Kiew im Januar 1975 bekannt und das Gericht konnte sie nicht widerlegen. Jene Angaben hatte ich mehrere Jahre lang im ganzen Land gesammelt, als ich von 1965 an den Dienst des Sekretärs des Kirchenrates der Evangeliumschristen-Baptisten ausführte. Ich besuchte verschiedene Gebiete der Sowjetunion und hatte die Möglichkeit, mich mit vielen Gläubigen zu treffen, unter ihnen auch mit den Familien derjenigen Brüder, die 1930-1940 verhaftet worden waren.

Prediger und Diener der zwei Bünde, des Bundes der Evangeliumschristen und der Baptisten, die ihrer Nationalitätzugehörigkeit nach fast alle Russen, Ukrainer und Weißrussen waren. Wenn man aber noch die verhafteten Christen von den Mennoniten-Brüdergemeinden, die in der Glaubenslehre den ersteren sehr nahestanden, dazuzählt und auch die Christen des Ingermanlandbundes,[5] so betrug die Gesamtzahl der in der Sowjetunion verhafteten Evangeliumschristen-Baptisten im Zeitraum 1929-1940 mehr als 50 000. Es ist wichtig zu bemerken, daß die angeführten Zahlen der Verhafteten nur die Christen in der Sowjetunion in den Grenzen von 1939 umfassen; die inhaftierten Christen aus Moldowien, Westukraine, Westbelaruß, Litauen, Lettland und Estland, die 1939-1940 der Sowjetunion eingegliedert wurden, sind hier nicht mitgezählt.

Trotz dieser brutaler Verfolgung fanden auch weiterhin Gottesdienste im ganzen Lande statt, obwohl sie nicht zahlreich waren und geheim - oft tief in der Nacht - abgehalten wurden: von der Ukraine und Weißrußland bis Ural, Sibirien und Kasachstan. Kinder gläubiger Eltern, deren Väter in Straflagern und Gefängnissen für ihren Glauben an Gott dem Tod ausgesetzt waren, wurden erwachsen, gaben während der Kriegszeit und auch in den ersten Nachkriegsjahren ihre Herzen dem Herrn. Als der Herr Anfang der sechziger Jahre eine Erweckung unter den Evangeliumschristen-Baptisten in unserem Lande begann, waren die Söhne und Töchter der Märtyrer der dreißiger und vierziger Jahre um des Wortes Gottes in den ersten Reihen der Initiatoren der geistlichen Erweckung! „O welch eine Tiefe des Reichtums, beides der Weisheit und Erkenntnis Gottes! Wie gar unbegreiflich sind seine Gerichte und unerforschlich seine Wege!“ (Röm. 11, 33). „Welche da sei die überschwengliche Größe seiner Kraft an uns, die wir glauben nach der Wirkung seiner mächtigen Stärke“ (Eph. 1, 19).

[5] Der Ingermanland-Baptistenbund ist in unserer Bruderschaft zur Zeit kaum bekannt. Dieser Bund, der aus Baptisten in Karelien, Finnland und Estland bestand, übte seinen Dienst in den Jahren 1917 - 1930 im Gebiet Karelien und in den Gebieten Pskow, Nowgorod und Leningrad aus. Anfang der dreißiger Jahre wurde der Bund von der Behörde geschlossen und seine Diener, mit wenigen Ausnahmen, kamen in Straflagern um. Fast alle Mitglieder dieser Gemeinden wurden geschlossen mit ihren Familien in die östlichen Gebiete des Landes verbannt: in den Ural, nach Sibirien oder Kasachstan, wo sie später Mitglieder der russischen Baptistengemeinden wurden.

17
Verbannung

Im August 1941 zogen die drei Kinder von Mamas Bruder Pjotr aus Blagoweschtschensk zu uns nach Omsk. Pjotr Michajlowitsch war am 12. August in Blagoweschtschensk verhaftet und am 26. Oktober erschossen worden.[1] Als ein Jahr später auch seine Frau Vera Timofejewna verhaftet wurde, blieben die Kinder ohne Vater und Mutter. Die Versammlungen waren zu der Zeit verboten, aber die Christen in Blagoweschtschensk kamen auch weiterhin geheim in den Häusern der Gläubigen zusammen. Damals waren fast keine Brüder mehr da und die Schwestern führten selber Gottesdienste durch; sie lasen und erklärten das Wort Gottes, und Vera Timofejewna nahm regen Anteil hieran. Nach ihrer Verhaftung blieben die Kinder unter der Obhut ihres Opas Timofej Kosmin, dem Vater ihrer Mutter, zurück. Außer ihnen mußte der Opa sich noch um zwei Waisen kümmern, die Kinder seiner zweiten Tochter, die zusammen mit ihrem Mann 1939 wegen ihres Glaubens verhaftet wurde.[2]

Opa Kosmin zeigte keine Angst, nachdem seine zwei Töchter und ihre Männer verhaftet waren; so wie er konnte, besuchte er die Gläubigen, ermutigte und tröstete sie. Wenn jemand gestorben war, las Opa bei den Beerdigungen das Wort Gottes und sprach tröstliche Worte zu den Familien der Verstorbenen. 1940 wurde auch Opa Kosmin verhaftet, und die fünf Waisen blieben mit Oma Kosmin ohne jegliche Existenzmöglichkeit zurück. Da beschloß Mama, die drei Neffen - Julja, Gina und Gennadij - bei sich aufzunehmen, und so kamen sie aus Blagoweschtschensk zu uns nach Omsk und wohnten mit uns zusammen.

An einem späten Oktoberabend im Jahre 1941 besuchte eine spezielle Kommission der Stadtverwaltung Omsk unser Haus; es wa-

---

[1] Daß er erschossen wurde, erfuhren seine Kinder erst im Mai 1996.

[2] Als Anfang der 30er Jahre in Blagoweschtschensk das Gebetshaus der Baptisten geschlossen wurde, wurden über 200 Gläubige verhaftet und in Gefängnisse gesperrt oder in die wilden Taigagebiete Sibiriens in Verbannung geschickt.

ren ein älterer Herr und zwei Frauen. Sie kamen herein, grüßten nicht einmal und benahmen sich sehr ernst und offiziell. Der Mann hatte eine Tasche mit irgendwelchen Papieren, die er schweigend auf den großen Eichentisch in unserem Zimmer legte. Alle drei setzten sich an den Tisch, an dem schon Mama, Oma und Opa saßen. Wir Kinder saßen auf den Betten und erwarteten mit Furcht, was jetzt weiter passieren würde. Wir hatten schon erfahren, daß die Behörden die Familien der Häftlinge in den Norden schickten - es waren wilde, unbewohnbare Gegende - und ihre Häuser und Wohnungen konfiszierten.

„Wer wohnt hier? Wem gehört diese Wohnung offiziell?" fragte der Mann.

„Diese Wohnung gehört meiner Mutter," antwortete Mama und zeigte auf ihre Mutter. „In einem Zimmer und in der Küche wohnen sieben Personen: meine Mutter, mein Stiefvater, ich, mein Sohn und drei Neffen, die Kinder meines ältesten Bruders."

„Und wo ist Ihr Mann?" fragte eine der Frauen Mama.

„Mein Mann ist verhaftet worden, und wo er sich jetzt befindet, weiß ich nicht."

„Verhaftet?!" und die Mitglieder der Kommission begannen schnell etwas in ihre Papiere zu notieren. „Wofür ist er verhaftet worden? Nach welchem Artikel? Zu wievielen Jahren ist er verurteilt worden?" kamen die Fragen.

Mama antwortete sehr ruhig: „Mein Mann ist Christ, und wegen seines Glaubens an Gott wurde er 1937 verhaftet und zu 10 Jahren Straflager ohne Recht auf Briefwechsel verurteilt, so wurde mir gesagt. Wo er sich jetzt befindet, in welchem Straflager, ob er noch am Leben ist, das weiß ich nicht. Darüber werde ich nicht informiert!"

„Also, ihr seid die Familie eines Häftlings?" wiederholte der Mann.

Dann wandte er sich an meine Cousinen und den Cousin und fragte: „Und wo sind eure Eltern?"

Die Kinder schwiegen mit gesenkten Köpfen. „Was, sind sie auch im Gefängnis?" fragte eine der Frauen mit erhobener Stimme. Die Kinder schwiegen weiterhin und die Kleinste weinte.

„Was wollen Sie von uns?" fragte Mama. „Lassen Sie die Kinder in Ruhe! Ich habe Ihnen schon gesagt, daß mein Mann gläubig und deshalb im Gefängnis ist. Ich bin auch gläubig. Es genügt Ihnen zu wissen, daß ich und mein Sohn (Mama zeigte auf mich) die Familie eines Häftlings sind. Und diese Wohnung gehört nicht mir, es ist die Wohnung meiner Mutter."

„Wo ist Ihr Sohn, der Vater dieser Kinder?" wandte sich der Mann an Oma. „Ist er auch gläubig und im Gefängnis?"

Oma weinte und sagte nichts.

„Und Sie? Glauben auch Sie an Gott? Sind Sie gläubig?" fragte er weiter.

Oma wischte sich die Tränen weg und sagte mit fester Stimme: „Ja, ich bin Christ. Ich glaube an Jesus Christus, meinen Heiland und Gott!" Ihre Stimme klang fest und überzeugend. Der Mann erhob sich und wandte sich an die Frauen, die Mitglieder der Kommission: „Hier brauchen wir nichts mehr zu klären! Es ist alles klar, dies ist eine Familie schlimmer Volksfeinde, eine Familie von Verbrechern! Für sie ist kein Platz in unserer Stadt! Sehen Sie ihre Ausweise nach!" gab er den Frauen Befehl. Mama, Oma, Opa und Julja zeigten ihre Ausweise, aus denen beide Frauen etwas abschrieben. Dann gingen alle drei ohne jegliches weiteres Wort fort.

„Was wird jetzt mit uns passieren?" fragten wir die Erwachsenen.

„Der himmlische Vater wird uns nicht in der Not verlassen!" antwortete Oma Mascha. „Wir wollen beten!"

Und die „schlimmen Volksfeinde", wie die Kommission uns nannte lagen auf ihren Knien und baten Gott um Schutz. Besonders inbrünstig beteten wir für unsere Häftlinge und Oma Mascha betete auch für die Kommission. „Vater im Himmel, diese Menschen sind geistlich blind und sie wissen nicht, was sie tun! Vergib ihnen, Vater der Barmherzigkeit, und rette sie!"

Für uns Kinder war es ungewöhnlich, ein solches Gebet zu hören; wir wollten, daß Gott diese Kommission strafen sollte, und zwar sehr hart für all das Böse, das sie den Gläubigen antaten. Aber Oma Mascha belehrte uns: „Der Herr gebietet uns, die Feinde zu lieben." Sie sagte oft über die Verfolger: „Es sind unglückliche Menschen! Wenn wir Christen ein Leid haben, so wissen wir, an wen wir uns wenden sollen und wer uns helfen wird, nämlich unser Vater im Himmel. Aber sie kennen Gott nicht und sie tun mir so leid, sie sind so unbeschützt in jedem Leid!"

Eine Woche später kam ein Milizbeamter zu uns und überbrachte den Befehl der Stadtverwaltung, daß unsere Familie unverzüglich binnen 24 Stunden aus Omsk in den Norden, Tewriskij Rayon, der 500 Kilometer von Omsk entfernt war, ausgesiedelt werde.

Es war ein Gebiet, in dem sehr wenige Menschen wohnten und das praktisch ein Sumpf war. Eine Bekannte von Mama sagte ihr: „Es ist ein Ort des Verderbens, ein Sumpf nach dem anderen, es gibt Unmengen von Mücken, es ist ein Ort des Hungers, und wenn man dahin fährt, dann nur, um den Tod zu holen!“ Unsere Wohnung wurde konfisziert und Eigentum der Stadtverwaltung.

Mama nahm diesen Befehl und ging zu ihrer Arbeitsstelle, um zu kündigen. Sie erzählte ihrem Vorgesetzten von der Kommission und zeigte ihm den Befehl. Mama arbeitete in diesem Betrieb schon über drei Jahre als Buchhalterin und sie wurde sehr als erfahrene Mitarbeiterin geschätzt. Nachdem der Vorgesetzte den Befehl gelesen hatte, sagte er: „Lydia Michajlowna, beeilen Sie sich nicht zu kündigen, beeilen Sie sich nicht, in die Verbannung zu kommen! Wir werden schon etwas ausdenken, kommen Sie in einer Stunde zu mir!“

Als Mama nach einer Stunde in das Büro des Vorgesetzten kam, sagte er: „Wenn Sie morgen mit der ganzen Familie in den Norden abtransportiert werden, so ist es das Verderben für Sie, da sind die Taiga, Sümpfe, ein unbewohnbares Gebiet und eine furchtbare Hungerzone. Wenn Sie wollen, können wir Sie schleunigst, noch heute, auf eine längere Dienstreise für zwei bis drei Jahre schicken. Der Ort befindet sich 300 km von Omsk entfernt und ist eine gute Stelle. Da gibt es zwar kein elektrisches Licht und nachts laufen da Wölfe umher, aber das Dorf liegt an der Eisenbahnlinie, in der Nähe befindet sich eine kleine Station und da bekommen Sie eine Arbeit in Ihrem Beruf.“

„Und wo befindet sich diese Stelle?“ fragte Mama.

„In der Nähe vom Ural, im Jalutorowskij Rayon, die Station heißt Golyschmanowo und das Dorf Katyschka. Dort befinden sich unsere Waldparzellen und das Büro für die Holzzubereitung. Man bittet uns schon lange, ihnen einen erfahrenen Buchhalter zu schikken.“

„Wie steht es da mit der Wohnung?“

„Sie bekommen eine Wohnung, darüber brauchen Sie sich keine Sorgen zu machen. Sie müssen aber schnellstens aus Omsk wegfahren. Heute kann ich ihnen noch helfen, denn Sie sind unsere Mitarbeiterin. Morgen aber sind Sie schon unter der Miliz und werden unter Bewachung in den Norden geschickt. Sie müssen sich beeilen!“

Mama war einverstanden. Außerdem schlug der Vorgesetzte vor, das Opa Franz nicht mit uns fahren, sondern in der Stadt bleiben sollte, denn er arbeitete in einem Militärhospital. „Lassen Sie ihn eine Bescheinigung zur Miliz bringen, daß er im Militärhospital arbeitet, und dann wird man ihn in Ruhe lassen. Und Ihre älteste Nichte soll auch nicht wegfahren, denn sie studiert ja im Technikum. Aber alle anderen müssen schleunigst wegfahren!“ sagte der Vorgesetzte. Mama bedankte sich bei ihm, daß er unserer Familie so wohlgesonnen war. Im Büro wurden eilig ihre Papiere für die Dienstreise fertig gemacht und sie bekam sogar noch Geld für die Fahrt. Als Mama nach Hause kam, waren wir schon dabei eilig, alle Sachen für die Verbannung zu packen. Mama erzählte von ihrem Gespräch mit dem Vorgesetzten und von dem Rat, den er ihr gegeben hatte. Oma Mascha rief: „Gott sei Dank! Ich wußte, daß Gott unsere Gebete erhören wird! Wir wollen dem himmlischen Vater für seine Bewahrung und Hilfe danken!“ Und inbrünstig dankten wir Gott für sein wunderbares Eingreifen.

Opa und Julja liefen sofort, um die notwendigen Bescheinigungen zu holen, und wir mußten die Fahrkarten für den Zug besorgen, was gar nicht so einfach war, denn es war Kriegsszeit 1941 und es gingen nur wenige Züge. Am Abend fuhren wir mit den Sachen zum Bahnhof, aber wir konnten keine Fahrkarten für die Abend- oder Nachtzüge bekommen. Mamas Bekannten versprachen Fahrkarten für uns zu besorgen, aber nur für den nächsten Tag; es war jedoch zu gefährlich, wieder nach Hause zu gehen. So verabschiedeten wir uns von Opa und Julja und übernachteten bei Gläubigen, die in der Nähe des Bahnhofs wohnten. Am nächsten Tag fuhren wir weg; unsere Route führte westlich von Omsk, wir fuhren zur Station Golyschmanowo. Mama besaß die offizielle Bescheinigung, daß sie zur Arbeit abkommandiert wurde; da stand die Anschrift des Büros, wo sich der Waldbezirk befand, und auch die Anschrift der Frau, in deren Haus wir vorerst wohnen sollten.

Der Personenzug fuhr sehr langsam, er stand lange auf den Ausweichstationen und ließ die Züge mit Militär und Waffen vorbei. Unser Waggon war überfüllt; es war sehr eng und stickig, die Beleuchtung war sehr schwach, um uns herum herrschten Lärm und Geschrei. Wir Kinder machten es uns beim Fenster bequem und es war für uns sehr interessant, auf die von Schnee bedeckten Felder, Wälder und Dörfer zu schauen, an denen wir vorbeifuhren - Sibirien ist schön, sehr schön! Tief in der Nacht kamen wir an der Station Golyschmanowo an. Wir wollten so gerne schlafen, aber der Zug stand nur wenigen Minuten und wir trugen unsere Sache schon vorher aus dem Abteil heraus. Und es waren so viele Sachen: Pakete mit Kleidung, Schuhwerk, Decken, Kissen, Geschirr und außerdem hatte

Gennadij viele Bücher mitgenommen. Unsere viele Pakete waren mit Riemen und Leinen zusammengebunden. Wie sollen wir sie nur alle an Ort und Stelle bringen?! Wir stiegen aus dem Zug in die Finsternis, das kleine Stationsgebäude war nur schwach beleuchtet und rundherum herrschte völlige Finsternis. Wir mußten von der Station Golyschmanowo ins Dorf Katyschka gehen. Ringsum war es dunkel und still wie in einer Wüste, nur der Schnee fiel leise. In den Häusern schliefen alle, man sah kein Licht, nur der Mond beschien unseren Weg. Wir schleppten alle Sachen mit, ihrer waren viele und wir kamen kaum voran. Gennadij aber machte noch Spaß und zitierte einen Vers aus einem Kinderbuch:

„Zwei große Riesen marschieren man sieht,
Vierundzwanzig Koffer tragen mit sich!"

Zwei Riesen - das sind er und ich, die einzigen Männer, die wichtigsten Träger, er war 15 Jahre alt, ich 13 Jahre alt. An der Station wurde uns gesagt, in welche Richtung wir gehen sollten. Viele Hunde liefen uns auf der Straße entgegen, bellten unwahrscheinlich laut und verabschiedeten uns dann mit einem herzergreifenden Geheul. Oma sagte: „Sie heulen so, als ob sie um einen Toten heulen!" Es war schwer zu gehen: der Schnee war sehr tief, der Frost stark, die Sachen waren schwer und wir alle waren sehr müde. Besonders schwer fiel es der kleinen Gina zu gehen, auch sie mußte etwas schleppen. Lange wanderten wir durch die stillen, wie ausgestorbenen Straßen; wir klopften an die dunklen, schlafenden Häuser, dann kamen verschlafene Menschen heraus und erklärten uns geduldig, wie wir die gesuchte Adresse finden könnten. Endlich standen wir vor dem Haus, das wir suchten. Wir mußten lange klopfen und die Hunde in den Nachbarhöfen fingen an wütend zu bellen. Endlich brannte im Haus das schwache Licht einer Kerosinlampe und die Tür wurde von einer verschlafenen Frau geöffnet.

Mama sprach lange mit ihr, denn die Frau konnte zuerst gar nicht verstehen, wer wir waren und woher wir kamen. Endlich ließ sie uns ins Haus hinein. Dieses typisch sibirische Haus aus festen, dicken Brettern bestand aus einem einzigen großen Zimmer, in dem sich ein großer russischer Offen befand. Endlich waren wir in der so lange erwarteten Wärme. Die Hauswirtin war sehr freundlich. „Wollt ihr etwas Warmes essen?" fragte sie, wartete aber nicht unsere Antwort ab und holte sofort aus dem Ofen einen gußeisernen Topf mit heißen Schtschi heraus. Nach dem Essen breiteten wir sofort unsere

Bettsachen einfach auf dem warmen Holzboden aus. Wie schön, wie gemütlich: Gott sei Dank! So begann unser zweijähriges Leben im Dorf Katyschka.

In jener Zeit hatten die Omsker Behörden zuerst zwei aus Leningrad evakuierte Frauen in unsere Wohnung einquartiert, dann noch eine Frau aus Leningrad, die ein Kind hatte. Die ersten zwei, eine Mutter und ihre achtzehnjährige Tochter, waren sehr freundlich, kameradschaftlich und immer froh. Sie arbeiteten in einem Werk, das aus Leningrad nach Omsk evakuiert war, die Mutter war Ingenieurin, die Tochter war Dreherin. Die Frau, die später dazu kam, war die Frau eines hohen Beamten, der in Leningrad geblieben war; sie hatte eine dreijährige Tochter. Sie bat Opa ihr die Bibel - angeblich zum Lesen - zu geben, riß aber die Seiten aus der Bibel heraus und heizte damit den Offen, obwohl es genug alte Bücher und Zeitungen gab, die man dazu gebrauchen konnte. Opa erfuhr davon, als sie schon ungefähr die Hälfte der Bibel verbrannt hatte.

Opa und Julja wurden von der Behörde in Ruhe gelassen, sie wohnten auch weiterhin in derselben Wohnung, nur in der Küche. Eine Woche, nachdem wir weggefahren waren, kam ein Milizbeamter und fragte Opa, warum die Familie nicht zum Sammelpunkt gekommen war, um in die Verbannung zu fahren. Opa zeigte seine Bescheinigung, daß er in einem Militärhospital arbeite und daß die Enkelin in einem Technikum studiere. „Und die Tochter wurde auf eine Dienstreise auf längere Zeit geschickt, sie hat die anderen alle mit sich genommen", erklärte er. Anscheinend befriedigte diese Erklärung den Milizbeamten und auch die Behörden.

Im Dezember 1941 kamen Beamten vom NKWD in unsere Omsker Wohnung und brachten den Verhaftungsbefehl für Mama. Dies geschah spät am Abend. Opa sagte ihnen, daß eine solche Frau hier nicht wohne. Die Frauen aus Leningrad bestätigten, daß sie nie eine solche Frau in dieser Wohnung gesehen hatten. Die NKWD-Beamten, es waren zwei, stellten ein Protokoll auf, daß eine derartige Person da nicht wohne, sie baten Opa das Protokoll zu unterschreiben, und gingen weg. Anscheinend arbeiteten das NKWD und die Miliz so geheim voreinander, daß sie oft nicht wußten, was die andere Behörde in bezug auf bestimmte Personen unternommen hatte. Der Versuch, Mama im Dezember 1941 zu verhaften, war kein Zufall. In jener Zeit wurden in Sibirien und Kasachstan viele Frauen der Prediger und

Diener der Evangeliumschristen-Baptisten, die schon selber in Haft waren, verhaftet.[3]

Im Dorf Katyschka stand an einem Ende ein großes Holzhaus, in dem wir nun wohnten. Innen gab es keine Zwischenwände, nur ein großes Zimmer mit einem riesigen Ofen, der ein Drittel des Hauses einnahm. Es gab keine Möbel, aber wir konnten von irgendwo zwei Eisenbetten für Mama, Oma und Gina auftreiben. Gennadij und ich schliefen einfach auf dem Fußboden auf Matratzen. Rund um das Haus gab es keinen Zaun und auch keine Pforte. Zu Weihnachten viel so fiel Schnee, daß die Schneewehen bis zu drei Meter hoch waren. Manchmal dauerte der Schneesturm mehrere Tage und unser Haus war fast bis zum Dach vom Schnee bedeckt. Es herrschte draußen bittere Kälte, aber im Haus war es warm.

Es gab kein elektrisches Licht, so zündeten wir abends eine große Kerosinlampe an, die Mama von der Arbeitsstelle bekommen hatte, und die ganze Familie versammelte sich um den Tisch: der eine las, der andere machte Hausaufgaben, und Oma strickte beständig oder flickte unsere Kleidung. Oft bat sie jemanden von uns Kindern, laut etwas aus der Bibel vorzulesen. Hinter dem Fenster wütete der Schneesturm, im Schornstein heulte der Wind, nachts liefen große sibirische Wölfe durch das Dorf und packten die ahnungslosen Hunde. Die Menschen wurden von den Wölfen nicht angegriffen, jedenfalls hörte man nichts davon.

Mama arbeitete fast jeden Tag bis spät abends im Büro. Nach Hause kam sie zu Fuß, wobei sie über eine Stunde gehen mußte. Oft wurde sie für eine Woche auf Dienstreise geschickt, manchmal auch für zwei Wochen, denn die Waldparzellen lagen 50 bis 100 km von unserem Dorf entfernt, da mußte sie bei der Durchführung der Buchhaltung helfen. Gennadij und ich gingen durch das schneeverwehte Dorf in die Schule. Wenn starker Schneesturm herrschte, gab es keinen Unterricht und wir blieben zu Hause. Die kleine Gina ging noch nicht zur Schule, Mama unterrichtete sie an den freien Abenden und an den freien Tagen; sie lehrte sie lesen und schreiben, damit Gina im folgenden Jahr sofort in die zweite Klasse gehen konnte. Gennadij lebte nur vier Monate bei uns, dann nahm Mamas Bruder Nikolaj ihn zu sich nach Irkutsk.

---

[3] Unter den Verhafteten war auch Anna Petrowna Iwanowa-Klyschnikowa, die Frau des Generalsekretärs des Baptistenbundes der Sowjetunion, und Warwara Iwanowna Ananjina, die Frau des Vorsitzenden des Sibirischen Baptistenbundes - die erstere kam nach elf Jahren Verhaftung zurück nach Hause, die zweite starb im Straflager.

18

Schneesturm

Im Februar 1942 schickte man Mama auf eine Dienstreise in das nächste Rayonzentrum, das sich ungefähr 100 km von der Eisenbahnstation befand; dort sollte sie zwei bis drei Wochen bleiben, um dem wenig erfahrenen Buchhalter bei der Arbeit helfen. Im Winter ist in diesen Breiten das sibirische Pferd, das an die Kälte und Unwegsamkeit gewöhnt ist, das zuverlässigste Fortbewegungsmittel. Mama fuhr mit einem alten Kutscher, den alle Karpowitsch nannten. Er war schon jahrelang Arbeiter in der Waldparzelle und kannte sich sehr gut mit den sibirischen Wegen und dem sibirischen Winterwetter aus. Sie sollten eigentlich schon früh morgens losfahren, aber die Arbeit im Büro hatte Mama bis zum Mittag zurückgehalten. Karpowitsch spannte das Pferd an, warf einen Haufen Stroh in den Schlitten, zog sich über den Halbpelz noch einen Wintermantel, Filzstiefel sowie große Fellhandschuhe an und war zur Reise bereit. Mama hatte sich auch warm angezogen.

Sie wandte sich an Karpowitsch: „Fahren wir nicht zu spät los? Vielleicht sollten wir bis zum Morgen warten?“

„Mach dir keine Sorgen, Lydia Michajlowna! Nicht zum ersten Mal fahre ich in Sibirien! Der Weg ist sehr einfach und bekannt. Und morgen darf man nicht fahren, morgen gibt es einen Schneesturm. So sagen die sibirischen Alten und sie wissen alles“, lächelte Karpowitsch.

Ungefähr zwei Stunden lief das Pferd sehr forsch. Es herrschte leichter Frost und es war kaum Wind zu spüren. Ungefähr eine Stunde verweilten sie in einem Dorf neben der Eisenbahnlinie, tranken Tee ohne Zucker (denn es war Kriegszeit und Zucker gab es nicht), das Pferd ruhte aus und dann ging es weiter. Aber Mama war irgendwie innerlich sehr unruhig, denn so ein Wintertag ist sehr kurz, es dunkelt schnell.

„Karpowitsch, vielleicht sollten wir hier übernachten? Wohin sollen wir uns im Blick auf die Nacht beeilen?“

„Es ist gerade drei Uhr nachmittags! Und in paar Stunden sind wir am Ort. Das Pferd hat ausgeruht und es wird gut laufen. Und morgen gibt es einen Schneesturm, dies ist sicher! Wenn wir hier übernachten, so bleiben wir zwei bis drei Tage hängen!“

Ungefähr eine Stunde fuhren sie noch ruhig. Dann aber kam ihnen schnell eine dunkle Schneewolke entgegen, die langsam den ganzen Horizont bedeckte. Es wurde dunkel und der Wind erhob sich. Der alte Karpowitsch wurde unruhig, er schaute schuldbewußt auf Mama, blieb aber still. Das Pferd war müde und ging nur noch langsam voran. Bald fielen dicke Schneeflocken vom Himmel, erst langsam, dann immer schneller und schneller. Das Pferd lief wieder, als ob es verstand, daß man sich beeilen mußte. Der Wind wurde stärker; er nahm die fallenden Schneeflocken auf, ließ es nicht zu, daß sie die Erde berührten, wirbelte sie herum und warf sie dann ihnen ins Gesicht. Der Rücken des Pferdes, der Schlitten, die Kleidung - alles war mit Schnee bedeckt. Der Wind heulte und mit wilder Wut wirbelte er ganze Ströme fallenden Schnees und verwandelte sie in wütende Wirbel. Alles ringsumher verwandelte sich in ein undurchsichtiges weißes Dunkel, der Himmel, die Erde - alles war durcheinandergebracht.

„Schneesturm! Ein echter Schneesturm, Lydia Michajlowna!“ schrie Karpowitsch durch das Wüten des Windes. „Wenn wir nur nicht von dem Weg abkommen! Herr, führe es vorbei!“ Vor den Augen war nur eine weiße Wand, man konnte weder das Pferd noch den Weg sehen. Karpowitsch ließ die Zügel locker und das Pferd suchte selber den Weg. „Es ist erfahren, bleibt selber auf dem Weg, wird uns nicht im Stich lassen!“ schrie der Kutscher zu Mama. Es verging ungefähr eine Stunde, das müde Pferd schritt sehr unsicher weiter, blieb mehrere Male stehen, wendete den Kopf erst zu der einen, dann zur anderen Seite. Endlich zog Karpowitsch die Zügel an, stieg vom Schlitten und begann mit den Stiefeln den Schnee auseinanderzugraben, um den Weg zu fühlen. Zu seinem Erschrecken stellte er fest, daß das Pferd vom Weg abgekommen war. Mit mutloser Stimme sagte er zu Mama: „Wir haben den Weg verloren. Jetzt müssen wir suchen!“

Mama stieg auch vom Schlitten und fing an, den Weg zu suchen, indem sie mit den Stiefeln den Schnee wegschaufelte. Sie gingen in verschiedene Richtungen, kamen dann wieder zum Schlitten zurück, und so machten sie es viele Male. „Lydia Michajlowna! Ver- ir- re di- ch ni- cht!“ schrie Karpowitsch durch das Heulen des Schneesturms. „Hal - lo, hö- rst du mi-ch?“ Das Pferd aber stand die ganze Zeit ganz ruhig und wartete, als ob es verstand, daß die Menschen den Weg suchten. Es war ganz mit Schnee bedeckt, der auf dem Rücken schnell zu einem dicken Mantel wurde, und zuckte beständig zusammen, als ob es den Schnee von seiner Mähne und seinem Rücken abschütteln wollte.

Karpowitsch und Mama setzten sich total übermüdet in den Schlitten, fuhren etwas weiter und setzten dann ihre Suche nach einem Weg fort. Es war schon gegen Abend. Immer noch heulte der Schneesturm unaufhörlich und schüttete ihre Augen mit Schnee zu. Karpowitsch ließ das Pferd noch paar Male stehen und ging den Weg suchen, er durchwühlte den Schnee, aber ohne Erfolg. Endlich fuhren sie ganz langsam, soweit die Augen schauten. Es wurde immer kälter, der eiskalte Wind verbrannte ihnen das Gesicht und zog durch die Kleider. Während sie den Weg suchten, war Schnee in die Filzstiefel gelangt und jetzt taute er auf und nahm den letzten Rest von Wärme mit sich. Die Hände und Füße waren ganz steif von Kälte.

„Wir müssen uns bewegen, bewegen!“ schrie Mama. „Ich bin schon ganz durchgefroren!“

„Geh ein Stückchen, Lydia Michajlowna! Aber halte dich am Schlitten fest!“ antwortete der Alte.

Mama stieg vom Schlitten und ging nebenher, sie hielt sich mit der Hand am Schlitten fest. Der Wind heulte und der Schnee fiel unverändert schnell. Das Pferd kam nur sehr langsam und mit großer Mühe durch die Schneemassen voran. Genau so schwer kam auch Mama voran, sie ließ aber die Hand vom Schlitten nicht los. Vom Gehen hatten sich ihre Füße etwas erwärmt und es wurde ihr auch sonst etwas wärmer. Karpowitsch schaute oft zurück, ob sie noch da und nicht zurückgeblieben war. Da erschrak das Pferd auf einmal und mit einer einzigen ruckartigen Bewegung schnellte es zur Seite. Durch diese ruckartige Bewegung fiel Mama in den Schnee. Aber Karpowitsch hatte es nicht gemerkt und sofort verschwand das Pferd mit dem Schlitten in der Schneedunkelheit. Mama raffte sich auf und versuchte den Schlitten einzuholen, aber es war vergeblich. „Bleibt stehen! Wartet auf mich!“ schrie sie, doch der Schneesturm übertönte ihren Schrei.

„Was soll ich machen? O Herr, hilf mir!“ betete sie. Sie ging immer weiter und versuchte die Schlittenspuren im Schnee zu finden, aber sie waren nicht da. So verging ungefähr eine Viertelstunde.

Das Gesicht, die Hände, die Füße waren von der durchdringenden Kälte ganz steif geworden, in der Brust fühlte sich die Kälte wie Eis an, die Stimme war nicht mehr da. Da hörte sie durch das Heulen des Windes das langgezogene :Heulen der Wölfe. „Wölfe! Nur das fehlte noch!“ kam ihr der Gedanke. Da beschloß sie, nicht mehr weiter zu gehen, sie kniete sich einfach auf den Schnee und betete. Und der Schnee bedeckte sie schnell von Kopf bis Füßen.[1] Wieviel Zeit vergangen war, wußte Mama nicht, vielleicht zehn Minuten, vielleicht eine Stunde. Zuerst versuchte sie sich den Schnee vom Gesicht wegzuwischen, von den Augenbrauen; dann hörte sie auch damit auf, sie hatte keine Kraft mehr. Sie wartete auf Gottes Antwort.

Unerwartet kam etwas aus dem Schneevorhang auf sie zu und blieb ganz in der Nähe stehen. Es war das Pferd mit dem ganz verzweifelten Kutscher. Karpowitsch hatte zuerst nicht verstanden, warum das Pferd stehengeblieben war, trieb es zum Weiterfahren an, aber das Pferd blieb stehen. Mama sah das Pferd nicht, sie hörte nur das Atmen, aber sich von den Knien erheben konnte sie nicht, sie hatte keine Kraft mehr. Und das Pferd berührte sie fast mit seinen Hufen. Endlich stieg Karpowitsch vom Schlitten und ging nachsehen, was da war. Er sah einen Schneehaufen vor sich und war sehr froh, als er erkannte, daß das Pferd Mama gefunden hatte. Er schaufelte den Schnee zur Seite und half Mama aufzustehen, den Schnee von den Kleider zu entfernen und den Schlitten zu besteigen.

„Wie habe ich Sie nur verloren, Lydia Michajlowna! Ich weiß es selber nicht! Hier waren Wölfe und das Pferd war sehr erschrocken. Ich habe Sie gesucht und gesucht, alles umsonst. Aber das Pferd fühlt es, wenn es ein Mensch ist, und hat Sie gefunden!“ Er war sehr froh. Mama konnte gar nicht antworten: die Lippen gehorchten ihr nicht, so verfroren war sie. „Sie müssen sich aufwärmen! Bewegen Sie die Hände, die Füße! Drehen Sie den Kopf! Also, fahren wir! Vorwärts!“ und Karpowitsch zog die Zügel an. Mit viel Anstrengung bewegte Mama den Kopf, die Hände und die Füße, sie schaukelte sich hin und her im Schlitten. Als sie sich etwas erwärmt hatte und wieder sprechen konnte, fragte sie: „Haben Sie den Weg gefunden?“

---

[1] Später hat Mama mir von jenen Augenblicken erzählt: „Ich habe mich an mein ganzes Leben erinnert, ich habe Jesus alles gesagt, auch von meinem verhafteten Mann, den ich schon viele Jahre nicht gesehen hatte, auch von dir und von den Waisenkindern. Und ich bat Gott, wenn dies das Ende meines Lebens sein sollte, so möge er doch meine Waisen nicht verlassen!“ Sie war damals 35 Jahre alt.

„Ja, ja, es gibt einen Weg! Hier ist der Weg! Sie standen gerade auf dem Weg, als wir Sie fanden!“ antwortete er mit Freuden.

Es war ein Wunder: Mama lag auf den Knien und betete gerade auf der vom Schneesturm zugewehten Straße, die sie so lange und ohne Erfolg gesucht hatten. Es war Gottes Antwort auf ihr Gebet! Bald erreichten sie und Karpowitsch den Ort, zu dem sie fuhren.

Als Mama drei Wochen später nach Hause zurückkam und uns alles im Schneesturm Erlebte erzählte, beteten wir sehr inbrünstig und dankten Gott, daß er sie gerettet hatte. Oma Mascha erinnerte sich: „Als der Schneesturm anfing, haben wir uns große Sorgen um dich gemacht. Wir haben alle sehr viel gebetet, daß der allmächtige Gott dich auf dem Weg bewahren möge!“ Nach dieser Fahrt war Mama lange krank, sie hustete stark; doch Medikamente gab es keine. Aber sie konnte ihre Arbeit nicht lassen, um auch nur einen Tag auszuruhen; sie mußte auch weiterhin, obwohl sie krank war, zur Arbeit gehen.

19
Hunger

Während der ersten zwei bis drei Monate in Katyschka hatten wir genug Lebensmittel: Fleisch, Butter, Milch und Mehl konnte man in Golyschmanowo auf dem Markt zu gar nicht teuren Preisen kaufen. Um Kartoffeln zu bekommen, tauschten wir einige Sachen ein, denn in den Dörfern Sibiriens war ein Mangel an Kleidung und Bettsachen (Kissen, Decken, Laken). Brot, Salz, Zucker und Grütze kauften wir im Geschäft ein, sie wurden frei verkauft. Aber nach Neujahr verschwanden die Lebensmittel vollständig aus den Geschäften. Es war Kriegszeit, nach und nach verschwanden Brot, Zucker, Grützen aus den Geschäften, sogar Streichhölzer konnte man nicht mehr kaufen. Die Märkte wurde auch sehr schnell leer, keiner brachte mehr Milch, Fleisch oder Butter zum Verkauf. Die einheimische Bevölkerung wollte auch keine Kartoffeln mehr gegen Sachen tauschen, sie litt selber Not und brauchte die Lebensmittel. Das Brot wurde in bestimmten Portionen und nur auf Brotkarten verkauft. Da Mama Mitarbeiterin der Waldparzelle war, bekam sie jeden Monat sechs Kilogramm Mehl für sich und drei Kilogramm für jeden von uns, der nicht arbeitete. Bald hatten wie die letzten Kartoffeln aufgegessen, auch die anderen Lebensmittel waren zu Ende gegangen - und jetzt waren nur die Küchlein, die Oma aus dem Mehl buk, unsere einzige Nahrung.

Im März 1942 fing der Hunger an. Die einheimische Bevölkerung hatte wenigstens irgendwelches Vieh: viele besaßen Kühe, Schafe oder Hühner, aber für die Zugezogenen war es eine richtige Hungersnot. Die Bevölkerung im Dorf Katyschka, das vor dem Krieg aus ungefähr 10 000 Personen bestand, verdoppelte sich nach Kriegsanfang, dann kamen die Evakuierten aus Moskau und besonders aus dem durch Blockade eingeschlossenen Leningrad, und die Zahl der Einwohner verdreifachte sich. Natürlich reichten die Lebensmittel jetzt nicht mehr aus.

Auch unsere Familie war in Not. Oma kochte irgendeine Suppe aus Kohl und rote Beete, die Mama von der Arbeit nach Hause brachte, denn sie bekam manchmal etwas von ihren Mitarbeitern, den Dorfeinwohnern. Oma nahm etwas Sonnenblumenöl, briet darin etwas Zwiebeln, dickte das Ganze mit einer Handvoll Mehl an und gab es zu der Suppe. Dies war unser Essen. Oma war aber nicht mutlos, sie dankte Gott für alles und vom frühen Morgen bis spät abends sang sie christliche Lieder. Es waren fast alles alte Lieder, die noch in den ersten Jahren der Evangeliumschristen-Baptisten-Bewegung in Rußland geschrieben waren, in ihnen erklang ein lebensfreudiger Geist tiefen Glaubens und völligen Gottvertrauens. Oma versuchte auch immer uns, die Enkelkinder, aufzumuntern, doch wir hatten Mühe, mit dem ständigen Hungergefühl fertig zu werden. Ich beschloß, Hasen zu jagen, man sah viele ihrer Spuren im Schnee hinter dem Dorf. Die Nachbarjungen brachten mir bei, aus Eisendraht Haken zu machen und sie auf den Hasenwegen auszulegen. Aber es klappte bei mir nicht, ich hatte keinen einzigen Hasen gefangen.

Ende März wurde Oma ganz kraftlos, sie ging noch kaum durch das Haus, und im April konnte sie wegen Ausmergelung auch das nicht mehr. Jeden Morgen, wenn sie das Essen auf alle Familienmitglieder verteilte, hatte sie immer heimlich einen Teil ihres Essens uns Kindern abgegeben. Und jetzt lag Oma fast die ganze Zeit im Bett. Vor unseren Augen schmolz sie dahin, vertraute aber weiterhin dem Herrn: „Weint nicht, Kinder, seid nicht verzweifelt! Der himmlische Vater gibt Leben und Gesundheit und in seinen Händen sind alle unsere Tage. Ich werde noch leben, wenn es Ihm wohlgefällig ist!“ Mama sahen wir sehr selten, sie war fast die ganze Zeit auf Arbeit.

Immer neue Züge mit Evakuierten aus Leningrad trafen in Sibirien ein. Mehrere Tausende Leningrader wurden auf unserer Station ausgeladen. Es waren furchtbar ausgemergelte Leute, fast nur Skelette, viele von ihnen konnten nicht mehr gehen. Die Menschen wurden zuerst in der Schule untergebracht, im Krankenhaus, in den Kolchosgebäuden, dann wurden sie in die Dörfer gebracht. Ich kann mich an eine Frau erinnern, sie war Finnin und schloß später mit Mama gute Freundschaft. Sie besaß einen kleinen Schlitten und fuhr damit ihren kaum lebendigen, furchtbar ausgemergelten Mann von der Station bis zum Krankenhaus. Sie hatte ihn in eine Decke gewikkelt, auf den Schlitten gesetzt und festgebunden, und so fuhr sie ihn durchs Dorf, und seine kraftlosen Hände in den Handschuhen schlaften auf der Erde.

Viele Menschen konnten damals nicht mehr gehen, nicht nur unter den Leningradern. Unter den Flüchtlingen, die im Herbst und zu Anfang des Winters aus dem europäischen Teil Rußlands ins Dorf gekommen waren, um sich vor dem Krieg zu retten, waren viele buchstäblich am Rande des Todes. Im April 1942 wurde von der Behörde im Dorf ein spezielles Hospital für diejenigen eröffnet, die vor Hunger am Sterben waren. Die ganze Behandlung bestand darin, daß sie gutes Essen bekamen. Unsere Oma wurde auch in dieses Hospital gebracht, denn sie konnte nicht mehr gehen und auch kaum noch sprechen. „Auf Wiedersehen, ihr Lieben“, sagte sie kaum hörbar, als man sie ins Hospital brachte. „Ich glaube, daß ich bald gesund nach Hause kommen werde. Aber ich mache mir Sorgen um euch: wie werdet ihr hier ohne mich leben? Wer wird euch die Suppe kochen?“

Mama war auch krank, ihr blutete das Zahnfleisch und die gesunden Zähne fielen heraus. In jenem Jahr verlor sie den größten Teil ihrer Zähne, und diejenigen, die geblieben waren, wackelten sehr und am Ende des Krieges hatte sie nur fünf Zähne behalten - und sie war erst 38 Jahre alt. Für mich wurde es auch schwer, in die Schule zu gehen; hatte ich zuvor ohne weiteres die zwei Kilometer vom Haus bis zur Schule zurückgelegt, so gelang mir dies jetzt nur mit Mühe, besonders wenn viel Schnee lag. Ich ging ganz langsam und blieb oft stehen, um auszuruhen, ich hatte ganz wenig Kraft. „Es macht nichts! Sei stark! Geh trotzdem weiter zur Schule, versäumen darf man nicht. Wenn du eine oder zwei Unterrichtsstunden ausläßt, besonders in Mathematik, wird es dir danach schwerfallen, alles wieder aufzuholen!“ tröstete Mama mich. Jetzt war sie abends öfter mal zu Hause. Von der Arbeit brachte sie uns manchmal mehrere Möhren, dann wieder eine Rübe, manchmal auch Weißkohl mit und einmal brachte sie ein kleines Beutelchen mit Zirbelnüssen. Ich kann mich gut daran erinnern, wie meine Cousine und ich uns über diese Nüsse freuten!

Manchmal ging ich auf dem Weg von der Schule nach Hause an der Eisenbahnstation vorbei: ich wollte die Züge, die vorbeifuhren, aber auch die Menschen sehen. Hier war immer stark pulsierendes Leben: in den Westen fuhren die Züge mit den Soldaten, auf den offenen Waggons reisten Autos, Maschinengewehre und Panzer mit. Die Eisenbahnlinie war einspurig, die Züge konnten nur in eine Richtung fahren, entweder nach Westen oder nach Osten. Die Züge nach Osten gingen sehr langsam, sie blieben oft auf den Zusatzgleisen stehen, um diejenigen Züge durchzulassen, die in den Westen zur Front fuhren. Es kamen viele Sanitärzüge, die auf den Dächern und an den Seitenwänden große rote Kreuze hatten. Wenn sie auf unserer Station stehenblieben, so stiegen aus den Waggons Soldaten und Offiziere aus, sie hatten oft Krücke oder Verbände. Sie standen neben den Waggons und atmeten die reine kalte Luft ein, manchen gingen auch am Zug entlang. Die Frauen und Kinder aus dem Dorf standen in kurzer Entfernung und schauten ihnen zu. Oft geschah es, daß jemand von den Verwundeten in den Waggon zurückging und dann Butterbrote, Zuckerstücke oder Bonbons herausbrachten und den Kindern gaben. Die großen Jungs schämten sich, diese kostbaren Geschenke zu nehmen, aber die Kleineren nahmen sie mit Freuden an.

Mehrere Male sah ich besondere Züge, die auch langsam in den Osten fuhren und bewacht wurden. Es waren Güterwaggons, die kleine vergitterte Fenster hatten, und auf den Bremsplätzen standen bewaffnete Soldaten. Manchmal fuhren diese Züge ohne Halt an unserer Station vorbei. Sobald solch ein Zug sich der Station näherte, begannen die Menschen in den Waggons an die Waggonwände zu schlagen und um Hilfe zu schreien. Vielleicht schrien sie so auch die ganze lange Fahrt und nicht nur, wenn sie sich einer Station näherten? Fast immer hatten diese Züge vierzig bis fünfzig Waggons. Sie fuhren sehr langsam an der Station vorbei, und das Rollen der Räder konnte dieses herzzerreißendes Schreien und Stöhnen nicht übertönen.

Wer waren diese Tausende von Menschen, die so bewacht wurden? Wohin brachte man sie? Im Dorf wurden diese Züge die „Todeszüge“ genannt. Aber wer war in diesem Zügen: deutschte Kriegsgefangene, Deutsche von der Wolga oder russische Häftlinge?! Es war schwer zu sagen. Der nächste Zug verschwand langsam hinter der Kurve und brachte die um Hilfe rufenden Menschen in die Ungewißheit. Schweigend und mit Tränen in den Augen schauten die Dorfbewohner dem Todeszug mit den leidenden Insassen nach. Zwischen den Menschen bewegten sich immer zwei bis drei Milizbeamten, sie versuchten die Gespräche mitzubekommen; aber die alten sibirischen Frauen verabschiedeten den nach Osten fahrenden Zug ohne jegliche Furcht mit einem Kreuzeszeichen.

Einmal blieb solch ein Zug auf unserer Station stehen, denn er mußte einen Militärzug in den Westen vorbeilassen. Man hörte schreckliches Schreien: „A-A-A-! Helft uns! Rettet uns!“ Ich verstand, daß es Russen waren. Vielleicht war auch mein Vater dabei? Die Soldaten von der Wache liefen am Zug entlang, sie schlugen mit den Flinten an die Waggonwände und forderten die Eingesperrten auf, still zu sein. Aber das schreckliche Schreien wurde noch schlimmer. Nicht weit davon versammelten sich mehrere Dutzend Frauen, fast alle waren schon alt, auch Kinder und Teenager waren zugegen. Aus dem kleinen Stationgebäude kamen junge Frauen, Milizbeamtinnen herausgelaufen. „Geht sofort auseinander! Hier dürft ihr nicht stehen!“ schrien sie uns an. Unwillig begannen die Menschen, auseinanderzugehen. Eine ältere Frau schaute ängstlich umher, ob nicht irgendwo in der Nähe ein Milizbeamter sei, und sagte leise: „U- u Antichristen! Warum nur quälen sie die Menschen so?! Sie schreien ja, weil sie hungrig sind. Rette, Herr, deine Menschen!“ beendete sie ihre Rede mit einem orthodoxen Gebet und ging ins Dorf. Ganz traurig ging ich nach Hause und erzählte am Abend Mama von dem Zug voller hungriger, schreiender Menschen.

Eines Tages im Sommer sammelte ich unweit der Eisenbahnlinie im Wald Pilze und Beeren und fand da mehrere Briefe. Sie waren in den Sträuchern hängen geblieben und lagen hier wahrscheinlich schon seit dem Winter. Die Briefe waren als Dreiecke zusammengelegt, ohne Umschläge und Marken, aber mit Anschriften. Die meisten Briefe waren von dem Schnee und Regen so naß geworden, daß man weder die Adresse noch den Inhalt entziffern konnte. Aber ein Brief war sehr gut erhalten geblieben, ich brachte ihn nach Hause. Es war ein Brief eines Häftlings an seine Familie. Er verabschiedete sich schnell von seiner Familie und gab ihnen bekannt, daß er zu zehn Jahren Haft verurteilt sei. Am Ende des Briefes stand: „Wohin man uns bringt, weiß niemand. Nur Gott allein weiß es, und nur auf Ihn ist alle unsere Hoffnung!“ Wir haben diesen Brief sorgfältig getrocknet, gebügelt, in einen Umschlag gelegt, eine Marke draufgeklebt und an die angegebene Adresse geschickt. Ob seine Familie diesen Brief bekommen hat? Während der Kriegszeit wurde eine Militärzensur auf jeglichen Briefverkehr im ganzen Lande eingeführt. Vielleicht hat sich aber eine gute Seele gefunden und der Zensor hat diesen Abschiedsbrief, der direkt vom Todeszug geworfen worden war, durchgelassen.

Mehrere Male besuchten wir Oma im Hospital. Sie kam langsam wieder zu Kräften, denn das Essen war um vieles besser als zu Hause. Aber sogar im Hospital versuchte sie mir und Gina die zurückgelegten Brotstückchen zuzuschieben. Wir weigerten uns, sie zu nehmen. Nach drei Wochen ging sie auch schon den Flur entlang. „Seht ihr, ich bin wieder lebendig geworden, nicht gestorben! Der Vater im Himmel hat mich nicht ohne seine Güte gelassen! Ich komme bald nach Hause!“ sagte sie. Wiederum einen Monat später kam Oma gestärkt nach Hause. Sie war wie immer sehr mutig im Geiste, wieder erscholl im Hause ihre Stimme in den herzergreifenden Liedern und Dankgebeten zu dem himmlischen Vater.

Kurz bevor Oma aus dem Hospital entlassen wurde, war Mama in einem weiter entfernten Rayon auf Dienstreise und brachte davon einen Sack Kartoffeln und mehrere Liter Sonnenblumenöl mit. Oma jauchzte, ihre Augen strahlten vor Freude: „Der himmlische Vater hat uns wieder alles Notwendige geschickt!“ Zu mir und Gina sagte sie: „Bald ist es Sommer, dann gehen wir im Wald Pilze und Beeren sammeln, es gibt ihrer so viele in dieser waldreichen Gegend. All dieses hat unser guter und treuer Gott für die Menschen vorbereitet!“ Oma dachte oft an Opa und Julja, die in Omsk geblieben waren: „Wie leben sie da, die Armen? Werden sie auch nicht von den anderen Bewohnern beleidigt?“ Dann aber wurde sie wieder ruhig: „Der himmlische Vater wird sie nicht verlassen, so wie Er auch uns nicht mit seiner Fürsorge verlassen hat!“

20

Ein schwerer Sommer

Ende Mai werden in Sibirien die Gärten bestellt: verschiedenes Gemüse wird ausgepflanzt, zumeist Kartoffeln. Wie alle anderen Mitarbeiter der Waldparzelle bekam Mama ein kleines Stückchen Erde auf dem Gebiet des früheren Dorfes Korowenki zugeteilt, es befand sich ungefähr 20 km von unserem Dorf entfernt. Wir fuhren mit einem kleinen Lastwagen zusammen mit den anderen Mitarbeitern dahin. Als wir ankamen, sahen wir ein verlassenes, von allen vergessenes Dorf: die alten Holzhäuser standen leer, in ihnen wohnte keiner mehr, die Fenster und Türen waren ausgebrochen, die Öfen und Schornsteine auseinandergenommen. In der Nähe war ein großer Waldsee.

Ungefähr zehn Jahre zuvor befand sich am Ufer dieses Flusses ein reiches sibirisches Dorf, es umfaßte dreihundert Anwesen. Um das Dorf erstreckten sich sehr gute weite Felder; der Boden war ertragreich, arbeitswillige, gottesfürchtige Menschen hatten ihn aus dem Wald gerodet. Der See war reich an Fischen, im Wald gab es viele Wildvögel, Beeren und Pilze. Jetzt aber war anstelle dieses Dorfes ein total verlassener Ort. Ein alter Mann, der diese Gegend sehr gut kannte, erzählte uns: „Ich war früher in Korowenki, viele Male. Hier wohnten sehr gute, gottesfürchtige, arbeitsame Menschen. Sie lebten gut, hatten von allem genug. Dann aber hat man viele von ihnen verhaftet und verbannt, andere haben selber alles stehen und liegengelassen und sind weggefahren. Ihre Häuser und Ställe wurden von den Einwohnern der Nachbardörfer auseinandergenommen.“

Es war ein heller Morgen. Über dem See segelten einige weiße Wolken vorbei und spiegelten sich in seinem Wasserspiegel wider. Der leise Wind berührte die Wasseroberfläche und bewegte kaum merklich die Äste der Bäume, die nahe am Wasser standen. Wenn man aber weiter blickte, so sah man ein sehr schönes verklärtes Bild: dichter Fichtenwald umrahmte von allen Seiten den türkisfarbenen

See und verschwand hinter dem Horizont; von dort zogen immer neue Wolken auf, die wie weiße Segel eines Schiffes aussahen. Schaute man sich den Wald genauer an, so merkte man, daß er nicht nur aus Fichten bestand, sondern immer wieder auch aus den weißen, festen Stämmen der sibirischen Birke und den dünnen Stämmen der grünen Espen.

Mama und ich standen auf dem hohen Ufer. Es war frisch, sogar kühl, aber alles umher war so still und friedlich. In Gedanken versunken sagte Mama: „Irgendwo wütet ein schrecklicher Krieg, die Menschen töten einander, er herrschen Wut und Feindlichkeit, die Sterbenden stöhnen und die Kinder weinen. Und hier sind so eine Stille und solch ein Frieden in der Natur! Und irgendwo ist auch unser Papa. Wo befindet sich sein Straflager? Lebt er noch? Da, wo er ist, herrscht auch Brutalität, die unschuldigen Menschen leiden, man hört ihr Stöhnen und sieht ihre Tränen. Es sind schon fünf Jahre vergangen, seit man ihn uns weggenommen hat!“ Sie umarmte mich und sagte weiter: „Papa wurde zu zehn Jahren Haft verurteilt. Jetzt bist du 14 Jahre alt, und wenn Papa zurückkommt, wirst du schon 19 Jahre alt sein! Falls er noch lebt, falls er noch zurückkommen wird...“ Und Mama fing an zu weinen. Der See, der Wald und der Himmel aber, sie waren noch immer voll von Gottes Stille und Schönheit.

Mama und ich gingen zum Auto, wo sich unser Sack mit Kartoffeln, die wir pflanzen wollten, befand; wir nahmen einen Eimer und den Spaten. Wir hatten ein Stück Land zugewiesen bekommen. Die Erde war weich und sehr gut durchpflügt. Man konnte annehmen, daß sie schon mehrere Jahre nicht bearbeitet, aber früher wahrscheinlich gut gedüngt worden war. Bis zum Abend waren wir mit dem Kartoffelpflanzen beschäftigt; nur einmal machten wir eine kurze Pause, um das Mittagessen zu uns zu nehmen und etwas auszuruhen. Ich lief wieder zum See und schaute auf die Schwärme kleiner Fische, die direkt zum Ufer kamen. Dann ging die Arbeit weiter: Ich grub kleine Löcher, Mama legte in jedes Loch eine Kartoffel hinein, dann bedeckte ich die Kartoffeln mit Erde. Neben uns arbeiteten andere Menschen auf den ihnen zugewiesenen Flächen; es waren fast nur Frauen, alte Männer und Jungs. Auf allen Gesichtern sah man eine tiefe Unruhe, weil ihre Angehörigen im Krieg waren - und manche würden nie mehr die Rückkehr ihrer Männer und Väter von den Schlachtfeldern erleben.

Nachdem die Arbeit getan war, stellte sich heraus, daß das Auto kaputt war und wir hier übernachten mußten. Am Abend machten die

Jungs am Ufer des Sees ein großes Feuer; daneben lagen alte dicke Baumstämme, auf die man sich setzen konnte, und sich aufzuwärmen. Zu uns Jungs setzten sich auch die Erwachsenen. Die Frauen begannen, wehmütige, zu Herzen gehende Lieder zu singen und die Kinder brachten aus dem Wald verschiedene Äste und legten sie ins Feuer, das hell aufflammte, wenn neues Futter dazukam. Dann fingen die Frauen an, einander von dem zu erzählen, was für sie das Wichtigste war und was sie beständig im Herzen trugen: von ihren Männern und den Verwandten, die im Krieg waren, von den Schwierigkeiten in der Zeit der Trennung. Manche hatten ihre Männer schon ein halbes Jahr nicht gesehen, andere etwas länger. Zwei bis drei Frauen zogen Briefe von der Front hervor, sie lasen sie im Schein des Feuers und wischten sich mit der Hand die aufsteigenden Tränen weg.

Nur Mama konnte nichts über ihr Leid sagen: daß sie schon fünf Jahre von ihrem Mann getrennt sei und daß sie kein Recht hatte, von ihm auch nur ein Briefchen zu bekommen oder wenigstens selber ihm paar Zeilen zu schreiben. Sie hatte nicht einmal das Recht zu wissen, ob er noch lebte, es war ein Geheimnis. Ein schreckliches Geheimnis umhüllte all diejenigen, die zu Volksfeinden erklärt wurden, sogar wenn ihr Verbrechen allein darin bestand, daß sie an Gott glaubten und zu Ihm beteten. Bald gingen alle auseinander, am Feuer blieben nur Mama und ich. Ich warf mehrere große Tannenzweige ins Feuer und es knisterte; sehr starker Rauch kam und helle Flammen schossen hoch in den Himmel und verglühten langsam. Dann loderte das Feuer von neuem auf und die Flammen hoben sich höher und höher; schließlich zerschmolz alles zu einer hohen Feuersäule, die sich bewegte, hin und her schweifte, als ob sie sich von der Erde losreißen und wegfliegen wollte. Für mich war es sehr interessant, das Feuer zu beobachten, aber Mama war sehr traurig und still. Sie saß auf einem großen Baumstamm und schaute in Gedanken aufs Feuer.

„Woran denkst du, Mama?“ fragte ich und setzte mich neben sie auf den warmen Baumstamm.

„An unser Leben, an Papa. Er ist den anderen so unähnlich. Zu der Zeit, als viele aus der Sowjetunion wegliefen, hatte er das ruhige Leben in Amerika verlassen und war hierher gekommen, um das Evangelium zu predigen und das Schicksal des russischen Volkes zu teilen. Du bist bereits 14 Jahre alt, du kannst schon vieles verstehen. An erster Stelle in deinem Leben muß immer Gott und der Glaube an Ihn stehen, das sind die Prinzipien des Evangeliums. Behalte es, mein Sohn: zuerst kommt immer der Herr, nicht die Karriere und der persönliche Erfolg. Auf diesen Prinzipien haben dein Vater und ich unser Leben aufgebaut. Und das zweite sehr wichtige Prinzip: die Reinheit des Herzens und des Lebensweges! Bewahre deine Gedanken rein, deine Tage und Wünsche - dies ist mein Wunsch für dich, für dein ganzes Leben! So lehrt uns die Bibel: Selig sind, die reinen Herzens sind, denn sie werden Gott schauen. Kannst du dich erinnern, wo dies geschrieben steht?"

„Im Matthäusevangelium, im fünften Kapitel", antwortete ich.

„Hast du schon das ganze Neue Testament durchgelesen?"

„Nein, nur die vier Evangelien und die Apostelgeschichte. Aber das Matthäusevangelium habe ich mehrere Male durchgelesen."

„Nur die reinen Herzens sind, können Gott schauen," wiederholte Mama. „Ihn im Geiste sehen heißt, Gemeinschaft mit Ihm zu haben, und dafür braucht man ein reines Herz. Lüge, Arglist, unreine Gedanken und Wünsche verhindern, daß der Mensch Gemeinschaft mit Gott haben kann. In den Psalmen steht geschrieben: „Wie wird ein Jüngling seinen Weg unsträflich gehen? Wenn er sich hält nach deinen Worten" (Ps. 119, 9).

Mama zitierte aus dem Gedächtnis diese Worte der Bibel und dann schlug sie vor: „Wiederhole sie mir bitte!" Und mehrere Male wiederholten wir zusammen diese Verse. Das Feuer war schon fast abgebrannt, aber es spendete noch Wärme. So war es auch in meinem Herzen von den Worten, die Mama zu mir gesprochen hatte, von den Bibelversen, und ich dachte: „Wie gut, daß meine Mama eine Christin ist und daß sie so gut und wahrheitsgetreu ist. Wie gut, daß sie nicht ins Gefängnis gebracht wurde und bei mir sein kann! Und obwohl Papa nicht mehr bei uns ist, liebt sie ihn doch so fest!" Zum ersten Mal hatte ich klar verstanden, wie gut es war, daß Mama so fest im Glauben stand.

Das Feuer war schon fast verloschen. Einzelne Flammen versuchten noch die Reste von einigen Ästen zu erreichen, die am Rande herumlagen. Das Feuer wurde immer schwacher, manchmal verlosch es fast ganz, dann wieder flammte es hell auf. Große dunkelrote Kohlen, die in der Mitte lagen, brannten wie kleine blaue Zünglein. Fast schien es, als ob die dunkle Nacht und der schwarze Wald uns verschlingen wollten. Unruhig und heimwehkrank schrie irgendein Nachtvogel. Die Mondsichel, die über dem See hing, spiegelte sich im Wasser als eine dünne, lange, leuchtende Straße wider, die kaum zitterte, wenn der Wind sie berührte.

„Jetzt ist das Feuer zu Ende verbrannt. Erloschen... So ist auch unser Leben hier auf Erden. Aber die Liebe Gottes zu uns wird nie verlöschen! Die Sonne und die Sterne werden sich verfinstern, aber die Liebe Gottes - nie! Wer an den Sohn Gottes glaubt, der hat das ewige Leben, und das ewige Leben wird nie aufhören. Wir wollen noch zusammen beten“, schlug Mama vor. Wir beugten unsere Knie neben dem Feuer und beteten zusammen, zuerst ich, dann Mama. Danach sagte Mama zu mir: „Mein Sohn, vergiß diese Nacht nie! Ich möchte, daß du als ein tief gläubiger Mensch erwachsen wirst und Gott genau so treu wirst wie dein Vater! Möge der Herr bei dir an erster Stelle alle Tage deines Lebens sein!“[1]

Den Rest der Nacht verbrachten wir zusammen mit allen anderen in einem verlassenen Haus. Jemand hatte einfach eine dicke Schicht duftenden Heus auf dem Fußboden ausgebreitet und hier ruhten wir aus. Bis zum Morgen war das Auto repariert, und alle fuhren ausgeruht und fröhlich wieder nach Hause ins Dorf Katyschka.

Fast den ganzen Sommer verbrachten Gina und ich im Wald auf der Suche nach Pilzen und Beeren. Zuerst, solange wir in der Nähe des Dorfes im Wald suchten, ging Oma mit uns mit, aber es fiel ihr schwer, weiter in den Wald hinein zu gehen; dort aber gab es mehr Pilze und Beeren, so beschlossen wir allein zu gehen, und Oma blieb zu Hause. Oma gab uns jedesmal ein nicht besonders großes Stück Brot mit auf den Weg, das sollte für den ganzen Tag reichen; mehr konnte sie uns nicht geben.

Jedem Tag gingen wir mit Freude und Hoffnung, etwas zu finden; zuerst aßen wir uns selber an den Beeren satt, dann sammelten wir sie in ein Gefäß. Wir hatten unsere besonderen geheimen Plätze im Wald: es waren helle Sonnenwiesen, die irgendwo mitten im Wald waren, sie waren voller schöner Blumen und reifer Erdbeeren. Die gesammelten Erdbeeren trug Oma zur Eisenbahnstation, wo noch immer die Militär- oder Passagierzüge vorbeifuhren, und versuchte sie dort zu verkaufen oder gegen Brot einzutauschen. Von

---

[1] Während ich diese Zeilen schreibe, ist Mama nicht mehr auf der Erde, vor mehr als zehn Jahren rief der Herr sie zu sich. Sie ging aus diesem Leben mit einem tiefen Glauben und mit der Liebe zu ihrem Herrn. Seit jener denkwürdigen Nacht am Feuer am sibirischen Flußufer sind schon mehr als fünfzig Jahre vergangen. Aber die mütterliche Unterweisung über die Reinheit des Lebens und die Treue zum Herrn bewahre ich sehr treu in meinem Herzen, der Herr machte sie zu Grundsteinen meines geistlichen Lebens. Das Gedächtnis meines Herzens bewahrt viele Gespräche mit Mama und auch unsere gemeinsamen Gebete in meinen Kindheitstagen, als sich mein ganzer weiterer Lebensweg herausbildete. Danke dir, Mama!

dem Geld kaufte sie sofort Milch bei den Frauen und es war für uns eine große Hilfe.

Während der Beerenernte begann jeder Tag damit, daß wir unsere Erdbeerfelder im Wald durchstreiften und die reifen sammelten, es dauerte einige Wochen. Wir hatten auch jedesmal einen Korb für die Pilze mit. Zuerst konnten wir die giftigen und nichtgiftigen Pilze schwer voneinander unterscheiden und so mußte Oma zu Hause die Hälfte unserer Pilze herausschmeißen. Aber bald kannten wir uns mit den Pilzen aus, und so brachten wir fast jeden Tag einen Korb voller erstklassiger Pilze heim. Oma briet sie dann in der Pfanne; da wir aber kein Fett hatten, mußte sie Wasser nehmen. „Könnte ich die mit Sonnenblumenöl braten, welch ein Leckerbissen wäre das!" sagte Oma oft träumend dabei. Doch nach dem Hungerwinter waren auch solche Pilze für uns sehr schmackhaft. Oma selbst war inzwischen wieder soweit wiederhergestellt, daß wir mit ihr zusammen zwei- oder dreimal während des Sommers zu Fuß nach Korowenki gingen, um dort die Kartoffeln zu jäten. Sie war sehr froh, sang ihre Lieblingslieder und erzählte mir viel vom Leben der Gläubigen im Fernen Osten.

Anfang September nahmen Oma und ich ungefähr zehn Säcke für die Kartoffeln und gingen nach Korowinki, um die Ernte einzusammeln. Aber nachdem wir die ersten Büsche ausgegraben hatten, wurde uns klar, daß es sehr viele Kartoffeln sein würden: die Büsche waren sehr groß und jeder von ihnen enthielt viele Kartoffeln. Nachdem wir den vierten Teil ausgegraben hatten, waren alle zehn Säcke voll. „Sieh mal, wie der himmlische Vater die Ernte gesegnet hat!" freute sich Oma. „Aber was sollen wir jetzt tun? Wo sollen wir noch Säcke hernehmen?" Wir beschlossen, erstmal alle Kartoffeln auszugraben und sie einfach auf einen Haufen zu legen. Drei Tagelang gruben wir die Kartoffeln aus; und als wir fertig waren, ging ich ins Dorf, um einen Pferdewagen zu holen; und Oma blieb in Korowenki bei den Kartoffeln.

Es war schon Abend und ich ging zum ersten Mal allein zu solch später Zeit durch den Wald. Es wurde schnell dunkel und ich fühlte mich unbehaglich, ich hatte sogar etwas Angst. Jeder Baumstumpf sah wie ein versteckter Bär aus, hinter jedem Strauch witterte ich den versteckten Wolf, der auf mich wartete. Irgendetwas knisterte in Walddickicht. Manchmal riß sich von einer Baumkrone irgendein großer Vogel mit ziemlichem Lärm los, er klatschte laut mit den Flügeln und verschwand dann im Dunkeln. Mein Herz blieb vor

Angst fast stehen. Dann versuchte ich zu laufen und fühlte mich ruhiger und freudiger. Mehrere Male betete ich und erinnerte mich daran, daß auch Oma für mich betete. Spät in der Nacht kam ich nach Hause.

Meine erste Frage war: „Mama, was denkst du, wieviel Kartoffeln wir ausgegraben haben?"

„Ihr habt aber sehr lange gegraben, ganze drei Tage! Wo ist Oma?"

„Es ist alles gut, sie ist gesund, aber was denkst du, wieviel haben wir ausgegraben?"

„Vielleicht zehn Säcke?" sagte Mama.

„Die zehn Säcke sind schon voll! Und ein großer Haufen ist noch auf dem Feld liegen geblieben! Sieh mal, welch große Kartoffeln es sind!"

Ich zeigte Mama mehrere Kartoffeln, die ich mitgebracht hatte. Mama wunderte sich sehr: „Solch große Kartoffeln habe ich nur im Fernen Osten gesehen! Jetzt aber geh schnell schlafen, morgen früh können wir ein Pferd mit dem Wagen bekommen und dann kannst du die Kartoffeln nach Hause bringen."

Am nächsten Morgen bekam ich im Wald ein Pferd mit Wagen. Ein alter Mann, der die Pferde pflegte, fragte mich: „Kannst du denn ein Pferd anspannen?"

„Ich habe es nie probiert," antwortete ich leichthin.

Der Alte wurde sehr nachdenklich und sagte: „Es wird sehr schwer sein mit diesem Pferd, es ist ein sehr eigensinniges Pferd, sogar ein gefährliches, es beißt und schlägt mit den Hufen. Komm nicht zu nahe, sonst schlägt es dich tot! Du tust mir leid, aber was soll ich machen, es ist Kriegszeit, alle Männer sind im Krieg. Die Frauen, die Kinder und wir Alten - das sind alles an Arbeitern!"

„Habt ihr denn kein anderes Pferd, daß ruhiger ist?" fragte ich und schaute mit Unbehagen auf das feuerrote große Pferd, das mit großem Appetit das Gras in der Nähe fraß.

„Nein, ein anderes haben wir nicht," erklärte mir der Alte willig. „Alle guten Pferde sind im Krieg, es sind nur kranke, alte und dieser Götzen Ryshka hier geblieben!" Dabei zeigte er auf das Pferd. „Er wurde sogar wegen seiner Wildheit nicht in die Armee genommen, von der Kommission hatte er zwei Vorsitzende fast umgebracht. Dem einen hat er das Ohr abgebissen und den anderen so mit dem Fuß geschlagen, daß der Arme für immer ausgekämpft hat und jetzt für sein ganzes Leben Invalide sein wird.

Deshalb hat man Ryshka nicht in die Armee genommen, sondern uns zur Qual gegeben!"

„Wie soll ich denn mit ihm fahren?" fragte ich ganz verstört.

„Ich werde ihn in den Wagen einspannen, und wenn du nach Korowenki kommst, so spanne ihn nicht aus. Gib ihm Wasser aus dem Eimer zu trinken, aber nicht sofort, wenn du ankommst, sondern erst nach einer Stunde. Hier hast du auch einen Sack mit Gras, das kannst du ihm dann zum Fressen geben. Sei aber sehr vorsichtig, gehe von hinten nicht nahe heran. Aber auch von vorne paß sehr gut auf, sei auf der Hut. Wenn du nicht aufpaßt, kann er auch dir das Ohr abbeißen!" sagte der Alte lachend.

Mama kam und brachte noch zehn leere Säcke. Auch sie sagte zu mir: „Sei vorsichtig! Dieser Ryshka ist ein großer Raufbold, er hat einem Militärmann das Ohr abgebissen!"

Der Alte spannte das Pferd in den Wagen, gab mir dann das Geschirr und die Peitsche in die Hand. „Ohne Peitsche wird er nie gehen! Nun, vorwärts, geh!" schrie er, ich konnte nicht feststellen ob er mich oder das Pferd meinte. Ich zog das Geschirr an und wir fuhren los. Bald waren wir aus dem Dorf hinausgefahren und Ryshka lief freudig auf dem Weg und wendete sich bald nach links, bald rechts, je nachdem wie ich das Geschirr anzog. Manchmal ging er auch, dann wieder lief er und so kamen wir schnell in Korowenki an.

Oma wollte das Pferd sofort ausspannen, aber ich riet ihr davon ab. „Warte, das Pferd ist sehr gefährlich, es kann mit den Hufen ausschlagen oder das Ohr abbeißen!" Ich erzählte ihr von dem Mann, dem das Pferd das Ohr abgebissen hatte, und sie wurde ganz unruhig. „Geh du nur nicht in seine Nähe, ich werde es schon machen. Ich bin alt, werde irgendwie auch mit einem Ohr leben können! Aber wie willst du ohne Ohr leben!" So spannten wir Ryshka nicht aus. Oma gelang es, die Zügel herunterzunehmen, sie gab dem Pferd Wasser zu trinken und dann das Gras aus dem Sack zu fressen. Ryshka ruhte sich gut aus und war jetzt auch satt. Sehr vorsichtig legten wir die Zügel wieder an und luden die Säcke auf den Wagen. Wir füllten auch alle leere Säcke auf, doch der Haufen wurde nur zur Hälfte kleiner. Ich fuhr nach Hause und Oma blieb, um auf die Kartoffeln aufzupassen.

Die ersten paar Kilometer ging Ryshka sehr gut, er versuchte sogar ab und zu etwas zu laufen und das selbständig, ohne daß ich ihn anspornen mußte. Ich lobte ihn: „Du bist aber ein Guter, Ryshka, bist gehorsam und arbeitsam." Und als ob er mich verstanden hatte, winkte er mit dem Kopf und schritt weiter aus. Auf einmal aber blieb er stehen. Ich ließ ihn zehn bis fünfzehn Minuten ausruhen und sagte dann: „Nun, Ryshka, vorwärts! Geh!“ Aber das Pferd dachte gar nicht daran. Ich war müde, die Zügel zu bewegen und zu sagen, aber das Pferd ging nicht von der Stelle. Da stieg ich vom Wagen und ging zum Pferd nach vorne. Ich nahm es an den Zügeln und wollte es damit von der Stelle bewegen, doch das Pferd stand wie angegossen.

Es verging noch eine Viertelstunde, aber Ryshka ging nicht von der Stelle. Da nahm ich die Peitsche und ging zur Seite. Gerade wollte ich die Peitsche heben, aber Ryshka verstand meine Bewegung und schlug mit den Hinterfüßen aus. Ich sprang zur Seite und so schlug Ryshka nur an die Deichsel. Was sollte ich tun? Ich schrie auf das Pferd ein, ich zog am Geschirr, ich drohte mit der Peitsche - alles umsonst. So stand Ryshka ungefähr eine Stunde auf der Stelle. Dann war er wohl selber müde von dem langen Stehen und ging einfach los. Wir fuhren ungefähr einen Kilometer, da blieb Ryshka wieder stehen. Sobald ich mich ihm nahte, zeigte er mir wild seine Zähne und versuchte mich zu beißen, aber die Zügel im Maul hinderten ihn daran und ich versuchte auch nicht zu nahe heranzugehen. Mehrere Male schlug er mit den Hinterbeinen gegen die Deichsel und versuchte so mich zu treffen. So standen wir nochmal eine halbe Stunde.

Da ritten bei uns drei sibirische Tataren auf ihren Pferden vorbei. Als sie meine Not mit Ryshka sahen, blieben, sie stehen und als Ryshka wieder versuchte, mich mit den Hinterbeinen zu treffen, stiegen sie von ihren Pferden, stellten sich von beiden Seiten neben Ryshka hin und begannen ihn mit den Peitschen zu schlagen. Ryshka, der so etwas nicht erwartet hatte, fing noch mehr an auszuschlagen und mit dem Kopf wild um sich zu drehen, aber die Tataren hörten nicht auf zu schlagen. Da zog Ryshka ruckartig von der Stelle und lief los, ich schaffte es kaum, hinter dem Wagen herzulaufen.

Doch bald hörte das Laufen auf, Ryshka ging immer langsamer und blieb wieder stehen. Ich wollte ihn ausruhen lassen, doch die Tataren holten uns wieder ein. Als Ryshka sie sah, ging er sofort ruhig weiter. Ich ging neben ihm und hielt die Zügel. Die Tataren sagten: „Ein schlechtes Pferd, ein faules, ein böses!“ Sie ritten eine Zeitlang neben uns und sagten: „Du brachst das Pferd nicht zu bemitleiden, schlag es mit der Peitsche, mit der Peitsche!“ Sie gaben mir Ratschläge und schwenkten die Peitschen über Ryshka´s Haupt, er sah sie von der Seite an und schritt gehorsam aus.

„Vielleicht ist es für ihn zu schwer, so einen Wagen zu ziehen? Vielleicht haben wir zu viel geladen?“ fragte ich die Tataren und zeigte auf die Kartoffelsäcke.

„Ach was, das ist doch nicht viel! Du hättest zweimal so viel aufladen können und das Pferd würde es ziehen. Sieh doch, wie stark und fest das Pferd ist. Aber es ist faul, sehr faul!“ lachten die Tataren.

„Ryshka wurde nicht zum Militär genommen, weil er einem Mann das Ohr abgebissen hat“, beklagte ich mich.

„Oh! Ein Ohr abgebissen?“ fragten die Tataren und schüttelten ihre Köpfe. „Man müßte die Haut von diesem Pferd abziehen und das Fleisch den Hunden geben! Ein schlechtes Pferd, sehr schlechtes!“

„Danke für eure Hilfe!“ sagte ich ihnen zum Abschied und die Tataren ritten weiter.

Es war schon gegen Abend und der Weg führte durch den Wald. Die Bäume standen dicht bis zum Weg, aber manchmal gab es auch große Wiesen mit hohem Gras. Die Sonne sank hinter den Tannengipfeln und es wurde kalt, aus dem Walddickicht stieg feuchte Luft empor. Wir fuhren noch einige Kilometer, da blieb Ryshka wieder stehen. Bis zum Dorf war es jetzt gar nicht weit, vielleicht zwei bis drei Kilometer.

Ich ließ Ryshka etwas ausruhen, dann schrie ich: „Ho! Geh weiter!“ Doch mein Befehl hatte auf Ryshka keine Wirkung. Ich schlug ihn mit der Peitsche, aber Ryshka dachte nicht daran, weiterzugehen. Ich schlug ihn noch einmal. Ryshka bewegte sich von der Stelle, ging ungefähr zehn Meter weiter und blieb erneut stehen. Ich faßte mit der Hand an die Zügel und zog ihn weiter. Aber Ryshka zeigte mir nur seine Zähne, wieherte böse, schwenkte den Kopf hin und her und schlug mit den Hinterfüßen. So verging über eine Stunde. Die Sonne war schon lange untergegangen, hinter dem Wald kam der Mond hervor. Es war sehr hell, aber auch kalt.

Was sollte ich tun? Wie sollte ich handeln? Ich lief den Weg entlang hin und her, um mich etwas zu erwärmen. Der Weg ging gerade durch eine große Wiese, der Wald stand schwarz an der Seite. Von Zeit zu Zeit lief ich zum Wagen, zog die Zügel an und versuchte Ryshka zu bewegen, weiterzugehen, aber er hörte nicht auf mich. „Macht nichts, es wird ihm selber leid tun, bis zum Morgen hier zu stehen, dann wird er schon weiter gehen“, tröstete ich mich. Und tatsächlich, Ryshka ging auf einmal, ich schaffte es gerade noch, die Zügel zu nehmen. „Gut, Ryshka! Vorwärts! Vorwärts!“ rief ich erfreut.

Aber ungefähr nach einem Kilometer blieb Ryshka wieder stehen und wollte gar nicht weitergehen. Es war schon weit nach Mitternacht. Ich betete und beschloß, bis zum Morgen zu warten. Da wieherte Ryshka auf einmal, hob seinen Kopf hoch, stellte seine Ohren auf; jemand kam uns entgegen. „Wer ist dies, ein Mensch oder ein Tier?“ erschrak ich und versuchte krampfhaft die Finsternis zu durchdringen. Endlich erkannte ich Mama und lief ihr freudig entgegen.

„Was ist mit dir? Warum dauert es so lange? Ist etwas passiert?“ fragte sie sehr beunruhigt.

„Nun, Ryshka will nicht gehen! Gut, daß die Tataren mir geholfen haben“, und ich erzählte Mama meine Quälereien mit Ryshka.

„Ich habe mir solche Sorgen gemacht, es ist schon Nacht und du warst noch nicht da! So beschloß ich, dir entgegenzugehen.“

Mama nahm die Zügel und versuchte Ryshka zum Gehen zu bewegen, aber er blieb stehen. Dann gab sie mir die Zügel, faßte den Zaum an und zog Ryshka nach vorne. Ryshka ging von der Stelle, lief mehrere Schritte und blieb wieder stehen. Mama zog erneut am Zaum. So kamen wir endlich im Dorf an, sehr, sehr langsam. Im Dorf ging Ryshka wieder von selbst. Wir kamen erst morgens im Dorf an, aber Ryshka haben wir im Gedächtnis behalten.

Am nächsten Tag bekam ich im Büro zwei andere Pferde und einen größeren Wagen. Mama gelang es, noch zwanzig leere Säcke zu bekommen. Ohne irgendwelche Vorkommnisse kam ich in Korowenki an und erzählte Oma von meinen Erlebnissen mit Ryshka. Sie konnte sich nicht beruhigen und sagte immer wieder: „Da haben wir aber ein Pferdchen bekommen! Wie bist du nur heile geblieben?“ Als wir die Kartoffeln in die Säcke füllten, stellte sich heraus, daß es noch über dreißig Säcke waren. Oma jauchzte: „Man solle sich nur vorstellen, wieviel wir ausgegraben haben! Dank sei Dir, du gnädiger Herr!“ Wir luden die Säcke auf den Wagen und fuhren ganz ruhig nach Hause. Ungefähr einem Monat später gelang es Mama durch ihr Büro, zehn Säcke mit Kartoffeln an Opa und Julja in Omsk zu schicken.

Oma hatte sich während unseres Lebens in Katyschka mit vielen Nachbarn bekannt gemacht und alle gefragt, ob es hier Christen gebe. Doch keiner wußte etwas davon; man sagte ihr nur, daß im Dorf irgendwann einmal eine orthodoxe Kirche gewesen sei, aber sie war noch in den ersten Jahren nach der Revolution zerstört worden und so war nur ein wilder Ort zurückgeblieben, der mit Gras und Büschen bewachsen war. Oma schloß Freundschaft mit den nächsten Nachbarn am Dorfende, es waren fast alles Frauen, deren Männer oder Söhne im Krieg waren. Sie besuchte diese Frauen oft, nahm das Neue Testament und las ihnen daraus vor, sie zeugte ihnen von Gott und dem Glauben an Ihn. Die Frauen hörten sehr aufmerksam zu. Sie baten Oma, für ihre Männer und Söhne, die im Krieg waren, zu beten, und einige beteten selbst jetzt mit Oma. Die Nachbarinnen erzählten ihr: „In Korowenki, wo ihr die Kartoffeln gesät habt, gab es eine große Gemeinde von Christen, doch wissen wir nicht mehr, wie sie hießen, es waren entweder Baptisten oder Evangeliumschristen. Es waren sehr gute Menschen. Vor ungefähr zehn Jahren wurden sie alle irgendwohin verschickt, man hat sie weggebracht und es ist keiner mehr geblieben. Und wohin man sie gebracht hat, weiß keiner."

Anfang des Jahres 1943 fuhr Oma nach Omsk zurück, weil die Stadtbehörde ihr die im Herbst 1941 beschlagnahmte Haushälfte zurückgaben.[2] „Seht ihr, wie gnädig der Herr zu uns ist, wir haben unser Haus in Omsk zurückbekommen!" freute sie sich. Nachdem Oma weg war, blieben Mama, ich und Gina in Katyschka. Der Winter 1943 war für uns leichter als der vorherige, denn wir hatten viele Kartoffel für den Winter. Und Mama bekam an ihrem Arbeitsplatz Mehl, Grütze und etwas Fett für sich und die Hausmitbewohner. Einmal bekam Mama eine Fünfliter-Flasche mit Fischöl und so brieten wir Kartoffeln mit diesem Öl. Aber das Wichtigste war, daß Mama jetzt den Kampf gegen Skorbut aufnehmen konnte, sie trank jeden Tag mehrere Löffel Fischöl. Der Winter ging für uns gut zu Ende und im Frühling 1943 konnte ich nach Omsk zurückkehren. Mama und Gina kamen im Sommer nach Omsk zurück.

Von meinem Vater hatten wir noch kein einziges Lebenszeichen. Auch von Ginas Vater wußten wir nichts, nur ab und zu kam ein Brief von ihrer Mutter. Sie schrieb an die Adresse ihrer Verwandten in Blagoweschtschensk und diese schickten die Briefe nach Omsk. Aus diesen Briefen wußten wir, daß sie am Leben war und sich in einem Frauenstraflager in der Nähe von Magadan befand. Wir beteten beständig für unsere teuren Gefangenen.

---

[2] Omas Sohn Nikolaj arbeitete als Direktor eines großen Werkes in Irkutsk und hatte ein Gesuch eingereicht, daß man seiner Mutter das ungesetzlich beschlagnahmte Wohneigentum zurückgeben sollte. Es gab einen Gerichtsprozeß und Omas Anrecht auf die ihr zustehende Haushälfte wurde wiederhergestellt.

21

Geistliche Erweckung

Anfang der dreißiger Jahre gab es in Omsk eine große Baptistengemeinde, die über 800 Mitglieder zählte, zu jener Zeit hatte die Stadt fast 100 000 Einwohner. Noch vor der Revolution hatten die Christen ein großes, steinernes Gebetshaus auf dem hohen Ufer des Flusses Omj gebaut. Dieser Fluß teilte die Stadt in zwei Teile und über den Fluß führten zwei Brücken, die eine hieß die „Hölzerne" die andere die „Eiserne". Im Juni 1935 wurde das Gebetshaus konfisziert und die berittene Miliz übernahm es. Dann mieteten die Christen eine Zeitlang für ihre Gottesdienste ein kleineres Haus am Stadtrand hinter der Eisenbahnstation. Es blieb ihnen allerdings nur einige Monate bis zum Dezember 1935.

In der Stadt gab es noch eine Gemeinde der Evangeliumschristen, sie bestand aus 200 Mitgliedern und versammelte sich gesondert von den Baptisten; ihr Gebetshaus wurde im Februar 1937 geschlossen. Die Behörden verboten jegliche Gottesdienste, sei es bei den Baptisten, sei es bei den Evangeliumschristen. Zu der Zeit waren fast alle Gemeindeleiter, Prediger und Diakone in Omsk verhaftet worden, insgesamt über 50 Personen. In den folgenden Jahren bis zum Krieg kamen die Gläubigen geheim zusammen - fünf bis zehn Personen in verschiedenen Stadtteilen - lasen das Wort Gottes, beteten und gingen auseinander. Früher gab es in der Stadt über zehn orthodoxe Kirchen, aber auch sie waren alle geschlossen. Manche Kirchengebäude waren gesprengt, andere in Wohnungen oder Lagerhallen umgewandelt worden.

Anfang 1943 wurde in Omsk unerwarteterweise eine orthodoxe Kirche eröffnet; sie wurde sofort von vielen Menschen besucht, darunter waren auch Militärs: Soldaten und Offiziere. Zu Beginn des Sommers 1943 begannen die Evangeliumschristen-Baptisten frei zu Gottesdiensten zusammenzukommen; zuerst waren es 15-20 Personen, dann kamen immer mehr dazu und die Behörden ließen sie in Ruhe. Anfang 1944 gab es in der Stadt schon mehrere Gruppen, die aus 30 bis 50 Personen bestanden, und sie kamen an fünf oder sechs verschiedenen Orten zusammen. Nachdem Mama und ich aus Katyschka nach Omsk zurückgekehrt waren, besuchten wir auch die Gottesdienste. Oma, Opa und Gina waren zu der Zeit schon nach Kiew umgezogen, sie wohnten bei Tante Nadeshda, Mutters jüngster Schwester.

Im Sommer 1944 vereinigten sich einige Gruppen und die Gottesdienste wurden in einem Haus am Stadtrand durchgeführt. Es gab kein Verkehrsmittel und wir gingen zu Fuß zum Gottesdienst. Der Weg von mehreren Kilometern war keinem zu lang, denn der Durst nach dem Wort Gottes war sehr groß. Jeder Gottesdienst eröffnete mir neue, helle Horizonte des christlichen Glaubens. Die Gottesdienste wurden von vielen Jugendlichen besucht, die Mehrheit kam aus christlichen Familien; aber es gab auch Besucher aus nichtchristlichen Familien, es waren Nachbarn und Bekannte. Die Frauen waren in der Mehrzahl, denn einige Männer waren noch vor dem Krieg verhaftet worden und nicht aus den Gefängnissen zurückgekommen, die anderen waren beim Militär. Die Predigten wurden fast nur von alten Brüdern gehalten. Früher, als das Gebetshaus noch nicht beschlagnahmt worden war, waren diese nicht gebildeten Brüder nur Zuhörer im Gottesdienst gewesen; jetzt aber, da die Prediger und die anderen Diener der Gemeinde in Haft waren, hatte der Herr sie zum Dienst am Wort Gottes berufen. Und wie gut sie predigten, mit welchem Glauben und Innigkeit haben sie die Gemeinde getröstet, besonders die Frauen und die Kinder der Häftlinge! Sie zeigten das Beispiel von Jesus Christus auf, der für uns litt und gestorben war. Diese Brüder, die oft nur stotternd das Wort Gottes lesen konnten, zeugten sehr überzeugend, daß die Wahrheit nur in Jesus Christus ist, und feurig riefen sie die Jugend und die Kinder auf, ihre Herzen Gott zu weihen.

Die alten Brüder regten in ihren Predigten die Gläubigen dazu an, für die Häftlinge zu beten, sie zeigten ihre beispielhafte Treue Gott gegenüber, und die Gemeinde war eins mit denen, die um des Wortes willen litten. Manche Christen hatten noch alte Zeitschriften wie „Gast", „Glaube", „Christ", „Baptist", „Baptist der Ukraine" aufbewahrt, in denen auf bereits vergilbten Seiten das Leben der Evangeliumschristen-Baptisten sehr ausführlich dokumentiert war. All diese Zeitschriften durfte man seit Mitte 1929 nicht mehr drukken. An manchen Abenden versammelte sich die Jugend und auch die älteren Gemeindeglieder bei jemandem zu Hause, lasen gemeinsam die Artikel aus den alten Zeitschriften und schauten sich die

Fotos der Prediger und Diener Gottes an, die noch vor der Revolution zur Zarenzeit Verfolgungen um ihres Glaubens willen erlitten hatten. Von den Seiten der Zeitschriften schauten uns auch diejenigen Brüder an, die während der dreißiger Jahre in Gefängnissen und Straflagern waren. Die alten Gemeindeglieder, die viele dieser Diener persönlich kannten, erzählten uns von diesen Häftlingen und erinnerten sich an die Einzelheiten ihres Dienstes und ihres Lebens.

Wenn in den Gottesdiensten der Aufruf zu hören war, daß man sein Herz Gott weihen und Ihm das Leben zur Verfügung stellen sollte, so gingen die Jugendlichen und Kinder als erste nach vorne, es waren oft Kinder der Häftlinge.[2] Es gab viele Bekehrungen zu Gott, besonders unter der Jugend. Im Frühling 1945 begannen die Gespräche mit den Neubekehrten und ihre Vorbereitung zur Taufe, nachdem mehrere Gemeindestunden durchgeführt waren und die Gemeindeleitung gewählt war. (Es gab allerdings schon im Sommer 1944 ein Tauffest, bei dem ca. 15 Personen getauft wurden.) Zum Frühling 1945 organisierten sich in Omsk zwei Gemeinden: die Stadtgemeinde, in der hauptsächlich Russen waren und das Predigten und Singen in Russisch geschah, sowie hinter dem Fluß Irtysch, auch im Stadtbereich, die deutsche Gemeinde, obwohl da auch Russen waren. In der deutschen Gemeinde wurde der Gottesdienst in Deutsch und Russisch durchgeführt. Die Beziehungen zwischen den Gemeinden waren brüderlich und freundschaftlich.

In einem Abendgottesdienst Ende 1944 bekundete ich der Gemeinde, daß auch ich dem Herrn nachfolgen wolle. Schon beim Morgengottesdienst hatte ich aufstehen und sagen wollen: „Ich kann nicht ohne Christus leben! Ich möchte völlig mein Herz Ihm geben!“ Aber irgendeine innere Angst hatte mich daran gehindert, öffentlich mein Verlangen kundzutun. Obwohl ich die Tränen der Reue nicht zurückhalten konnte und mein Herz darüber betrübt war und mich an all das Schlechte, das ich in meinen 16 Jahren schon getan hatte, erinnerte und der Herr mir seine liebende Hand entgegenstreckte, konnte ich mich doch nicht überwinden, beim Morgengottesdienst diesen Schritt zu tun.

---

[2] Unsere Väter hatten, als sie in die Gefängnisse gingen, uns weder Geld noch irgendein irdisches Gut zurückgelassen, aber wir haben von ihnen ein weitaus kostbares Erbteil bekommen: ihren unerschrockenen Glauben an Jesus Christus und ihre Treue Ihm gegenüber bis zum Ende. Während sie in den Gefängnissen und Straflagern litten und starben, beteten sie für uns, sie beteten für die geistliche Erweckung Rußlands.

Nach dem Gottesdienst kam ich nach Hause und in meinem Herzen tobte ein Kampf. Ich betete, ich bereute alles vor dem Herrn und mein Seele wurde von wunderbarem Frieden und Freude erfüllt, ich bekam die Gewißheit, daß ich errettet sei. Abends während des Gottesdienstes rief ein Bruder, ein Gast aus Moskau: „Wer möchte sein Herz Gott weihen?“ Da stand ich auf und sagte laut: „Brüder und Schwestern, betet für mich, ich möchte mein ganzes Leben dem Herrn dienen! Er ist mein persönlicher Erretter und mein Herr!“ Nach mir gingen noch mehrere junge Brüder und Schwestern mit Reuetränen nach vorne. Unser Gemeindeleiter, Pjotr Anikejewitsch Sajapin, rief die Gemeinde zum Gebet auf. In dem kleinen Gebäude waren an dem Abend 150 Personen zusammengekommen, alle standen auf und wir beugten unsere Knie. Ich konnte nicht ruhig beten, die Tränen überwältigten mich. Auch die anderen Bekehrten beteten laut; dann betete die ganze Versammlung für uns. In meinem Herzen war ein Feiertag, die Seele jubelte: Treuer Jesus, ich bin jetzt dein auf ewig!

Am 5. Juni 1945 schloß ich mit dem Herrn einen ewigen Bund und ließ mich im sibirischen Fluß Omj taufen. An diesem frühen Morgen, als es gerade hell zu werden begann, begab sich eine große Gruppe von Gläubigen weit hinter die Stadt. Als wir am Taufort ankamen, sahen wir einen weit über die Ufer getretenen Fluß, die Ufer waren von hohem Gras bewachsen. Den Herzen war es feierlich zumute; die ganze Natur, alle Kreatur freuten sich des Lebens, der Sonne, des begonnenen Sommers. Dies merkt man besonders in Sibirien, wo der lange kalte Winter sehr schnell vom kurzen, aber heißen Sommer abgelöst wird. So ist auch die Seele des Menschen: nach der tödlichen Kälte des Unglaubens erhebt sie sich schlagartig zum neuen Leben in Christus, sie bekommt in Ihm die Quelle des Glaubens, des Guten, des Lichtes. An diesem Tag freuten sich alle Gläubigen, die am Ufer standen, besonders aber diejenigen, die den Bund mit dem Herrn schlossen.

Mehrere Brüder stiegen in das Wasser und säuberten die Stelle, wo getauft werden sollte, vom Schilf. Bevor ich ins Wasser ging, sagte Mama leise zu mir: „Wie würde Papa sich heute freuen, wenn er heute mit uns sein könnte! Dieser Tag ist einer der wichtigsten Tage in deinem Leben. Wieviel habe ich hierum zu Gott gebetet!“ Ich war fast 17 Jahre alt und ich spürte die ganze Verantwortung dieses Augenblicks vor Gott. Vor vielen Zeugen, die hier am Ufer standen und leise sangen, schloß ich den ewigen Bund mit dem Herrn. Unter diesen Zeugen war auch meine Mama, die mir das Leben gegeben hatte. Wie oft hatte sie gebetet, daß dieser Tag kommen möge, wieviel hatte sie sich bemüht, damit ich geistlich wiedergeboren werden konnte. Und jetzt stand Mama, glücklich und aufgeregt, am Beginn meines geistlichen Lebens. Mit Freude dachte ich daran, daß auch der blaue, wolkenlose Himmel hinter dessen blauen Weiten jetzt die Engel jubelten, Jesus Christus und auch die anderen Himmelsbürger sich freuten, ein Zeuge dieses Tages war!

Wir waren fast vierzig Täuflinge, die meisten Jugendliche. Wir standen in weißen Kleidern am Ufer, und innerlich bewegt gingen wir der Reihe nach ins Wasser. Wir wurden von dem Gemeindeleiter, Pjotr Anikejewitsch Sajapin, getauft; er war kurz zuvor nach fünf Jahren Haft zurückgekehrt. Nach der Taufe gingen wir zurück in die Stadt, wir waren fast hundert Personen. Singend gingen wir auf den Waldwegen, dann auch durch die Stadt. Und keiner verbot es uns, es war eine kurze Zeit der Freiheit.

Der Krieg war gerade zu Ende und das ganze Volk freute sich, daß dieses schreckliche Blutvergießen zu Ende gegangen war. Es gab in der Stadt viele Soldaten, die vom Krieg nach Hause zurückgekehrt waren, es gab viel Freude, glückliches Lächeln, man hörte viele Lieder. Das Gefühl der Freiheit und der Erleichterung erfüllte auch unsere Herzen. Die Gläubigen verstanden, daß unser Herr, der große Friedensstifter, sich über die Völker erbarmt hatte, die vom Krieg gemartert waren, und dankten Gott dafür. In der Stadt gingen wir in ein Haus, in dem Christen wohnten, und dort legten die Brüder uns die Hände auf und beteten über uns. Dann nahmen wir zum ersten Mal in unserem Leben am Abendmahl des Herrn teil und gedachten seines Leidens und seines Todes für unsere Sünden. Schließlich sangen wir alle gemeinsam das Lied: „Wenn des Herrn Posaune schallet...“. Es war das Lieblingslied unseres Gemeindeleiters.

„Wenn des Herrn Posaune einst erschallt, die Zeit vorbei wird sein
Und der ew´ge Morgen anbricht hell und rot,
Wenn die Seligen sich finden an dem Himmelsstrande ein
Und die Stammroll` wird verlesen, bin ich dort.
Wenn der Herr die Namen rufet,
Wenn der Herr die Namen rufet,
Wenn der Herr die Namen rufet,
Durch die Gnade meines Heilands bin ich dort!“

Ich sang und dachte: „Welch Glück, daß auch ich bei diesem Aufruf dabei sein werde, wo Millionen und Abermillionen vor dem

Herrn stehen werden, die er vom ewigen Verderben errettet hat, und wo der Herr selber den Namen jedes Einzelnen von uns aufrufen wird!“ Mit diesem Lied wurde gewöhnlich jeder Gottesdienst in unserer Gemeinde beendet und alle sangen dieses Lied begeistert mit. Auch die Predigten von Sajapin waren sehr beliebt; das Hauptthema seiner Predigten war das zweite Kommen Jesu Christi und die Bereitschaft, Ihm zu begegnen.

Diese Jahre waren ein besonderer Zeitabschnitt des geistlichen Aufbruchs in der Bruderschaft der Evangeliumschristen-Baptisten in Sibirien, aber auch im ganzen Lande. Im Laufe des Sommers wurden in Omsk mehrere Taufen durchgeführt; es waren fast alles Jugendliche. Es ließen sich nicht nur diejenigen taufen, die in christlichen Familien aufgewachsen waren, sondern auch unsere Freunde und Bekannten, die früher weit von Gott entfernt waren. Im Herbst 1945 waren in unserer Gemeinde schon 600 Gemeindeglieder und nicht alle hatten Platz im Haus, in dem wir uns versammelten, obwohl vor dem Gottesdienst alle Möbel herausgetragen wurde; nur im großen Zimmer ließ man einen Tisch stehen, auf dem eine schöne Decke lag. Darauf lag eine Bibel mit großer Schrift, denn den alten Brüdern, die predigten, fiel es schwer, die kleine Schrift zu lesen. Die Gottesdienste dauerten drei Stunden, es predigten drei oder vier Brüder. Während der Gottesdienste sang ein Chor, es wurden auch gemeinsam Lieder gesungen. Es kamen so viele Menschen, daß alle stehen mußten.

In den Dörfern rund um Omsk gab es früher große Baptistengemeinden; jetzt aber, nach so vielen Jahren der Verfolgung, waren in den Dörfern nur zwei bis drei Familien übriggeblieben. Die anderen waren entweder verhaftet oder verbannt worden oder sie waren in andere Gegenden gezogen. Die Gemeinde in Omsk beschloß, die geistliche Betreuung dieser übriggebliebenen Gruppen von Christen zu übernehmen, und schickte ihre Prediger in diese Dörfer. Bald gab es an vielen Orten regelmäßige Gottesdienste. Zuerst wurden sie von fünf bis zehn Personen besucht, dann lud man die Nachbarn und auch die lau gewordenen Christen ein, und nach kurzer Zeit wurden diese Gottesdienste von fünfzig und mehr Personen besucht. Der Herr arbeitete an den Herzen und viele taten Buße und bekehrten sich zu Gott. Die Neubekehrten aus den Dörfern wurden in Omsk getauft und wir alle freuten uns, daß in den Dörfern die Gemeinden neu entstanden.

Obwohl die Behörden die Gemeinde in Omsk zu der Zeit nicht anerkannten, waren wir von Gott anerkannt, Er war das Haupt unserer Gemeinde. Der Gottesdienst war nur auf das Wort Gottes gegründet, es wurde die ganze Bibel gepredigt, es wurde für die Häftlinge gebetet, und die Gemeinde unterstützte materiell auch die Familien der Häftlinge. Alle Gemeindefragen - ob es um die Wahl zum Dienst in der Gemeinde ging oder um neue Mitglieder, die aufgenommen werden wollten - wurden bei den Gemeindestunden geregelt. Die Kunde von Jesus Christus brachte die Gemeinde in Omsk nicht nur in die umliegenden Dörfer, die unweit der Stadt waren, sondern auch in viele andere Orte, in die weit entlegenen Taigadörfer im Norden. Die Gemeinde lebte von dem Bestreben zu Evangelisieren, sie hatte ihren Dienst unter das Gebot des Herrn gestellt: „Gehet und lehret alle Völker..." (Matth. 28, 19.20). Wir hörten, daß auch in anderen Gebieten des weiten Landes die Gläubigen große Erweckungen erlebten: in der Ukraine, in Weißrußland, im Kaukasus, in Zentralrußland, in Mittelasien, wo während des Krieges Tausende von Gemeinden entstanden waren. Oft wurden nach den Gottesdiensten Briefe vorgelesen und Grüße von Christen aus verschiedenen Orten durchgegeben.

Anfang 1945 wurde bekannt, daß in Moskau der Bund der Evangeliumschristen und Baptisten gegründet sei und sein leitendes Organ wurde „Allunionsrat der Evangeliumschristen und Baptisten" genannt (abgekürzt AUECHuB, das „und" wurde nach einem Jahr weggenommen). Der AUECHB erhob sich zum leitenden Organ[2] des Baptistenbundes und des Bundes der Evangeliumschristen im ganzen Land und vereinigte so die Gemeinden der früher selbständigen Bünde. (Beide Bünde waren verwandt und hatten dieselbe Glaubenslehre.) Es wurde auch bekannt, daß der AUECHB gemäß dem Befehl und mit der Zustimmung der Behörden gegründet wur-

[2] Es ist interessant zu lesen, wie diese Ereignisse von dem Historiker der Evangeliumschristen-Baptisten, S. N. Sawinskij, beurteilt wurden; sie sind im Buch „Die Geschichte des Russisch-Ukrainischen Baptismus" (ein Lehrbuch von 1955) auf Seite 118 beschrieben:

„In der angenommenen Resolution „Verordnung" lenken zwei sehr wichtige Auslassungen, die später eine entscheidende Folge hatten, die Aufmerksamkeit auf sich:

1. Der Allunionsrat (der Rat des Bundes) bekam den Status eines leitenden Organs des Bundes, obwohl in der vorherigen Tätigkeit (in den 10er und 20er Jahren) der beiden Bünde (der Rat oder die Leitung im Baptistenbund und das Präsidium im Bund der Evangeliumschristen) nur ein ausführendes und kein leitendes Organ in der Zeit zwischen den Kongressen bestand;

2. Die Verordnung sah nicht vor, daß Kongresse der Vertreter der Ortsgemeinden durchgeführt wurden. Obwohl früher nur der Kongreß das höchste Organ des Bundes war."

de, und in der Leitung waren ungefähr zehn angesehene Diener der früheren Bünde, die meisten von ihnen waren vor kurzem aus der Haft entlassen worden.

Im Frühling 1945 besuchte ein Diener des „Allunionsrates" unsere Gemeinde in Omsk. Auf die Bitte des Gastes rief der Gemeindeleiter ca. dreißig Personen zu einen Gespräch zusammen, darunter auch Frauen der Häftlinge, Mama war auch eingeladen. Der Gast, ein bekannter Diener des Sibirischen Baptistenbundes, war in den dreißiger Jahren verhaftet worden, hatte seine Haft in den nördlichen Straflagern verbracht und war ein Jahr zuvor aus dem Straflager entlassen worden. Jetzt erzählte er ausführlich, unter welchen Umständen er entlassen worden war und wie der „Allunionsrat" gegründet wurde. Ende 1944 war er in dem Straflager, in dem er schon sieben Jahre abgebüßt hatte, zum Bevollmächtigten gerufen worden und dieser sagte zu ihm: „Sie werden jetzt entlassen und Sie müssen sofort, ohne vorher nach Hause zu fahren, nach Moskau fahren, die Adresse haben Sie hier (der NKWD-Mitarbeiter gab ihm die Anschrift des Gebetshauses der Evangeliumschristen in Moskau). Hier haben Sie die Bescheinigung über die Entlassung, hier ist das Geld für die Fahrkarte. Beeilen Sie sich, Sie werden in Moskau erwartet und da wird man Ihnen erklären, was Sie weiter machen sollen."

In Moskau angekommen, ging der Bruder zu der angegebenen Adresse und traf dort die Brüder Karew und Shidkow aus dem ehemaligen Bund der Evangeliumschristen. Die Brüder sagten zu ihm: „Wir werden die Arbeit anfangen. Die Behörden haben uns erlaubt, den Bund zu gründen, aber nur einen gemeinsamen, den der Evangeliumschristen und Baptisten, denn die Behörden sind gegen die Existenz zweier Bünde." Nach einigen Tagen wurde in Moskau eine Sitzung durchgeführt, auf der ungefähr vierzig Prediger und Gemeindeleiter aus Moskau, Leningrad, Ukraine, Weißrußland und anderen Orte anwesend waren. Es wurde die Leitung des Bundes des Evangeliumschristen und Baptisten gewählt, beziehungsweise es wurden diejenigen bestätigt, die von den Behörden vorgeschlagen waren. Es wurde auch beschlossen, die Registrierung der Gemeinden des „Allunionsrates" in die Wege zu leiten. Der zu Besuch gekommene Diener endete mit dem Satz: „Auch ihr hier in Omsk müßt euch jetzt an die örtlichen Behörden wenden wegen der Frage der Registrierung."

Jemand stellte die Frage: „Und was ist mit denen, die immer noch um ihres Glaubens willen in Straflagern sind?"

„Diese Frage regeln wir nicht!“ versuchte der Bruder die Frage zu umgehen.

„In den Straflagern sind Tausende unserer Glaubensbrüder, da sind unsere Männer. Stellt ihr der Regierung die Frage bezüglich der Entlassung aller christlichen Häftlinge?“ fragte Mama.

Der Gast schwieg. Jemand fragte weiter: „Wart ihr Brüder, die ihr auf der Sitzung in Moskau zusammengekommen wart, wirklich damit zufrieden, daß nur ihr aus der Haft entlassen wart? Gehen die anderen Häftlinge euch gar nichts an?“

Da sagte der Gast in die eintretende Stille hinein: „Dort in den Straflagern gibt es keinen unseren Brüder! Da sitzen nur Konterrevolutionäre!“[3]

Viele fingen an zu weinen, es gab keine Fragen mehr und so gingen alle auseinander. Im November 1945 war die Gemeinde in Omsk schon registriert. Aber das alte Gebetshaus wurde nicht zurückgegeben, obwohl die Gläubigen die Behörden darum baten. Es wurde vorgeschlagen, die Gottesdienste am Ende der Stadt, auf dem Gelände der Psychiatrischen Klinik, durchzuführen. Es war eine große hölzerne Baracke, die in einem sehr schlimmen Zustand war: die Fenster waren zerschlagen, die Türen herausgerissen, die Holzdielen in einem schlimmen Zustand, die Wände und Decken sehr schmutzig. Binnen zwei Wochen brachten wir das Gebäude in einen musterhaften Zustand, wir fertigten eine Kanzel an und ungefähr hundert lange, stabile Bänke. Außerdem teilten wir das Gebäude mit einem hohen Holzzaun vom Gelände der Psychiatrischen Klinik ab.

Anfang Dezember 1945 war der Tag der Eröffnung: mehr als 600 Personen fanden Platz im Gebetshaus, es gab Predigten, Gebete, Lieder, es herrschte viel Freude! In den zwei Jahren zuvor war sehr viel Jugend in die Gemeinde gekommen, und sehr schön sang auch der Chor aus siebzig Personen. Mama sang auch im Chor, sie hatte eine schöne Altstimme. Der Chor wurde von einem Dirigent aus der Ukraine, aus Saporoshje, geleitet, er war Anfang des Krieges mit seinem Werk nach Omsk evakuiert worden. Er war ungefähr 40 Jahre alt und schon ca. 20 Jahre Christ. Er war musikalisch sehr begabt und hatte in der Gemeinde die Personen mit guten Stimmen heraus-

---

[3] Am Ende ihres Lebens, als Mama sich an die Einzelheiten erinnerte, wie der Allunionsrat gegründet wurde, sagte sie: „Sie haben ihren Dienst nicht in Reinheit begonnen, sie haben sich von den Häftlingen abgesagt, von ihren Glaubensbrüdern, die in den Gefängnissen starben. Dies ist ein Weg des Verrats, ein Weg des Abfalls! Dies ist ein unreiner Weg!“

gesucht und einen schönen Chor gebildet. Leider habe ich seinen Namen nicht im Gedächtnis behalten, ich weiß nur, daß man ihn Grischa nannte und die Chormitglieder ihn sehr liebten, weil er so einen guten Charakter hatte und die Musik sehr liebte. Unter den Chormitgliedern wurde er einfach „Chwa" genannt, weil er die Note „Fa" (deutsch „fis") mit einem ukrainischen Akzent aussprach, was sich wie „Chwa" anhörte.

Ich sang auch im Chor und schätzte dies sehr, obwohl mein Weg in den Chor nicht einfach war. Nach der Taufe wollte ich Gott dienen, aber ich konnte in mir keine bestimmte Fähigkeiten entdecken und war darüber sehr besorgt und bekümmert. Von klein auf war ich sehr schüchtern und ängstlich und wenn ich unter Menschen war, schwieg ich meistens. Sogar wenn ich in der Gemeinde die gemeinsamen Lieder mitsang, versuchte ich so still wie möglich zu singen, denn ich hatte immer das Gefühl, daß ich nicht richtig singe. Und nur wenn ich allein war, zu Hause, im Wald oder auf dem Feld, sang ich aus voller Seele laut und sicher. Mama versuchte mir zu helfen, die Schüchternheit zu überwinden. „Sei nicht verzweifelt, ich glaube, du wirst noch viel für den Herrn in seinem Weinberg tätig sein! Warum willst du nicht probieren, im Chor zu singen? Wenn es am Anfang nicht klappen wird, ist doch nicht schlimm, du kannst es ja lernen, einüben. Unsere Chormitglieder sind taktvoll und verständnisvoll und keiner wird über dich lachen!"

Nach einem Gottesdienst kamen der Dirigent und zwei Chormitglieder auf mich zu. Einer von ihnen, Pawel Grigorjewitsch Kowaljew, sang die vierte Stimme und spielte Geige. Die Jugend liebte ihn sehr. Der zweite war Kondratij, er hatte eine starke, tiefe Baßstimme und wurde deshalb die „Posaune von Jericho" genannt. Der Dirigent sagte: „Georgi, komm in den Chor, fange an zu singen! Die Brüder werden dir helfen. Sei nicht verlegen, dein musikalisches Gehör wird sich mit der Zeit entwickeln." Und Bruder Kondratij schlug vor: „Du wirst mit mir zusammen Baß singen. Zu Anfang werde ich dir ins Ohr singen und du wirst probieren, dieselbe Note zu nehmen, die auch ich singen werde. Und wenn du die richtige Note erwischt hast, singe so laut, wie du kannst! Dann wirst du nicht falsch singen! Dann werden in unserem Chor nicht nur eine, sondern zwei Posaunen von Jericho sein! Und so werden alle Wände des Unglaubens fallen!"

Pawel Grigorjewitsch fügte hinzu: „Und ich werde neben dir auf der anderen Seite sitzen und in dein anderes Ohr singen.

Aber dies wird nur in den ersten paar Wochen so sein. Und dann wirst du auch ohne unsere Hilfe richtig singen, du wirst es sehen!“ Der Dirigent lächelte zustimmend und fing dann an zu singen: „Do - re - mi - chwa - solj - lja - sie - d-o-o!“ Die Brüder Kondratij und Pawel Grigorjewitsch stimmten ein und sangen ganz tief. „So, Georgi, und jetzt singst du auch mit uns zusammen!“ Die Brüder stellten sich neben mich, der Dirigent stand vorne; er hob seine Hände und wir begannen zu singen. So fing meine Tätigkeit im Gemeindeleben an und als im neuen Gebetshaus der erste Gottesdienst durchgeführt wurde, sang ich schon im Chor.

Am Tage der Eröffnung des Gebetshauses trug die Jugend Gedichte vor, es wurde viel gesungen und der Gottesdienst dauerte vier Stunden. Ich las damals im Gottesdienst mein erstes christliches Gedicht „Meine Seele“ vor. (Ich schrieb schon seit meiner frühesten Kindheit Gedichte, aber dies war das erste, das ich nach meiner Bekehrung verfaßte.) Ich wußte mein Gedicht auswendig, aber ich war sehr aufgeregt, denn zum ersten Mal stand ich hinter der Kanzel vor solch einer großen Menschenmenge.

Meine Seele

So lange hatte meine Seele gelitten
Unter dem Druck der Laster und Sünde.
Nur schüchtern wagte das Gewissen zu bitten:
„Mache dich frei von den teuflischen Bünden!“

Doch ich war taub, ich hegte etwas andres,
Ich wollte Ruhm, Ansehen, hohes Ideal.
Verführerisch reichte die Welt wie auch andern
Den vergifteten Becher voll unreiner Träume mir dar.

Ich wäre umgekommen und verloren,
Wie Millionen umgekommen sind.
Mit einem Fluch auf den Lippen, gekettet von Lüsten,
Unversöhnt mit dem Schöpfer,
mit verbranntem Gewissen,
Mit einem tiefen Weh nach dem himmlischen Land.
O das leidvolle Schicksal, sein Dasein zu fristen
Weitab von Gott und dies Erbteil zu fluchen

Und in aller Ewigkeit ständig zu wissen:
Ich könnte gerettet sein, doch die Rettung nicht suchte!

Als aber Gott mit seinen allmächtigen Händen
Den Unglaubensschleier von meinen Augen verbannte,
Als alle meine Werke vor mir standen,
Da ich den Preis der Sünde und Bosheit erkannte.

Das Kreuz auf Golgatha, die Quelle neuen Lebens
Hat mein ganzes Dasein für immer verändert!
Der Seele sind neue Kräfte gegeben,
Sie singt das Lied der Errettung und Segnung.

So zärtlich und gütig ist Gottes Liebe,
Wie die stillen Wasser der Abendwellen.
Und deshalb ist nur Ruhe und Hoffnung geblieben
In meiner zum Leben auferstandenen Seele!

Jeder Gottesdienst war für uns ein Feiertag, die Gemeinde erlebte einen geistlichen Aufschwung, beständig hörte man Aufrufe zur Bekehrung, und viele folgten und gaben ihre Herzen dem Herrn. Doch nur einige Monate nach der Registrierung wurden einige Brüder aus der Gemeindeleitung zu den Behörden vorgeladen; diese forderten von ihnen die Gebete für die Häftlinge einzustellen, in den Predigten kein Wort von ihnen zu sprechen, und außerdem sollten die Jugendbibelstunden aufhören. Die Behördenvertetter sagten direkt: „In den Gefängnissen sitzen die Volksfeinde, die Feinde der Sowjetmacht!“

Einer der Brüder erwiderte sehr schüchtern: „Aber es sind unsere Glaubensbrüder, die in den Gefängnissen sitzen! Sie sind keine politische Häftlinge, sie sitzen um ihres Glaubens an Gott, wir müssen für sie beten!“

Da sagte der Bevollmächtigte über religiöse Kulte: „Für solches antisowjetisches Gerede von euren Glaubensbrüdern, die in Haft sind, haben wir das Recht, schon heute euch das Gebetshaus wegzunehmen und die Registrierung rückgängig zu machen!“

Die Brüder schwiegen und der Bevollmächtigte erteilte weitere Befehle: „Die Fahrten eurer Prediger durch die Dörfer um Omsk müssen sofort aufhören, ihr dürft keine neue Gemeinden gründen. Ihr habt wohl eine missionarische Tätigkeit angefangen? Habt beschlossen, neue Gemeinden zu gründen?! Dies ist verboten! Hört auf, die Jugend in eure Reihen zu locken! Die Jugend gehört uns, sie ist sowjetisch!"

Kurz nach diesem Gespräch begann jemand während eines Gottesdienstes wie gewöhnlich, auch für die Brüder, die in Unfreiheit litten, zu beten. Die Gemeinde wurde vom Gemeindeleitergehilfen Pawel Grigorjewitsch Kowaljew geleitet. Auf einmal unterbrach er den laut Betenden mit einem lauten Gebet seinerseits von der Kanzel. Alle fühlten sich unwohl. Nach dem Gottesdienst wurden die Gemeindeglieder gebeten, alle zurückzubleiben, und Kowaljew sagte: „Brüder und Schwestern, für die Häftlinge könnt ihr zu Hause beten, hier im Gebetshaus darf man für sie nicht beten!"

Jemand erwiderte: „Aber das ist nicht richtig, nicht gemäß dem Evangelium! In den Gefängnissen sind unsere Glaubensbrüder!"

Da drohte Pawel Grigorjewitsch: „Man wird unsere Registrierung zurücknehmen und das Gebetshaus beschlagnahmen!"

Alle schwiegen verwirrt. Unglaübig schaute ich Pawel Grigorjewitsch an: was war mit ihm passiert?! Ich dachte immer, er sei ein sehr mutiger, treuer Bruder, ich kannte ihn von klein auf: Pawel Grigorjewitsch war ein Neffe von Alexandra Iwanowna Semiretsch, bei der wir gewohnt hatten, und er war oft bei ihr zu Hause; ich selber hatte nicht selten seinen Gesprächen über Gott zugehört und auch seine Gebete für die Häftlinge mitgehört. Und jetzt - so eine Ankündigung!

Nach dem Gottesdienst sprachen viele miteinander: „Das ist sie also, die Registrierung! Es schien Freiheit und wir sind selber in die Unfreiheit gegangen! Und dies ist nur der Anfang, die Blumen und die Früchte werden erst noch kommen!"

Nach einem Jahr wurde in der Gemeinde der Dienst unter der Jugend verboten; unter dieses Verbot fiel auch die Bibelstunde, und die Fahrten der Prediger durch die Dörfer hatten fast aufgehört. Aber all dieses Entgegenkommen rettete die Omsker Gemeinde nicht vor der Schließung des Gebetshauses: 1949 wurde es beschlagnahmt und die Registrierung zurückgezogen. Und Anfang 1950 wurde Pawel Grigorjewitsch Kowaljew verhaftet und verbrachte fünf Jahre in Straflagern. Die Omsker Gemeinde aber, jetzt nicht registriert, setzte ihren treuen Dienst für den Herrn fort und betete für die Häftlinge, nun auch für Pawel Grigorjewitsch. 1961 wurde Pawel Grigorjewitsch zum zweiten Mal verhaftet, als ein Prediger der nichtregistrierten Gemeinde, und verbrachte vier Jahre in der Verbannung im Gebiet Irkutsk.

Anfang 1960 gab es in Omsk ungefähr zehn nicht sehr große nichtregistrierte Gemeinden der Baptisten, die ihre Gottesdienste beständig in Wohnhäusern in verschiedenen Stadtteilen durchführten. Die Gottesdienste wurden evangelistisch durchgeführt, die Gläubigen wollten lieber die Verfolgung erdulden, und dafür die Freiheit in Christus bewahren. Es fanden sich auch im Omsk im Jahre 1964 solche, die sich wieder registrieren ließen, und so formierten sich in Omsk zwei Gemeinden: eine registrierte und die nichtregistrierte, die verfolgt wurde.

Später besuchte ich Omsk im Jahre 1965 wieder und traf Pawel Grigorjewitsch in der nichtregistrierten Gemeinde. Er freute sich sehr, mich zu sehen, und fing an, sich an das Vergangene zu erinnern: „Kannst du dich daran erinnern, wie wir mit Kondratij dir das Singen beibrachten?"

„Ich erinnere mich," antwortete ich, „vielen Dank für die Hilfe! Und wie steht es mit Bruder Kondratij, lebt er noch?"

„Ja, er lebt und besucht auch die Gottesdienste!"

„Und wie steht es mit der Frage der Registrierung? Wie verstehen Sie diese jetzt?"

„Die Registrierung nach dem Gesetz von 1929, das ist eine Schlinge! Das ist nicht nur die Kontrolle von seiten des Staates, sondern auch ein Abweichen von den Geboten des Herrn, so verstehe ich es jetzt!"

Noch vor unserer Begegnung hatte ich gehört, daß Bruder Kowaljew 1950 extra nach Moskau gefahren war mit einem Bittgesuch an die Regierung, daß man der Omsker Gemeinde die zurückgenommene Registrierung wiedergeben sollte, und jetzt beschloß ich, diesbezüglich nachzufragen: „Pawel Grigorjewitsch, stimmt es, daß Sie einen persönlichen Brief an Stalin geschrieben hatten, daß man die Registrierung zurückgeben solle, und dann mit diesem Brief selber nach Moskau gefahren sind?"

„Ja, so etwas gab es, es gab solch eine Sünde", sagte er verlegen lächelnd. „Als 1949 das Gemeindehaus beschlagnahmt und die Registrierung weggenommen wurde, haben wir mehrere Briefe an die Regierung geschrieben mit der Bitte, dies rückgängig zu machen, aber wir haben keine Antwort bekommen. Da beschlossen einige unserer Brüder, jemanden nach Moskau zu schicken mit einem persönlichen Brief an Stalin. Ich wurde ausgewählt. Dies war Anfang 1950. In Moskau angekommen, ging ich zuerst in die Kanzlei des Allunionsrates und erzählte den Brüdern Karew und Shidkow von unserer

Gemeinde in Omsk. Ich bat sie, uns zu helfen, die Registrierung wiederzubekommen und auch das Gemeindehaus, sie haben aber nur gesagt: ‚Wir können da nicht helfen. Zur Zeit werden im ganzen Land die Gebetshäuser geschlossen. Und auch in Moskau wird Ihnen keiner helfen, die Frage der Registrierung wird von den Ortsbehörden entschieden und nicht in Moskau!' Jemand in Moskau machte mir den Vorschlag, den Brief an Stalin persönlich abzuschicken, den Umschlag aber nicht zuzukleben, sondern mit weißem Garn zuzunähen. Man sagte mir, daß keiner außer Stalin selber solch einen Brief aufzumachen wagen werde; er selber lese solche Briefe und womöglich werde es eine positive Antwort geben. So tat ich auch; ich legte unseren Brief in einen Umschlag, nähte ihn mit weißem Garn zu und warf ihn in den Briefkasten beim Hauptpostamt in Moskau, selber aber setzte ich mich in den Zug und fuhr ganz beruhigt nach Hause, nach Omsk. Drei Tage später auf dem Bahnhof in Omsk warteten auf mich schon die Beamten vom KGB: sie kamen in den Waggon, zeigten mir den Verhaftungsbefehl und brachten mich ins Gefängnis. Fünf Jahre bekam ich damals. So ist es also, wenn man den Brief an Stalin mit weißem Garn zunäht, wahrscheinlich hätte ich roten Garn nehmen sollen!" lächelte Bruder Kowaljew.[4]

Im Herbst 1945 wurden im Dorf Usowka, Marjanskij Rayon, ungefähr 50 km von Omsk, während des Gottesdienstes in einer neu entstandenen Gemeinde der Evangeliumschristen-Baptisten drei Gläubige verhaftet: Maria Kirillowna Lebedewa, die Wirtin, in deren Haus der Gottesdienst stattfand, Anna Charlampijewna Warnawskaja und Koslow, dessen Vorname mir entfallen ist. Warnawskaja und Koslow, Mitglieder der Omsker Gemeinde, besuchten dieses Dorf, um dort das Evangelium zu predigen. Bruder Koslow war erst kurz zuvor aus einem Hospital entlassen worden, in dem er sich von einer Kriegswunde kurieren ließ, und predigte jetzt eifrig das Evangelium in den umliegenden Dörfern. An diesem Tag wurde er verhaftet und zu fünf Jahren Straflager verurteilt; dabei hatte der Richter ganz außer acht gelassen, daß Koslow Teilnehmer des Vaterländischen Krieges war und eine sehr ernste Verwundung hatte.

Anna Charlampijewna Warnawskaja, die erst ein Jahr zuvor aus dem Straflager zurückgekommen war, wurde auch verhaftet und zu fünf Jahren Haft verurteilt. Die Hauswirtin, Maria Kirillowna Lebe-

[4] Im hohen Alter und mit festem Vertrauen zu seinem Herrn ging er 1991 in die Ewigkeit.

dewa, war 65 Jahre alt, eine alleinstehende Frau, und sagte den Freunden zum Abschied: „Ich werde nicht im Gefängnis sein! Ich werde bald zu Hause, im Himmel, sein und meinen Heiland sehen!“ Und tatsächlich, als die alle drei aus Marjanowsk mit einem Zug nach Omsk ins Gefängnis gebracht wurden, verstarb sie im Häftlingswaggon auf den Händen von Anna Charlampijewna. 1965 besuchte ich Omsk und suchte auch Anna Charlampijewna auf, sie war eine ganz weißhaarige, lebensfrohe alte Frau und erzählte mir von jenen Tagen: „Mich fuhr man mit Maria Kirillowna zusammen in einer Zelle des ‚Stolypin' von der Station Marjanowka nach Omsk. Sie starb auf meinen Händen in diesem Häftlingswaggon. Ich rief die Wache, bat mir wenigstens Medikamente oder einen Becher Wasser zu geben, aber sie hatten nichts. Sie hatte ein sehr krankes Herz. Vor dem Sterben wiederholte sie immer wieder: ‚Bald werde ich mit Jesus im Himmel sein! Ich werde nicht im Gefängnis sein!'“

Ende 1945 wurde in Omsk der Prediger Gerasim Grigorjewitsch Kowaljew verhaftet, es war der älteste Bruder von Pawel Grigorjewitsch Kowaljew. Gerasim Grigorjewitsch besuchten die Gläubigen im Dorf Usowka und auch in anderen Orten und predigte von Christus; dafür war er auch verhaftet worden. In solcher Art führten die atheistischen Behörden in Sibirien den Kampf gegen die geistliche Erweckung durch: durch die Registrierung kontrollierte sie alles und verbot administrativ die Predigt des Evangeliums, aber auch durch öffentliche Verfolgungen und Verhaftungen der Christen.

Anfang 1946 wurde Mama mehrere Male zu Gesprächen mit dem MGB vorgeladen. Die Behörden interessierten sich für das Leben der Gemeinde, besonders dasjenige der Jugend, auch wollten sie über jeden Prediger etwas wissen. Mama weigerte sich, ihnen irgendwelche Angaben über das Leben der Gemeinde zu geben; außerdem weigerte sie sich, obwohl ihr sehr mit Verhaftung gedroht wurde, weiterhin zu den Gesprächen zum MGB zu kommen. So kam im Februar 1946 ein Beamter vom MGB selbst zu uns nach Hause. Ich kann mich sehr gut daran erinnern, wie jemand klopfte und ich ging und die Tür öffnete. An der Tür stand ein mir unbekannter Mann, vielleicht vierzig Jahre alt.

„Wohnt Lydia Michajlowna Vins hier?“ fragte er mich.

„Ja, hier,“ antwortete ich.

„Ich muß mit ihr sprechen,“ sagte der Unbekannte und ohne um Erlaubnis zu bitten, schritt er in die Wohnung hinein.

„Lydia Michajlowna, ich muß mit Ihnen sprechen,“ sagte er sofort ohne Umschweife und schaute mich dabei an.

„Ich habe nichts mit Ihnen zu besprechen!“ antwortete Mama sehr entschieden. Ich stand unschlüssig da und konnte nicht verstehen, worum es ging.

„Warum kommen sie nicht, wenn wir Sie vorladen?“ fragte er Mama.

„Ich habe Ihnen schon gesagt, daß ich nichts mit Ihnen zu besprechen habe!“ wiederholte Mama.

„Darf ich mich setzen?“ fragte der Fremde und ging zum Tisch. Mama schob ihm einen Stuhl hin und er setzte sich. Mama setzte sich ihm gegenüber.

„Ich bitte sie noch einmal, mich in Ruhe zu lassen!“ wiederholte sie.

Der Unbekannte schaute sie durchdringend an und sagte dann schnell: „Sie werden Ihrem Mann in die entfernt liegenden Gegenden folgen, wenn sie sich weigern werden, mit uns zu sprechen!“

Mama stand auf und ging schnell auf ihn zu. Er hatte dies nicht erwartet und sprang auf.

„Ich werde zu keinen Gesprächen zu Ihnen kommen! Ich werde keine Gläubigen verraten! Nehmt mich, verhaftet mich, erschießt mich - so können sie es auch Ihren Vorgesetzten weitersagen! Und jetzt verlassen Sie sofort meine Wohnung und vergessen sie den Weg hierher!“

Mama ging und öffnete entschlossen die Tür. Der Unbekannte fing an, ihr zu drohen, aber Mama wiederholte nur eins: „Gehen Sie aus meinem Haus! Sofort!“

„Wir werden Sie verhaften!“ schrie er.

„Verhaftet mich, macht was ihr wollt! Aber ich bin eine Christin und ich werde den Weg des Verrats nicht betreten!“

Der Unbekannte änderte auf einmal seine Taktik und sagte ganz ruhig: „Ruhig, ruhig, Lydia Michajlowna, beruhigen Sie sich! Keiner hat vor, Sie zu verhaften. Wir wollten nur mit Ihnen sprechen, wir wollten nur erfahren, ob es nicht irgendwelche verdeckte Feinde unter den Christen gibt.“

„Ich sage ihnen noch einmal, gehen Sie aus meinem Haus! Suchen Sie die Volksfeinde anderswo, aber nicht in der Gemeinde.“ Mama ging ganz nahe an den Unbekannten heran und zeigte ihm die Tür: „Gehen Sie!“

Endlich ging er weg. Erschöpft setzte Mama sich auf den Stuhl: „Sie werden es mir nie vergessen, nie vergeben, daß ich ihren Mitarbeiter herausgejagt habe. Aber ich konnte nicht anders handeln. Ich kann Gott nicht absagen. Dein Vater hätte genau so gehandelt, davon bin ich überzeugt!“ Sie fing an zu weinen und umarmte mich.

Es kam tatsächlich keiner mehr zu uns und Mama wurde auch nicht mehr zu Gesprächen zum MGB vorgeladen. Aber in unserem Haus wohnte jetzt die Unruhe; Mama wurde sehr nachdenklich und still. Kurze Zeit später sagte sie zu mir: „Ich habe große Angst, daß du ein ganzer Waise wirst, denn man kann mich verhaften, genauso wie Papa. Ich habe viel gebetet und bin zu dem Entschluß gekommen, daß wir so schnell wie möglich aus Sibirien wegziehen sollten, so weit wie möglich. Ich denke, wir fahren nach Kiew zu meiner Schwester Nadeshda, wo auch Oma und Opa sind. Und wenn man mich dann da verhaftet, so bleibst Du wenigstens bei den Verwandten.“

Mama teilte ihre Gedanken Alexandra Iwanowna Semiretsch mit. Auch diese schlug vor: „Du mußt wegfahren, und zwar so schnell wie möglich!“ So fuhr ich im März 1946 nach Kiew und einige Monate später zog auch Mama dahin. Im Herbst 1946 wurde Mama zum MGB gerufen, weil sie, wie schon oft, ein Gesuch eingereicht hatte mit der Bitte, ihr mitzuteilen, wo ihr Mann sich befinde. Der Beamte vom MGB sagte ihr: „Ihr Mann, Pjotr Jakowlewitsch Vins, wurde 1937 für antisowjetische Tätigkeit zu zehn Jahren Straflager ohne das Recht auf Briefwechsel verurteilt. Ich teile Ihnen mit, daß Pjotr Jakowlewitsch Vins am Ort seiner Haftverbüßung gestorben ist.“

„Können Sie mir sagen, wann er gestorben ist, die Ursache seines Todes und wo er begraben ist?“ fragte Mama.

„Das kann ich Ihnen nicht sagen, ich teilen Ihnen nur die Tatsache mit, daß er gestorben ist“, antwortete der Beamte vom MGB.

Diese traurige Neuigkeit teilte Mama mir mit. „Auf Wiedersehen, Vater! Bis zum Wiedersehen im Himmel! Ich möchte so sein wie du, Gott treu sein und Ihn lieben!“ - mit solchen Gedanken nahm ich die Nachricht vom Märtyrertod meines Vaters entgegen. Ich war damals 18 Jahre alt, studierte im Eisenbahntechnikum und verbrachte die ganze freie Zeit mit den Freunden aus der Gemeinde. Ungefähr zu der Zeit hielt ich auch meine erste Predigt.

1946 gab es in Kiew drei Gemeinden der Evangeliumschristen-Baptisten; das größte Gebetshaus, in dem 600 Personen Platz hatten, befand sich auf der Lenin-Straße, das zweite Gebetshaus, das 400 Personen faßte, befand sich auf der Shiljanskij-Straße, und das dritte

Gebetshaus war auf der Spasskaja-Straße und hatte für 200 Personen Platz; in dieser Gemeinde war ich Mitglied. Unser Gemeindeleiter hieß Naum Malachowitsch Korshow, er war ungefähr 60 Jahre alt, sehr gutmütig und liebte den Herrn von ganzem Herzen. In der Gemeinde waren 150 Mitglieder und ungefähr 30 Jugendliche. Ich schloß sehr schnell Freundschaft mit den jungen Brüdern und Schwestern und man lud mich ein, im Chor zu singen. Am Sonntag war morgens und abends Gottesdienst, am Mittwoch nur abends. Am Dienstag kam die Jugend im Gebetshaus zu einer Bibelstunde zusammen. Sie wurden von Anatolij Pawlowitsch Korobtschenko durchgeführt, er widmete unserer geistlicher Erziehung und unserem geistlichen Wachstum im Glauben sehr viel Aufmerksamkeit und wir liebten ihn sehr.

Im Oktober 1946 rief mich unser Gemeindeleiter Naum Malachowitsch nach dem Gottesdienst zu sich und sagte: „Es ist Zeit für dich, Georgi, daß du mit dem Predigen anfängst!“ Obwohl sein Vorschlag für mich sehr unerwartet war, war ich doch einverstanden und im Sonntaggottesdienst predigte ich am Morgen über Johannes 3, 16 - über Gottes Liebe und über das Opfer Jesu Christi für unsere Rettung. Es war eine kurze Predigt, sie dauerte ungefähr 15 Minuten.

In jenem Jahr fanden mehrere wichtige Ereignisse in meinem Leben statt: ich wurde 18 Jahre alt, ich predigte zum ersten Mal und Mama und ich erhielten die Nachricht, daß Papa im Straflager gestorben war.[5] Den Pfad der Treue Gott gegenüber hatten viele Glaubenshelden durchschritten, unter ihnen auch mein Vater, und von ihnen ist im Wort Gottes geschrieben: „Gedenket eurer Lehrer, die euch das Wort Gottes gesagt haben; ihr Ende schaut an und folgt ihrem Glauben nach.“ (Hebr. 13, 7)

[5] Erst 1995 erfuhr ich aus dem KGB-Archiv, daß mein Vater 1937 im Gefängnis von Omsk erschossen wurde.

TEIL DREI

BRIEFE, SCHICKSALE, ERINNERUNGEN

22
Rubzow-Gasse

Rubzow-Gasse. Das alte Moskau. Hier ist es still, man sieht kaum Menschen, entlang der Straße stehen ein- und zweistöckige Holzhäuser, die von der Zeit dunkel geworden sind. Viele Häuser sind abgesackt, bis zu den Fenstern in die Erde reingewachsen, haben aber nicht ihre Gepflegtheit und Bewohnbarkeit verloren. Im Herbst 1963 suchte ich lange die Rubzow-Gasse und fand sie endlich unweit der Metro-Station „Baumanskaja". Das Haus Nummer 9 ist ein zweistöckiges hölzernes Haus für vier Familien; die Wohnung von Mosgowa befindet sich auf der ersten Etage.

Mit tiefer Ehrfurcht betrat ich dieses Haus, in dem viele Jahre zuvor meine Eltern verweilten, als sie in Moskau waren. Hier ist die feste, schon lange nicht mehr gefärbte Tür aus dunkel gewordenen Brettern, an die an einem kalten Dezembertag 1930 ein unbekannter Mann klopfte, um meinen Vater zu einem Gespräch in den Hof zu rufen (in der Gasse wartete auf ihn schon das Auto des NKWD). Es war der erste Abschnitt, der Anfang des Gefängnisweges meines Vaters.

Die Hauswirtin, Alexandra Iwanowna Mosgowa, öffnete mir die Tür; sie war eine grauhaarige, sechzigjährige Frau, mit großen braunen Augen in dem etwas länglichen Gesicht. Ich stellte mich vor. „Kommen Sie bitte herein, ich bin sehr froh, Sie zu sehen, Georgi Petrowitsch!" empfing sie mich mit einem freundlichen Lächeln. „In dieser Wohnung verweilten irgendwann mal Ihre Eltern, Lydia Michajlowna und Pjotr Jakowlewitsch." Sie überlegte einen Moment etwas, dann sagte sie: „Hier wurde Ihr Vater 1930 verhaftet."

Nachdem wir ins Zimmer gegangen waren, erzählte Alexandra Iwanowna, daß in den dreißiger Jahren in diesem Haus viele Brüder aus verschiedenen Orten gewesen waren, unter ihnen auch die Leiter des Baptistenbundes: Odinzow, Dazko, Iwanow-Klyschnikow, Stepanow und viele andere. Alexandra Iwanowna zeigte mir ein gut erhaltenes Album mit Wünschen derjenigen, die ihre Familie besuchten.[1] Sie deutete auf mehrere für sie besonders wichtige Eintragun-

[1] Später starben die meisten von ihnen in den Gefängnissen und Straflagern den Märtyrertod.

gen in dem Album, eine Eintragung las sie mir laut vor und fügte innerlich bewegt zu: „Dies hat 1932 Odinzow mir zum Andenken geschrieben.“

„Drei wichtigen Verheißungen:
- Der Herr wird selbst vor dir gehen,
- Er wird selbst mit dir sein,
- Er wird dich nicht verlassen (5. Mos. 31, 8).
In der ersten - ist das treue Pfand der Sicherheit,
in der zweiten - eine unerschöpfliche Quelle der Ermutigung und des Trostes,
in der dritten - eine feste Bürgschaft seiner unveränderlichen Liebe.
Er wird überall vor dir hergehen, wird immer mit dir sein, wird nie von dir weichen!

13. Dezember 1932, N. Odinzow.“

Alexandra Iwanowna sagte weiter: „Nikolaj Wasiljewitsch wurde in der Nacht vom 5. auf den 6. November 1933 verhaftet. Ich wurde in dergleichen Nacht in derselben Sache verhaftet. Ich war damals 28 Jahre alt, und arbeitete als Sekretärin in der Kanzlei der Verwaltung des Baptistenbundes. Eigentlich suchten die NKWD-Beamten schon lange einen Vorwand, Odinzow aus dem Weg zu räumen, denn er war ein sehr prinzipienfester, treuer Diener Gottes.

Ich sah ihn zum letzten Mal Anfang 1934, während einer Gegenüberstellung im Zimmer des Untersuchungsrichters im Butyrka-Gefängnis. Nikolaj Wasiljewitsch war abgemagert, nicht rasiert, sein Gesicht war erdfarben, er antwortete aber fest und entschlossen. Damals sagte er in meinem Beisein zum Untersuchungsrichter: „Ich als Vorsitzender des Baptistenbundes trage die völlige Verantwortung für die Arbeit der Verwaltung und für den ganzen Bund. Deshalb muß Mosgowa, als rein technische Mitarbeiterin der Kanzlei, freigelassen werden.“

Zu mir sagte er: „Schura, ich verheimliche es vor der Untersuchung nicht, daß ich an den Baptistenbund in Deutschland die Bitte weitergab, keine Geldüberweisungen mehr für unseren Baptistenbund zu tätigen, weil wir dieses Geld nicht bekommen, es wird uns in der Bank nicht herausgegeben.“ Dann wandte sich Nikolaj Wasiljewitsch an den Untersuchungsrichter, der eilig seine Worte zu Protokoll nahm, und sagte: „Ich bestätige es, daß ich kategorisch dagegen bin, die Gemeindegelder nicht gemäß ihrer Bestimmung zu verwenden, denn diese Gelder gehören Gott, sie sind für das Werk Gottes bestimmt."

Dieses letzte Treffen mit ihm im Gefängnis dauerte nicht mehr als zehn Minuten. Außer uns waren im Zimmer des Untersuchungsrichter noch zwei Wachmänner; der eine stand neben mir, der andere neben Nikolaj Wasiljewitsch. Wir standen an den gegenüberliegenden Seiten des Zimmers und der Untersuchungsrichter saß am Schreibtisch. Nikolaj Wasiljewitsch wurde als erster herausgeführt und zum Abschied sagte er noch zu mir: „Der Herr wird selbst vor dir gehen!", und sein Segen blieb mir in Erinnerung für mein ganzes Leben. Dieselben Worte hatte Nikolaj Wasiljewitsch, ein Jahr vor unserer Verhaftung, in mein Album geschrieben.

Nach diesem Treffen im Gefängnis habe ich Nikolaj Wasiljewitsch nie mehr gesehen. Er wurde zu drei Jahren Gefängnishaft verurteilt und dann ins Gebiet Krasnojarsk geschickt. Dort in der Verbannung wurde er erneut verhaftet und ist dann in Haft gestorben. Ich wurde genau wie er zu drei Jahren Straflager verurteilt, aber erst nach acht Jahren im Sommer 1941, als der Krieg schon tobte, bekam ich die Erlaubnis, wieder nach Hause nach Moskau zu kommen."

Alexandra Iwanowna schaute in Gedanken auf die Seite im Album, wo von der Hand Nikolaj Wasiljewitsch eingetragen war: „Der Herr wird selber vor dir gehen, Er wird selber mit dir sein, Er wird dich nicht verlassen." Und ich dachte damals, daß dies nicht einfach Wunschworte waren: hinter ihnen verbarg sich ein Leben voller Glauben und Tapferkeit. Später machte Alexandra Iwanowna mich mit Odinzows Nichte bekannt, die schon Rentnerin war und in der Nähe von Moskau, in der Stadt Shukowskij, wohnte. Außerdem machte sie mich auch mit anderen Gläubigen bekannt, die Nikolaj Wasiljewitsch und auch viele andere Märtyrer-Brüder für den Glauben sehr gut kannten.

Die Nichte von Odinzow (leider habe ich ihren Namen und Nachnamen nicht behalten) lebte in den zwanziger Jahren in Moskau und arbeitete im Baptistenbund als Sekretärin-Stenotypistin. Sie hatte mehrere Aufzeichnungen von Odinzows und Dazkos Predigten aufbewahrt und gab sie mir beim Treffen im Jahre 1971. In meinem Buch „Die Treuen bis ans Ende", welches 1976 in Westdeutschland von dem Missionswerk „Licht im Osten" veröffentlicht wurde, habe ich diese Predigten in russischer Sprache veröffentlicht (später wurde dieses Buch in Englisch, Deutsch, Spanisch und auch in andere Sprachen übersetzt.) Unter diesen Predigten befand sich die Predigt von Odinzow „Über die Sünde“;[2] die Predigt von Dazko: „Ein unauslöschliches Ideal des Christentums“[3] und außerdem noch zwei weitere Predigten von Dazko, die als ein Vortrag zum Kongreß geschrieben waren: „Jesus Christus - das Zentrum alles Lebenden“ und „Das Abendmahl des Herrn“.

Am 8. April 1929 wurde von der Sowjetmacht die Verordnung des WZIK und SNK RSFSR über religiöse Vereinigungen angenommen. Das Ziel dieser Verordnung war nicht nur die totale Kontrolle über alle religiöse Vereinigungen durch die administrative Einmischung des atheistischen Staates in das innerkirchliche Leben der Gemeinden, sondern das Hauptanliegen war, das gesetzlich verankerte Programm der völligen Vernichtung aller religiöser Vereinigungen im Lande und des Baus eines Staates, der frei von jeglicher Religion war, voranzutreiben. Nach der Annahme dieser Verordnung wurden an allen Orten im Land massenweise die Gebetshäuser und auch andere kirchliche Gebäude beschlagnahmt, außerdem wurden viele Tausende von Gläubigen verhaftet, als erstes die Gemeindeleiter.

1928 wurde der Vorsitzende des Allrussischen Bundes der Evangeliumschristen, Iwan Stepanowitsch Prochanow, aus der Sowjetunion verbannt. Im Sommer 1929 wurde in Moskau die Herausgabe der Zeitschrift „Baptist“ und in der Ukraine, in der Stadt Charkow, die Herausgabe der Zeitschrift „Baptist der Ukraine“ verboten (sie wurde von dem Ukrainischen Baptistenbund herausgegeben). Im Frühling 1929 wurden die Bibelkurse des Baptistenbundes in Moskau geschlossen, in Leningrad wurde die Herausgabe der Zeitschrift „Christianin“ verboten, und auch die Bibelkurse des Bundes der Evangeliumschristen geschlossen. 1929 wurde der Generalsekretär des Baptistenbundes, Pawel Wasiljewitsch Iwanow-Klyschnikow, verhaftet und nach Kasachstan, in die Stadt Alma-Ata, verbannt.

Im Mai 1930 wurde in Moskau von den Behörden das Haus auf der Straße Brestskaja Nr. 29 beschlagnahmt; dieses Haus gehörte dem Baptistenbund, hier befanden sich die Kanzlei des Bundes, die Bibelkurse und auch die Wohnungen der Leiter des Bundes: Odin-

[2] Die stenographische Eintragung wurde am 7. März 1927 während der Gemeindestunde der Moskauer Baptistengemeinde gemacht.

[3] Die stenographische Eintragung wurde am 2. April 1928 in der Baptistengemeinde in Moskau gemacht.

zow, Iwanow-Klyschnikow und noch andere. In jenen Jahren wurden viele Leiter des Bundes verhaftet, deren Familien sehr oft ohne Wohnung, Essen und Kleidung zurückblieben. Die Gläubigen aus dem Westen versuchten durch den Baptistenbund in Deutschland und auch durch baptistische Bünde anderer Länder den verfolgten Gläubigen in der Sowjetunion und der Sache Gottes zu helfen, indem sie durch die Staatsbank Geldüberweisungen an den Baptistenbund in Moskau auf den Namen von Odinzow schickten. Bis Ende 1932 bekam der Baptistenbund diese Geldüberweisungen und verwendete sie gemäß ihren Bestimmungen. Aber 1933 hörten die Behörden auf, dem Baptistenbund das geschickte Geld auszuhändigen, obwohl Odinzow mehrere Überweisungsschecks unterschrieben hatte. Als Odinzow verstand, was hier geschah, hörte er auf, die Überweisungsschecks aus dem Ausland zu unterschreiben. Er sagte: „Dieses Geld schicken die Brüder für die Sache Gottes, aber es wird uns nicht ausgehändigt. Ich weiß nicht, wer dieses Geld bekommt und wozu es gebraucht wird. Deshalb bin ich überzeugt, daß ich diese Überweisungen nicht unterschreiben darf, denn so werden unsere ausländische Glaubensbrüder betrogen und wenn ich unterschreibe, nehme ich daran teil."

Im Herbst 1933 fuhr eine deutsche Familie aus der Sowjetunion nach Deutschland. Odinzow beschloß, durch sie an den Baptistenbund in Deutschland und auch an die Baptisten in anderen Ländern die Bitte weiterzugeben, nicht mehr Geldüberweisungen an den Baptistenbund in der Sowjetunion nach Moskau zu schicken. Odinzow bat Mosgowa, sich zu diesem Zweck mit der abfahrenden Familie zu treffen, und gab ihr die Anschrift in Moskau, wo die Familie sich zeitweilig befand. Darüber sprach er mit Mosgowa in der neuen Kanzlei, die die Leitung des Baptistenbundes anstelle der beschlagnahmten gemietet hatte; sie sprachen in einem leeren Zimmer, in dem ein schöner Kachelofen stand. Den Namen der deutschen Familie und auch die Anschrift hatte Odinzow auf ein Blatt Papier geschrieben und er bat Alexandra Iwanowna, dies entweder auswendig zu lernen oder mit ihrer Hand abzuschreiben. Nikolaj Wasiljewitsch erklärte ihr auch genau, was man den Christen im Westen sagen sollte.

Nachdem Mosgowa den Namen und die Anschrift abgeschrieben hatte, riß Odinzow seinen Zettel in ganz kleine Teile und warf diese in den Ofen. Alexandra Iwanowna bemerkte, daß der Ofen zu der Zeit nicht geheizt wurde, er war kalt. Als sie aus dem Zimmer ging, stieß sie fast mit Bruder B. zusammen, der an der Tür stand; sie verstand, daß dieser Mann das Gespräch mit Odinzow belauscht hatte. Bruder B. wurde ganz rot und ging ins Zimmer, in dem sie gerade mit Odinzow gesprochen hatte. Alexandra Iwanowna wurde sehr unruhig und ging nach paar Minuten wieder in das Zimmer, um die Zettelfetzen aus dem Ofen zu nehmen, aber sie waren nicht mehr da.

Am selben Tag traf sie die Familie, die wegfahren wollte, und übergab ihnen die Bitte von Odinzow, einen Tag später fuhren diese nach Deutschland. Nach einer Woche wurden Nikolaj Wasiljewitsch und Alexandra Iwanowna verhaftet, und während der Untersuchungshaft wurde ihnen beiden auch der zerrissene Zettel zur Last gelegt. Die kleinen Teilchen waren sorgfältig zusammengelegt und -geklebt, ausgebügelt und befanden sich in der Anklageschrift.

Im Sommer 1935 wurde Pawel Jakowlewitsch Dazko verhaftet und in die Verbannung nach Ostsibirien geschickt. Er hatte den Baptistenbund nach der Verhaftung von Odinzow geleitet. Ein Jahr später wurde der Baptistenbund von den Behörden geschlossen. Im Herbst 1938 war die Verbannung von Dazko zu Ende und er bekam von den Behörden die Erlaubnis, zusammen mit seiner Frau Vera Iwanowna in der Stadt Berdjansk in der Ukraine zu wohnen. Doch Pawel Jakowlewitsch war nicht einmal ein Jahr in der Freiheit, als er im März 1939 erneut verhaftet und zu 10 Jahren Straflager ohne das Recht auf Briefwechsel verurteilt wurde. 1941 starb Pawel Jakowlewitsch in einem sibirischen Straflager.

„Jesus, Heiland meiner Seele, laß an Deine Brust mich fliehn;
Da die Wasser näher rauschen und die Wetter höher ziehn.“ -

Dieses Lieblingslied vieler russischer Christen dichtete Pawel Jakowlewitsch Dazko.

Alexandra Iwanowna kannte das Ehepaar Dazko sehr gut; sie hatten sehr oft die Wohnung in der Rubzow-Straße besucht, bis Alexandra Iwanowna dann 1933 verhaftet wurde. Sie erzählte mir, daß Pawel Jakowlewitsch Material über die Geschichte unserer Bruderschaft gesammelt und ihr anvertraut hatte: „Ich möchte die Geschichte der Evangeliumschristen-Baptisten in Rußland von ihren ersten Schritten an beschreiben.“

In meinem Gespräch mit Alexandra Iwanowna fragte ich: „Stimmt es, daß auch Pawel Wasiljewitsch Iwanow-Klyschnikow die Geschichte unserer Bruderschaft sammelte, wissen Sie etwas davon?“ Sie bestätigte: „Iwanow-Klyschnikow hatte ein großes Archiv über die Geschichte der Baptisten in Rußland, er schrieb viel und beschäftigte sich viel mit der Geschichte der Bruderschaft. Aber das ganze Archiv, alle seine Aufzeichnungen wurden während seiner ersten Verhaftung in Moskau im Jahre 1929 beschlagnahmt.“ (Wo befindet sich dieses Archiv heute? Vielleicht in den Archiven des KGB oder der Akademie der Wissenschaften? Werden sich wohl in unserer Bruderschaft diejenigen finden, die sich bemühen werden, heute - am Ende des zwanzigsten Jahrhunderts -, dieses wertvolle Archiv über die Geschichte der Baptisten in Rußland zu finden?)

Alexandra Iwanowna überreichte mir einige Gedichte von Dazko. Eins davon war Odinzow gewidmet und zu seinem Geburtstag im Jahre 1928 geschrieben worden; darin werden die Schwierigkeiten erwähnt, die der verantwortungsvolle Dienst von Odinzow mit sich brachte:

Gewidmet dem Bruder
Nikolaj Wasiljewitsch Odinzow

Die Tage der früheren Erlebnisse,
Der Erwartungen und der Bedrängnisse
Sind wie ein Traum verflogen.
Sie sind verschwunden, in die Ferne entschwunden,
Nur das Gedächtnis kann ihnen noch folgen.

Ein neuer Abschnitt ist eingetreten,
Den schweren und mühsamen Dienst wir betreten,
Der friedliche Frucht verheißt.
Viel Müdigkeit und auch viel Trost
Das neue Jahr dir verheißt.

So sieh du den kommenden Tagen entgegen,
Die alles können, die wieder dir geben
Gnade um Gnade fürwahr.
Zweifle nicht und sei nicht verlegen,
Mit Freuden begegne ihnen immerdar.

Das andere Gedicht von Dazko ist der himmlischen Heimat gewidmet:

Und doch eile zur Heimat ich
Unter der heißen Sonne.

Im Geiste schon verweile ich,
Wohin ich möchte kommen.

Obwohl ganz schmal mein Pfad hier ist
Der Weg ist dornig, steil -
Die Gnadenskräfte schöpfe ich
Am Felse meines Heils.

Mein Stab sind seine Worte mir,
Sein Geist mein Schatz hier ist.
Da finde Ruh' ich für mein Haupt
Im Land, wo Jesus ist.

Wer gehet noch mit mir dahin
Ins ew'ge Kanaan?
Schon lange rief man mich dahin,
Auf ewig ruh' ich da.

Kommt alle, die ihr dürstet hier,
Wer in der Welt hier fremd.
Nur da könnt Ruhe finden ihr
In meinem Heimatland.

O Heimat, du bist wunderschön,
Ich möchte hin zu dir.
Mein Lied klingt hier so lieblich, schön
Für dich nur für und für.

Hier Fremdling ich und da daheim,
'S gibt keine Ketten hier,
Den freien Geist zu fesseln mein -
Noch bin ich ferne ihr.

Auch hier gibt es für mich ein Heim,
Hier leb das Leben ich.
Mit vielen Freunden lieb und fein
Hat reich beschenkt Gott mich!

Auf dem Vierten ukrainischen Kongreß der Baptisten im Mai 1925, der in Charkow stattfand, wurde A. P. Kostjukow zum Vorsitzenden des Ukrainischen Baptistenbundes gewählt und Dazko als Stellvertretender Vorsitzender. Ein Jahr später wurde Dazko auf dem 26. Kongreß der Baptisten in Moskau zum Kassenwart des Baptistenbundes gewählt und zog aus Charkow nach Moskau, um diesen verantwortungsvollen Dienst zu erfüllen.

Nachdem Dazko im März 1939 verhaftet war, zog seine Frau Vera Iwanowna aus der Ukraine in die Stadt Shukowsk, die im Gebiet Moskau liegt. Sie wohnte zusammen mit der Nichte von Odinzow, die auch alleinstehend und kinderlos war. Als Mosgowa 1941 aus dem Straflager entlassen wurde und nach Moskau zurückkam, besuchte Vera Iwanowna sie oft. Die Frau von Dazko litt große Not und so versuchte Alexandra Iwanowna ihr nach Möglichkeit zu helfen.

Als ich 1966 ein Treffen mit Alexandra Iwanowna hatte, erzählte sie mir von dem Schicksal des Bruders Dazko und den Nöten seiner Frau Vera Iwanowna. „Sie hat eine sehr kleine Rente und die Wohnung, in der sie zusammen mit der Nichte von Odinzow wohnt, die auch alt ist, ist sehr schlecht eingerichtet; sie befindet sich in einem alten Haus, sie können sich nicht einmal waschen, da gibt es weder Badewanne noch Dusche!“ Ich erzählten den Brüdern des Kirchenrates von dieser Not. So wurden Mittel freigestellt, mit denen die Wohnung von Vera Iwanowna renoviert wurde, auch ein Badezimmer wurde eingerichtet. Kurz nach diesem Treffen wurde ich in Moskau verhaftet. Als ich drei Jahre später aus meiner ersten Haft entlassen wurde, besuchte ich die Rubzow-Gasse und Alexandra Iwanowna erzählte mir, daß Vera Iwanowna Dazko 1967 gestorben sei. Während ihres letzten Lebensjahres erinnerte sie sich sehr oft an die Hilfe, die ihr zuteil wurde, und immer wieder fragte sie, von wem diese Hilfe gewesen sei. Alexandra Iwanowna sagte ihr, daß diese Hilfe von denjenigen kam, die den Dienst von Pawel Jakowlewitsch nicht vergessen haben und ihn schätzen, die das Lied „Jesus, Heiland meiner Seele...“ sehr gerne singen.

Im Jahre 1971 besuchte ich zusammen mit Mosgowa die Nichte von Odinzow. Die Hauswirtin zeigte mir das Badezimmer und sagte: „Schauen Sie nur, wie hier alles so schön und bequem gemacht worden ist, es wurde alles von den Mitteln gemacht, die eure Brüder für Vera Iwanowna gaben. Während ihrer letzten Lebensjahre hat sie sich sehr gefreut, daß man sie nicht vergessen hat; aber besonders kostbar war es für sie, daß es noch Menschen gab, die sich an Pawel Jakowlewitsch erinnern und ihn lieben.“

23

Alexandra Iwanowna Mosgowa (1905 - 1972)

Am 9. Mai 1972 ging Alexandra Iwanowna Mosgowa aus Moskau im Alter von 67 Jahren heim zum Herrn; sie war eines der ältesten Mitglieder der Moskauer Baptistengemeinde. Viele Jahre lang, angefangen in den zwanziger Jahren, sang Alexandra Iwanowna im Chor der Moskauer Gemeinde. Von 1926 bis 1933 war sie Mitarbeiterin in der Kanzlei des Föderalen Baptistenbundes und später, von 1944 bis 1961, arbeitete sie in der Kanzlei des Allunionsrates der Evangeliumschristen-Baptisten. Sie wurde 1933 in Moskau zusammen mit Nikolaj Wasiljewitsch Odinzow verhaftet und verbrachte über acht Jahre in Straflagern.

Alexandra Iwanowna war in einer christlichen Familie geboren worden. Mit sechzehn Jahren bekehrte sie sich zu Gott und begann den Dienst in seinem Weinberg, es war 1921. Während der ersten Jahre nach der Revolution hatten die Christen große Freiheit, das Evangelium zu predigen, und Alexandra Iwanowna erzählte: „Wir zeugten von Christus nicht nur im Gebetshaus, sondern auch auf den Straßen und Plätzen, in den großen Räumen der Theater und anderer Einrichtungen. Besonders die Jugend war sehr eifrig: wir besuchten Gefängnisse und Krankenhäuser, sangen, trugen Gedichte vor, die Brüder predigten. Viele bekehrten sich zu Gott.“[1]

1926 begann Alexandra Iwanowna ihren Dienst in der Kanzlei des Föderalen Baptistenbundes in Moskau. Die Arbeit des Baptistenbundes war drei wichtigen Aufgaben gewidmet: der Evangelisierung des Landes, der geistlichen Erziehung der schnell wachsenden Bruderschaft der Baptisten und der Vorbereitung neuer Gemeindediener durch Bibelkurse und geistliche Literatur.

[1] Als Alexandra Iwanowna kurz vor ihrem Tod mir von der Periode der großen religiösen Freiheit in Rußland erzählte, konnte man schwer daran glauben, daß so etwas möglich war. Aber für den Herrn ist nichts unmöglich. Jetzt, zwei Jahrzehnte nach unserem Gespräch, hat der Herr eine noch größere Freiheit für die Evangeliumsverkündigung geschenkt.

Einen großen Einfluß auf Alexandra Iwanowna übten solche gesegneten Evangeliumsdiener wie Odinzow, Dazko, Iwanow-Klyschnikow und noch andere aus. Ihr ganzes Leben lang bewahrte sie nicht nur die hellen Erinnerungen an sie, sondern auch die Treue dem heiligen Werk gegenüber, für welches diese Männer ihr Leben gelassen hatten. Sie erinnerte sich oft an ihre heißen Gebete, ihren aufopfernden Dienst und ihren engen Zusammenhalt. Die große Freiheit zum predigen des Evangeliums, die der Herr heute in den ehemaligen Ländern der Sowjetunion geschenkt hat, ist das Ergebnis einer kompromißlosen Treue gegenüber Gott von seiten vieler Tausender Christen, die den Märtyrertod erlitten, weil sie dem Evangelium treu blieben.

Nach 1929, als eine neue Welle der Verfolgung unsere Bruderschaft überrollte, übten die Behörden einen großen Druck auf die Leitung des Baptistenbundes aus. Alexandra Iwanowna erzählte, daß Odinzow, sobald er von der nächsten Vorladung zu den Behörden zurückgekommen war, die Mitarbeiter in der Kanzlei sammelte und ihnen von den eingetretenen Schwierigkeiten erzählte; sie beteten inbrünstig zusammen für die kostbare Bruderschaft. Er ermutigte die Mitarbeiter im Dienst für den Herrn, daß sie fest und mutig die Sache des Herrn vertreten sollten; und als die Verfolgung einen jeden persönlich erreichte, gingen fast alle in Haft, blieben aber dem Herrn treu.

Als Alexandra Iwanowna im November 1933 verhaftet wurde, bewahrte sie während der Untersuchungshaft völliges Schweigen in bezug auf alle Fragen, die das Leben der Bruderschaft beinhalteten. Sie wurde zu drei Jahren Haft verurteilt und dann zum Bau des Belomor-Baltischen Kanals geschickt. Das Straflager befand sich in Karelien im Rayon Medweshjegorsk. Dort befand sich auch der Vorsitzende des Sibirischen Baptistenbundes, Alexandr Spiridonowitsch Ananjin. Alexandra Iwanowna hatte die Möglichkeit, ihn im Straflager zu sehen. Nach einigen Angaben war er 1946 noch am Leben, doch sein weiteres Schicksal ist unbekannt. Seine Frau, Warwara Iwanowna, wurde im Dezember 1941 in Sibirien verhaftet und ist auch nicht aus der Haft zurückgekommen.

1936 war die Verhaftungszeit von Alexandra Iwanowna zu Ende, doch sie befand sich noch für fünf Jahre - ohne die Genehmigung den Ort zu verlassen - im Dorf Medweshjegorsk; sie wurde wie eine Verbannte behandelt.

Dann begann der Krieg und im Herbst 1941 wurde Alexandra Iwanowna aus der Frontlinie nach Moskau evakuiert, dort bekam sie das Entlassungspapier, ihren Ausweis und die Genehmigung, in Moskau zu wohnen.

Im Oktober 1944 fand in Moskau eine Beratung der Evangeliumschristen und Baptisten statt; nicht viele nahmen daran teil, ungefähr vierzig Männer. Die meisten waren kurz zuvor aus den Gefängnissen und Straflagern überraschend freigelassen worden. Der Beratung wohnte auch Alexandra Iwanowna bei, und ab 1944 begann sie wieder in der Kanzlei des neu gegründeten Allunionsrates zu arbeiten.

Das Verhältnis unter den Mitarbeitern war ganz anders als zur Zeit Odinzows: die wichtigsten Fragen des Dienstes wurden von den leitenden Brüdern in den Büros der „Abteilung über religiöse Kulte“ und in anderen behördlichen Institutionen entschieden. Das führte dazu, daß 1960 die antievangelistischen Dokumente „Die Verordnung“ und „Der Instuktionsbrief an die Hauptgemeindeleiter“ herausgegeben wurden, die so viel Leid über die ganze Bruderschaft der Evangeliumschristen-Baptisten brachten und die Ursache dafür waren, daß sich die Bruderschaft teilte. Ohne Zweifel, man kann nicht behaupten, daß die verantwortlichen Leiter des Allunionsrates freiwillig, in Eigeninitiative, diese Dokumente zusammengestellt und angenommen haben; dies alles geschah unter großem Druck von seiten der Behörden, die bestrebt waren, so schnell wie möglich eine religionsfreie Gesellschaft in der Sowjetunion aufzubauen. Deshalb ist die Annahme dieser Dokumente nicht nur die Schuld der verantwortlichen Brüder des Allunionsrates (in erster Linie des Vorsitzenden des Allunionsrates, Jakow Iwanowitsch Shidkow, und des Generalsekretärs Alexander Wasiljewitsch Karew), sondern auch ihre große persönliche Tragödie.

1961 wurde im Apparat des Allunionsrates eine Säuberung durchgeführt, und so wurden diejenigen Mitarbeiter in der Kanzlei, die eine selbständige Meinung über die innergemeindliche Angelegenheiten hatten, die sich von der allgemein festgelegten Meinung unterschieden, in Rente geschickt. Alexandra Iwanowna war eine der ersten, die in den Ruhestand geschickt wurden.

Zum ersten Mal begegnete ich Alexandra Iwanowna 1946 im Gottesdienst in Moskau; ich hatte während der Fahrt von Sibirien nach Kiew in Moskau Halt gemacht. Nach dem Gottesdienst suchte ich Alexandra Iwanowna auf, um ihr Grüße von Mama zu übergeben. Unsere erste Begegnung war sehr kurz. Später, in den Jahren 1949-1950, wohnte ich bei meiner Tante in Moskau in der Nähe des Kursker Bahnhofes, denn ich absolvierte im Moskauer Gebiet auf der elektrifizierten Eisenbahnlinie mein Werkpraktikum. Regelmäßig besuchte ich die Gottesdienste, bei denen Shidkow, Goljaew, Karew und andere Brüder predigten. Ich hatte meine ersten Gedichte, die mit einer Schreibmaschine abgetippt und in einige kleine Hefte eingebunden waren, mit nach Moskau genommen, und bat Alexandra Iwanowna, eins dieser Hefte Alexander Wasiljewitsch Karew zu überreichen. Alexandra Iwanowna versprach, dies zu tun und mich mit ihm bekannt zu machen; sie warnte mich aber, daß ich mit einem beliebigen leitenden Bruder sehr vorsichtig sein sollte. Ich sollte ihnen meine Seele nicht öffnen, denn sie seien verpflichtet, über eine jede Bekanntschaft, eine jede Begegnung und ein jedes Gespräch die Behörden zu informieren, und dies sei sehr gefährlich. Ich bedankte mich für ihren Ratschlag.

Eines Tages ging ich in die Kanzlei des Alluniosrates und dort machte Alexandra Iwanowna mich mit Karew bekannt. Es war ein kurzes Treffen in einem Durchgangszimmer, an dessen Wänden Regale voller Bücher standen. „Alexander Wasiljewitsch, ich habe Ihnen von Pjotr Jakowlewitsch Vins erzählt; dies ist sein Sohn Georgi, er ist aus Kiew gekommen, vor kurzem habe ich Ihnen seine Gedichte überreicht," so stellte mich Alexandra Iwanowna vor und ging aus dem Zimmer. Alexander Iwanowitsch drückte freundlich meine Hand und sprach sehr gut über meine Gedichte.[2] „Es sind sehr gute Gedichte, sie sind notwendig; aber es gibt keine Möglichkeit, sie in unserer Zeitschrift ‚Bruderbote' zu veröffentlichen, denn die Zeitschrift beschäftigt sich nicht mit Gedichten." Er fragte mich einiges über die Gemeinde in Kiew, über einige seiner Bekannten, bat mich, sie zu grüßen, und dann verabschiedeten wir uns.

Ich liebte Alexander Wasiljewitsch, ich hörte sehr gern seine inhaltsreichen Predigten (und nicht ich alleine, sondern die ganze Jugend hörte ihn gern). Natürlich war mir in diesen Jahren das Wesen des Allunionsrates und seiner Leitung verborgen, ich wußte nicht von ihrer Kapitulation vor dem Staat und dem Atheismus. Ich schrieb damals zwei Gedichte, die Alexander Wasiljewitsch gewidmet waren, und überreichte sie ihm durch Mosgowa.

---

[2] Unter diesen Gedichten befand sich auch das Gedicht „Wir haben das Leben nicht für leere Träume bekommen"; später wurde es ein Lied.

Im September 1963 nahm ich an der Arbeit des Orgkomitees teil, um einen außergewöhnlichen Kongreß der Evangeliumschristen-Baptisten vorzubereiten und besuchte Alexandra Iwanowna. Sie wußte schon etwas über die Arbeit der Initiativgruppe der Evangeliumschristen-Baptisten, über das Orgkomitee und den Anfang der Erweckung unter der Bruderschaft. Sie stand dieser Bewegung teilnahmsvoll gegenüber und betete für sie. Alexandra Iwanowna stand der Leitung des Alluniosrates sehr nahe, sie kannte die innergemeindlichen Ansichten von Karew, Shidkow und der anderen und fragte sofort bei unserer ersten Begegnung: „Glaubt ihr wirklich an die Möglichkeit einer geistlichen Erweckung in unserem Lande? An die Möglichkeit, daß man den Dienst frei ausführen kann?"

Ich antwortete: „Ich glaube an die Kraft Gottes und an die Notwendigkeit der Erweckung in unserer Bruderschaft. Ich glaube, daß der Herr noch die Freiheit der Verkündigung des Evangeliums in unserem Land schenken wird! So glaubten unsere Brüder, die vor uns waren. Nikolaj Wasiljewitsch Odinzow schrieb im Jahre 1927 in der Zeitschrift „Baptist" folgendes: ‚Ich erwarte eine große geistliche Erweckung meines Volkes, das mir so nahe ist!' Hirum beteten Tausende unserer Brüder in den vergangenen Jahren, während sie in Gefängnissen und Straflager litten und starben. Gott ist nichts unmöglich. Christus sagte: ‚Siehe, ich bin bei euch alle Tage bis an der Welt Ende' (Matth. 28, 20). Und der bekannte Prediger Mody schrieb kurz vor seinem Tod in seine Bibel: ‚Wenn Gott mit euch ist, so stellt große Pläne zusammen!'"

Alexandra Iwanowna erwiderte: „Aber daran glaubt unsere Leitung nicht, weder Jakow Shidkow noch Alexander Karew noch die anderen Brüder!"

„Was ist denn mit ihnen geschehen?" fragte ich.

„In der Abteilung über die religiösen Kulte wird ihnen beständig gesagt: ‚Euch werden wir noch dulden; wir werden ihnen erlauben, in ihrem Glauben zu sterben. Aber die Jugend rührt nicht an, füllt ihre Köpfe nicht mit der religiösen Verdummung! Die Jugend gehört uns, sie ist sowjetisch und wir werden sie im atheistischen Geist erziehen!' Alexander Wasiljewitsch sagt selber über die Behörde: ‚Sie haben nicht vor, uns die Gemeinde, in den Kommunismus zu nehmen! Die Tage der Gemeinde sind gezählt, in unserem Land hat die Gemeinde keine Zukunft!' So sieht die Stimmung in der Leitung des Allunionsrates aus!"

Sie fügte noch hinzu: „Eurer Generation stehen, genau wie euren Vätern, große Prüfungen um des Glaubens willen bevor. Und die Situation kann man wohl unmöglich ändern."

„Wie soll man dann aber die Worte Christi verstehen: ‚Ich werde meine Gemeinde bauen und die Pforte der Hölle werden sie nicht überwältigen'? Kann das denn sein, daß die Leitung des Allunionsrates den Glauben an die Kraft Gottes verloren hat?"

Alexandra Iwanowna antwortete nicht. Sie schwieg eine Zeitlang, dann sagte sie: „Wie froh bin ich, daß es in der Gemeinde neue frische Kräfte gibt, ich meine euch und eure Brüder. Die Tiefe eures Glaubens erinnert mich an diejenigen, die in den zwanziger Jahren eifrig für den Herrn tätig waren. Die Brüder vom Alluniosrat glauben nicht an die Möglichkeit eines Kongresses, Alexander Wasiljewitsch Karew sagt so: ‚Der letzte Kongreß fand 1926 statt und es sieht nicht so aus, daß noch jemals wieder ein Kongreß sein wird. Die Behörden sind strikt gegen jeglichen religiösen Kongreß!"

Als ich in den ersten Oktobertagen 1963 Alexandra Iwanowna wieder besuchte, war sie über etwas sehr aufgeregt: „Kommen sie, kommen Sie schnell rein! Ich habe eine erschütternde Neuigkeit!" sagte sie zu mir, als sie die Tür öffnete.

„Stellen Sie sich vor, die Behörden haben dem Allunionsrat erlaubt, eine Allrussische Beratung durchzuführen, etwas ähnliches wie einen Kongreß, dies ist zum ersten Mal seit 1926! Man merkt es, daß der Allunionsrat und die Behörden über die Arbeit des Orgkomitees und die Bewegung um die Einberufung eines Kongresses sehr beunruhigt sind."

„Wann wird diese Beratung stattfinden?" fragte ich.

„In diesem Monat, im Oktober."

Ich bedankte mich bei Alexandra Iwanowna für diese Neuigkeit und beeilte mich, ein Treffen mit den Brüdern des Orgkomitees zu organisieren. Uns war klar, daß die „Abteilung für religiöse Angelegenheiten" bemüht war, die Bewegung der Gläubigen für die Einberufung eines Kongresses unter der Leitung des Orgkomitees der Evangeliumschristen-Baptisten zu stoppen, und deshalb wurde dem Allunionsrat (der gegen den Kongreß war) erlaubt, eine Allrussische Beratung, vielleicht auch einen Kongreß durchzuführen mit dem Ziel, die ganze Bruderschaft durch diesen fiktiven Kongreß in die Irre zu leiten und die wirklichen Initiatoren des Kongresses zu verurteilen. Auf dieser Sitzung, die sofort am ersten Tag der Zusammenkunft in einen Kongreß verwandelt wurde, kamen 400 Delegierte mit Stimmrecht, die vorher sorgfältig von der „Abteilung über religiöse Angelegenheiten“ ausgewählt wurden, zusammen. Die Delegierten bekamen die Ausweise und das Tagesprogramm: Vorträge, Abrechnungen, Aussprachen, Wahlen; all dies sollte die Illusion eines wirklichen Kongresses vermitteln. Die Teilnehmer dieses Kongresses wurden im Moskauer Hotel „Tourist“ einquartiert, ihnen wurden ungefähr zehn Touristenbusse zur Verfügung gestellt. Viele der echten Initiatoren dieses Kongressen befanden sich zu jener Zeit in Gefängnissen und Straflagern.

Das Orgkomitee schickte zu dieser Sitzung drei seiner Vertreter: A. A. Schalaschow, G. I. Maiboroda und mich. Wir wurden beauftragt, der Sitzung des Allunionsrates den Aufruf des Orgkomitees vorzulesen. Aber die Leitung des Allunionsrates ließ uns nicht an der Sitzung teilnehmen. Vor dem Gebäude des Allunionsrates standen den ganzen Tag ungefähr dreißig Gläubige, die aus verschiedenen Gebieten gekommen waren, im ständigen Regen; unter ihnen befanden sich zwei alte Männer, die sich auf ihre Gehstöcke stützten, es waren Majboroda und Schalaschow. Keiner von uns durfte das Gebäude der Moskauer Gemeinde betreten, in dem die Sitzung stattfand. An der Tür standen mehrere Brüder Wache, die auf Anordnung der Leitung des Allunionsrates keinen von uns zu diesem Kongreß hineinließen. Der alte Bruder Alexander Iwanowitsch Schalaschow versuchte mit dem Wächter zu sprechen: „Warum werden wir nicht zum Kongreß zugelassen? Der Allunionsrat hat nicht um einen Kongreß gebeten, wir haben die Initiative eines Kongresses hervorgebracht!“ Aber die Wache stehenden Brüder schwiegen.

Mehrere Stunden warteten wir im kalten Herbstregen. Endlich kam jemand von der Leitung des Allunionsrates und wir überreichten ihm den Aufruf des Orgkomitees, in dem darauf hingewiesen wurde, daß solch ein einseitiger Kongreß, an welchem die Initiatoren des Kongresses nicht teilnehmen durften, ungesetzlich sei. Wir baten auch, uns zu erlauben, den Aufruf des Orgkomitees den Kongreßteilnehmern vorlesen zu dürfen. Nach einiger Zeit kam der Vertreter zurück und sagte uns im Namen des Allunionsrates: „Es wird abgelehnt, eure Bitte zu erfüllen!“ Mehrere Male beteten wir unter freiem Himmel für die Sache des Evangeliums in unserem Lande, wir beteten für die

Brüder, die in Haft waren, aber auch für die Mitarbeiter des Allunionsrates, damit der Herr ihnen Buße schenken möge. Dann warteten wir noch etwas und gingen schließlich davon.[3]

Einige Tage später besuchte ich Alexandra Iwanowna wiederum und sie erzählte mir: „Ich war auch auf dieser Sitzung und beobachtete alles. Da waren Vertreter der Abteilung über religiöse Angelegenheiten, die praktisch auch die ganze Sitzung leiteten. Die Leitung des Allunionsrates war sehr aufgeregt, als eure Brüder mit dem Brief zum Kongreß kamen, sie haben sich lange beraten und beschlossen, die Bitte abzulehnen."

Alexandra Iwanowna beurteilte das Geschehene wie folgt: „Daß der Allunionsrat im Angesicht des Orgkomitees und seiner Befürworter eine Opposition bekommen hat, ist eine positive Entwicklung und wird dazu dienen, daß die Erweckung in der Bruderschaft beginnen wird, obwohl die Behörden und auch der Allunionsrat einen harten Kampf gegen die Befürworter der Erweckung führen werden. Auf dem Kongreß sprach Pastor Pieter Egle aus Lettland ein sehr interessantes Wort. Er sagte: ‚Ich hatte ein Treffen mit den Anhängern des Orgkomitees und bei mir hat sich eine gute Meinung über sie gebildet. Und hier auf dem Kongreß möchte ich sagen: wenn die Bewegung des Orgkomitees eine Krankheit ist, dann müssen wir sie heilen, wenn dies aber die Stimme Gottes ist, dann müssen wir auf sie hören.' Leider war dies fast der einzige gesunde Vortrag während des Kongresses."

Obwohl Alexandra Iwanowna in der registrierten Moskauer Gemeinde war, verteidigte sie auch weiterhin die biblischen Prinzipien und ermahnte die Leitung des Allunionsrates und die Diener der Moskauer Gemeinde, daß sie von den Evangeliumsprinzipien abgewichen waren; sie tat dies konkret und lind zugleich. Ihre Stimme, die immer ruhig und leise war, war eine einzelne in dieser Umgebung.

Als im Sommer und Herbst 1966 in Moskau viele Gerichtsprozesse gegen die Anhänger der Erneuerungsbewegung stattfanden, war Alexandra Iwanowna auf fast allen Prozessen anwesend, sie litt und betete für jeden Häftling. Sie kannte sich sehr gut in der Geschichte der Bruder-

[3] Es vergingen dreißig Jahre und ich stand wieder zwei Tage vor den geschlossenen Türen des Kongresses der Evangeliumschristen-Baptisten, der in Tula, im Oktober 1993 stattfand. Wir waren ungefähr dreißig Personen, mehrere von uns waren ehemalige Häftlinge für die Sache der Erweckung und die Sache des Kongresses. Wieder, wie auch dreißig Jahre zuvor, goß ein kalter Herbstregen und wir wurden nicht einmal als Gäste zu dem Kongreß zugelassen. Wie auch damals, so beteten wir auch jetzt mehrere Male für die Sache des Evangeliums in unserem Lande.

schaft aus, liebte den Herrn innig und in der angefangenen Erneuerungsbewegung sah sie die Fortsetzung des großen Evangeliumswerkes, dem die Brüder Pawlow, Rjaboschapka, Ratuschnyj, Odinzow, Prochanow, Paschkow, Korf, Iwanow-Klyschnikow, Dazko, Kostjukow, Ananjin und andere ihr Leben geweiht hatten.

Ich machte meine nächsten Freunde Nikolaj Petrowitsch Chrapow und Nikolaj Georgijewitsch Baturin (beide sind schon in der Ewigkeit, sie waren jahrelang um ihres Glaubens willen in Haft, Chrapow 28 Jahre und Baturin 22 Jahre) mit Alexandra Iwanowna bekannt. Sie hatten stundenlange Gespräche mit Alexandra Iwanowna, die sehr gut die Geschichte der Evangeliumschristen-Baptisten kannte und auch persönlich viele Brüder, die ihren Dienst in den zwanziger und dreißiger Jahren taten.

Alexandra Iwanowna hatte ein großes, schönes Album bewahrt, in dem viele Brüder und Schwestern ihre Wünsche eingetragen hatten, darunter war auch eine von meiner Mama aus dem Jahre 1931. Die ersten Eintragungen waren von 1926, die letzten von 1970. Während eines meiner Besuche zeigte sie mir ihr Album; aber es mehr kennenlernen konnte ich erst nach ihrem Tod. Damals machte ich auch einige Notizen aus diesem Album.

„‚Du folge mir nach...' (Joh. 21, 22)

Heute öffnet der Herr vor seinen Kindern die feurige Tür der Prüfungen, man hört schon das Echo des vielköpfigen Tieres: ‚Ins Feuer mit ihnen!' Die Kinder Gottes werden in der Tat erfahren, was es heißt, gehaßt zu werden von allen Völkern. Aber lassen wir unser Herz nicht mutlos werden, denn wenn Er uns diese Tür öffnet, so wird Er auch selber mit uns gehen, deshalb können wir so sagen, wie einst die ersten Christen gesagt haben: ‚Ihr könnt uns töten, aber ihr könnt uns keinen Schaden zufügen!' Deshalb wollen wir uns freuen, teure Freundin Alexandra Iwanowna, daß der Herr uns für würdig erachtet, am Leiden für seinen Leib teilzunehmen, damit wir auch später Teilhaber seiner Herrlichkeit sein werden.

11. März 1929 Moskau, Bibelkurse der Baptisten, N. Borez"

„Der teuren Schwester im Herrn Mosgowa

‚... Wer überwindet, dem will ich zu essen geben von dem Baum des Lebens, der im Paradies Gottes ist.' (Offenbarung 2, 7)

9. März 1929 Moskau, F. Saposhnikow"

„Für die teure Schwester Schura!

In unseren gegenwärtigen Schwierigkeiten und mit diesen Gefühlen findet man irgendwie nicht so recht etwas Freudiges zum Schreiben. Wenn ich aber in ein Album schreibe, so möchte ich von Herzen die aufrichtigen und herzlichen Wünsche zum Ausdruck bringen, daß wir unseren schweren christlichen Weg zu Ende gehen mögen.

Teures Schwesterchen, du hast schon angefangen, diesen schweren Weg, voller Leiden, zu gehen. Wisse nun, wenn du bis zum Ende deinem Herrn treu sein wirst, so wirst du bis zum Ende dieser Welt kein Mitleid finden, genauso wenig wird die Welt dich verstehen. Aber eins vergiß nicht: wenn Gott uns lieben soll, so muß die Welt uns hassen; damit die Himmel uns aufnehmen, müssen wir hier unbedingt Vertriebene sein. Wir haben hier keinen Platz, wir haben hier keinen kühlen Schatten, kein Dach über dem Kopf, um von dem Dienst auszuruhen. Und dies alles nur deshalb, damit wir von den Himmeln aufgenommen werden können und einen Platz dort haben.

Dies bezieht sich auf die Welt, aber je näher du zu Golgatha kommst, desto mehr kann es passieren, daß sogar deine Freunde dich verlassen werden. Dies kann man oft auf dem Weg des Christen antreffen. Und wenn dies alles dich auf dem Wege ereilt, höre nicht auf, Gott treu zu sein und Ihm zu dienen. Mit Geduld ertrage die Beleidigungen, wie schwer sie auch sein mögen. Vergib allen! Wenn deine Freunde dich verlassen und es dir sehr schwer ums Herz sein wird, so weine in der Stille allein vor dem Herrn und du wirst Erleichterung verspüren. Sei zu allen liebevoll und zärtlich, deine Geduld und deine Demut mögen allen bekannt sein, denn sie sollen immer in uns sein. Liebe alle mit einer brüderlichen Liebe, und dann wird jeder Christus in deinem Herzen und in deinen Augen sehen. Sei immer mutig vor allen Menschen, wenn du diesen Dienst tust, denn dies ist unsere Berufung. Mögest du Erfolg im Dienst haben und glücklich sein.

10. März 1929

Moskau, Bibelkurse der Baptisten,
W. G. Lobkow aus Sibirien“

„Jesus sagte: ‚Ich werde dich nicht verlassen noch versäumen’ (Hebr. 13, 5). ‚Ich werde euch nicht als Waisen lassen...’ (Joh. 14, 18). Der Herr ist seinen Verheißungen treu.

11. März 1929 Euer Bruder in Christus I. J. Miller“

„„Diese sind's die sich ... nicht befleckt haben...,die folgen dem Lamme nach, wohin es geht. Diese sind erkauft aus den Menschen...' ‚Und sie sangen ein neues Lied... die erkauft sind von der Erde' (Offenbarung 14, 4. 3)

Von Herzen wünsche ich Ihnen, dieses Lied zu lernen und mit ganzem Herzen dahin streben, damit auch sie einst vor dem Thron stehen und in das Lied einstimmen mögen. Er ‚... der überschwenglich tun kann über alles hinaus, was wir bitten oder verstehen', kann uns helfen (Eph. 3, 20, Joh. 17, 24). Sei tapfer und glaube!

3. August 1930

Von einem treuen Bruder im Herrn,

einem alten Mitarbeiter auf seinem Feld, G. Schalje, Moskau“

„Zum guten Gedächtnis während des Treffens in der Verbannung.

In ein Album werden solche Worte eingetragen, die dazu dienen, die besten Wünsche für das Leben eines nahestehenden Menschen zum Ausdruck zu bringen, die auch die Ideen enthalten, welche sie näher zusammenbringen. Dieser Wunsch widerspiegelt die Gemütsverfassung und auch das Erlebte dessen, der diese Zeilen geschrieben hat.

Wenn ich die heldenhaften Erzählungen aus dem Leben und der Tätigkeit der berühmten Personen höre, die sich zum Ziel gesetzt haben, den Willen dessen zu tun, der sie ins Leben berufen hat, so bin ich über ihre feurige und erhabene Geistesschwünge entzückt, die sie bewegten, Übermenschliches zu tun und sich selbst zu opfern im Namen des Heilands der Welt, Jesus Christus, zum Guten und zur Errettung ihrer Nächsten.

Sie waren von dem festen Glauben an den Herrn und der Treue Ihm gegenüber bis zum Ende (Off. 2, 10) beseelt; sie waren unerschrocken tapfer in ganz verschiedenen Schwierigkeiten. Diese Tapferkeit begleitete alle Märtyrer-Helden der Christenheit in allen Jahrhunderten, die mit Freuden nach Golgatha gingen. Sie besaßen eine vollkommene christliche Liebe, die das Fundament und der Ausgangspunkt vieler guter Werke waren, die sehr verschieden zum Ausdruck kamen. Sie hatten eine helle Hoffnung auf alle Verheißungen des himmlischen Vaters (Joh. 14, 23), durch welche ihnen eine stille Ruhe ins Herz floß, sie hatten Freude und Frieden im Herzen; das beinhaltete das

Leben derer, die dem Führer und Retter der Welt nachfolgten - Jesus Christus.

Und auch euch, treue Schwester im Herrn, Alexandra Iwanowna, wünsche ich von ganzem Herzen, von dem allmächtigen Gott diese christlichen Kostbarkeiten zu bekommen, die der Schmuck im Leben eines Christen sind, der nach dem ewigen Kanaan wandert. Zum Schluß noch Phil. 1, 21; Röm. 8, 35-39; Hebr. 13, 13-14; Off. 14, 13; 1. Kor. 2, 9.

4. Januar 1936

Karelija - Sosnowsk (in der Verbannung)
I. E. Kutumow“

24

Nikolaj Wasiljewitsch Odinzow (1874 - 1938)

„Gedenkt eurer Lehrer, die euch das Wort Gottes gesagt haben; ihr Ende schaut an und folgt ihrem Glauben nach.“ Hebr. (13, 7)

„Ich erwarte eine große geistliche Erweckung unter meinem Volk, das mir so teuer ist, eine tiefe und umfassende reformatorische Bewegung in unserem so großen Land, das so reich an verschiedenen Möglichkeiten ist. Ich höre das Nahen des Kommenden vom Himmel in der Fülle seiner Herrlichkeit, und mit einem vor Freude schlagenden Herzen wende ich mich zu Ihm und bete inbrünstig: ‚Ja, komme bald, Herr Jesu!‘“ So schrieb Nikolaj Wasiljewitsch Odinzow; er betete und erwartete eine große geistliche Erweckung in unserem Lande.[1]

Die Gläubigen unserer Bruderschaft erinnern sich mit Liebe und Wärme an Nikolaj Wasiljewitsch. Die ihn persönlich kannten, bezeugen, daß er ein sehr demütiger, aufmerksamer und entgegenkommender Bruder war. Die Brüder, die mit ihm zusammen den Dienst taten, unterstreichen, daß er sehr prinzipientreu in den Glaubensfragen war, sie unterstreichen seine Treue dem Evangelium gegenüber, seinen Mut und seine Standhaftigkeit, wenn es galt, die Sache des Evangeliums zu verteidigen; er stand dem Unglauben kompromißlos gegenüber.

Die Brüder, die Nikolaj Wasiljewitsch persönlich kannten, bezeugten auch, daß er als Vorsitzender des Föderativen Baptistenbundes seinen Dienst im Einklang nicht nur mit den dienenden Brüdern in Moskau tat, sondern auch in den ganz entferntesten Orten des Landes. Für Nikolaj Wasiljewitsch war der Geist des Diotrephes fremd, der Geist der Herrschaft über das Erbteil des Herrn. Und selbst die Vereinigung in einen Bund der Baptisten in Rußland, in

[1] Zeitschrift „Baptist“ Nr. 1, 1927

der Ukraine und auch in den anderen Regionen des Landes wurde auf den Prinzipien der Freiwilligkeit vollbracht; es gab keinen administrativen Druck von oben oder irgendeine Hierarchie, man konnte die Leitung selber wählen und abwählen.

Der Föderative Baptistenbund bestand aus zwölf örtlichen Bünden; diese waren in ihrem Dienst und in der Regelung verschiedener Fragen selbständig. Jeder dieser zwölf Bünde war eine freiwillige Vereinigung der örtlichen Gemeinden mit dem Ziel, erfolgreicher das Evangelium zu verbreiten. Der Föderale Bund vereinigte den geistlichen Dienst dieser zwölf Bünde und vertrat sie vor dem Weltbaptistenbund.

Der Herr hatte Nikolaj Wasiljwitsch auf diesen verantwortungsvollen Posten des Dienstes in einem der schwierigsten Abschnitte der Geschichte der Evangeliumschristen-Baptisten gestellt. Und Odinzow hat nicht aufgegeben, er ist nicht abgewichen und hat die Sache des Herrn nicht verraten. Er blieb auf dem Posten des Vorsitzenden des Baptistenbundes bis 1933, bis zum Tage seiner Verhaftung, er teilte mit der Bruderschaft die Schwere der Verfolgung um des Glaubens willen und starb als ein Märtyrer für die Sache des Herrn. Für die Jugend, die in den Kriegsjahren und kurz darauf in die Gemeinde eintraten, waren Nikolaj Wasiljewitsch und seine Mitarbeiter ein Beispiel der Nachahmung. Es vergingen Jahre, in die Gemeinde traten immer neue Generationen Gläubiger ein und für viele Christen rückte der Name Odinzow in die Tiefe der Geschichte. In den alten christlichen Zeitschriften, die nach den unzähligen Hausdurchsuchungen zu einer Seltenheit geworden sind, endete der Dienst von Odinzow und der anderen Brüdern mit dem Jahr 1928, und was weiter geschah, wurde nur mündlich und halblaut gesprochen.

Nikolaj Wasiljewitsch war am 8. Dezember 1870 in der Stadt Balaschow im Gouvernement Saratow geboren worden. Drei Jahre vor seiner Geburt bekehrte sich Nikita Isajewitsch Woronin zu Gott und ließ sich taufen; er ist der Pionier der Evangeliumschristen-Baptisten-Bruderschaft in Rußland. Die lebendige Quelle der evangelischen Lehre verbreitete sich in den weiten Gebieten Rußlands und zog alle an, die nach der Erkenntnis Gottes dürsteten. Die Evangeliumsbotschaft erreichte auch Nikolaj Wasiljewitsch: mit zwanzig Jahren bekehrte er sich zu Gott, und 1891 schloß er den ewigen Bund mit Ihm und ließ sich im Fluß Wolga im Gebiet Saratow taufen. Die Himmel und das Wasser des großen russischen Flusses waren Zeugen, als er Gott das Versprechen gab, Ihm mit reinem Gewissen zu dienen. Nikolaj Wasiljewitsch hat sein Versprechen gehalten; sein ganzes Leben bis zu seinem Märtyrertod hat er dazu geweiht, dem russischen Volk von Gott zu zeugen. Nikolaj Wasiljewitsch war der erste lebendige Stein, den Gott in den Bau der Gemeinde der Evangeliumschristen-Baptisten in Saratow legte.

1909 wurde Nikolaj Wasiljewitsch von den Brüdern W. W. Iwanow, D. I. Masajew, S. P. Stepanow und W. P. Stepanow zum Predigerdienst ordiniert. Nach der Ordination besuchte Nikolaj Wasiljewitsch viele Gemeinden in den Dörfern und Städten in Powolshje und Kaukasus, in Moskau und St.Petersburg, und überall wurde sein geistlicher Dienst von Gottes reichem Segen begleitet. 1913 besuchte Nikolaj Wasiljewitsch zum ersten Mal das am weitesten entfernte Gebiet Rußlands - den Fernen Osten. Die Gläubigen im Fernen Osten waren wegen der großen Entfernung und auch, weil es zu wenige Reiseprediger gab, von der Bruderschaft getrennt und jeder Besuch von Brüdern aus Zentralrußland war für sie ein großes freudiges Ereignis, das ihnen Ermutigung und Stärkung im Glauben brachte.

Nach 1917 beteiligte sich Nikolaj Wasiljewitsch sehr aktiv an der Herausgabe von christlichen Zeitschriften, Broschüren, Büchern und führt seinen segensreichen Dienst auch in der Moskauer Gemeinde durch. Am 15. Dezember 1924 fand in Moskau eine Plenarsitzung des Allrussischen Baptistenbundes statt und Ilja Andrejewitsch Goljajew wurde zum Vorsitzenden des Bundes gewählt; sein Helfer und Kassenwart wurde Odinzow. Der neugewählte Bund beschrieb seine Hauptaufgabe im Dienst durch den Vorsitzenden folgendermaßen: „Wenn ich diesen verantwortungsvollen Posten vor Gott antrete, angesichts des Befehls unseres Herrn ‚Gehet in alle Welt und predigt das Evangelium aller Kreatur‘ (Mk. 16, 15), so stelle ich mir die Hauptaufgabe vor, alle meine Fähigkeiten und die Mittel, die dem Bund zur Verfügung stehen, dazu zu verwenden, um die Mission zu fördern. Solch einen Befehl, der mit dem Willen Gottes übereinstimmt, gab mir auch das Plenum unseres Baptistenbundes.“ (Zeitschrift „Baptist“ Nr. 2, 1925, S. 1)

Seit Januar 1925, nach siebenjähriger Pause, wurde die Zeitschrift „Baptist“ wieder herausgegeben; seit der vierten Ausgabe war Odinzow der Redakteur. 1926 begann ein besonders wichtiger Abschnitt im Leben und Dienst von Odinzow: auf dem 26. Kongreß der Baptisten in Moskau wurde er zum Vorsitzenden des Föderalen

Baptistenbundes gewählt. In jenen Jahren predigte Nikolaj Wasiljewitsch beständig, unterrichtete auf den Bibelkursen in Moskau und besuchte die Kongresse und Besprechungen der örtlichen Bünde der großen Bruderschaft der Baptisten in Sibirien, im Fernen Osten, in Mittelasien, in Powolshje und in der Ukraine. Er nahm auch an der Arbeit des vierten Weltbaptistenkongresses in Kanada in der Stadt Toronto, der 1928 stattfand, teil.

Während Odinzow die verschiedenen Gemeinden in verschiedenen Teilen des riesigen Landes besuchte, betonte er besonders die wichtigsten Prinzipien der Lehre der Evangeliumschristen-Baptisten; denn er verstand, daß sie die wichtigsten Wahrheiten der ersten apostolischen Gemeinden beinhalteten. Das Jahr 1929 war angebrochen, auf die Gemeinde kam die Verfolgung zu: die Behörden verboten die Zeitschrift „Baptist“ (es erschienen nur sieben Ausgaben der Zeitschrift in jenem Jahr), im Herbst wurden die Bibelkurse verboten und die Studenten, die zum Unterricht angereist waren, mußten mit traurigen Herzen wieder heimkehren.

Angesichts der immer näher kommenden Verfolgung schrieb Odinzow den Artikel: „Ein Beispiel für die Treuen“, der in der zweiten Ausgabe der Zeitschrift „Baptist“ im Jahr 1929 abgedruckt wurde. Mit diesem Artikel, der dem selbstlosen Diener Gottes Wasilij Wasiljewitsch Iwanow-Klyschnikow gewidmet war, welcher die Treue dem Herrn gegenüber in den schweren Verfolgungen zur Zarenzeit bewahrt hatte, bereitete Odinzow die Bruderschaft zu neuen Prüfungen im Glauben. Er schrieb in dem Artikel: „Aufsehend auf den Anfänger und Vollender des Glaubens tat Wasilij Wasiljewitsch seinen hohen Dienst für den Herrn immer mit Freuden und in tiefer Demut. Er schaute nicht auf die mit diesem Dienst verbundenen Entbehrungen und Prüfungen, ungerechten Verleumdungen und Lästerungen, Beschränkungen und Verfolgungen. Nicht nur einmal mußte er sich praktisch überzeugen, daß man uns zu Schafen zählt, die zur Schlachtbank geführt werden (Röm. 8, 36) und daß es uns gegeben ist, ‚um Christi willen, nicht allein an ihn zu glauben, sondern auch um seinetwegen zu leiden’ (Phil. 1, 29). Er ließ sich nicht ‚durch die Hitze befremden, die euch widerfährt zu eurer Versuchung, als widerführe euch etwas Seltsames’ (1. Petr. 4, 12), er blieb in den Trübsalen unerschütterlich in dem Bewußtsein, daß es so bestimmt sei (1. Thess. 3, 3).

1929 wurde der nächste Mitarbeiter und Helfer von Odinzow, der Sekretär des Föderalen Baptistenbundes, Pawel Wasiljewitsch

Iwanow-Klyschnikow, verhaftet und nach Kasachstan verbannt.[2] Im selben Jahr wurde auch der Föderalen Baptistenbund selbst von den Behörden geschlossen. (Zwar wurde 1930 die Tätigkeit des leitenden Organs des Baptistenbundes wieder aufgenommen, aber der Bund hatte keine Zeitschrift und keine Reiseprediger mehr.) Im Mai 1930 wurde in Moskau das Haus beschlagnahmt, das dem Baptistenbund gehörte und in dem sich dessen Kanzlei, die Bibelkurse und die Wohnungen der leitenden Mitarbeiter des Bundes befanden.

All diese Jahre verteidigte Nikolaj Wasiljewitsch sehr tapfer die Sache des Herrn, bis zum Ende blieb er seiner Berufung treu. Er ging auf keine Kompromisse mit dem Atheismus ein. Nikolaj Wasiljewitsch wußte, daß auch ihm bald eine Trennung von den Glaubens- und Dienstfreunden bevorstand. Zu der Zeit schmachteten schon Tausende Brüder in den Gefängnissen und Straflagern. Nikolaj Wasiljewitsch ermunterte die Gläubigen, er rief sie auf, dem Herrn treu und tapfer bis zum Ende zu folgen. Nach dem Beispiel des Apostels Paulus sagte er seinen Freunden: „...nur daß der heilige Geist in allen Städten mir bezeugt, daß Gefangenschaft und Bedrängnisse auf mich warten. Aber nach meinem Leben frage ich nichts, wenn ich nur meinen Lauf vollende und den Dienst tue, der mir von dem Herrn Jesus anvertraut wurde, nämlich das Evangelium von der Gnade Gottes zu bezeugen“ (Apg. 20, 23-24).

In der Nacht vom 5. auf den 6. November 1933 wurde Nikolaj Wasiljewitsch verhaftet und zu drei Jahren Gefängnis verurteilt. Nach dem Gerichtsprozeß wurde er in das Gefängnis von Jaroslaw gebracht, wo er auch seine ganze Haftfrist verbrachte. Nachdem diese zu Ende war, wurde er nicht entlassen, sondern unter Bewachung nach Ostsibirien in die Verbannung gebracht: nämlich ins Dorf Makowskoje, im Gebiet Krasnojarsk, welcher am Taigafluß Keta, 70 km nördlich der Stadt Jenisejsk, liegt. Makowskoje ist eine alte russische Siedlung, die 1968 ihr 350-jähriges Jubiläum feierte; sie wurde von den russischen Kosaken, den Entdeckungsreisenden, inmitten der dichten sibirischen Wälder gegründet - viele Kilometer weit gibt es keine einzige Siedlung, nur Taiga und nochmals Taiga. Das Dorf Makowskoje ist ein traditioneller Verbannungsort von Menschen verschiedener Glaubensrichtungen. Hier haben viele Gläubigen ihre Verbannung verbracht, unter ihnen auch Alexej Fjodorowitsch Pro-

[2] Sein Vater, Wasilij Wasiljewitsch Iwanow-Klyschnikow, war einer der Anfänger der Evangeliumschristen-Baptisten-Bewegung in Rußland in der letzten Hälfte des 19. Jahrhunderts.

kofjew, einer der Anführer der geistlichen Erweckungsbewegung der Evangeliumschristen-Baptisten Anfang der 60er Jahre.

1937 wurde Odinzow in Makowskoje von seiner Frau Alexandra Stepanowna besucht. Nach ihrer Rückkehr von dort erzählte sie, daß Odinzow physisch sehr schwach, aber geistlich sehr munter sie. Er ließ die Brüder und Schwestern grüßen und bereitete sich vor, in die ewige Heimat zu seinem Vater überzugehen. Oft sagte er zu seiner Frau: „Ich möchte nach Hause!" Dort, in Makowskoje wurde der 68jährige kranke Odinzow 1938 wieder verhaftet und auf die Etappe geschickt.[3]

Im August 1969 besuchten G. K. Krjutschkow und ich das Dorf Makowskoje, wo zu der Zeit Alexej Fjodorowitsch Prokofjew seine fünfjährige Verbannung verbrachte. Er war im April 1962 in der Ukraine verhaftet und zu 10 Jahren Haft verurteilt worden. Seine Lagerhaft verbrachte er in der Ukraine und 1967 wurde er nach Makowskoje in die Verbannung geschickt. Wir waren selber erst seit einigen Monaten nach dreijähriger Haft entlassen worden und beschlossen, Alexej Fjodorowitsch in der Verbannung zu besuchen. Zu der Zeit wußten wir noch nicht, daß in den dreißiger Jahren auch Nikolaj Wasiljewitsch in Makowskoje in der Verbannung gewesen war.

Wir flogen mit dem Flugzeug von Moskau nach Krasnojarsk und dann weiter nach Jenissejsk. Von Jenissejsk flogen wir mit einem kleinen Flugzeug, in dem sechs Mann Platz hatten, nach Makowskoje. Dort verbrachten wir zwei Tage mit Prokofjew. Zum Schluß begleitete er uns zum Flugzeug und einige Minuten vor unserem Abflug sagte er unvermittelt zu uns: „Hier in Makowskoje befand sich vor dem Krieg Odinzow in der Verbannung und die Wirtin, in deren Haus er wohnte, lebt auch noch." Ich war aufgewühlt: „Alexej Fjo-

---

[3] 1993 wurde in St.-Petersburg in dem Verlag „Bibel für alle" das Buch von S. P. Fadjuchin: „Die Erinnerungen an das Durchlebte" herausgegeben, in dem auf Seite 196 der Tod von Nikolaj Wasiljewitsch beschrieben wird. Ich zitiere einen Auszug aus diesem Buch: „Es gab ein Gerücht, daß Nikolaj Wassiljewitsch während der Etappe in der Tundra von den anderen zurückgeblieben war und vor Erschöpfung in den Schnee fiel. Die Etappe ging weiter und später haben die Wölfe ihn aufgefressen." Man kann nicht mit dieser Behauptung einverstanden sein, denn die Wache ließ nie einen Häftling, der von den anderen zurückgeblieben war, am Leben. Sie haben die zurückgebliebenen erschöpften Häftlinge immer geschlagen und aufgefordert, aufzustehen und weiter der Etappe zu folgen. Wenn dies nicht half und der Häftling keine Kraft mehr hatte, sich von der Erde zu erheben, so erschoß die Wache den Häftling oder hetzte die Wachhunde auf ihn, bis er tot war; aber nie ließ die Wache einen Häftling einfach lebend liegen.

dorowitsch, warum haben Sie uns das nicht schon gestern gesagt, warum haben Sie uns nicht mit der Hauswirtin, bei der Odinzow wohnte, bekannt gemacht?“ Er antwortete, daß er diesem einfach keine große Bedeutung beigemessen und nicht gedacht hätte, das es uns interessierte. Er erzählte auch, daß die Hauswirtin ein Liederbuch von Odinzow aufbewahrt hatte, an dessen Rändern seine Bemerkungen standen. So mußten wir zurückfliegen, ohne die Hauswirtin gesehen zu haben, in deren Haus Nikolaj Wasiljewitsch gewohnt hatte. Sie hätte wahrscheinlich viel über seine letzten zwei Lebensjahre und auch über die Einzelheiten seiner letzten Verhaftung erzählen können.

Das kleine Flugzeug flog sehr niedrig über die Taiga. Mit uns zusammen flogen die Pilzsammler nach Jenissejsk zurück, sie hatten große Körbe voller großer weißer Pilze. Im Flugzeug herrschte großer Motorenlärm, deshalb konnte man sich kaum unterhalten. Ich sah durch das Fenster auf die Taiga, auf die unzähligen Flüsse und Flüßchen, auf die seltenen Fäden der Taigawege und dachte an Nikolaj Wasiljewitsch: vielleicht ging durch diese Wege seine letzte Etappe in den Himmel... Ich betete und bat den Herrn, mir zu helfen, wenigsten eine kurze Information über das Leben und den Dienst des Bruders Odinzow zusammenzutragen. Obwohl schon Jahrzehnte seit seinem Tod vergangen sind, lebt die Erinnerung an Nikolaj Wasiljewitsch Odinzow in der Bruderschaft der Evangeliumschristen-Baptisten fort. Sein selbstloser, kompromißloser Dienst am Evangelium, seine Treue dem Herrn gegenüber bis zu seinem Tod sind ein ergreifendes Vorbild für viele Christen.

25

Pawel Wasiljewitsch Iwanow-Klyschnikow

(1886 - 1943)

Pawel Wasiljewitsch Iwanow-Klyschnikow war der Sohn eines der Anfänger der Evangeliumschristen-Baptisten-Bewegung in Rußland. Sein Vater, Wasilij Wasiljewitsch Iwanow-Klyschnikow, hat viel für den Herrn gewirkt und mußte furchtbare Verfolgung wegen seines Zeugnisses von Christus erdulden. Im Jahre 1895 wurde Wasilij Wasiljewitsch in der Stadt Jelisawetpol im Kaukasus verhaftet und befand sich einige Zeit im Gefängnis, dann wurde er in das Gebiet Polskij verbannt. Die Familie litt nach seiner Verhaftung große Not; in seiner Autobiographie schrieb er: „Weil meine Kinder in der Stadt ohne alles geblieben waren und sehr hungerten, fing ich an, durch einen lieben Gefängniswächter ihnen einen Teil meines Brotes zuzuschicken. Als die Häftlinge davon erfuhren, sammelten sie ihre Brotreste und gaben sie mir; so konnten ich meinen Kindern manchmal 4 bis 5 Pfund Gefängnisbrot schicken, das war ihr Essen. Mit den Häftlingen konnte ich über das Wort des Lebens sprechen und ich denke, daß der Samen, der da gesät wurde, nicht ohne Frucht bleiben wird."

Pawel Wasiljewitsch hat genau wie sein Vater sein ganzes Leben der Predigt des Evangeliums an das russische Volk gewidmet. Im Jahre 1923 wurde Pawel Wasiljewitsch auf dem 25. Kongreß der Baptisten in Moskau in das Kollegium des Baptistenbundes gewählt, und auf dem 26. Kongreß, der 1926 stattfand, wurde er zum Generalsekretär des Föderalen Baptistenbundes gewählt. Im Juni 1928 beteiligte er sich an der Arbeit des vierten Kongresses des Weltbaptistenbundes, der in Toronto in Kanada stattfand. Er brachte einen längeren Vortrag über das Thema: „Der Dienst und die Aufgaben der Baptisten in der Sowjetunion". In seinem Vortrag sagte Pawel Wasiljewitsch unter anderem: „... Ich möchte noch besonders betonen, daß die Evangelisierung unseres Landes eine weltweite Bedeutung für die Entwicklung der Sache des Herrn auf der ganzen Erde hat. Rußland ist nicht Europa, es ist aber auch nicht Asien: es ist ein Mittler zwischen zwei Welten. Und das Licht Christi, das in diesem Land brennen wird, wird den Westen und auch den Osten beleuchten und erwärmen!“ (Aus der Zeitschrift „Baptist“, Nr. 7, 1928, Seite 4-5)

Als 1929 in Rußland die Periode der großen Verfolgung anbrach, war Pawel Wasiljewitsch einer der ersten, die verhaftet wurden. Er wurde nach Alma-Ata in Kasachstan verbannt. Im Oktober 1932 wurde er in der Verbannung erneut verhaftet und zu 10 Jahren Straflager verurteilt. Am 14. Mai 1933 gelang es Pawel Wasiljewitsch aus der Haft einen Brief an seine Frau und seine sechs Kinder zu schicken:

„Meine teure und heiß geliebte Frau und meine lieben Kinder: Irusenka, Aljescha, Kolja, Seresha, Anja und Wasja!

Ich warte, daß ich morgen oder übermorgen ein Treffen mit euch haben werde. Aber während des Treffens im Gefängnis kann man nicht alles sagen, deshalb möchte ich zusätzlich zu dem, was ich euch während des Treffens sagen werde, noch etwas schreiben. In diesen siebeneinhalb Monaten der Trennung von euch ist mein Herz voller Heimweh nach euch. Den ganzen Tag, wenn ich durch das Gitter das Stückchen blauen Himmels und die Gipfel der Berge im Osten zu sehen erhasche, denke ich an euch, und die Hand des allmächtigen Gottes bewahrt euch und auch mich.

Die Untersuchungshaft ist zu Ende; weil ich aber kein Verbrechen gegen die Regierung begangen habe, so könnte es möglich sein, daß ich mit euch zusammen irgendwo an einem neuen Ort sein werde. Möge der Herr uns diese Freude schenken! Aber wir, die Schüler und Mitarbeiter unseres Herrn Jesus Christus, müssen auch dazu bereit sein, daß die Menschen, die uns Unschuldige hassen, mit uns sehr hart verfahren werden. Deshalb wollen wir auch zu einer langen Trennung bereit sein. Es macht mich sehr froh, jetzt zu denken, daß der Augenblick kommen wird, wo wir auf ewig zusammen sein werden. Dies wird nach dem Ende unseres irdischen Lebens sein, wenn wir uns nach zeitweiliger Trennung im wunderbaren Reich Jesu Christi treffen werden.

Jetzt aber lasse ich den Gedanken an eine lange Trennung zu und möchte einen jeden einzelnen von euch segnen.

Meine teure Frau Anna!

Ich segne dich als eine Miterbin eines gnadenvollen Lebens, als meine Mitarbeiterin in dem Werk des Herrn, als Mutter und Erzieherin unserer Kinder. Wir tragen das Kreuz Christi zusammen, zusammen werden wir uns auch freuen vor seinem Angesicht und Er wird uns noch das Glück des gemeinsamen Dienstes in seinem Weinberg im Verlauf vieler Jahre geben. Dann aber, wenn wir von der Fülle der Tage gesättigt sein werden, wird Er uns in seine Wohnungen nehmen und wird uns noch sehen lassen, wie unsere Kinder in unseren gesegneten Dienst eintreten werden!

Teure Irussenka!

Ich segne dich, meine liebe Tochter! In den frühen Morgenstunden deines Lebens standest du der Not und der Trübsal von Angesicht zu Angesicht gegenüber und deine kindlichen Schulter beugen sich unter der Schwere des Kreuzes. Aber der Herr gab dir die Energie und die Tapferkeit deiner Mutter und die Geduld deines Vaters. Er hat für dich das Glück auf Erden vorbereitet und die Seligkeit in der Ewigkeit. Deshalb sei nicht verzagt, vielmehr freue dich!

Mein lieber und teurer Aljoscha!

Ich segne dich als meinen ältesten Sohn. Auch deine kindlichen Augen haben schon in den schwarzen Abgrund der Leiden geschaut seit der Zeit, als bewaffnete Menschen euren Papa von euch wegführten. Aber Gott sieht dein zärtliches Herz und weiß, wie heiß du lieben kannst und wie tief du leiden kannst. Und Er hat für dich einen Trost zubereitet in der Liebe zu Gott und zu den Menschen. Im Dienst mit denen, die dir teuer und nahe sind, wirst du dein Glück finden.

Mein guter und lieber Kolja!

Der Herr hat dich mit Kraft gesegnet und hat dich zusammen mit deinen Brüdern und Schwestern zu einem großen Dienst in der Sache des Herrn berufen. Die göttlichen Segnungen möchte ich für dich mit meinen väterlichen Segnungen bekräftigen. Sei glücklich, mein Sohn, und achte immer darauf, daß du durch nichts deine Brüder und Schwestern beleidigst. Besonders Aljoscha gegenüber sei immer ehrfurchtsvoll als deinem älteren Bruder und meinem Stellvertreter, und berate dich immer über alles mit ihm.

Mein lieber und teurer Serjesha!

Dein Leben, das schon mehrere Male in großer Gefahr war, hat der Herr durch meine und der Mutter Gebete erhalten und 1927 hat er mir ganz deutlich gezeigt, daß er dich von deiner Krankheit heilen wird. Deine Entwicklung bleibt infolge deiner überstandenen Erkrankungen zurück, aber der Herr hat dich dazu berufen, seinen Namen zu verherrlichen. Er hat dich reich beschenkt und auch ich segne dich, Gott mit dieser dichterischen und malerischen Gabe zu verherrlichen. Sei glücklich unter deinen Verwandten und Freunden.

Meine teures Töchterchen Anja!

Du bist ein lebendes Denkmal unserer Verbannung im Namen des Herrn. Du wirst unser Trost im Alter sein. Du wirst an jedem Unwetter und Sturm ruhig und unbeschadet vorbeigehen, denn Gott hat dich mit Unerschrockenheit und Vertrauen zu Ihm beschenkt. Ich segne dich, mein Töchterlein, das Leben im Namen des Herrn zu durchschreiten, unerschrocken und glücklich.

Mein teurer und lieber Wasja!

Der Himmel über dir wird nicht mit Wolken bedeckt sein. Mit hellem Angesicht wirst du die Gebete zu Gott emporschicken, und sie werden alle erhört werden. Deine Geburt hat fast den Tod deiner Mutter mit sich gebracht, denke daran und liebe Mama besonders. Ich segne dich, daß du in deinem Leben den königlichen Dienst vollbringst, nach dem Vorbild deines Großvaters Wasilij.

Kinder, liebt Mama sehr stark und seid ihren Anweisungen ohne jegliche Kritik gehorsam, denn sie tut auch für mich einen großen Dienst. Und unter euch liebt Irusenka und Aljoscha am meisten.

Euer Papa."

Es ist noch ein Brief von Pawel Wasiljewitsch erhalten geblieben:

„Meine Liebe! Bei dem Treffen mit dir war ich unendlich getröstet und ermutigt: Du warst hell und freudig wie die Frühlingssonne. Dies ist alles, ich küsse dich fest, meine Liebe.

Das Gedicht widme ich meiner Frau Anna Petrowna Iwanowa-Klyschnikowa (geborene Strukowa):

„Die Erfüllung meiner Jugendträume,
Die Verwirklichung meines langen Wunschtraums,
Des Allmächtigen Segen
Und meine Freude bist du.

Mit reinem Herzen und tiefem Blick
Hattest du noch nicht so richtig ins Leben reingeschaut, -
Ich kam, ein Naher und Fremder,
Und wir gingen zusammen den Weg.

Dies ist mein Weg mit dir, meine Liebe,
Der Weg der geistlichen Siege und Feiern,
Er führt uns zu einem herrlichen Land,
Wo ein unauslöschliches Licht leuchtet.

Ergriffen von unserem gemeinsamen Verlangen
Hast du mir in meinen Diensten geholfen,
Ein aufmerksamer Wächter der Reinheit der Überzeugungen,
Der hohen und heiligen Ideale.

So wunderbar war es mit dir,
Ein treuer Freund, liebe Frau.
Die Tür des Gefängnisses schloß sich hinter mir,
Du bliebst mit den Kindern allein.

Du hast Sehnsucht während der Trennung, meine Taube,
Du bebst wie ein hellhöriges Reh.
Dies ist dem kranken Herzen ein Zugeständnis,
Den Nerven eine unwillkürliche Gabe.

Viele niedergeschlagene und lange Tage
Und schlaflose Nächte hast du verbracht.
Viele heiße Tränen ohne Trost
Hast du in der nächtlichen Stille vergossen.

Du mußtest sehr hart arbeiten,
Das tägliche Brot für die Kinder erwerben.
Für die Kinder hast du wie eine Löwin gekämpft,
Für mich hast du wie eine Mutter gelitten.

Ja, der Kelch deiner Leiden ist voll,
Der Weg des Kampfes ist unendlich weit.
Aber je höher die Wellen der Versuchungen,
Desto voller ist die Quelle der Gnade.
Die Sonne der ewigen Liebe in den herrlichen Weiten

Hörte nicht auf, für dich zu scheinen.
Jeden Tag konntest du auf die Herzenstafel
‚Eben-Ezer' schreiben.

25. - 30. Juni 1933"[1]

Bis zum Jahre 1937 hatte Pawel Wassiljewitsch's Familie Briefwechsel mit ihm, sie hatten sogar einige Treffen im Straflager; dann aber rissen alle Kontakte ab. Pawel Wasiljewitsch starb im Straflager im Jahre 1943, aber seine Familie wußte viele Jahre nichts von seinem Tod.

Durch große Prüfungen ging auch seine Frau Anna Petrowna: sie wurde 1941 verhaftet, weil sie die Frau eines Gottesdieners war, und 11 Jahre verbrachte sie in Haft. Sechs Kinder blieben ohne Mutter und Vater, aber der Herr verließ sie nicht. Zwei von ihnen - Irina und Wasja - hatte Alexandra Iwanowna Semiretsch während des Krieges in ihr Haus aufgenommen. Irina studierte in Omsk im Medizinischen Institut; und mit Wasja zusammen ging ich im Herbst 1941 im Irtysch Fische fangen, ich war damals 13 Jahre alt und Wasja 10 Jahre. Die anderen Kinder von Pawel Wasiljewitsch und Anna Petrowna blieben in Alma-Ata wohnen.

Anna Petrowna kehrte 1952 aus der Haft zurück, und ein Jahr nach ihrer Entlassung ging sie heim zu dem Herrn. Ihr Brief, der in Gedichtsform verfaßt war und nie abgeschickt wurde, ist erhalten geblieben. Er wurde 1946 für Pawel Wasiljewitsch geschrieben, während sie selber in Haft war:

„15. November 1946
Mein teurer und unvergeßlicher Mann Pawel,
Heute, am Tage deines Geburtstages,
Gratuliere ich dir herzlich in Gedanken
und von ganzem Herzen wünsche ich dir
den festen Glauben, Hoffnung, Kraft, Geduld und Freude.
An diesem Tag möchte ich so gerne bei dir sein,
dich umarmen, trösten, Zärtlichkeit erweisen und alles erzählen
von allen, die du liebst; davon, daß ich und unsere Kinder leben.
Wir erinnern uns alle an dich und schicken dir
unseren lieben und zärtlichen Gruß.

---

[1] Die Briefe von Pawel Wasiljewitsch und Anna Petrowna aus dem Gefängnis hat mir freundlicherweise ihre älteste Tochter Irina Pawlowna zur Veröffentlichung gegeben.

Es sind schon vierzehn Jahre, seit du der Freiheit beraubt,
Das neunte Jahr, daß du ohne Briefe bist.
Was hast du gedacht, was hast du erlitten in dieser Zeit?
Das wissen der allmächtige Gott und du.
Es geht schon das fünfte Jahr zu Ende, seit ich in Unfreiheit schmachte.
Ich mußte sehr schlimm im Gefängnis leiden.
Deine Leiden sind mir jetzt so nah, so verwandt
und wie verständlich und klar ist mir, was du in diesen Jahren erlebt hast.

Du hast mich als junge Frau verlassen in der Blüte der Jahre und Kraft,
jetzt bin ich nicht mehr so...
Deine sechs Kinder hast du ganz klein verlassen,
jetzt sind sie nicht mehr so...
Und wenn der Schöpfer es vorgesehen hat, daß du zu uns zurückkehrst,
so wirst du uns nicht erkennen.
Ich weiß aber, daß du uns noch mehr als früher liebst,
Und mit Freuden und Zärtlichkeit wirst du uns beim Treffen umarmen.
Diese ganze Zeit lebte ich wie deine Witwe,
Ich habe die ganze Treue dir bewahrt.
Aber die Zeit und die Entfernungen zwangen mich
An den Gedanken zu gewöhnen, daß du nicht bei uns bist.
Ich vergieße jetzt nicht mehr die bitteren Tränen um dich
Und sehne mich nicht mehr so wie früher.
Schon so viele Jahre warte ich auf dich...
Geht der Wunsch in Erfüllung oder nicht? Das ist unbekannt.
Ich weiß, daß wir uns nach dem Sterben treffen,
Wo keine Traurigkeit, Leid und Trennung sein werden,
Wo Freude, Glück und Ruhe uns erwarten.
Ich weiß, ich habe dich auf Erden nicht zufällig getroffen,
Aber der Herr selbst hat uns mit den Ketten der Liebe und der Ehe verbunden
Und hat uns einen schweren Weg verordnet, gemäß unseren Kräften!
Ich danke Gott für mein gemeinsames Leben mit dir,
Für alle Leiden, für die Liebe, für seine Gnade zu uns.

Wie oft war ich in meinem Leben dem Tode nahe,
Er aber bewahrte mich und ließ mich hier am Leben.
Wie kann ich undankbar sein oder unzufrieden mit dem Herrn?
Hat denn der Schöpfer nicht Macht über seine Schöpfung?
Ist es nicht Glück, sein Geschöpf zu sein?
Das fünfzigste Jahre lebe ich auf dieser Erde,
aber bis jetzt habe ich keine Verse geschrieben.
Ich freue mich und weine vor Ergreifung wie ein Kind,
Daß die gute Muse mich in der Unfreiheit besucht hat!

Mein teurer Pawel,
Heute ist dein sechzigstes Jahr in die Vergangenheit verschwunden.
Wie wenig helle Tage hast du in deinem verflossenen Leben gesehen!
Erst die Kindheit voller Unruhe und Besorgnis
Wegen des Vaters, der von der Polizei verfolgt, gejagt wurde.
Er war der erste Baptist in Rußland,
Dafür mußte er Verbannungen und viele Gefängnisse erdulden.
Dann das lange Studium in Not, auf Kupfergroschen,
Dann die schwere Arbeit um das tägliche Stückchen Brot,
Die Sorge um die große nichtversorgte Familie,
Und das Leben der letzten Jahre - eine ununterbrochene Qual.

Jetzt, mein lieber Freund, möchte ich dir von unseren Kindern erzählen.
Deine älteste Tochter Irina ist klug, gut und gerecht.
Von der Wiege bis jetzt ist sie ruhig, bescheiden und gehorsam.
In ihrer eigenen Familie hat sie sich immer selbstlos aufgeführt,
und obwohl sie nicht die Möglichkeiten zum Studium hatte,
Hat sie doch das Medizinische Institut als eine der besten absolviert
und zwar mit „Ausgezeichnet“.
Deine drei Söhne - Aljoscha, Kolja und Seresha - sind groß gewachsen
Und sehen gut aus, sehen alle dir ähnlich...
Unsere zwei Kleinen wachsen und lernen.
Vor einem Jahr bekehrten sie sich zu Gott und ließen sich taufen,
Damit haben sie mein Leben mit Strahlen der Freude und des Glücks beleuchtet.

Ich bin glücklicher als du, mein Freund, ich weiß alles über unsere Kinder!
Möge der Herr dich segnen in deinem Wandel vor Ihm
Und dir auf deinem Weg die Feuersäule und die Wolkensäule schicken,
Damit du die ewige, helle und heilige Heimat erreichen kannst
Und die herrliche Krone auf deinem Haupt bekommen kannst
Und das weiße Kleid anziehen kannst!"

Die Bruderschaft der Evangeliumschristen-Baptisten in Rußland bewahrt das Andenken an Pawel Wasiljewitsch und seine treue Lebensgefährtin Anna Petrowna. Es ist nicht bekannt, wo sich das Grab von Pawel Wasiljewitsch befindet auch nicht das genaue Datum seines Todes; aber das Werk des Herrn, dem er sein ganzes Leben gewidmet hat, wurde nicht aufgehalten in den harten Jahren der Verfolgung. Die Gemeinde Christi wird fortfahren, von der Errettung der verlorenen Welt zu zeugen bis zu dem Tage ihrer Entrükkung, denn Jesus sagte: „Ich werde meine Gemeinde bauen und die Pforten der Hölle werden sie nicht überwältigen." (Matth. 16, 18). Das ist die Kraft des Glaubens aus Gnade.

26

Georgij Iwanowitsch Schipkow (1865-1939)

Ich kann mich daran erinnern, wie wir im Jahre 1938 Georgij Iwanowitsch Schipkow in Omsk besuchten. Ein freundlicher, magerer alter Mann mit einem Spitzbart öffnete uns die Tür. Er legte seine Hand auf meinen Kopf und sagte: „Kannst du dich an deinen Papa erinnern?“

„Ja, ich kann mich noch sehr gut an ihn erinnern!“ antwortete ich.

„Ahme seinen Glauben und sein Leben nach!“ wünschte Georgij Iwanowitsch mir. Dann fragte er Mama: „Was ist von Pjotr Jakowlewitsch zu hören?“

„Nichts, wie auch von allen anderen, die in Haft sind,“ sagte Mama ganz leise.

Kurz zuvor hatte Mama von einem amerikanischen Freund Papas einen Brief in englischer Sprache erhalten. Georgij Iwanowitsch kannte die englische Sprache sehr gut, er hatte früher einmal in einer amerikanischen Universität in Peking/China studiert. Er nahm den Brief, ging zum Fenster, wo es mehr Licht gab, führte den Brief näher an die Augen und begann ihn sofort laut zu übersetzen. Im Brief fragte Papas Freund mit Unruhe nach unseren Verhältnissen: „Ich schreibe und weiß nicht, lebt ihr noch, lebt Pjotr Jakowlewitsch noch?“ Ich kann mich nicht erinnern, ob Mama diesen Brief beantwortet hat; zu der Zeit war es sehr gefährlich, Briefwechsel mit dem Ausland zu haben. Ungefähr zweimal haben wir in jenem Jahr noch Georgij Iwanowitsch besucht, er wohnte im Hause von Wasilij Nikitowitsch Perzew. Im Sommer 1938 wurde Perzew verhaftet und Georgij Iwanowitsch blieb noch eine Zeitlang im Hause Perzew. Bald darauf wurde auch er verhaftet.

Georgij Iwanowitsch Schipkow war ein langjähriger Diener des Fernöstlichen Baptistenbundes und ein überall anerkannter Ausleger der Schrift. In den Jahren 1910 bis 1929 wurden seine vielen geistlichen Werke in den Zeitschriften „Baptist“, „Blagowestnik“, „Golos christianskoj molodjeshi“, „Baptist Ukrainy“ und auch in anderen

Zeitschriften der Evangeliumschristen-Baptisten abgedruckt. In einer sehr guten literarischen Sprache geschrieben, und inhaltlich sehr tief, sind sie ein Beispiel inspirierter christlicher Gedanken beim Studieren des Buches der Bücher. In der Zeitschrift „Baptist" Nr. 1 von 1927 ist die Biographie von Schipkow abgedruckt, die von Pawel Wasiljewitsch Iwanow-Klyschnikow geschrieben wurde. Ich führe sie mit einigen Kürzungen an:

„Georgij Iwanowitsch Schipkow wurde am 25. Oktober 1865 in der Nähe von Samara geboren. Sein Vater war Bauer, dem Glauben nach ein Molokane. In der Familie bekam Georgij Iwanowitsch eine strenge religiöse Erziehung. Im Jahre 1878 zogen die Schipkows nach Blagoweschtschensk um. Georgij Iwanowitsch, der damals schon ein Jüngling war, entdeckte seine Vorliebe zum Lesen und Sprachenerlernen. Er legte die Prüfungen für mehrere Klassen im Gymnasium ab und begann eine Arbeit als Beamter in einer Post- und Telegraphenkanzlei. Gleichzeitig setzte er sein Sprachstudium fort und las viel; sein Hauptinteresse galt zu jener Zeit der Geschichte und Philosophie.

Im Jahre 1889 bekehrte sich Georgij Iwanowitsch zu Gott. Seit dieser Zeit wandte er sein Interesse der Literatur über theologische Fragen zu und las alle Bücher, die etwas darüber aussagten und die in Blagoweschtschensk zu bekommen waren, durch und zwar in Russisch, Englisch, Französisch und Deutsch. Um eine systematische theologische Ausbildung zu bekommen, fing Georgij Iwanowitsch im Jahre 1894 ein Studium an der theologischen Fakultät der amerikanischen Universität in Peking (China) an, und im Jahre 1898 bekam er das Diplom des gelehrten Theologen und kehrte sofort nach Blagoweschtschensk zurück. Hier begann er wieder beim Telegraph, wo er bis 1921 seinen Dienst tat, zu arbeiten. Außerdem war er acht Jahre Englischlehrer an einer Realschule und am Polittechnikum. Hier verdiente er sich das Geld fürs tägliche Leben; gleichzeitig aber hatte Bruder Georgij Iwanowitsch auch einen geistlichen Dienst: fast 13 Jahre war er der Gemeindeleiter der Baptistengemeinde in Blagoweschtschensk, sieben Jahre war er Lehrer in der Gemeinde; sechs Jahre war er Vorsitzender der Fernöstlichen Abteilung des Allrusischen Baptistenbundes, und sieben Jahre war er Stellvertreter des Vorsitzenden dieser Abteilung, die später in „Fernöstlichen Baptistenbund" umbenannt wurde."

Vom 14. bis 18. Dezember 1926 fand in Moskau der 26 Allrussische Kongreß der Baptisten statt. Auf diesem Kongreß sprach auch

Georgij Iwanowitsch Schipkow und er gab einen historischen Rückblick über die Entwicklung der Bewegung der Evangeliumschristen-Baptisten im Fernen Osten in den Jahren 1889-1926. Im Jahre 1928 weilte Schipkow als Delegierter des Fernöstlichen Baptistenbundes auf dem vierten Weltkongreß der Baptisten in Toronto / Kanada und nahm an dessen Arbeit teil.

Fast sein ganzes Leben wohnte Georgij Iwanowitsch in Blagoweschtschensk und mehr als 50 Jahre diente er eifrig in der Ortsgemeinde. In dem Jahren nach 1930 kamen harte Verfolgungen über die Gemeinde in Blagoweschtschensk: über zweihundert Mitglieder dieser Gemeinde wurden in Gefängnisse gesperrt oder in die Verbannung geschickt. Im Jahre 1932 war Schipkow der einzige Diener der Gemeinde, der noch in Freiheit war, und so tat er bis 1935, als das Gebetshaus geschlossen wurde, den Dienst des Gemeindeleiters. 1936 wurde Georgij Iwanowitsch von den Behörden nach Westsibirien verbannt, in die Stadt Omsk, wo die Familie Perzew ihn aufnahm und ihm ein kleines Zimmer zur Verfügung stellte. Georgij Iwanowitsch war damals schon über siebzig Jahre alt und physisch sehr schwach. Die Behörden in Omsk ließen ihn nicht in Ruhe, er wurde oft zu Verhören vorgeladen und ihm wurde mit einer neuen Verbannung noch weiter in den Norden, in die Tundra, gedroht. Ende 1938 wurde Georgij Iwanowitsch verhaftet und so endete sein Lebensweg in Unfreiheit; er war schon ein alter Mann, aber bis zum Ende seinem Herrn treu.

Noch in Blagoweschtschensk arbeitete Georgij Iwanowitsch in den Jahren 1929 bis 1935 viel über die Auslegung des Neuen Testamentes und auch über die Geschichte der Baptisten im Fernen Osten. (Leider ist das Schicksal dieser Ausarbeitungen nicht bekannt. Vielleicht sind sie heil geblieben und liegen heute ohne Nutzen herum? Vielleicht hat jemand auch andere Briefe und Artikel von Georgij Iwanowitsch liegen? Ich bitte den Herrn, die Gläubigen zu bewegen, das teure Erbe unserer Glaubenshelden sorgfältig zu behandeln und es der ganzen Bruderschaft der Evangeliumschristen-Baptisten zugänglich zu machen.)

In den Jahren 1934 und 1935 hatten mein Vater und Georgij Iwanowitsch einen regen Briefwechsel. Leider ist nur ein kleiner Teil der Briefe von Georgij Iwanowitsch und überhaupt keine Briefe meines Vaters an ihn erhalten geblieben. Unter führe ich drei Briefe von Georgij Iwanowitsch an meinen Vater an (vom dritten Brief ist nur ein Teil übrig geblieben):

„10. Februar 1934
Stadt Blagoweschtschensk,
Straße Oktjabrskaja 102

Teurer und geehrter Pjotr Jakowlewitsch!

Ich war sehr froh, von euch eine Postkarte vom 27. Januar aus Nowosibirsk zu bekommen, die M. A. Sharikowa mir am 6. Februar beim Abendgottesdienst überreichte. Nachdem ich die Postkarte gelesen hatte, las ich sie am Schluß auch all denjenigen vor, die mit mir an diesem Abend waren. Alle freuten sich und dankten Denn, Der euch die Möglichkeit gab, den Ausweis zu bekommen und aus dem unscheinbaren Bijsk in die blühende Stadt Sibiriens zu übersiedeln. Wir freuten uns auch deshalb, weil M. A. uns berichtete, daß sie an demselben Tag ein Telegramm von L. Michajlowna bekam, daß sie auch nach Nowosibirsk fährt. Aus eurer Postkarte und dem Telegramm verstanden wir, daß Sie einen Dienst am neuen Ort angetreten haben. Von ganzem Herzen und von ganzer Seele wünschen wir Ihnen Erfolg am neuen Wohn- und Arbeitsplatz. Wir hoffen, Ihre materielle Lage wird sich langsam bessern, über Ihren inneren Zustand können wir uns nur freuen und Dem danken, Der Ihnen die Kraft gegeben hat.

Ohne Zweifel, L. M. hat Ihnen über unser Leben erzählt, aber nicht alles. Nach ihrem Wegfahren nach Bijsk kündigten diejenigen, die mit uns das Haus gepachtet hatten; jetzt sind wir alleine im Haus geblieben und bezahlen die ganze Miete für das Haus (160 Rubel im Monat), wie es auch im Mietvertrag steht. Außerdem machte uns im Verlaufe des Winters das Heizmaterial sehr zu schaffen, die Umbauten, die in den verflossenen Jahren gemacht wurden, und die daraus folgenden Kosten noch nicht dazu gerechnet. Um dies alles muß man Sorge tragen und Kräfte anlegen, denn vor uns stand Anfang Herbst die Hamletfrage: Sein oder Nichtsein? Aber Dank sei Dem, Der uns Kraft geschenkt hat: Wir sind wir! Wir hoffen, daß wir auch weiterhin sein werden und, wie sie wissen, ‚die Hoffnung läßt nicht zuschanden werden'. Unsere Teilhaber am Haus haben sich dazu verurteilt still zu Hause zu sitzen.

Es ist interessant, wohin sich W. P. Stepanow gewendet hat? W. N. Perzew war gemäß dem ärztlichen Rat nach Kislowodsk gefahren, um sich gegen Herzerweiterung behandeln zu lassen, und auf der Rückfahrt machte er in Omsk Halt. Zur Zeit befindet er sich in Chabarowsk; wie es mit seinem Gesundheitszustand steht, ist noch unbekannt.

Zum Schluß schicke ich Ihnen und L.M. von mir und von denen, die bei mir sind, einen Gruß der Liebe und der Achtung. A.F. und A. S. Shbanow sind zur Zeit in Omsk, denn die Ausweise hat man ihnen weggenommen.

Herzlich euch liebender G. Schipkow."

„15. Juni 1935
Stadt Blagoweschtschensk,
Straße Oktjabrskaja 102

Teurer und viel geehrter Pjotr Jakowlewitsch, Friede seit mit Euch!

Ihren lieben Brief vom 20. Mai 1935 hat man mir rechtzeitig und schon vor einiger Zeit zugestellt. Ich bin Ihnen sehr dankbar für Ihr Gedenken an mich, für Ihre Aufmerksamkeit und für den Briefwechsel mit mir.

Seit 12. Mai haben wir die Hälfte eines Hauses bei einem unserer Mitglieder für die Sommerzeit gemietet und versammeln uns da zweimal an Sonntagen und auch an Feiertagen abends. Das Haus befindet sich nicht weit ab von den Flüssen Amur und Seja. Ich werde nicht darüber sprechen, wie lange ich vor der örtlichen Behörde vorsprechen mußte, um ihre Erlaubnis zu bekommen, daß wir irgendwo in der Stadt die Gottesdienste abhalten können.

Wie ist die Gemeinschaft so teuer
Mit den Heil'gen auf Erden mir!
Doch auch diese Glückseligkeit, Freude
Macht man unmöglich mir...

Die alten Römer sagten, die Zeiten ändern sich und wir mit ihnen. Die Zeiten ändern sich in den Umständen und die Menschen ändern sich in den Gefühlen. Als der Hirte David keine anderen Sorgen hatte als nur die Herde von Isai, seinem Vater, durch grüne Wiesen, die mit Gräsern und allerlei Blumen bedeckt waren, zu führen, bei hellem Sonnenschein und wolkenlosem Himmel, während in den Flüssen die stillen Wasser flossen und er bei seinem Wandern und Rasten seinen Proviant und seine Taschenkosmetik hatte, so daß sein junges Haupt mit Öl gesalbt, sein Feldtisch mit verschiedenen Köstlichkeiten gedeckt und sein Becher voll war -, da schrieb er mit Begeisterung dem 22. Psalm, wo er den Herrn seinen Hirten nennt und sich selbst ein Schaf, das keinen Mangel hat.

Als das Tal der Todesschatten noch weit ab von David war, da sagte er optimistisch und voller Überzeugung zu seinem unsichtbaren, aber allmächtigen Hirten: ‚Und ob ich schon wanderte im finstern Tal, fürchte ich kein Unglück; denn du bist bei mir, dein Stekken und Stab trösten mich.' Als aber David ein Mann geworden war und der Hirte nicht der Herde seines irdischen Vaters, sondern des Gottesvolkes seines himmlischen Vaters werden sollte, der ihn zum Anfang durch das Tal des Todesschattens führte, nicht durch das Tal des Todes, sondern nur des Todesschattens, da wurde seine tapfere Sicherheit von einer mitleiderregenden Hoffnungslosigkeit ersetzt; sein heller Optimismus machte dem schwarzen Pessimismus Platz und das freudige, jubelnde Lied verwandelte sich in ein trauriges Gebetslied. Die Todesschatten hatten Menschengestalt angenommen und bedrohten David und er bat seinen Führer: ‚Gott sei mir gnädig, denn Menschen stellen mir nach... Meine Feinde stellen mir täglich nach...' (Ps. 56, 2-3); dann verwandelt sich dieser Schatten in Löwen: ‚Ich liege mitten unter Löwen, verzehrende Flammen sind die Menschen, ihre Zähne sind Spieße und Pfeile und ihre Zungen scharfe Schwerter' (Ps. 57, 5-6); dann wiederum verwandelte sich dieser Todesschatten und wurde zu einem alles einziehenden Sumpf, und der darauf ging, schrie zu seinem Erretter: ‚Gott, hilf mir! Denn das Wasser geht mir bis an die Kehle. Ich versinke in tiefem Schlamm, wo kein Grund ist' (Ps. 69, 2-3).

Nur wenn der Gläubige und Vertrauende durch das Tal des Todesschattens gegangen ist, kann er von Gott mit Dankbarkeit sagen: ‚... der uns aus solcher Todesnot errettet hat...' (1. Kor. 1, 10); ‚Der Herr aber stand mir bei und stärkte mich... so wurde ich erlöst aus dem Rachen des Löwen' (2.Tim. 4, 17). Und im Geistestriumph kann er seinem Erretter, Heiland und Führer das Loblied singen: ‚Ich harrte des Herrn, und er neigte sich zu mir und hörte mein Schreien. Er zog mich aus der grausigen Grube, aus lauter Schmutz und Schlamm und stellte meine Füße auf einen Fels, daß ich sicher treten kann; er hat mir ein neues Lied in meinen Mund gegeben, zu loben unsern Gott' (Ps. 40, 2-4). Nur dann kann die menschliche, theoretische Gewißheit ‚...fürchte ich kein Unglück, denn du bist bei mir...' (Ps. 23, 4) eine göttliche praktische Tatsache werden: ‚... Aber Gott war mit ihm und errettete ihn aus aller seiner Bedrängnis...' (Apg. 7, 9-10).

So geschieht es mit allen aufrichtigen und entschiedenen Wanderern in das himmlische Kanaan, wo die Morgenröte des ewigen Glückes ist. So geschah es mit David, dem Vorvater Jesu Christi dem Fleische nach, und auch mit allen Gerechten. So war es auch mit dem Nachkommen Davids nach der menschlichen Natur, mit der Wurzel Davids nach der göttlichen Natur und mit dem Gott-Menschen Jesus Christus (Off. 22, 16). In den Tagen „seines irdischen Lebens“ (Hebr. 5, 7) hat er vielfältig und verschieden zu seinen Jüngern über das Ziel seiner Verwandlung und Menschwerdung gesprochen, die den errettenden, aufopfernden Tod beinhaltete. Auf seinen menschlichen Leib schaute er wie auf ein Opfer, und seine Gottheit stellte den ewigen Hohepriester dar aufgrund der Unwiederholbarkeit seines Opfers. Er zeigte sich als Hirte der Schafe durch das Blut des ewigen Bundes (Hebr. 13, 20) und sagte den ungläubigen Zuhörern, daß er der gute Hirte sei, daß Er sein Leben für die Schafe lasse: ‚Niemand nimmt es von mir, sondern ich selber lasse es. Ich habe Macht, es zu lassen, und habe Macht, es wieder zu nehmen’ (Joh. 10, 14. 15. 18).

Freiwilligkeit in der Selbstaufopferung und Vorzeigen der Allmächtigkeit in der Wiederbelebung... In einem anderen Fall, als er zu seinen Jüngern über seine ewige Priesterschaft sprach und über sein allumfassendes Opfer, das ewig in allen Zeiten und in seiner Kraft vollkommen war, sagte er so: ‚Der Menschensohn ist nicht gekommen, daß er sich dienen lasse, sondern daß er diene und gebe sein Leben zu einer Erlösung für viele’ (Matth. 20, 28; 1. Tim. 2, 16; Hebr. 2, 9; Tit. 2, 11), das heißt für alle. So bezeugte es der Gottes- und Menschensohn Jesus Christus seinen Freunden und seinen Feinden, als seine aufopfernde, sterbliche Hälfte noch in voller Sicherheit war. Als der entscheidende, nicht nur kritische, sondern umwerfende Moment eintrat, der Augenblick, in dem der unsterbliche Hohepriester und das Todesopfer in einer Person schon nicht mehr in das Tal des Todesschattens, sondern in die Toren des Todes selbst eingehen sollten - eines schmachvollen, schrecklichen, qualvollen Todes, - als die Stricke, die auf dem Hals des Todesopfers waren, es unaufhaltsam zum Ort der Opferung zogen, da hat das Opfer, mit dem Herzen zu Tode betrübt und mit dem Leibe schrecklich zitternd bis zum Blutschweiß in der kühlen Frühlingsnacht, mit großem Schreien und mit Tränen den himmlischen Vater um Erbarmen angefleht und gesagt: ‚Mein Vater, laß diesen Kelch an mir vorübergehen!’, und der willensstarke Hohepriester sagte zu dem Allmächtigen: „Dein Wille geschehe!“ (Hebr. 5, 7; Matth. 26, 39. 42). Der unerschütterliche Entschluß des göttlichen Hohenpriesters besiegte die Angst des menschlichen, flatternden Opfers und unsere Errettung geschah!

In bezug auf die allmenschliche Errettung aller und eines jeden, der sich die Errettung von der Macht der Sünde und des ewigen Todes wünscht, kann man mit den Worten eines Psalmes sagen: ‚Der Tod ist besiegt und wir sind errettet worden.' In manchen Fällen aber, nach bitteren Erfahrungen im christlichen Leben, die man im Tale des Todesschattens um Christi willen gemacht hat, und dann aus dem Tal der Todesschattens heraustretend, wenn man im Tiegel der Not und Trübsal erprobt wurde, kann man statt dieses einen angeführten Verses aus dem 124. Psalm den ganzen Psalm als ein Loblied seinem Erretter und Führer singen, als ein Siegeslied in Christus, nachdem man den ruhmreichen Sieg über das Böse durch die Kraft dessen, der uns geliebt hat, davontragen konnte (2. Kor. 2, 14, Röm. 8, 37).

Sie, teurer Pjotr Jakowlewitsch, wie auch die anderen Brüder, die durch das Tal des Todesschattens gegangen sind unter der Leitung und dem Schutz dessen, der tot war und nun lebt in alle Ewigkeit und dem seit dem Augenblick seiner herrlichen Auferstehung aus den Toten bis jetzt und in alle Ewigkeit alle Macht auf Erden und in dem Himmel gegeben ist (Off. 1, 18; Matth. 28, 18), können besser als wir alle, die nicht hindurchgegangen sind, aus der eigenen Erfahrung die Wahrhaftigkeit dieser Worte bezeugen (Ps. 23, 4 und Matth. 28, 18).

Aus Ihrem Brief habe ich verstanden, daß sowohl I.I. Bondarenko wie auch W. I. Kolesnikow dieselbe Krankheit ereilt hat wie auch unseren Sascha. Habe ich Sie richtig verstanden? Sascha befindet sich im gleichen Zustand, eine Veränderung in seiner Krankheit ist noch nicht festzustellen.

Ich verbleibe mit einem brüderlichen Gruß an euch, der geehrten Lydia Michajlowna, Shorik, Petrow und allen teuren nach dem Blut Jesus und nach dem Geist des lebendigen Gottes. Betet für uns.

P. S. Wo befindet sich jetzt unser W. N. Perzew mit der Familie?

Euer innig liebender und achtender G. Schipkow"

Ich führe noch einen Auszug aus einem seiner Briefe an:

„‚Hilf dir, und Gott wird dir helfen' - dies ist nicht ein gottloses, sondern ein göttliches Sprichwort. Die Menschen fallen oft wegen ihrer Enttäuschung, daß Gott nicht so schnell hilft, gewöhnlich zuerst in Verzweiflung und dann in Gottlosigkeit. So geschieht es, daß ihr Glaube ähnlich der Flamme erst mit Leuchten nach oben, zu den Himmeln, schießt, dann in der nächtlichen Luft erlischt und als ein Stäubchen auf die kalte Erde fällt. Wehe solchen Gläubigen! Die wahrhaften Christen und wiedergeborenen Kinder Gottes dürfen nicht solchen Glauben an Gott und solche Hoffnung auf seine Allmächtigkeit und Barmherzigkeit haben.

Die Hauptsäule in dem Tempel der Gnade Gottes sah in der Prüfung des Glaubens der Christen durch Trübsale als auf ein reinigendes Feuer, welches das Gold läutert, um ihm noch mehr Kostbarkeit zu verleihen (1. Petr. 1, 3-7). Das Gold wird im Schmelztiegel nicht vernichtet, sondern gereinigt und noch kostbarer gemacht. Solchen Prozeß durchschreitet und solches Resultat erreicht auch der wahre Glaube im Schmelztiegel der Trübsal. Die andere Säule desselben Tempel schlägt den Gläubigen vor, nicht nur eine einfache, sondern große Freude zu haben, wenn sie verschiedene Prüfungen durchmachen, damit ihr Glaube geprüft werde, damit sie auch wachsen, das heißt Geduld bekommen, die eine vollkommene Auswirkung auf die Geprüften hat (Jak. 1, 2-4).

Und noch die dritte Säule aus der Abteilung für die Heiden in demselben Tempel erläutert, wie die von Gott erhaltene Gabe - der Glaube -, bei den sie begleitenden Trübsalen nicht kleiner, sondern größer in den neuen Erfahrungen wird, und indem er auf Stufen immer höher und höher steigend sich soweit verwandelt, daß man die unverfälschte Liebe Gottes spürt, die in unsere Herzen durch den Geist Gottes ausgegossen ist, welcher den Kindern Gottes am Tage ihrer Hinwendung zu Gott gegeben worden ist (Röm. 5, 1-5). Aufgrund solcher Erfahrungen fragt auch derselbe Apostel: ‚Wer will uns scheiden von der Liebe Christi? Trübsal oder Angst oder Verfolgung oder Hunger oder Blöße oder Gefahr oder Schwert?' Und sofort antwortet er mit voller Entschlossenheit: ‚Denn ich bin gewiß, daß weder Tod noch Leben, weder Engel noch Mächte noch Gewalten, weder Gegenwärtiges noch Zukünftiges, weder Hohes noch Tiefes noch eine andere Kreatur uns scheiden kann von der Liebe Gottes, die in Christus Jesus ist, unserm Herrn' (Röm. 8, 35-39).

Seit dem Anfang der Christenheit ist es uns, den Gläubigen, gegeben, nicht nur an Christus zu glauben, sondern auch für ihn zu leiden (Phil. 1, 29). Die erlösenden Leiden Christi für die Gläubigen müssen unbedingt durch die dankbaren Leiden für Ihn ausgeglichen werden. (An dieser Stelle geht der Brief nicht weiter.)

27
Alexej Fjodorowitsch Sewostjanow[1]

Alexej Fjodorowitsch Sewostjanow stammt aus einer Molokanenfamilie, die Ende des vorigen Jahrhunderts aus Zentralrußland in den Fernen Osten umsiedelte. Als Alexej Fjodorowitsch noch ein Kind war, bekehrten sich seine Eltern zu Jesus Christus als ihrem persönlichen Erretter und ließen sich nach ihrem Glauben taufen. Später bekehrte sich auch Alexej Fjodorowitsch und wurde Prediger in der Baptistengemeinde in Blagoweschtschensk. Seine Brüder waren auch Prediger. Das Lieblingsthema in den Predigten von Alexej Fjodorowitsch war die Stelle aus der Heiligen Schrift: „Meine Lieben, wir sind schon Gottes Kinder; es ist aber noch nicht offenbar geworden, was wir sein werden. Wir wissen aber: wenn es offenbar wird, werden wir ihm gleich sein; denn wir werden ihn sehen, wie er ist“ (1. Joh. 3, 2).

Alexej Fjodorowitsch hatte einen friedlichen Charakter, er war immer geduldig und freundlich. Zuerst wohnte er in Blagoweschtschensk, dann zog er nach Chabarowsk, wo er auch weiterhin eifrig den Dienst des Predigers tat. 1934 wurde er verhaftet und nach Omsk verbannt; zu der Zeit war er ungefähr sechzig Jahre alt. Er war Witwer, hatte vier Töchter und einen Sohn, alle seine Kinder waren Gemeindeglieder. Seine älteste Tochter sang Solo im Chor, besonders schön klang immer das Lied: „Es harrt die Braut so lange schon, o Herr, auf dein Erscheinen...“ Alle seine Töchter zogen dann auch nach Omsk.

In Omsk setzte Alexej Fjodorowitsch seinen Predigerdienst fort und besuchte die Familien der Gläubigen; er tröstete und ermunterte sie, denn es war damals eine sehr schwere Zeit. In seinem Haus versammelten sich 1936-1937 die Gläubigen zum Gebet. 1938 wurde er erneut verhaftet und ins Gefängnis in Omsk gebracht. Mit ihm zusammen war auch Georgij Iwanowitsch Schipkow verhaftet, der

[1] Zeugnis von Lydia Michajlowna Vins

ebenfalls aus Blagoweschtschensk nach Omsk verbannt war. Alexej Fjodorowitsch und Georgij Iwanowitsch befanden sich zusammen in einer Zelle im Gefängnis von Omsk. Schipkow war vergeßlich und nicht für die Verhältnisse im Gefängnis geschaffen; auch war er damals schon sehr alt, schon über siebzig Jahre. Sewostjanow half Georgij Iwanowitsch im Gefängnis: er führte ihn, wenn sie zum Baden gingen, er half ihm, sich zu waschen, er stützte ihn während des halbstündigen Spaziergangs im Gefängnishof. Beide sind in Haft gestorben, wie auch viele Tausende anderer Gläubigen, und in unbekannten Gräbern begraben worden.

Als ich 1965 Blagoweschtschensk besuchte, fragte ich bei vielen Gläubigen und auch bei den Verwandten nach dem Schicksal von Georgij Iwanowitsch Schipkow, aber keiner wußte etwas. So weiß auch keiner etwas über den Tod von Alexej Fjodorowitsch Sewostjanow; nur der Herr allein weiß den Ort und die Umstände des Märtyrertodes seiner Helden.

28

Eine alte Fotografie

Als ich nach dem Tod meiner Mutter ihr Archiv durchschaute, fand ich in einer Mappe mehrere Blätter, die mit Schreibmaschine vollgeschrieben waren. Auf dem ersten Blatt war die Überschrift: „Die geistlichen Diener des Fernöstlichen Baptistenbundes in den zwanziger und dreißiger Jahren“. In Anbetracht dessen, daß jede Kleinigkeit aus dem Leben der Glaubenshelden eine große Kostbarkeit darstellt - besonders, wenn es Erinnerungen der Zeugen sind -, beschloß ich, dieses kurze Zeugnis hier zu veröffentlichen.

Vor mir liegt eine alte Fotografie, auf der drei Personen sind: rechts Pawel Dmitrijewitsch Skworzow-Ikonnikow, in der Mitte Wasilij Nikitisch Perzew, links Pjotr Jakowlewitsch Vins. Das Foto ist nach vielen Haussuchungen und Verhaftungen, die unsere Familie über sich ergehen hatte lassen müssen und während derer sogar persönliche Fotos beschlagnahmt wurden, erhalten geblieben. Auf der Rückseite des Fotos, in einer Ecke, ist mit der Hand von Pjotr Jakowlewitsch geschrieben: „Februar, 1930. Stadt Blagoweschtschensk am Amur, Psalm 3... (Die zweite Zahl ist nicht mehr zu erkennen und dieses Geheimnis ist in die Ewigkeit übergegangen; man muß alle mit der Zahl 3 beginnenden Psalmen lesen, es ist einer von ihnen). Ich fange mit der Person rechts an:

Pawel Dmitrijewitsch Skworzow

Pawel Dmitrijewitsch wurde 1898 geboren, auf dem Foto ist er 32 Jahre alt, genauso alt wie Pjotr Jakowlewitsch. Auf dem Foto sieht man ein schönes kluges Gesicht, mit einer hohen Stirn und einem tief eindringenden Blick. Der Gesichtsausdruck ist offen und streng. Ich kann mich an ihn seit Anfang der zwanziger Jahre erinnern, als ich 15 Jahre alt war. Es tauchten die ersten Schwalben der Verfolgung auf, er wurde aus der Schule ausgeschlossen, weil er Christ war. Dann wurde ihm erlaubt, nachträglich die Prüfungen für die letzte Klasse der Mittelschule abzulegen. Er hatte die Prüfung mit Erfolg bestanden; das war eine Seltenheit, denn das Programm war kompliziert und das selbständige Studium zu Hause zeugte von seiner großen Begabung. Obwohl Pawel Dmitrijewitsch still und nicht wortreich war, nahm er großen Anteil am Leben der Gemeinde. In diesen wenigen Jahren der Freiheit hatte Jakow Jakowlewitsch Vins, ein begabter Diener Gottes, eine große Arbeit zur Evangelisierung des Fernen Osten begonnen und Pawel Dmitrijewitsch war unter den 25 Reisepredigern des Fernöstlichen Baptistenbundes. In all diesen Jahren wuchs er geistlich und wurde ein außerordentlicher Prediger, seine Predigten zeichneten sich durch ihre Tiefe und durch die wunderbar formulierten Gedanken aus. Bis zur Tiefe der Herzen der Zuhörer drangen die herzlichen Worte des Predigers, der schon Verfolgung erlitten hatte. Dies war ein geistliches Naturtalent des russischen Baptismus.

1925 wurde Pawel Dmitrijewitsch zum Reiseprediger ordiniert, und weil die Praxis des geistlichen Dienstes unter den Baptisten es bestätigt hatte, daß er nicht ledig sein sollte, löste Pawel Dmitrijewitsch diese Frage und heiratete Nastasja Wasiljewna Kondraschow. Er bekam für seinen geistlichen Dienst das Gebiet Tschita im Fernen Osten zugewiesen. Dies ist ein nördliches, sehr kaltes Gebiet, dort herrschen sehr starke Winde. Im Winter reicht der Frost bis zu 50 Grad Celsius. Die Evangelisation war sehr erfolgreich, obwohl die Familie wegen der strengen Lebensbedingungen sehr viele Schwierigkeiten im täglichen Leben erfuhr. Zum Beispiel kam Pawel Wasiljewitsch beständig spät in der Nacht zu Fuß von seinem Dienst nach Hause, denn in jenem Gebiet - wie auch in vielen Gebieten Sibiriens - gab es keine öffentlichen Verkehrsmittel. Der kalte Wind kippte ihn fast um, aber schon von ferne sah er im Fenster seines Hauses das Licht der Petroleumlampe, seine treue Frau wartete auf ihn und betete für ihn. Sein Dienst tat er bis 1931, bis er schließlich wegen der Verfolgung nicht mehr im Gebiet Tschita möglich war. Er hatte schon vier Kinder, kam nach Blagoweschtschensk zurück und zog in das Haus seines Vaters ein.

In der ersten Zeit tat Pawel Dmitrijewitsch seinen Dienst in der Gemeinde in Blagoweschtschensk, dann fingen die Verhaftungen an. Erst wurden die Gemeindeleiter und Prediger des Evangeliums im ganzen Amur-Gebiet verhaftet, sodann wurden auch die Gemeinden völlig zerstört. Es wurden ganze Dörfer vernichtet, in denen Christen wohnten; denn jenes Gebiet war fast ausschließlich von Bapti-

sten und Molokanen besiedelt. Es wurden viele christliche Familien geschlossen verhaftet und in den Norden verbannt, ganze Gemeinden wurden ausgelöscht. Auch Pawel Dmitrijewitsch wurde verhaftet; weil er aber zu der Zeit schon sechs kleine Kinder hatte, wurde er zusammen mit seiner Familie in die Verbannung nach Oborskaja Wetka, einem harten Ort im Gebiet Chabarowsk, verbannt.

Die Familie wurde im Wald in einem alleinstehenden kleinen Häuschen angesiedelt. Es war Ende November, der Schnee war schon mehr als kniehoch gefallen, Heizmaterial gab es nicht und Pawel Dmitrijewitsch mußte jeden Tag mit seiner Frau in den Wald gehen und Äste abhacken, um das Häuschen zu beheizen. Es war ein Hungerjahr, es gab kaum was zu essen. Ich kann nicht genau sagen, wieviel Zeit vergangen war - aber es verging kein Jahr und seine Frau starb an Unterernährung. Er blieb in der Taiga allein mit den kleinen Kindern, die Lage war sehr tragisch. Seine Frau bat ihn vor dem Tod, ihre Freundin zu heiraten, und diese erklärte sich bereit, in die Taiga zu fahren. Vor der Hochzeit verbrachte er einen ganzen Tag am Grab seiner Frau; was in seinem Herzen war, weiß Gott allein! Aber er blieb dem Herrn treu, er ging keinen Kompromiß mit dem Unglauben ein, um der Verfolgung zu entgehen. Die zweite Frau gebar ihm eine Tochter; sie wohnten auch weiterhin in der Taiga.

1933 wurde Pawel Dmitrijewitsch erneut verhaftet und jetzt schon „für immer", ohne Recht auf Briefwechsel, wie auch Tausende anderer Christen. Nur die Ewigkeit wird zu seiner Zeit offenbaren, wo er gestorben ist und wo sich sein Grab befindet. Die Kinder wurden von verschiedenen christlichen Familien aufgenommen, über ihr weiteres Schicksal weiß ich nichts. So kamen die begabten russischen Naturtalente um: Nikolaj Chrapow, Pawel Dazko, Nikolaj Odinzow, Pawel Skworzow, Pjotr Vins und viele andere. Aber die Treue zum Herrn, die in all den Jahren durch die Not erprobt wurde, ist ein Merkmal des russischen Christen. Möge die helle Erinnerung an Pawel Dmitrijewitsch erhalten bleiben!

Wasilij Nikititsch Perzew

Ich erinnere mich an Wasilij Nikititsch Perzew: er war breitschultrig, hoch gewachsen und schön. Wo Jakow Jakowlewitsch Vins ihn gefunden hat, weiß ich nicht; ich kann mich nur erinnern, daß er mit seiner Familie in Blagoweschtschensk zusammen mit Ja-

kow Jakowlewitsch Anfang der zwanziger Jahre auftauchte. Im Jahre 1926 wurde das Zentrum des Fernen Osten von Blagoweschtschensk nach Chabarowsk umgesiedelt und Jakow Jakowlewitsch eröffnete das Büro des Fernöstlichen Baptistenbundes in Chabarowsk. Er nahm selber seinen Wohnsitz dort und nahm auch Wasilij Nikititsch mit dessen Familie mit. Zu der Zeit hatte Wasilij Nikitisch drei Kinder: die älteste Tochter Shenja war 13 Jahre alt, der zweite Junge hieß Witja und der dritte Wowa. Später wurde ihnen noch eine Tochter geboren, sie sah sehr schön aus genau wie ihre Mutter, denn seine Frau war eine sehr schöne Frau, eine ausgezeichnete Mutter und Hausfrau.

Wasilij Nikitisch war noch nicht lange gläubig, dem Beruf nach war er Buchhalter. Er war ein lebendiger Christ, der sehr begabt war im geistlichen Dienst und eine große Hilfe für Jakow Jakowlewitsch in seinem Dienst. Im Jahre 1928 wurde Wasilij Nikitisch in der Baptistengemeinde in Chabarowsk zum Gemeindeleiter ordiniert. Er war ein ausgezeichneter Gemeindeleiter, er führte die Gottesdienste lebendig und herzlich durch. Die Erweckung, die der Herr im Fernen Osten begangen hatte, dauerte bis 1931: es gab viele Bekehrungen, die Gemeinden wuchsen sehr schnell, die größten Gemeinden waren in Blagoweschtschensk und Chabarowsk. Dasselbe sah man auch in anderen Gebieten: die Gemeinden wuchsen sehr schnell und dies setzte sich so lange fort, solange die Gemeindeleiter und Reiseprediger in der Freiheit waren. Doch bald fing die Verfolgung an und die Sache der Verkündigung blieb stehen.

Wasilij Nikitisch teilte mit Pjotr Jakowlewitsch den Geist der Tapferkeit und Entschiedenheit. Obwohl der Fernöstliche Baptistenbund von den Behörden 1931 geschlossen wurde, setzte Wasilij Nikitisch seinen Gemeindeleiterdienst in Chabarowsk bis 1933 fort, bis die Behörden ihn nach Omsk verbannten. Das Gebetshaus in Omsk war 1935 beschlagnahmt worden und die Gottesdienste wurden in den Häusern durchgeführt. 1936 wurden Pjotr Jakowlewitsch, Anton Pawlowitsch Martynenko und noch andere Brüder verhaftet. Schon während ihrer Untersuchungshaft wurde dann auch Wasilij Nikitisch verhaftet, doch bald wurde er aus dem Gefängnis entlassen.

An einem Tag, als Alexandra Iwanowna Semiretsch und ich Lebensmittel ins Gefängnis brachten, sahen wir Wasilij Nikititsch; kaum entlassen, hatte er schon für die Brüder etwas gebracht. Er war dann noch ein Jahr in Freiheit, wurde erneut verhaftet und verschwand spurlos. So starb der in Gefängnissen zu Tode gequälte brennende Diener Gottes Wasilij Nikitisch Perzew. Das Schicksal seiner Familie ist unbekannt: als 1944 in Omsk wieder beständig Gottesdienste der Gläubigen durchgeführt wurden, war keiner von der Familie Perzew mehr im Gottesdienst zu sehen. Vielleicht waren sie zu der Zeit schon aus Omsk weggezogen.

Pjotr Jakowlewitsch Vins

Im Februar 1930 ließ er sich mit den Brüdern fotografieren und im Dezember desselben Jahres wurde er in Moskau verhaftet; so begann er die Gefängnisjahre zu zählen. Es ist ein großer Unterschied zwischen den zwei Fotos - dem Foto, das er im Sommer 1926 machte, als er gerade in Blagoweschtschensk angekommen war, und diesem Foto, das im Februar 1930 gemacht wurde. Es waren noch keine vier Jahre dazwischen vergangen, aber er war schon nicht mehr der sorglose Amerikaner, ein Vertreter der freien Welt. Es waren drei schwere Jahre für Pjotr Jakowlewitsch: beständige Vorladungen zum GPU, Verhöre, Drohungen. Nach der Heirat im Juli 1927 bekam er oft Vorladungen zum Verhör, und zwar immer drei Tage vor dem angegebenen Termin. Nach dem Erhalt der Vorladung verbrachte er alle drei Tage in Sorge und Erwartung. Er wurde gewöhnlich für 21 oder 22 Uhr abends bestellt und jedesmal nahm er Brot und noch etwas zum Essen mit für den Fall, daß er verhaftet würde. Gewöhnlich kam er um 2-3 Uhr nachts zurück; man mußte über eine Stunde aus dem Zentrum, wo das Gebäude des GPU war, bis zu unserer Wohnung zu Fuß zurücklegen.

Ich kann mich an eine Begebenheit aus dem Jahr 1930 erinnern. Vor dem Pfingstfest war herrliches Wetter und ich hatte die Kleidung für den Sonntag vorbereitet: weiße Hosen für Pjotr Jakowlewitsch und ein helles Kleid für mich. Um neun Uhr abends wurde an die Tür geklopft (Klingeln gab es zu der Zeit noch nicht). Pjotr Jakowlewitsch ging öffnen, dann kam er zu mir ins Zimmer herein und sagte: „Sie sind gekommen, um mich abzuholen, sie sagen, nicht für lange." Er wurde weggeführt und alle freudigen Pläne für den Feiertag lösten sich auf.

Wie immer ging ich nicht ohne Pjotr Jakowlewitsch schlafen, ich wartete auf ihn; es war schon 12 Uhr nachts und er war nicht da. Da begann es, zu regnen. Wer kennt unsere fernöstlichen Re-

gen? O, das sind herrliche, großartige Regengüsse mit Blitz und Donner: ein einziger Wasserfluß floß über die Fensterscheiben in unserem Schlafzimmer. Unser Sohn, der keine zwei Jahre alt war, schlief in seinem Bettchen. Ich wartete allein, und nur ein Gedanke marterte meine Seele: „Warum ist er immer noch nicht da?“ Es verging eine weitere Stunde und es war klar, daß er verhaftet sei. In Gedanken versuchte ich mich mit der Wirklichkeit anzufreunden, im dem Gehirn drehten sich bereits Pläne, was ich wohl ins Gefängnis bringen sollte: welche Matratze, welche Kleidung, welches Essen (zu der Zeit mußte man ins Gefängnis wie auch in den Zug seine eigenen Bettsachen mitnehmen). Um drei Uhr nachts hörte ich ein Klopfen am Fenster: durch die Wasserstrahlen blickte das Gesicht von Pjotr Jakowlewitsch auf mich. Er war gekommen! Als er hereinkam, war er ganz durchnäßt, wie man sagt, bis auf die Knochen. Schnell wechselte er die Kleidung. Und mir wars als ob etwas innen durchgerissen sei: ich setzte mich auf den Fußboden und fing an zu schluchzen. Alles Durchlebte löste sich in Tränenströmen auf...

Was war mit ihm geschehen, während ich wartete? Als Pjotr Jakowlewitsch nach draußen gegangen war, wurde er in ein Auto gesetzt, in dem drei Männer aus dem GPU waren. Vorne saß der Fahrer, und Pjotr Jakowlewitsch mußte sich hinten hinsetzen; dort saßen schon ein Mann und eine Frau aus dem GPU und er mußte sich zwischen sie setzen. Draußen war es schon dunkel, es war schon 22 Uhr. Erst fuhren sie durch die Straßen der Stadt, dann aus der Stadt heraus; an einem einsamen Ort blieben sie stehen und befahlen: „Geh raus!“ Er stieg aus dem Auto: es war dunkel, in der Nähe war ein Wald, kein Lichtlein war zu sehen. Auch der GPU-Beamte stieg aus dem Auto. So standen sie eine Zeitlang schweigend, dann lachte der Beamte laut und schlug Pjotr Jakowlewitsch vor, sich wieder ins Auto zu setzen. Sie wollten ihn ängstigen, vielleicht dachten sie, daß er sie anflehen würde, sein Leben zu erhalten. Er aber schwieg, nur im Geiste rief er den Herrn an. Dann wendete das Auto und fuhr wieder in die Stadt, Pjotr Jakowlewitsch wurde zum GPU-Gebäude zum Verhör gebracht.

Mein ältester Bruder Pjotr Michajlowitsch Sharikow wurde auch in jenen Jahren nachts aus der Stadt gebracht. Er war der Leiter des Blasorchesters in unserer Gemeinde in Blagoweschtschensk. Als er mit einem Auto in den Wald gebracht wurde, sagten die GPU-Beamten zu ihm: „Geh raus!“, dann führten sie den Revolver an seine Schläfe, drohten ihn zu erschießen und verlangten dabei von ihm, sich vom Glauben abzusagen. So haben sie ihn oft gequält.

Die Mitarbeiter vom GPU wußten, daß meinem Mann solche Drohmetoden bekannt waren. Als Pjotr Jakowlewitsch diesmal ins GPU-Gebäude gebracht wurde, lachte man über ihn, über seine ärmliche Kleidung und sagte: „Schaut euch diesen Amerikaner an!" Dann wurde ihm gedroht und befohlen, die Sache des Herrn aufzugeben. Um zwei Uhr nachts sagte man ihm: „Geh nach Hause!" Er bat sie: „Fahren Sie mich nach Hause, so wie Sie mich hierher gebracht haben.." Aber sie weigerten sich. Er ging nach draußen, da regnete es in Strömen, überall war es dunkel (zu der Zeit gab es in Blagoweschtschensk noch keine Nachtlaternen). So wanderte Pjotr Jakowlewitsch in der Dunkelheit nach Hause: barfuß, mit den Schuhen in den Händen, um sie nicht kaputtzumachen, denn ganze Wasserströme flossen über die hölzernen Bürgersteige und die Straßen.

Die Vorladungen setzten sich auch nach diesem fort und stets nachts; oft wurde Pjotr Jakowlewitsch verhöhnt, womit er Amerika getauscht hatte. Können denn die Ungerechten unseren christlichen Glauben und unsere Treue zu Gott verstehen?! Mehrere Jahre später sagte Pjotr Jakowlewitsch in Omsk auf dem Gerichtsprozeß: „Christus ist mein Leben und Sterben ist mein Gewinn!" Und dies waren nicht nur schöne Worte, dies war sein ganzes Leben - wie auch bei dem Apostel Paulus, dem Häftling für den Glauben an Christus (Phil. 1, 21).

Nach einigen solchen nächtlichen Vorladungen, Fahrten in den Wald mit Drohungen und anschließenden Verhören bat Pjotr Jakowlewitsch den Leiter der GPU der Stadt Blagoweschtschensk, ihn zu einem Gespräch zu empfangen. Dieser war krank, erklärte sich dann aber einverstanden, Pjotr Jakowlewitsch in seiner Wohnung zu empfangen. Als Pjotr Jakowlewitsch ins Haus kam, wurde er ins Schlafzimmer geführt, wo der Leiter im Bett lag. Pjotr Jakowlewitsch bemerkte, daß über seinem Bett ein Revolver hing und unter dem Kissen sah der zweite hervor, und ein Gedanke ging durch seinen Kopf: „Der Gottlose flieht, und niemand jagt ihn; der Gerechte aber ist getrost wie ein junger Löwe" (Sprüche 28, 1). Und er, der Leiter der Gemeinde, kam ohne Waffe in diese Höhle des Tieres und setzte seine Hoffnung nur auf Gottes Bewahrung.

Der Leiter hörte Pjotr Jakowlewitsch an, ohne aus dem Bett zu steigen. Pjotr Jakowlewitsch erzählte ihm von den nächtlichen

Fahrten und Demütigungen und sagte zum Schluß: „Ich bin ein Vertreter der Gemeinde, und die Schmähungen von seiten des Untersuchungsrichters über mich als einen gewählten Gemeindeleiter sehe ich als Schmähungen über das Volk Gottes an! Ich kann dies nicht zulassen und fordere, mit dieser Lästerung aufzuhören!"

Der Leiter hörte Pjotr Jakowlewitsch aufmerksam an und sagte: „Wenn Sie wieder eine Vorladung bekommen, kommen Sie direkt zu mir und nicht zu dem Untersuchungsrichter." Dieser Leiter war ein Kommunist, der in Ungnade gefallen und zur Strafe von Leningrad in den Fernen Osten geschickt worden war, und er erlaubte es sich nicht, Pjotr Jakowlewitsch zu schmähen. Während eines Gesprächs sagte der Leiter zu ihm: „Können Sie denn bis jetzt nicht verstehen, wozu Sie sich verurteilt haben, indem Sie die amerikanische Staatsangehörigkeit abgelehnt haben? Dies ist ein tragischer Fehler, erwarten Sie jetzt schlimme Folgen!" Und dies war keine Drohung von seiten des Leiters, sondern tiefes Mitleid; denn er wußte, daß große Verfolgungen die Gläubigen erwartet.

Kurz darauf kam die Einladung von Bruder Odinzow an Pjotr Jakowlewitsch, beim Plenum des Föderalen Baptistenbundes Ende Dezember 1930 anwesend zu sein. Wir bereiteten die Wohnung, die wir gemietet hatten, für den strengen Winter vor, und im Dezember fuhr Pjotr Jakowlewitsch nach Moskau und nahm mich mit... (Hier hören die Aufzeichnungen von Lydia Michajlowna Vins auf.)

29 Alexandra Iwanowna Semiretsch

Eine gute Erinnerung hat Alexandra Iwanowna Semiretsch von sich zurückgelassen. Sie war eine einfache russische Frau, etwas untersetzt, mit einem großen Gesicht, starker Gesundheit und tiefer, fast männlicher Stimme. Sie zeichnete sich durch ihr Feingefühl und ihre herzliche Treue zu Gott aus; außerdem war sie sehr tapfer und hatte die Fähigkeit, die Schwachgewordenen in der Verfolgungszeit zu trösten.

Alexandra Iwanowna stammte aus einer ortsansässigen sibirischen Familie, die im Kampf mit der herben Natur und den Widrigkeiten des Lebens abgehärtet war. Fast ihr ganzes Leben wohnte sie in Omsk. Sie kam zum Glauben, als sie schon verheiratet war und drei Kinder hatte. Ihr Mann, ein starker Trinker, fügte ihr viel Leid zu, sie aber tat nur Gutes für ihren Mann wie auch für ihre Kinder und für andere Christen. Das Haus von Alexandra Iwanowna wurde zum Zufluchtsort für die Verfolgten und Verstoßenen, sie selber übte eifrig den Dienst der Gastfreundschaft aus (Röm. 16, 23).

Das Haus, in dem Alexandra Iwanowna mit ihrer Familie wohnte, war groß und bestand aus drei Teilen; jedes Teil hatte seinen eigenen Eingang. Der Teil des Hauses, den die Familie Semiretsch bewohnte, bestand aus einer Küche, einem großen und einem kleinen Zimmer. Durch einen kleinen Flur gelangte man direkt in die Küche, dort führte eine Tür in das große und die andere in das kleine Zimmer. Die Küche war ein Durchgangszimmer und besaß keine Fenster. Die Familie Semiretsch wohnte viele Jahre in ihrem Teil; im zweiten Teil wechselten die Bewohner beständig und im dritten Teil wohnte der Gläubige Prokopij Iwanowitsch Drygan. Er hatte eine große Familie, und mit seinem Sohn Wanja, der zwei Jahre jünger als ich war, schloß ich Freundschaft.

Prokopij Iwanowitsch war ein sehr vorsichtiger Mann und in den Zeiten der großen Verfolgung, als im Hause Semiretsch kleinere Gottesdienste abgehalten wurden, besuchte Drygan diese nicht. Erst 1944, als die Gläubigen sich wieder im Gebetshaus versammelten, begann er wieder die Gottesdienste zu besuchen und predigte sogar manchmal. Er war ein stiller und freundlicher Mensch. Vor der Revolution war er Offizier in der Zarenarmee gewesen und hatte am ersten Weltkrieg teilgenommen. Nach der Revolution wurde er Mitglied der Kommunistischen Partei, doch nicht lange; er fing an, die Gottesdienste zu besuchen, bekehrte sich, ließ sich taufen und verließ die Partei. 1937 nahm Drygan die Familie Kulashskij in seine Wohnung auf, sie kamen aus der Ukraine, wo große Verfolgung war. Diese Familie bestand aus vier Personen: Vater, Mutter und zwei Söhne. Sie wohnten vier Jahre bei Familie Drygan, obwohl diese groß war.

Als Papa 1936 wieder verhaftet wurde, suchten Mama und ich dringend eine Wohnung. Alexandra Iwanowna nahm uns in ihr Haus auf und wir wohnten bei ihr bis zum Frühling 1938. In den dreißiger Jahren fand im Hause Semiretsch auch die blinde Dichterin Polina Jakowlewna Skakunowa Aufnahme. Alexandra Iwanowna umgab sie mit rührender mütterlicher Fürsorge und Liebe. Während der Kriegszeit nahm Alexandra Iwanowna zwei Kinder des Glaubenshäftlings Iwanow-Klyschnnikow, die Tochter Irina und den Sohn Wasilij, in ihr Haus auf.

1943 erfuhr Alexandra Iwanowna zusammen mit Jewdokija Samojlowna Warnawskaja, die auch ein mitfühlendes Herz hatte, durch irgendwelche Umstände, daß im Männer- und im Frauenstraflager in Omsk mehrere Dutzende junger Christen aus der Krim ihre Haftfrist verbüßten. Sie waren im Dezember 1940 in Simferopol verhaftet worden, als sie in der Wohnung eines Gläubigen das Weihnachtsfest feierten. Sie alle waren zusammen mit den Hauswirten zu zehn Jahren Haft verurteilt und in die sibirischen Straflager geschickt worden. Diese zwei Frauen haben in der Zeit, während Krieg und Hunger herrschten, mehrere Jahre regelmäßig den jungen Christen Lebensmittelpakete zukommen lassen; Alexandra Iwanowna hatte in einem Dorf unweit von Omsk Verwandte, sie fuhr oft zu ihnen, um Lebensmittel zu holen.

In den Jahren 1943-1944 befand sich Alexandra Iwanowna unter denen, die mit Eifer und persönlichem Beispiel dazu beitrugen, daß in Omsk wieder regelmäßig Gottesdienste durchgeführt wurden. Sie war eine einfache, kaum gebildete Frau, aber eine brennende Verkündigerin des Evangeliums. Ende 1961, als sie schon eine alte Frau war, schickten die Gläubigen sie nach Tscheljabinsk, damit sie Kontakte mit der „Initiativgruppe" herstellte, die um einen außerordentlichen Kongreß der Evangeliumschristen-Baptisten kämpfte. Später überreichte Alexandra Iwanowna durch den Bruder Alexander Afanasjewitsch Schalaschow eine große Geldsumme von der Gemeinde Omsk zur Unterstützung der Familien der Häftlinge. Bruder Schalaschow, Gemeindeleiter der verfolgten Gemeinde in Tscheljabinsk, erzählte mir, daß Alexandra Iwanowna mit ganzem Herzen die Anfänge der geistlichen Erweckung unter den Evangeliumschristen-Baptisten aufgenommen hatte.

Kurz nach ihrem Besuch in Tscheljabinsk ging Alexandra Iwanowna still im Frieden zu ihrem Herrn. In ihrem Leben spiegelten sich die Worte unseres Herrn Jesus Christus wider: „Denn ich bin hungrig gewesen, und ihr habt mich gespeist. Ich bin durstig gewesen, und ihr habt mich getränkt. Ich bin ein Gast gewesen, und ihr habt mich beherbergt. Ich bin nackt gewesen, und ihr habt mich bekleidet. Ich bin krank gewesen, und ihr habt mich besucht. Ich bin gefangen gewesen, und ihr seid zu mir gekommen... Was ihr getan habt einem unter diesen meinen geringsten Brüdern, das habt ihr mir getan" (Mat. 25, 35. 36. 40).

Meine Mutter war sehr mit Alexandra Iwanowna verbunden, sie haben vieles gemeinsam erlebt. Mama hat auf einer Kassette ihre Erinnerungen an diese einzigartige Schwester im Herrn hinterlassen:

Alexandra Iwanowna Semiretsch war eine jahrelange Einwohnerin der Stadt Omsk. Sie war ungefähr fünfzehn Jahre älter als ich, sie hatte breite Schultern, war hoch gewachsen und stark. Im Omsk gab es eine Mehlmühle in der große Säcke mit Mehl gefüllt wurden, und Alexandra Iwanowna nahm mit Leichtigkeit einen Sack voller Mehl, der ca. 80 kg wog, und trug ihn genauso wie die Männer weg. Sie hatte eine rauhe, männliche Stimme, aber ein gütiges, aufrichtiges Herz.

Sie kam in den zwanziger Jahren zum Glauben, als sie schon verheiratet war. Bis zu ihrer Bekehrung war sie Analphabetin; dann lernte sie lesen, um die Bibel lesen zu können, die sie sehr liebte. Ihr Mann, Roman Antipowitsch, war mehrere Jahre älter als sie, er arbeitete als Schreiner auf dem Bau. Er war nicht groß gewachsen, sondern schmächtig und hatte eine stille Stimme, wenn er nüchtern war. Wenn er aber trank, was sehr oft geschah, so wurde er wie ein wildes Tier: er wurde dann ein Raufbold, stritt sich, schlug und fluchte fürchterlich. Wenn ihr Mann damit anfing, brachte Alexandra Iwanowna ihn schnell zur Ruhe: sie warf ihn aufs Bett und band seine Füße und Hände mit einem Seil am Bett fest. Dabei schimpfte er sehr und schrie: „Ljaksandra, laß mich los, sonst kriegst du gleich was!"

Vor ihrer Bekehrung hatte Alexandra Iwanowna auch gern getrunken, nach der Bekehrung aber änderte sich ihr Leben radikal. Ihr Mann blieb weiterhin ein schlimmer Trinker und ungläubig. Als für die Gemeinde schwere Zeiten begannen, versammelten sich im Haus von Alexandra Iwanowna beständig 10-15 Personen zum Gebet und Bibellesen, und das, obwohl ihr Mann ungläubig war. Es ist interessant, daß ihr Mann nichts gegen diese Gottesdienste hatte; und wenn er nüchtern war, so begegnete er den Gläubigen sehr freundlich.

Kurz bevor Pjotr Jakowlewitsch verhaftet wurde, versammelten sich in ihrem Hause zwanzig Gläubige und Pjotr Jakowlewitsch predigte über das Thema: „Bleibe bei uns; denn es will abend werden..." (Lk. 24, 29). Er sprach über die zwei Jünger, die nach Emmaus gingen, die erschüttert über den Tod Jesu am Kreuz waren, die enttäuscht waren und nicht an seine Auferstehung glauben konnten. Als sie Jesus unterwegs begegneten, nahmen sie an, er sei ein einfacher Wanderer. Diese Predigt dauerte ca. zwei Stunden und alle hörten aufmerksam zu; Pjotr Jakowlewitsch predigte gut, aber diese Predigt über die Emmausjünger war besonders stark. Wir waren an diesem Abend alle so von den Wahrheiten Gottes in Beschlag genommen, daß wir die drohende Gefahr ganz vergaßen, denn jede Minute konnte die Miliz hereinkommen und uns alle verhaften. Pjotr Jakowlewitsch sprach in seiner Predigt davon, daß in der schweren Zeit für die Gemeinde, während beständig jemand verhaftet wird und immer gedroht wird, wir nur um eins den Herrn bitten sollen: „Bleibe bei uns in dieser schweren Zeit! Hilf uns, dir die Treue bis zum Ende zu bewahren!" Nachdem Pjotr Jakowlewitsch verhaftet war und sich im Gefängnis befand, wurde Alexandra Iwanowna zum NKWD zum Verhör vorgeladen und es wurde nach dem Inhalt dieser Predigt gefragt und die Frage gestellt, wer damals im Gottesdienst gewesen war. Alexandra Iwanowna machte keine Aussagen gegen Pjotr Jakowlewitsch, sie antwortete sehr gut und klug während des Verhörs. Sie warnte auch mich: „Wenn du zum Verhör geladen wirst, sei sehr aufmerksam, wie du antwortest. Wenn der Untersuchungsrichter etwas aufschreibt, so kontrolliere es: ist alles so aufgeschrieben, wie du gesagt hast? Und jede leere Zeile streiche mehrmals mit dicken Linien durch, damit der Untersuchungsrichter später nichts überflüssiges da hinschreiben kann." Diese ungebildete Frau war sehr klug!

Später wurden auch ich und andere Gläubige zum NKWD zum Verhör vorgeladen und jeder wurde gefragt, wer im Gottesdienst gewesen sei, als Pjotr Jakowlewitsch über die Emmausjünger predigte. Der Untersuchungsrichter fragte mich: „Wer saß während jenes Gottesdienstes neben Ihnen?" An diesem Abend saß neben mir Njura, deren Mann zusammen mit Pjotr Jakowlewitsch verhaftet worden war, und auf der anderen Seite saß Ljussja, ein mir sehr nahestehender Mensch, sie war Ärztin, eine gute, verständnisvolle Frau. Und jetzt fragte der Untersuchungsrichter: „Wer saß neben Ihnen von links und von rechts?" Ich antwortete: „Ich kenne keine Familiennamen!" Ich kannte sie wirklich nicht und dies war für mich eine sehr gute Lehre für mein ganzes Leben: sich zu bemühen, keine Nachnamen zu behalten! Diese Erfahrung war mir sehr nützlich, als ich im „Verwandtenrat der Gefangenen" tätig war.

Der Untersuchungsrichter fragte mehrere Male: „Wer saß neben Ihnen?"

„Ljussja!" - antwortete ich.

„Und der Nachname?" - schrie er aufgeregt.

„Ich weiß ihn nicht!"

„Und auf der anderen Seite?" - setzte er das Verhör fort-

„Njura!"

„Und der Familienname?"

„Ich weiß ihn nicht!"

Aufgeregt warf der Untersuchungsrichter den Kugelschreiber auf den Tisch und schrie wütend: „Heißt dies, daß Semiretsch sie gelehrt hat, so bei den Verhören zu antworten?" Am Ende des Verhörs gab der Untersuchungsrichter mir das Protokoll zu lesen und zu unterschreiben. Sorgfältig durchstrich ich alle leere Zeilen. Im Zimmer befanden sich zwei Untersuchungsrichter und als sie sahen, daß ich sehr sorgfältig alle leeren Zeilen auf dem Blatt durchstrich, wurden sie beide sehr wütend, sie schrien und schlugen mit den Fäusten auf den Tisch: „Wir wissen, wer sie dies gelehrt hat. Dahinter steckt Semiretsch!" Die Behörden wollten Semiretsch verhaften, haben sie aber wahrscheinlich wegen ihrer Ungebildetheit geduldet.

Es vergingen mehrere Jahre nach jenem Verhör, es war Kriegszeit. Pjotr Jakowlewitsch war schon lange verurteilt, ich hatte keine Nachricht von ihm und wußte nicht, ob er noch lebte. Da wurde ich wieder zu einem Verhör zum NKWD geladen und wieder stellte man mir Fragen über jene Predigt von Pjotr Jakowlewitsch. Diesmal wurde ich in die Stadtverwaltung vorgeladen und von dort brachte man mich mit einem Auto zum NKWD, dies alles geschah in Omsk. Ich arbeitete zu der Zeit als Buchhalterin in einem Büro und verstand, daß wenn man am Arbeitsplatz erfahren sollte, daß man mich zum NKWD zum Verhör gebracht hatte, mir sofort gekündigt würde. Ich war zu der Zeit die einzige, die für den Lebensunterhalt meines Sohnes und der Kinder meines verhafteten Bruders Pjotr, der im Gefängnis in Blagoweschtschensk zu Tode kam, aufkommen mußte.

Drei Untersuchungsrichter verhörten mich die ganze Nacht. Man brachte mich direkt von der Arbeit dorthin, ich war hungrig und sehr mager und hatte an den Füßen Stoffpantoffel an. Sie fragten mich: „Jetzt tobt der Krieg und rings um uns gibt es viele Feinde der Sowjetmacht. Gibt es auch Feinde in eurem Büro? Hat sich jemand gegen die Sowjetmacht ausgesprochen?" Ich antwortete, daß ich keine Feinde der Sowjetmacht im Büro gesehen und auch nie irgendwelche feindliche Gespräche gehört hätte. Ich sagte zu ihnen: „Die Feinde der Sowjetmacht sind an der Front und nicht hier im tiefen Hinterland, in Sibirien!" Sie antworteten: „Nun, wir wissen besser, wo sich die Feinde befinden." Um zwölf Uhr nachts kam irgendein Vorgesetzter ins Zimmer, er schaute mich an. Ich war ganz blaß, kaum am Leben, und diese drei verhörten mich unaufhörlich, sie forderten mich auf: „Erinnern Sie sich, worüber Ihr Mann zum letzten Mal gepredigt hat!" Als der Vorgesetzte hereinkam, standen alle drei sofort auf, er stand mit der Pfeife zwischen den Zähnen, in wichtigtuerischer Pose und schaute mich aufmerksam an: „Wie steht's? Verhört ihr sie? Dies ist die Frau von Vins! Nun verhört sie, verhört sie!" und er ging wieder hinaus.

Sie wollten auch wissen, wohin Semiretsch ging, was sie machte, mit wen sie sich traf, welche Häuser sie besuchte. Sie stellten Fragen auch über andere Gläubige. Entschlossen sagte ich: „Ich werde euch von keinem erzählen, weder von Semiretsch noch von den anderen Gläubigen!" Sie waren sehr unzufrieden, hatten aber anscheinend zu der Zeit keinen Befehl, mich zu verhaften. Sie bestürmten mich nur so mit ihren Fragen und erst um fünf Uhr morgens konnte ich nach Hause gehen. Ich mußte zu Fuß durch die ganze Stadt gehen und am selben Morgen mußte ich wieder arbeiten.

Kurz darauf wurde ich wieder zum Verhör zum NKWD vorgeladen, aber ich ging nicht. Dann kam der Untersuchungsrichter selber zu mir auf Arbeit, ich wurde ins Büro des Leiters gerufen und da saß anstatt des Chefs der Beamte vom NKWD. Ich entschuldigte mich und sagte: „Warten Sie einen Moment, ich habe in meiner Tasche einen Brief an sie, an den NKWD, ich bringe ihn gleich!" Ich ging in mein Arbeitsbüro, nahm den Brief, den ich vorher vorbereitet und in der Tasche aufbewahrt hatte. Als ich zurückkam und ihm den Brief gab, war er zuerst sehr froh. Als er ihn aber gelesen hatte, wurde er sehr zornig, denn in diesem Brief schrieb ich: „Sie können mich noch heute verhaften, aber ich werde mit Ihnen über nichts sprechen! Ich komme nicht mehr zu euch zum NKWD und sie brauchen auch nicht mehr zu mir zu kommen!"

Der Untersuchungsrichter drohte mir mit Verhaftung, aber ich sagte: „Schauen Sie mich an, ich bin kaum am Leben, ich kann kaum auf den Füßen stehen! Wenn sie wollen, daß ich im Gefängnis sterbe, so verhaften sie mich sofort auf der Stelle!" In den Jahren zuvor hatte ich wegen Skorbut fast alle meine Zähne verloren, ich war damals 36 Jahre alt und sah wie eine ganz alte Frau aus. An jenem Tag hatte ich sehr schlimme Kopfschmerzen, wegen des jahrelangen Hungers hatte ich Tuberkulose und vor Schwäche schwankte ich. Als ich ihm sagte: „Sie können mich sofort verhaften, aber die Gläubigen werde ich nicht verraten," stand ich einige Minuten still, ich sah nichts und hörte nichts, denn mir war sehr schwindelig. Er sprach noch etwas und drohte, aber ich hatte keine Angst mehr, nur eine schreckliche Müdigkeit überfiel mich. Ich drehte mich um und ging schweigend aus dem Zimmer.

Dies geschah Ende 1943 und später wurde ich nicht mehr zu Verhören vorgeladen. Wie dankbar war ich Alexandra Iwanowna, daß sie mich gelehrt hatte, so entschieden und weise mit dem NKWD zu sprechen! Wie ich später erfuhr, befand sich Pjotr Jakowlewitsch zu der Zeit in einem Straflager in Kolyma und war dem Sterben nahe wegen der schweren Arbeit und des Hungers.[1] *So bekundeten die NKWD-Beamten bis zu seinem Tode Interesse an seiner Predigt über die Emmausjünger, so sehr beunruhigte sie die gewaltige Kraft des Wortes Gottes und die Aufrufe, Gott treu zu bleiben. „Bleibe bei uns, denn der Tag hat sich schon geneigt!" - so beteten viele an jenem denkwürdigen Abend im Jahre 1936 im Hause Semiretsch. Und der Herr war beständig mit uns in allen Lebenstagen. Er führte uns den dornigen Pfad und half uns, Ihm treu bis ans Ende zu bleiben.*

---

[1] Mama hat während ihres Lebens so auch nicht erfahren, daß Papa im August 1937 erschossen wurde, und bis zu ihrem Lebensende meinte sie, daß er im Straflager in der Kolyma 1943 gestorben sei. So stand es in der offiziellen Mitteilung über seinen Tod, die wir 1963 bekamen.

30

Polina Jakowlewna Skakunowa

In den Vorkriegsjahren war den Gläubigen in Powolshje und Sibirien der Name der blinden christlichen Dichterin Polina Jakowlewna Skakunowa sehr gut bekannt. In den zwanziger Jahren war Polina Jakowlewna in der Stadt Samara eine Parteiaktivistin, die eine wichtige Rolle spielte; ihr Mann war als Schriftsteller tätig. Polina Jakowlewna war eine aktive Atheistin, und Mitglied der Vereinigung „Besboshnik" („Gottloser"), sie besuchte die Dörfer und Städte in Powolshje und hielt antireligiöse Vorträge. „Wir brauchen keinen Gott!" verkündete sie. „Der Mensch ist selbst Schmied seines Glücks! Wie ich will, so werde ich auch leben!"

1925 starb ihr Mann ganz unerwartet. Für sie war dies ein furchtbarer Schlag. Nach der Beerdigung, als schon alle vom Friedhof gegangen waren, ging sie zurück zum Grab ihres Mannes und versuchte ihrem Leben durch Selbstmord ein Ende zu machen. In der Nacht hörte der Friedhofswächter einen Schuß und irgendeine innere Unruhe zwang ihn, aufzustehen, sich anzuziehen und zum Ort, woher der Schuß kam, zu gehen. Er fand auf dem frischen Grab zwischen den vielen Blumen Polina Jakowlewna, sie lag in ihrem Blut und war besinnungslos. Er rief Menschen zur Hilfe und sie wurde ins Krankenhaus gebracht. Polina Jakowlewna hatte sich in die Schläfe geschossen, blieb aber am Leben; durch den Schuß hatte sie beide Augen beschädigt und war nun blind.

Polina Jakowlewna verzweifelte und verbitterte sehr. Noch im Krankenhaus sagte sie zu ihren Freunden: „Es stellt sich heraus, daß ich nicht so leben konnte, wie ich wollte; aber ich werde so sterben, wie ich will!" Sie wollte auf keinen Fall leben: sie öffnete sich die Adern, nahm Gift zu sich, versuchte sich unter den Zug zu werfen. Aber der Herr hinderte sie in seiner großen Liebe daran, in die Hölle zu gehen. Nach einiger Zeit, als sie sehr krank und entstellt war, kam sie etwas zur Ruhe und fing an, für sich eine neue Beschäftigung zu suchen. Ihre Freunde rieten ihr, sie solle doch mit der antireligiösen schriftstellerischen Tätigkeit beginnen. Zu diesem Zweck brachte man sie mehrere Male in das Gebetshaus der Evangeliumschristen-Baptisten. Als sie zum ersten Mal zum Gottesdienst ging, sagte sie: „Ich werde gehen und wenigstens über sie lachen!“ Aber das Ergebnis war gerade umgekehrt: die blinde Frau sah die geistliche Schönheit Christi und glaubte an Ihn mit aller Kraft ihrer leidgeprüften Seele. Sie tat Buße über ihr früheres sündiges Leben, wegen ihres versuchten Selbstmordes und ließ sich taufen.

Polina Jakowlewna begann, aktiv von Jesus Christus zu zeugen. Sie schrieb ein ergreifendes Gedicht über ihre Bekehrung zu Christus und viele hervorragende Gedichte über Jesus Christus. Vor dem Krieg kursierten diese in vielen Abschriften unter Gläubigen. Die ungläubigen Freunde verließen sie, die Behörden verweigerten ihr die Rente und die Wohnung wurde ihr genommen. So blieb Polina Jakowlewna ohne Mittel zum Leben, doch sie sagte sich nicht ab von Christus.

Die Gläubigen unterstützten sie, umgaben sie mit Aufmerksamkeit und Fürsorge. Polina Jakowlewna besuchte verschiedene Städte, suchte die Familien der Gläubigen auf und ermunterte viele im Glauben in der sehr schweren Zeit, als Tausende Christen in Haft waren. Eine Zeitlang in den Jahren 1937-1938 wohnte sie in Omsk im Haus von Alexandra Iwanowna Semiretsch; sie besuchte besonders oft die Familien der Häftlinge. Polina Jakowlewna konnte nicht ohne Begleiter gehen, jemand war immer bei ihr. In der Stadt gab es kaum öffentliche Verkehrsmittel, so ging sie zu Fuß durch den Schlamm im Herbst und Frühling und auch durch die Schneeverwehungen in der Winterkälte.

Ich kann mich sehr gut an diese magere, intelligente Frau mit der schwarzen Brille, die ihre leeren Augenhöhlen verdeckte, erinnern. 1938 war ich den halben Winter an Lungenentzündung erkrankt und an meinem Bett saß mehrere Wochen Polina Jakowlewna. Ich kann mich an ihre guten Hände erinnern, die meine Decke zurechtlegten und mir Medikamente verabreichten, und an ihre stille Stimme, wenn sie mir, dem zehnjährigen Jungen, ihre Gedichte von Christus vorlas oder herzliche Gespräche über Gott führte.

1939 wurde Polina Jakowlewna in Nowosibirsk verhaftet und kam nicht mehr zurück: sie starb eines unbekannten Todes irgendwo in der Haft. Welche Gefahr stellte sie denn für den Atheismus dar? Anscheinend eine sehr große: sie zündete die Herzen der Menschen an durch ihre innerliche geistliche Erleuchtung, ihren tiefen Glauben und auch durch die wunderbare Dichtung, die Christus verherrlichte!

Nach ihrer Verhaftung blieben ihre zahlreichen christlichen Gedichte und auch ihr hervorragendes autobiographisches Gedicht über ihren Kampf gegen Gott und über den Sieg, den Christus über ihre Seele errungen hatte. Vielleicht sind bei jemandem diese Gedichte erhalten geblieben? Ich möchte bitten, diese dann zuzuschicken, damit noch viele Bekanntschaft mit Polinas Dichtung machen könnten. Das christliche dichterische Erbe von Polina Jakowlewna Skakunowa, Pawel Jakowlewitsch Dazko, Nikolaj Petrowitsch Chrapow und vieler anderer darf nicht einfach so spurlos verschwinden, es muß unserer Bruderschaft der Evangeliumschristen-Baptisten zugänglich gemacht werden.

31

Iwan Jewgenjewitsch Kondratjew

Lydia Vins erzählte:

Viele Jahre war Iwan Jewgenjewitsch Kondratjew der Gemeindeleiter der Omsker Baptistengemeinde, er war ein sehr treuer Diener Gottes. Als im Januar 1937 Pjotr Jakowlewitsch Vins und andere Brüder in Omsk verurteilt wurden, war Kondratjew als einer der Zeugen zum Gericht vorgeladen, er selber befand sich zu der Zeit nicht unter Arrest. Das Gericht war halböffentlich. Kondratjew wurde zu dem Prozeß als Gemeindeleiter der Omsker Gemeinde vorgeladen und er antwortete sehr gut auf die Fragen der Richter; er verteidigte die verhafteten Brüder, er predigte sogar während des Gerichtsprozesses und las aus der Bibel vor. Dies machte auf alle einen tiefen Eindruck. Damals endete der Gerichtsprozeß gegen Pjotr Jakowlewitsch, Bruder Martynenko und andere Brüder mit einer vorläufigen Befreiung aus der Haft und die Gerichtssache wurde zur nochmaligen Untersuchung zurückgegeben.

Im Sommer 1937 wurde Kondratjew selbst verhaftet. Nach der Verhaftung wurde er in eine spezielle Zelle direkt über dem Heizungsraum gebracht. Es war da sehr heiß, er erstickte fast und kroch zur Zellentür, um wenigstens etwas frische Luft einzuatmen. Höchstwahrscheinlich ist er auch dort im Gefängnis gestorben; ich kenne die Einzelheiten nicht, ich habe nur gehört, daß er aus der Haft nicht mehr zurückgekehrt ist.

Kondratjew war Gemeindeleiter bis zum Tage seiner Verhaftung. Er war ein treuer Gottesdiener. Seit dem Sommer 1935 besaß die Gemeinde in Omsk kein eigenes Gebetshaus mehr, die Behörden hatten es konfisziert. Später wurden die Gottesdienste in einem kleinen Wohnhaus durchgeführt, das die Gemeinde am Stadtrand gemietet hatte. Aber Ende 1935 wurden auch diese Gottesdienste ver-

boten; so begannen die Gläubigen in kleinen Gruppen in Privathäusern zusammenzukommen, besonders zu Ostern und Weihnachten.

Bruder Kondratjew fuhr fort, die Familien der Gläubigen in dieser schweren Zeit zu besuchen und den Dienst des Gemeindeleiters zu tun. Um seine große Familie durchzubringen, arbeitete er auch irgendwo als Tischler. Seine Frau Jekaterina Iljinitschna war eine aufrichtige gottesfürchtige Christin. Sie wohnten in ihrem eigenen Haus auf der Straße Oswodowskaja. In ihrem Hof stand ein großer Stall für das Vieh und auch für die Aufbewahrung des Strohs. In diesem Stall hatte Kondratjew kurz vor seiner Verhaftung viele wichtige christliche Literatur sehr gut versteckt. Davon erfuhr ich schon nach dem Krieg, als Jekaterina Iljinitschna das Geheimversteck öffnete und viele alte christliche Zeitschriften und Bücher unter den Gläubigen verteilte. Obwohl diese Bücher über zehn Jahre in diesem Versteck im Stall verborgen waren, hatten sie darunter überhaupt nicht gelitten; ich denke, sie wurden unter dem Dach des Stalls versteckt, da wurde das Stroh aufbewahrt und es war sehr trocken.

Im Sommer 1938, ein Jahr nach der Verhaftung von Iwan Jewgenjewitsch, antworteten die NKWD-Beamten auf die Anfrage seiner Frau, daß er zu zehn Jahren Lagerhaft ohne Recht auf Briefwechsel verurteilt wurde. Es vergingen zehn Jahre, doch Iwan Jewgenjewitsch Kondratjew kam nicht mehr aus der Haft zurück.

Ich gebe zwei Briefe von Ljubow Iwanowna Gordijenko, der Tochter von Kondratjew, wieder. Ljubow Iwanowna bekehrte sich erst vor kurzem, im Jahre 1991 im Alter von 68 Jahren, zu Gott. Als ihr Vater verhaftet wurde, war sie 14 Jahre alt. In der Kindheit, noch vor der Verhaftung des Vaters, besuchte sie die Gottesdienste, erkaltete dann aber und trat 1957 der Kommunistischen Partei bei. Ende 1980 fing der Herr an, sehr stark an ihr Herz zu klopfen; sie begann die Bibel zu lesen, dann besuchte sie die Gottesdienste der Gläubigen in der Stadt Alma-Ata, wo sie zu der Zeit wohnte. 1989 schickte ich mein Buch „Is poetitscheskoj tetradi“ („Aus dem Dichterheft“) an ihren Bruder Pawel. Ljubow sah mein Buch im Hause von Pawel, es erweckte in ihr das Interesse an christlicher Dichtung, sie las mein Buch und schrieb mir einen Brief. Sie begann mit mir zu korrespondieren und aus ihren Briefen erfuhr ich die Einzelheiten über die Familie Kondratjew. Hier zwei Briefe von Ljubow Iwanowna:

„25. Oktober 1991.

Ich grüße Sie, meinen lieben Georgi Petrowitsch und Nadeshda Iwanowna! Friede und Gnade sei eurem Hause von Gott dem Vater und unserem Herrn Jesus Christus!

Ich weiß eigentlich nicht, wie ich meinen Brief anfangen soll, denn ich schreibe ihn am Tage meiner Trauer: heute haben wir meine letzte leibliche und jetzt auch geistliche Schwester, Nadeshda Iwanowna Tscheschewa (Kondratjewa), zur letzten Ruhe getragen. Ihr Leben war nicht das leichteste, und wenn nicht ihr Vertrauen auf Gott gewesen wäre, wäre es für sie noch viel schwieriger gewesen. Vor zwanzig Jahren wurde sie Witwe, sie blieb mit fünf Kindern zurück, das älteste war 14 Jahre alt, das jüngste sechs. Gott allein weiß, wie schwer sie es hatte. Aber Dank sei unserem Herrn, sie hat sie alle großgezogen und alle sind gläubig. Ein Sohn ist vor zwei Jahren mit der Familie nach Amerika ausgewandert. Einen Sohn, der 36 Jahre alt war, hat sie letztes Jahr am 20. März beerdigt, er verunglückte tödlich am Arbeitsplatz - wurde von einem Autokarren zerdrückt - und vier Kinder blieben ohne Vater. Dies wirkte sich natürlich sehr auf ihre Gesundheit aus.

Ich danke meinem Herrn daß Er so gnädig zu ihr war und sie sich vor dem Tod nicht lange zu quälen brauchte, sie war nur 10-15 Tage krank. Ich werde sie sehr vermissen, denn das letzte Jahr war ich viel mit ihr zusammen, sie war meine geistliche Ratgeberin. 45 Jahre sang sie im Chor, war tief gläubig und war sehr viel bis zu ihren letzten Tagen für den Herrn tätig. Bei uns wird zur Zeit das Gebetshaus gebaut und sie führte die Brigade an, die das Essen für die Arbeiter auf dem Bau vorbereitete. Ich bin ihr sehr, sehr dankbar, aber auch Ihnen, denn sie zeigte mir den Weg zum Herrn und Sie unterstützten mich mit geistlicher Literatur. Ich weiß, daß wir alle aus unserem irdischen Leib scheiden werden, daß sie in ein Haus nicht von Händen gebaut gegangen ist, in ein ewiges Haus, aber mein Herz weint und tut weh, denn die Trennung ist schwer.

Ich werde kurz über mich berichten: Ich habe mich am 20. Januar dieses Jahres bekehrt und am 7. Juli habe ich den Bund mit Gott durch die Taufe geschlossen. Barmherziger Gott, war das ein Feiertag! Das Herz jubelte, mir schien es, daß an diesem Tag sogar die Sonne anders schien, fröhlich und glücklich! Möge Gott geben, daß ich diesen Feiertag der Seele bis zum Ende bewahren kann. Möge der Herr vor meinen Werken hergehen, meinen Gedanken und Wünschen. Ich übergebe mich in die gütigen, gnadenreichen Hände Gottes. Ich bin 68 Jahre alt und ich schäme mich, daß ich so spät zu Gott gekommen bin. Ich bin sehr unzufrieden mit mir: ich tue noch so wenig für unsere Gemeinde, aber das Leben ist schon gelebt worden und man kann es nicht rückgängig machen, und deshalb muß ich mich beeilen und wenigstens das tun, wofür ich in meinem Alter noch Kraft habe.

Ihre Gedichte, Georgi Petrowitsch, lese ich sehr oft und ich beneide Sie mit einem fröhlichen Neid, daß der Herr sie mit solch einem Herzen beschenkt hat, denn ich weiß und spüre es, welch ein Mensch man sein muß, damit man mit den Worten in jede Seele eindringen kann und damit man es versteht, in den Versen seine Wünsche und Erlebnisse hineinzulegen. Ich gratuliere Ihnen zu der Rückgabe der sowjetischen Staatsangehörigkeit. Die Heimat ist immer den Söhnen teuer, auch Ihnen, glaube ich, hat es Freude bereitet.

In einer Zeitung war ein Artikel über die Reise Ihrer Tochter abgedruckt worden und ich habe ohne Ihre Erlaubnis einen Gegenartikel an die Zeitung geschrieben, in dem ich einige Auszüge aus Ihren Gedichten wiedergab. Leider wurde dieser Brief nicht veröffentlicht. Wir haben im Gebetshaus sehr oft Besucher aus den USA, viele von ihnen kennen Sie und von ihnen erfuhr ich, daß Sie eine komplizierte Operation am Herzen hatten. Ich bin meinem Herrn unendlich dankbar, daß er Ihnen geholfen und Heilung geschenkt hat und daß er die Not sieht, damit die Diener in seinem Feld erhalten bleiben.

Meine Teuren, ich bitte, vergebt mir diesen zerstreuten Brief, ich bin nur erst ein Baby, das die geistliche Milch trinkt, und in mir ist noch viel Weltliches. Ich bete aber immer, daß der Herr mich im Glauben stärken möge und daß ich in den schweren Prüfungstagen ihm bis ans Ende treu bleiben möge. Betet für mich. Die Gnade unseres Herrn Jesu Christi sei mit euch allen.

Ljubow Iwanowna."

„Januar 1993.

Teure in Christus, Georgi Petrowitsch und Nadeshda Iwanowna, Friede sei mit Euch! Die Gnade unseres Herrn Jesu Christi möge mit Euch sein!

Ich nutze die mir von Gott gegebene Möglichkeit, durch die Hände anderer Euch einen Brief zu übergeben, und möchte mit euch die geistlichen Erlebnisse teilen, die in letzter Zeit in meinem Leben geschahen. Als erstes möchte ich Euch sagen, meine Teuren, der Herr gab mir zusammen mit der Schwester Jekaterina Fjodorowna, der Frau von Pawel Iwanowitsch, die Möglichkeit, in Omsk im Gebetshaus zu sein, das von der Gemeinde wiederhergestellt worden ist. Nur der Herr allein weiß, wieviel Freude und seelisches Labsal ich in diesen Tagen erfahren habe.

Ich hatte die Möglichkeit, dort über die Erinnerungen aus meiner Kindheit zu erzählen, aus den Tagen, da Vater noch am Leben war. Ich stand hinter derselben Kanzel, hinter der vor vielen Jahren, als ich ein kleines blondhariges Mädchen war, meine Eltern mich auf eine Bank stellten und ich Gedichte vortrug. Vor Glück habe ich keine Worte außer dem Gebet: ‚Ich danke Dir, liebender Vater, für deine Güte und Liebe!' Aus meinen Erinnerungen erzählte ich, daß aus diesem Gebetshaus die Helden des Glaubens - Stepanow, Martynenko, Perzew, Ananjin, Sajapin, Kuksenko, mein Vater und viele andere treue Diener Gottes - in die Verbannung gingen. Ich erzählte auch von Ihnen, daß keine Repressalien den Geist des Glaubens an Jesus Christus vernichten konnten, und auch von Ihren Werken „Aus dem poetischen Heft", „Auf dem Pfad der Treue" und „Evangelium in Haft".

Auch erzählte ich davon, wie meinen Vater vier seiner Söhne ersetzten (nur einer seiner Söhne nahm nicht Gott in seinem Herzen auf), zwei Töchter, achtundzwanzig Neffen und Nichten und viele Enkel und Urenkel. Aus unserer Familie, die wegen des Elternglaubens verfolgt wurde, leitete der Sohn Pawel 25 Jahre den Chor und war Diakon in der Gemeinde; die Schwester Nadja sang 45 Jahre im Chor und lobte den Allerhöchsten; der Sohn Jakow nahm am 17. Mai 1992 an der Einsegnung zum Diakonendienst zweier Enkel - Wladimir und Sergej - teil. Dies ist nicht eine Angeberei, sondern eine Freude, daß der Glaube nicht ausgelöscht ist, für den für den unsere Mutter Jekaterina Iljinitschna an der Wiege ihrer Kinder und später ihrer Enkelkinder betete. Die Freude, daß man den Geist nicht brechen konnte, obwohl unser Vater erschossen wurde, und daß höher als alles Irdische das geistliche Leben ist, das voller Glauben, Hoffen und Liebe im Herrn Jesus Christus ist.

Mein Ziel, weshalb ich nach Omsk gefahren war, war, wieder die Stadt zu sehen, wo die glücklichen Jahre der Kindheit vergangen waren. Das Gebetshaus war unauslöschlich in meinem Gedächtnis eingraviert und oft, als ich noch in der Dunkelheit der Sünde lebte, träumte ich von diesem Haus, und ich wollte es sehen und dort beten. Der Herr ist eine Quelle, aus der meine Eltern schöpften, obwohl sie wegen seines Namens auf dieser Erde verfolgt wurden.

Auch mir gab Er eine neue Geburt und in der Kindheit ersetzte Er mir den Vater, den ich verloren hatte.

Ich schreibe und bin sehr bewegt, vergebt mir Ungereimtheiten. Oft denke ich, wie kann ich am geistlichen Leben der Gemeinde teilnehmen? Der Herr hat mich berufen, geistliche Gedichte in den Sonntagsgottesdiensten vorzulesen, und ich tue es mit großer Freude. Entschuldigt, daß ich ohne Eure Erlaubnis sehr oft im Gottesdienst Eure Gedichte vorlese und verschiedene Auszüge aus Euren Büchern. Ich nehme auch am materiellen Dienst und am Gebetsdienst teil. Eure Bücher gab ich den Brüdern, die in verschiedene Straflager und Gefängnisse fahren und dort predigen; die Häftlinge lesen sie der Reihe nach. Die jungen Brüder in der Gemeinde Omsk hatten sehr Interesse an Ihrem Buch: ‚Das Evangelium im Straflager' und baten, auch ihnen etwas zuzuschicken. Ich gab ihnen Eure Anschrift und bitte Euch sehr, nach Möglichkeit ihnen etwas zu schikken.

Wir hatten auf der Fahrt nach Omsk viele alte Fotos aus den Jahren 1926-1928 mitgenommen. Es waren Fotos von Gemeindeleitern und Predigern, von Erntedankfesten und auch vom Kongreß 1926. Wir haben zum Andenken das Foto des renovierten Gebetshauses in Omsk bekommen. Während wir da waren, ließen sich 50 Personen taufen und 15 Menschen haben sich an diesem Tag bekehrt. Während der Einweihung fanden noch 75 Seelen Gemeinschaft mit Gott. Die Tränen der Freude und des Glücks kann man mit Worten nicht wiedergeben!

Georgi Petrowitsch, einige Eurer Gedichte sind zu Liedern geworden; wer die Musik geschrieben hat, konnte ich nicht feststellen, aber besonders schön klingt das Lied: ‚Den jungen Kapitänen des Glaubens'. Ich hörte, daß sie eine Operation am Herzen hatten und auch zu Besuch in Rußland waren, diese Neuigkeiten erreichen auch mich. Ich möchte Sie gern sehen, aber dies steht nicht in unserer Kraft. Ich las in der Zeitung, daß Natascha Rußland besuchte, ich schrieb auch einen Artikel an die Zeitung, er wurde aber nicht gedruckt.

Jetzt möchte ich Ihnen noch eine traurige Nachricht mitteilen. Vor zwei Wochen bekam ich eine Antwort auf meine Anfrage, es ist eine Todesurkunde, eigentlich keine Urkunde, nur eine Mitteilung, daß Papa am 7. Juni 1937 verhaftet und am 11. November vom Kriegstribunal zum Erschießen verurteilt wurde, und am 23. November 1937 wurde das Urteil vollzogen. Der Ort seiner Beerdigung ist unbekannt, nach allen Angaben höchstwahrscheinlich am Ende der Straße ‚20 Jahre Oktober' in der Stadt Omsk. Es wird auch mitgeteilt, daß er posthum rehabilitiert worden ist, weil kein Verbrechen vorliegt; sie bekunden auch ihr Mitleid.

Im Evangelium wußten Maria und die anderen Frauen, wo der gekreuzigte Jesus begraben sei, und gingen zum Grab mit Spezereien. Wenn man an die Gräber der erschossenen Kinder Gottes treten könnte, wenn man an das Grab des Vaters treten und Blumen darauflegen könnte! Ich war nach dem Erhalt dieser Sterbeurkunde verzweifelt und dankte nur meinem Gott, daß Er meine Mutter, meine Brüder und meine Schwester vor dieser Kunde bewahrt hat und die ganze Schwere dieser Traurigkeit nur auf meine Schultern gelegt hat. Ich weiß, heute sind sie alle zusammen, und ich freue mich, daß der Tag kommen wird und auch ich durch die Gnade Gottes im Himmel sein werde! Was wird das für ein Wiedersehen sein!

Ich schreiben Ihnen dies, denn Sie werden wie kaum ein anderer diese meine Traurigkeit verstehen. Ich danke Ihnen für die geistlichen Bücher, die Sie mir schicken. Wie helfen sie, den Glauben zu stärken!

Mit einem innigen Gruß

Ljubow Iwanowna."

32

Anton Pawlowitsch Martynenko[1]

In August 1995 gelang es mir, die Anschrift von Soja Antonowna, der Tochter von Martynenko, zu bekommen. Ich schrieb ihr sofort einen Brief und bat sie, mir etwas über das weitere Schicksal ihrer Eltern und der ganzen Familie mitzuteilen. Nach einigen Monaten bekam ich eine Antwort von ihr:

„Omsk, der 15. November 1995

Guten Tag Ihnen, Georgi Petrowitsch und ihrer ganzen Familie. Ich habe ihren Brief bekommen und war sehr froh, denn ich kann mich an ihre Eltern erinnern; besonders gut habe ich ihre Mutter in Erinnerung behalten. Wir haben ein paar Fotos erhalten können, sie wurden nicht alle bei der Verhaftung des Vaters beschlagnahmt. 1992 erfuhren wir etwas über unseren Vater. Ich ging zum KGB und habe mich mit Vaters Anklageschrift bekannt gemacht. In dieser Mappe befinden sich viele Anklagen gegen verschiedene Brüder unter anderem auch gegen Ihren Vater. Ich las die Verhörprotokolle und auch die Anklageschrift, daß sie zur höchsten Strafe verurteilt wurden. Das Urteil wurde am 26. August 1937 vollzogen, der Ort ihrer Beerdigung ist unbekannt. 1963 wurde die Anklageschrift neu durchsehen und sie wurden rehabilitiert. Ich bekam die Fotos von meinem Vater, die im Gefängnis gemacht wurden, ebenso die Todesurkunde vom ihm.

Einiges über mich: ich bin 65 Jahre alt; 1949 habe ich eine Medizinische Hochschule absolviert, 1952 habe ich geheiratet. Ich habe zwei Töchter, sie sind beide verheiratet, und vier Enkel. 1990 bekam ich eine Herzoperation, ich hatte einen angeborenen Herzfehler. Als Ihr Brief ankam, war ich gerade im Krankenhaus; nachdem ich entlassen worden bin, schreibe ich sofort die Antwort. Mein Mann starb

[1] Zeugnis seiner Tochter Soja Antonowna

1975, Mama starb 1976 und mein Bruder Valentin 1987. Ich habe noch eine Schwester, sie heißt Larissa und ist 77 Jahre alt, sie hat zwei Kinder, vier Enkelkinder und eine Urenkelin. Aber das Wichtigste ist: ich bin eine Christin, der Herr ist mein Erretter und ich bin glücklich, daß der Herr mich trotz aller Schwierigkeiten bewahrt.

Mit Gebet für Sie und Ihre ganze Familie

Soja Antonowna."

„Omsk, den 8. Januar 1996

Guten Tag, Georgi Petrowitsch, Nadja und Ihre ganze Familie. Heute hat mich Bruder Michail besucht. Wir sprachen miteinander und ich erzählte alles, woran ich mich noch erinnern konnte über unser Leben, über Vater und über mich. Aus den Kindheitstagen kann ich mich noch an Vaters Verhaftung erinnern. Zur Zeit besuche ich das Gebetshaus. Bruder Michail erzählte von Ihnen und Ihrer Familie. Ihre Bücher habe ich alle bekommen und auch durchgelesen; jetzt lesen meine Kinder und Enkelkinder diese Bücher. Wieviel haben Sie durchleben müssen! Ich kann mir vorstellen, wie man bemüht war, sie zu vernichten. Wahrscheinlich versuchte man so auch mit unseren Eltern abzurechnen; als ich die Verhöre von Vater las, sah ich, daß er da kaum unterschreiben konnte.

Ich danke Ihnen für alles, einen Gruß von meinen Verwandten und Kindern.

Soja Antonowna."

Aus dem Gespräch mit Soja Antonowna, der Tochter von A. P. Martynenko:

Soja Antonowna: Ich kann mich sehr gut an das Jahr 1937, als mein Vater verhaftet wurde, erinnern; ich war damals sechs Jahre alt. Nachts kamen Männer, sie waren alle großgewachsen und es waren viele. Vater wurde verhaftet und es wurde eine Haussuchung durchgeführt: sie untersuchten den Keller, dann stiegen sie auf den Dachboden, alles wurde umgekrempelt und durchgesehen. Wir hatten kaum etwas, sie nahmen Vaters Bibel, seine Briefe, alle seine christliche Literatur und die Geige. Mein Vater spielte Geige, er war Dirigent und sang sehr gut. Als Vater schon nicht mehr bei uns war, kamen manchmal nachts Männer vom NKWD, zu Hause waren aber nur unsere Mama und wir Kinder.

Frage: Können Sie sich daran erinnern, wie Ihr Vater die Gottesdienste durchführte?

Soja Antonowna: Ja, ich kann mich gut erinnern, wie wir zu Weihnachten im Hause von Markow waren, sie wohnten auf der Linien-Straße, ich war damals fünf Jahre alt. Wir saßen rund um den Tannenbaum, sangen, erzählten Gedichte und sangen das Kinderlied „Ein kleiner Spatz zur Erde fällt und Gott entgeht es nicht". Besonders gut kann ich mich auch ein Lied erinnern, das die Eltern sangen: „Es war Zeit, da ging ich jubelnd, um die Sache Gottes zu tun..." Zu uns nach Hause kamen Brüder und Schwestern, wir beten und sangen zusammen.

Frage: Wurde Anton Pawlowitsch alleine verhaftet oder hat man damals noch andere verhaftet?

Soja Antonowna: Damals wurden mehrere Diener verhaftet. Zum ersten Mal wurde Vater im April 1936 verhaftet, dann wurde er endgültig am 15. April 1937 verhaftet. Auch Perzew wurde verhaftet, er war ebenfalls Gemeindeleiter. Außerdem wurden Vins, Sewostjanow, Schipkow, Markow und Petuchow verhaftet.

Frage: Wurden die Gottesdienste damals im gleichen Haus abgehalten wie auch heute?

Soja Antonowna: Ja, es war dasselbe Haus. Die Behörden hatten es im Jahre 1935 beschlagnahmt und erst vor zwei Jahren wurde es den Gläubigen zurückgegeben. Wir haben das Haus renoviert und jetzt sieht es sehr gut aus, viele Brüder und Schwestern besuchen uns.

Frage: Soja Antonowna, vor Ihnen liegen Auszüge aus den Dokumenten der Anklageschrift gegen ihren Vater, sie stammen aus dem KGB-Archiv. Können sie, bitte, einen Kommentar dazu geben?

Soja Antonowna: Als ich das Schicksal meines Vaters erfuhr, war Mama schon nicht mehr bei mir, sie war bereits gestorben. Wir dachten all diese Jahre, daß er irgendwo dort, in der Kolyma im Straflager war. Ich schrieb ein Bittgesuch und bekam eine Antwort, daß er erschossen wurde und jetzt rehabilitiert sei, denn er sei unschuldig gewesen. Ich las Vaters Anklageschrift. Es wurden 29 Zeugen verhört, die alle bezeugten, daß er nichts Verbrecherischen getan hat, daß nur Brüder und Schwestern zum Gebet zusammengekommen waren und gemeinsam Lieder sangen. Am 15. Mai hatte Vater ein Treffen mit Uschakow. Und als ich diese Protokollseiten las, da hatte ich das Gefühl, daß er wahrscheinlich geschlagen worden war, denn seine Unterschrift verrät, daß seine Hand gezittert haben muß und daß er sehr schwach gewesen sei.

Frage: Welche Beschuldigungen wurden bei dieser Gegenüberstellung vorgebracht?

Soja Antonowna: Er wurde beschuldigt, daß er mit dem Wort „Teufel" die sowjetische Macht und die Kommunisten gemeint habe. Dann wurde er gefragt: „Warum sammelt ihr Geld?" Er antwortete: „Wir wollten einen Bruder nach Moskau schicken, damit er dort für uns eintritt, daß man uns das Gebetshaus zurückgibt. Außerdem sammelten wir Geld, um den Gläubigen zu helfen, wenn jemand gestorben war oder sonst etwas. Wir haben nichts gegen das Gesetz getan."

Frage: Erzählen Sie etwas über Ihre Familie, als der Vater verhaftet wurde, mit wem blieben sie zurück?

Soja Antonowna: Als der Vater verhaftet wurde, blieben wir zu dritt mit Mama, ich war damals 6 Jahre alt, mein Bruder Valentin war 10 Jahre alt und meine Schwester Larissa war 13 Jahre alt. Mama hieß Anisja Andrejewna und sie arbeitete in der Fischfabrik. Wir hatten auch eine Kuh. Nachdem die Fischfabrik geschlossen wurde, half Alexandra Iwanowna Semiretsch unserer Mutter sehr: sie besorgte ihr eine Arbeit als Putzfrau und Mama mußte den Park, wo jetzt das „ewige Feuer" brennt, sauber halten. Im Winter war es schwer für sie, aber Valentin und Larissa halfen ihr. Es wurde auch schwer für uns, die Kuh durchzufüttern und so verkaufte Mama sie.

Frage: Erzählen Sie Näheres über Ihre Mutter und auch über Valentin und Larissa.

Soja Antonowna: Mama hörte dann ganz auf zu arbeiten, denn ihre Gesundheit war sehr schlecht. Sie ging zu den Gottesdiensten, dann wurde sie gelähmt und die Brüder und Schwestern besuchten sie. Am 6. Mai 1976 starb Mama und die Gläubigen beerdigten sie. Mein Bruder Valentin war Mitglied in der Gemeinde und meine Schwester Larissa geht in die orthodoxe Kirche. Mein Bruder erkrankte an Tuberkulose, er spuckte Blut. So waren wir gezwungen, das Haus zu verkaufen, und zogen alle zu Larissa. Sie arbeitete schon und bekam eine Wohnung in den Baracken in der Nähe von Moskowka. Mit dem Geld, das Mama für den Verkauf des Hauses bekommen hatte, versuchte sie die Gesundheit meines Bruders zu erhalten: sie kaufte Honig und Butter für ihn, und das war sehr teuer. Larissa arbeitete im Werk und ich lernte in der Hebammenschule. Wir lebten sehr arm, Mama hat ihr ganzes Leben uns gewidmet, sie hat uns viel von Vater erzählt. Heute sind nur Larissa und ich aus unserer Familie noch am Leben.

Frage: Und wie gestaltete sich Ihr Leben?

Soja Antonowna: 1949 absolvierte ich die Hebammenschule und fuhr in einen Rayon arbeiten. Damals besuchte ich schon den Gottesdienst. 1952 habe ich geheiratet, mein Mann war orthodox. Wir haben zwei Kinder: eine Tochter Natascha, sie geht in die orthodoxe Kirche, die andere Tochter und ihre Kinder sind mehr der Baptistenlehre zugeneigt. Sie kennen die Geschichte ihres Großvaters.

Frage: Soja Antonowna, erzählen Sie, wie Ihre Eltern sich kennengelernt und geheiratet haben.

Soja Antonowna: Sie lernten sich kennen, als Mama erst 17 Jahre alt war. Vater war zu der Zeit ein junger Prediger und kam zu Besuch in das Dorf, in dem Mama wohnte. Es lag irgendwo in der Nähe von Woronesh. Da haben sie sich kennengelernt. 1918 haben sie geheiratet und fuhren in den Fernen Osten, wo Vater wohnte. Seit 1930 begannen die Verfolgungen der Gläubigen und Vater wurde verhaftet. 1933 zogen die Eltern nach Omsk. Zuerst wollten sie weiterfahren, aber in Omsk wohnte der Bruder meines Vaters, Daniil Pawlowitsch, er war Christ und riet uns, hier zu bleiben. Ich war in der Kindheit viel krank und 1949 hatte ich die ersten Rheumaanfälle. Es gab keine Medikamente, kein Krankenhaus und ich lag mit 40 Grad Fieber im Bett. Das Rheuma machte Fortschritte und so bekam ich Herzentzündung. Vor kurzem wurde ich operiert und jetzt haben ich eine künstliche Klappe an meinem Herzen.

Frage: Was können Sie über das Leben der Omsker Gemeinde heute und über ihr geistliches Wachstum sagen?

Soja Antonowna: In der Gemeinde gibt es sehr viele neue Mitglieder, es gibt viele Bekehrungen. Gestern hatten wir Versammlung und noch sechs Seelen kamen zum Herrn.

33

Die Erweckung im Fernen Osten

(Nach den Erzählungen von M. I. Tscheschew)

Der Herr schenkte mir die Möglichkeit, in den Jahren 1991-1993 dreimal den Fernen Osten zu besuchen. Jedes Mal, wenn ich die Evangeliumschristen-Baptisten-Gemeinde in Blagoweschtschensk besuchte, hatte ich die Möglichkeit, mit dem alten Bruder Michail Iwanowitsch Tscheschew, der ein jahrelanger Mitarbeiter im Werke des Herrn im Fernen Osten war, zu sprechen.[1] Michail Iwanowitsch wurde in der Familie von Iwan Grigorjewitsch Tscheschew erzogen, der Gemeindeleiter in Tambowka war, und besuchte seit seiner Kindheit die Gottesdienste. Er hörte den Predigten vieler Anführer der geistlichen Erweckung im Fernen Osten zu. In seinem Gedächtnis hatte er die teuren Körnlein der geistlichen Geschichte der Evangeliumschristen-Baptisten im Fernen Osten aufbewahrt und - was besonders kostbar ist - er kannte die Namen derer, die später den Märtyrertod um Christi willen erlitten.

Michail Iwanowitsch wurde am 14. April 1908 im Dorf Tambowka geboren. Es befindet sich im Gebiet Amur, 50 km von Blagoweschtschensk entfernt. 1929 wurde sein Vater, der Gemeindeleiter war, verhaftet und in das Gefängnis von Wladiwostok gebracht. Dort starb Iwan Grigorjewitsch nach einigen Monaten und seine Familie wurde 1930 aus Tambowka verbannt. Der älteste Bruder von Michail Iwanowitsch wurde in Tambowka 1930 verhaftet und im Gefängnis von Blagoweschtschensk erschossen.

Michail Iwanowitsch zog viel mit seiner Familie im Fernen Osten und in Westsibirien umher. Er hatte sieben Kinder, zwei von ihnen starben in der Kindheit. 1937 wurde Michail Iwanowitsch in der Stadt Artjem verhaftet. Während der Untersuchungshaft wurde

[1] Mein Urgroßvater Abram Pimenowitsch Tscheschew und Grigorij Pimenowitsch Tscheschew, der Großvater von Michail Iwanowitsch, waren leibliche Brüder.

er gelähmt und so lag er drei Monate ohne jegliche Bewegung im Gefängniskrankenhaus; dann wurde er entlassen. Später gab der Herr Michail Iwanowitsch die Gesundheit zurück und die meiste Zeit seines Lebens arbeitete er als Buchhalter in verschiedenen Betrieben.

Während er von einer Stadt in die andere zog, versuchte er nicht länger als zwei bis drei Jahre in einer Stadt zu bleiben, und erst Anfang der 60er Jahre kam seine Familie wieder nach Blagoweschtschensk zurück. 1966 wurde Michail Iwanowitsch zum Leiter der Gemeinde in Blagoweschtschensk ordiniert. Die Gemeinde bestand damals aus zehn Mitgliedern. Die Einsegnung führte Wasilij Nikolajewitsch Sabawa durch, er war ein Diener der verfolgten Gemeinde in Charkow. Zusammen mit Wasilij Fjodorowitsch Syromjatnikow, der auch aus Charkow kam, hatte er in den sechziger Jahren viel unter den Christen im Ural, in Sibirien und im Fernen Osten gedient - wobei Bruder Syromjatnikow fast ausschließlich die Gemeinden im Ural und in Sibirien besuchte und Bruder Sabawa diejenigen im Fernen Osten.

Nach der Einsegnung führte Michail Iwanowitsch seinen Dienst unter den nichtregistrierten Gemeinden der Evangeliumschristen-Baptisten im Gebiet Amur, aber auch in Chabarowsk, Wladiwostok, Ussurijsk, Birobidshan und in Westsibirien durch. Michail Iwanowitsch war auch an der Einsegnung einiger Diener im Fernen Osten beteiligt. 1970 wurde gegen Michail Iwanowitsch, seine Tochter Ljubow Michajlowna und ihren Mann Andrej Andrejewitsch Andrejenko ein Gerichtsverfahren in der Staatsanwaltschaft in Blagoweschtschensk eröffnet. Michail Iwanowitsch wurde vom Stellvertretenden Staatsanwalt des Gebietes Amur, Sergej Dmitrijewitsch Gawrikow, zum Verhör vorgeladen. Folgendes erzählte Michail Iwanowitsch über das Verhör im Büro des Staatsanwaltes:

„Sergej Dmitrijewitsch Gawrikow eröffnete mir, daß ich dem Gericht überantwortet würde wegen der Predigertätigkeit in der Stadt Blagoweschtschensk. Ich sagte zu Gawrikow: ‚Ihr Vater, Ihre Mutter, Ihre Großmutter und Ihr Großvater waren Christen. Ich glaube auch an Jesus Christus, wie auch Ihre Eltern. Wofür wollen sie mich denn richten?! Nur deshalb, weil ich glaube, wie Ihre Väter und Großväter geglaubt haben? Merken sie es sich, daß Sie sich persönlich vor Gott verantworten werden, an den Ihre Väter geglaubt haben!‘ Gawrikow erhob sich vom Tisch, ging zur Tür seines Zimmer und schloß sie fest. Dann setzte er sich wieder hinter seinen Staatsanwaltstisch und sagte: ‚Ja, meine Eltern waren gläubig und auch die Großväter und Großmütter beiderseits.’ Dann schaute er mich sehr eindringlich an und sagte: ‚Bist du nicht derjenige Mischa Tscheschew, mit dem ich zusammen in Tambowka die Schafe hütete?’ Ich antwortete: ‚Ja, ich bin derselbe Mischa, und du bist Seresha, euer Haus stand unserem Haus gegenüber!’ Gawrikow wurde still, dachte etwas nach, dann winkte er mit der Hand und sagte: ‚Michail Iwanowitsch, geh nach Hause, es gibt kein Verhör!’ Nach einem Monat lud Gawrikow mich wieder zu sich ein und sagte, daß die Untersuchungshaft eingestellt worden sei, weil kein Verbrechen vorliege.“

Als ich 1992 Blagoweschtschensk besuchte, war Michail Iwanowitsch schon 84 Jahre alt. Er war energiegeladen und geistig sehr munter und erzählte mir viel über die Anfänge der geistlichen Erweckung im Fernen Osten und auch über das Schicksal vieler Gläubigen, die um ihres Glaubens willen in den zwanziger und dreißiger Jahren verhaftet worden waren. Michail Iwanowitsch teilte auch die Glaubensprüfungen mit, die er im Verlaufe seines langen christlichen Lebens um des Glaubens willen erduldet hatte.

Pimen Tscheschew, der Ende der 80er Jahre des vorigen Jahrhunderts aus dem Dorf Lepjagi, Gouvernement Tambow, in den Fernen Osten umsiedelte, ist der Stammvater der Tscheschew’s (er wird im ersten Kapitel dieses Buches erwähnt).[2] Mit ihm zusammen zogen seine vier Söhne mit ihren Familien in den Fernen Osten: Filipp, Grigorij, Iwan und Abram. Sie alle waren Molokanen und hatten wegen ihres Glaubens schlimme Verfolgungen von seiten der orthodoxen Kirche und der zaristischen Regierung erlitten. Dies war auch der Hauptgrund, warum viele Tausende Molokanen aus Zentralrußland in den Fernen Osten, in ein neues Land, zogen.

Iwan Tscheschew, der Vater von Michail Iwanowitsch, war 12 Jahre alt, als seine Familie im Fernen Osten ankam, er war der Sohn von Grigorij Tscheschew. Zwei Jahre, von 1886 bis 1888, waren sie

[2] Nach dem Zeugnis meiner Großmutter Maria Abramowna Sharikowa (geb. Tscheschew) siedelte ihr Großvater Pimen Tscheschew im Fernen Osten im Dorf Tolstowka an. Dort starb er einige Zeit nach seinem Umzug und wurde auf dem Dorffriedhof beerdigt. Maria Abramowna besuchte sein Grab Anfang 1900.

unterwegs zum Amur-Gebiet.[3] Erst siedelten sich die Söhne von Pimen Tscheschew mit ihren Familien in den Dörfern Tambowka und Tolstowka an, welche in der Nähe von Blagoweschtschensk lagen; dann verbreitete sich die Familie im ganzen Fernen Osten.

Bei der Übersiedlung in den Fernen Osten waren die meisten ihrem Glauben nach Molokanen; dann aber glaubten viele von ihnen an Jesus Christus als an ihren persönlichen Erretter und ließen sich taufen. Ungefähr dreißig Jahre nach ihrer Umsiedlung in den Fernen Osten, Anfang der zwanziger Jahre, gab es im Dorf Tambowka schon eine große Baptistengemeinde; sie zählte über 500 Mitglieder, davon waren 109 Personen die Enkel oder Urenkel von Pimen Tscheschew. Im Dorf Tolstowka zählte die Baptistengemeinde im Jahre 1924 etwa 200 Mitglieder, fast alle waren früher Molokanen; von ihnen waren 30 die Nachkommen von Pimen Tscheschew, und selbst in Blagoweschtschensk waren zu der Zeit rund 20 Mitglieder Nachkommen von Pimen Tscheschew.

Am Anfang des Dienstes von Deljakow, der Christus als den persönlichen Heiland bezeugte, war der erste Molokane im Fernen Osten, der sich zu Gott bekehrte und sich taufen ließ, Grigorij Tscheschew, der zweite Sohn von Pimen. Grigorij hatte sechs Söhne und nach einiger Zeit ließen sie alle sich auf ihren Glauben taufen. Der zweite Molokane, der zum Glauben kam, war Fedot Semjonowitsch Sacharow, der dritte Timofej Filippowitsch Tscheschew und der vierte Iwan Grigorjewitsch Tscheschew, der Vater von Michail Iwanowitsch.

Iwan und Abram, die Söhne von Pimen, bekehrten sich einige Jahre nach der Bekehrung ihres Bruders Grigorij und ihrer Neffen Timofej und Grigorij. Der älteste Sohn von Pimen, Filipp, kam als letzter der Brüder zum Glauben. Filipp Pimenowitsch lebte noch 1924, er war damals 97 Jahre alt; er wohnte im Dorf Tambowka und bis zu seinem Tod war er bei klarem Verstand. Michail Iwanowitsch erzählte mir eine interessante Begebenheit, die sich mit Filipp Pimenowitsch im Jahr 1924 zutrug:

Kurz nachdem Lenin 1924 in Moskau gestorben war, ritt eine Pferdeeinheit der Roten Armee durch das Dorf Tambowka. Die Rotarmisten beschlossen, etwas auszuruhen, und verteilten sich für die Nacht auf verschiedene Häuser der Dorfbewohner. Im Hause von Filipp Pimenowitsch blieb der Kommandeur der Einheit mit seinem

[3] Die Familie von Abram Pimenowitsch, meinem Urgroßvater, kam später im Amurgebiet an, es war im Jahre 1890.

Adjutant. Als der Kommandeur den ehrwürdigen alten Mann mit einem langen weißen Bart sah, fragte er ihn:

„Großvater, wie alt sind Sie?“ Er antwortete: „Siebenundneunzig, mein Söhnchen!“ Da sagte der Kommandeur: „Und Lenin ist so früh gestorben, er war nur 54 Jahre alt. Aber obwohl Lenin gestorben ist, lebt seine Idee!“

Filipp Pimenowitsch schüttelte mit dem Kopf und antwortete:

„Ja. ja... Es wäre natürlich besser, wenn Lenin selbst noch leben würde und seine Idee gestorben wäre!“

Michail Pimenowitsch Tscheschew erzählte mir viele interessante Ereignisse aus der Vergangenheit. Alle unsere Gespräche nahm ich auf Kassette auf und hier führe ich einige an.

„DIE KNARRE“

Ende des vorigen Jahrhunderts zählte die Baptistengemeinde im Dorf Tambowka um die 200 Mitglieder. 1900 wurde in der Gemeinde ein Chor gegründet, sein erster Dirigent war Iwan Alexejewitsch Tscheschew. Doch diese Chorgründung war mit vielen Schwierigkeiten verbunden. Iwan Alexejewitsch selbst war ein sehr musikalisch begabter Mann und ein großer Liebhaber der christlichen Lieder. Eines Tages fuhr er nach Blagoweschtschensk und hörte dort wie ein Chor sang. Es gefiel ihm sehr und er beschloß, auch in der eigenen Gemeinde einen Chor zu gründen. Er verweilte über einen Monat in Blagoweschtschensk und eignete sich nicht nur die Dirigentenkenntnisse an, sondern lernte auch auf der Geige zu spielen.

Wieder zurück in Tambowka, gründete er einen Chor aus fünfzig Personen. Die Übungen wurden in seinem Haus durchgeführt; aber es wurde ihnen nicht erlaubt, im Gottesdienst zu singen: die Alten waren kategorisch gegen das Singen eines Chors während des Gottesdienstes, doch die Übstunden wurden von ihnen nicht verboten. Beim Durchführen der Übstunden spielte Iwan Alexejewitsch auf der Geige. Als die Alten von der Geige erfuhren, wurden sie sehr unruhig, solch eine Neuheit konnten sie nicht zulassen! „Dem Herrn ist solcher Dienst nicht gefällig!“ sagten sie.

Da lud Iwan Alexejewitsch zusammen mit allen Chormitgliedern die Alten zu einem Gespräch ein und las ihnen aus Psalm 149, den 1. und 3. Vers vor: „Singet dem Herrn ein neues Lied; die Gemeinde der Heiligen soll ihn loben. Sie sollen loben seinen Namen im Reigen, mit Pauken und Harfen sollen sie ihm spielen“ und aus dem Psalm 150 die Verse 1-3: „Lobet Gott in seinem Heiligtum, lobet ihn in der Feste seiner Macht! Lobet ihn für seine Taten, lobet ihn in seiner großen Herrlichkeit! Lobet ihn mit Posaunen, lobet ihn mit Psalter und Harfen!“ vor. Aber die Alten blieben unerschütterlich: „Es wird nur einen gemeinsamen Gesang geben ohne Chor und ohne die Knarre!“ (So nannten sie die Geige, die sie selber noch nicht gesehen, nur von ihr gehört hatten.) Damit war das Gespräch zu Ende.

Die Alten hielten Rat untereinander und beschlossen, den Großvater Grigorij Pimenowitsch zur Übstunde zu schicken, um sich diese „Knarre“ anzusehen, um zu erfahren, was es sei, und es dann den anderen mitzuteilen. Er kam ins Haus von Iwan Alexejewitsch und sagte: „Iwan Ljaksew! Was hat sich da für eine Knarre bei dir eingefunden? Die Alten haben mich geschickt, um es zu erfahren. Spiel mal auf ihr und ich werde zuhören.“ Iwan Alexejewitsch, ein großer Mann mit welligen Haaren, rief seine Frau Maria Prokopjewna, nahm die Geige, fing an zu spielen und dann sangen sie beide nach einer alten Molokanenmelodie das Lied: „Was bist du so betrübt, meine Seele, und so unruhig in mir? Harre auf Gott, denn ich werde Ihm noch danken, meinem Heiland und meinem Erretter“ (nach Ps. 41, 6). Der alte Grigorij Pimenowitsch war so gerührt von diesem Vortrag, daß er sogar anfing zu weinen. Dann sagte er: „Danke, Iwan Ljaksew! Danke auch dir, Marja Prokopjewna! Meine ganze Seele habt ihr zum Aufruhr gebracht. Ich werde jetzt zu unseren Alten gehen und ihnen alles erzählen!“

Die Alten kamen zusammen und Grigorij Pimenowitsch erzählte ihnen von der Geige: „Es ist so eine wunderbare Knarre! Sie spielt selber und drückt so alles aus und verherrlicht Gott so, daß es einfach die Seele berührt! Wir dürfen sie nicht verbieten, es ist eine heilige Musik!“ So erlaubten die Alten der Gemeinde von Tambowka einstimmig den Chorgesang mit Begleitung der „Knarre“. So wurde der Anfang der Chorgründung gelegt, zuerst in Tambowka, dann auch in den anderen Gemeinden im Gebiet Saseja, und dabei hat Iwan Alexejewitsch sehr eifrig mitgeholfen. 1934, in der Zeit der großen Verfolgung, wurde Iwan Alexejewitsch verhaftet und starb im Gefängnis in Chabarowsk, er war 65 Jahre alt.

„DIE CHRISTENVERFOLGUNG“

Die Christenverfolgung erreichte den Fernen Osten einige Jahre nach der Oktoberrevolution. Sie begann im Rayon Saseja, dort waren viele Gemeinden der Baptisten und der Molokanen. Der Gemeindeleiter der Baptisten im Dorf Tambowka war Iwan Grigorjewitsch Tscheschew, Anfang der zwanziger Jahre wurde er von Jakow Jakowlewitsch Vins und Georgij Iwanowitsch Schipkow zu diesem Dienst ordiniert. 1929 wurde Iwan Grigorjewitsch verhaftet, während der Untersuchung wurde er sehr geschlagen und starb im selben Jahr im Gefängnis der Stadt Wladiwostok. Er war zu der Zeit 50 Jahre alt, seine Frau hieß Stepanida Pankratjewna.

Der Gemeindeleiter im Dorf Tolstowka war Tichon Iwanowitsch Tscheschew. Er wurde 1933 verhaftet und im Gefängnis von Blagoweschtschensk erschossen. Er war damals 55 Jahre alt. 1929 wurde im Dorf Tambowka auch Iwan Fedotowitsch Sacharow verhaftet, der viele Jahre Gott durch Gesang verherrlicht hatte, er hatte eine sehr gute Tenorstimme. Seine Haftzeit verbrachte er auf der Kolyma und starb dort 1939.

1929 wurde Timofej Filippowitsch Tscheschew verhaftet, er war ein Prediger in der Gemeinde Tambowka, und in die Verbannung am Fluß Amur in der Nähe der Stadt Nikolajewsk geschickt. 1933 starb er in der Verbannung (er war der dritte der Molokanen, die durch die Predigt von Deljakow zum Glauben gekommen waren). Sein Sohn, Pjotr Timofejewitsch, sang einmalig mit einer gewaltigen Baßstimme; auch er wurde in Tambowka 1930 verhaftet, verbrachte 22 Jahre in Straflagern und in der Verbannung im Gebiet Chabarowsk. 1952 kam er aus der Verbannung zurück und starb zu Hause. Wasilij Filippowitsch Tscheschew, auch ein gewaltiger Baßsänger, wurde 1934 verhaftet und auf der Station Iswestkowaja, im Gebiet Amur, im selben Jahr erschossen.

Andrej Grigorjewitsch Tscheschew aus Tambowka, ein brennender Prediger und sehr guter Sänger,[4] bereiste dreimal mit Predigten über das Evangelium den ganzen Fernen Osten von Blagoweschtschensk bis Nachodka und Nikolajewsk-na-Amure, er wurde von einer Sängergruppe begleitet. Durch ihren Dienst gab es viele Bekehrungen und Hinwendungen zu Gott und es wurden neue Gruppen von Gläubigen im gesamten Fernen Osten gegründet. Andrej Grigorjewitsch wurde 1924 in Tambowka verhaftet, er wurde sehr gequält und bis zum Tode mit glühenden Wischstöcken geschlagen. Mit ihm zusammen waren zwei seiner Sänger verhaftet: Iwan Iwanowitsch Iwanow und Anna Fjodorowna Sinizyna. Sie wurden erschossen; Iwanow und Sinizyna wurden mit Eisendraht zusammengebunden und beide mit einem Schuß getötet.

[4] Andrej Grigorjewitsch Tscheschew war ein Reiseprediger des Fernöstlichen Baptistenbundes. Er war der Sohn von Grigorij Tscheschew, der als erster unter den Molokanen des Fernen Ostens durch die Predigt von Deljakow zum Glauben kam.

Der Bruder von Andrej Grigorjewitsch, Alexej Tscheschew, war auch ein Sänger und wurde in Tambowka im Jahre 1939 verhaftet. Er starb in der Verbannung im Gebiet Nowosibirsk. Rodion Grigorjewitsch Tscheschew, ein hervorragender Sänger, wurde 1924 verhaftet und erschossen. Michail Abramowitsch Tscheschew war Prediger in der Gemeinde der Baptisten in Tolstowka, er wurde 1924 verhaftet und erschossen.

DIE GEMEINDEN DER BAPTISTEN IM GEBIET SASEJA

Anfang 1929 gab es im Gebiet Blagoweschtschensk folgende Baptistengemeinden:

im Dorf Tambowka - 500 Personen;
im Dorf Alexandrowka - 300 Personen;
im Dorf Poltawka - 20 Personen;
im Dorf Tolstowka - 200 Personen;
im Dorf Sinkowka - 30 Personen;
im Dorf Solotonoscha - 50 Personen;
im Dorf Kosmodemjanowka - 100 Personen;
im Dorf Sharikowka - 150 Personen;
im Dorf Urtun - 100 Personen;
im Dorf Giltschin (wo Deljakow beerdigt ist) - 150 Personen;
im Dorf Pojarkowo - 100 Personen;
im Dorf Konstantinowka - 50 Personen;
im Dorf Jekaterinowka - 100 Personen;
im Dorf Bureja - 50 Personen;
im Dorf Nowo-Burejsk - 50 Personen;
in der Stadt Belogorsk - 200 Personen;
in der Stadt Swobodnyj - 200 Personen.

Im Blagoweschtschensk waren in der Baptistengemeinde Anfang 1929 mehr als 1000 Mitglieder. Infolge der schrecklichen Verfolgungen, Verhaftungen und Erschießungen im ganzen Amur-Gebiet ist die Zahl der Gläubigen schlagartig geschrumpft und 1993 bestanden die Gemeinden in jenem ganzem Gebiet zusammen aus nicht mehr als 500 Mitgliedern, einschließlich der registrierten und nichtregistrierten Gemeinde in der Stadt Blagoweschtschensk.[5]

---

[5] Alle diese Angaben bekam ich 1991-1993 von Michail Iwanowitsch Tscheschew. Viele Jahre schrieb er alles auf und sammelte Informationen über das Leben der Gemeinden der Evangeliumschristen-Baptisten im Fernen Osten und auch über die Verfolgungen der Gläubigen.

34

Zeitschrift „Die Stimme der christlichen Jugend“

In meine Hände sind sechs Nummern der christlichen Zeitschrift „Die Stimme der christlichen Jugend“ aus dem Jahre 1922 gelangt, die von dem Bund der christlicher Jugend im Fernen Osten herausgegeben wurde. Ihr Redakteur war Jakow Jakowlewitsch Vins. In einer Nummer dieser Zeitschrift ist der Jahresbericht des Kongresses des Fernöstlichen Baptistenbundes, welcher in Blagoweschtschensk vom 5. bis 9. Juli 1922 durchgeführt wurde. Am Kongreß nahmen 120 Delegierten mit Stimmrecht und viele Gäste teil.

Zur Zeit des Kongresses vereinigte der Fernöstliche Baptistenbund 98 Gemeinden mit 3663 Mitgliedern; bemerkenswert ist, daß im Berichtsjahr durch die Taufe 1154 Mitglieder zur Gemeinde dazukamen, das heißt eine 30%ige Zuwachsrate in einem Jahr. In den Gemeinden des Bundes waren 38 Sonntagsschulen tätig, die 1770 Schüler und 209 Lehrer hatten. Es gab 18 Jugendkreise mit 724 Mitgliedern, 14 Sängerchöre und 2 Blasorchester.

Auf dem Kongreß wurde der Bericht der zehn Reiseprediger des Bundes für ein Jahr - vom Juni 1921 bis Juni 1922 - bekanntgegeben. Ich gebe einige Daten aus dem Bericht wieder:

D. A. Iwanow (Poletjanskij Rayon)
Predigten gehalten - 238;
Taufen durchgeführt - 81 Personen;
Mit Pferden anläßlich des Besuches verschiedener Gemeinden 1259 km gefahren,
mit der Eisenbahn - 4140 km.

N. I. Kusnezow (Wjasemskij Rayon)
Predigten gehalten - 226,
Taufen durchgeführt - 46 Personen;
Mit Pferden anläßlich des Besuchs verschiedener Gemeinden 192 km gefahren,

mit der Eisenbahn - 2080 km,
mit dem Schiff - 1900 km.

G. S. Artjemow (Tschitinskij Rayon)
Predigten gehalten - 204;
Taufen durchgeführt - 62 Personen;
Mit der Eisenbahn anläßlich des Besuchs verschiedener Gemeinden 2800 km gefahren.

O. F. Segeda (Romanowskij Rayon)
Predigten gehalten - 252;
Taufen durchgeführt - 11 Personen;
Mit Pferden anläßlich des Besuches verschiedener Gemeinden 300 km gefahren.

I. N. Konygin (Chabarowskij Rayon)
Predigten gehalten - 205;
Taufen durchgeführt - 85 Personen;
Mit Pferden anläßlich des Besuches verschiedener Gemeinden 354 km gefahren,
mit der Eisenbahn - 240 km,
mit dem Schiff - 1900 km.

M. I. Griwzow (Swobodnenskij Rayon)
Predigten gehalten - 296;
Taufen durchgeführt - 63 Personen;
Mit Pferden anläßlich des Besuches verschiedener Gemeinden 875 km gefahren,
mit der Eisenbahn - 450 km.

S. W. Petrow (Pestschano-Oserskij Rayon)
Predigten gehalten - 427,
Taufen durchgeführt - 135 Personen;
Mit Pferden anläßlich des Besuches verschiedener Gemeinden 1020 km gefahren.

A. G. Tscheschew (Sawitinskij Rayon)
Predigten gehalten - 344;
Taufen durchgeführt - 28 Personen;
Mit Pferden anläßlich des Besuches verschiedener Gemeinden 1420 km gefahren,
mit der Eisenbahn - 120 km,
mit dem Schiff - 3280 km.

P. F. Podsorow (Werchne-Beljskij Rayon)
Predigten gehalten - 313;
Taufen durchgeführt - 106 Personen;
Mit Pferden anläßlich des Besuches verschiedener Gemeinden 1310 km gefahren,
mit der Eisenbahn - 490 km.

W. U. Potlow (Prochladnenskij Rayon)
Predigten gehalten - 197;
Taufen durchgeführt - 27 Personen;
Mit Pferden anläßlich des Besuches verschiedener Gemeinden 1030 km gefahren,
mit der Eisenbahn - 600 km,
mit dem Schiff - 300 km.

Bei dem Kongreß wurde dem Bruder Gruschko aus der Gemeinde in Lasarewskaja ein Dank ausgesprochen, weil er unentgeltlich wiederholte Male seine Pferde freundlicherweise den Reisepredigern des Bundes während ihrer Missionsfahrten zur Verfügung gestellt hatte. In den folgenden Jahren wurden fast alle oben erwähnten Reiseprediger für ihre Treue zu Gott verhaftet und starben in den Straflagern und Gefängnissen.